Ludwig Wagemann

Göttingisches Magazin für Industrie und Armenpflege

Erster Band

Ludwig Wagemann

Göttingisches Magazin für Industrie und Armenpflege
Erster Band

ISBN/EAN: 9783742897206

Hergestellt in Europa, USA, Kanada, Australien, Japan

Cover: Foto ©Lupo / pixelio.de

Manufactured and distributed by brebook publishing software (www.brebook.com)

Ludwig Wagemann

Göttingisches Magazin für Industrie und Armenpflege

Göttingisches

Magazin

für

Industrie und Armenpflege.

Erster Band.

herausgegeben

von

Ludwig Gerhard Wagemann

Pastor zu Göttingen.

Göttingen,
bei Vandenhoeck und Ruprecht.
1789.

Inhalt des Iten Bandes.

Ites Heft.
Seite
1) Pastor Wagemann, über Industrieschulen im allgemeinen und über die Göttingische insbesondere ... 1--34.
2) Candidat Wagemann, über die erste Arbeitsschule in Hessen ... 35--44.
3) Pastor Steinhöfel, über die in Wake bei Göttingen errichtete Arbeitsschule. ... 44--63.
4) Pastor Wagemann, über einige vorzügliche Ursachen des Verarmens und Bettelns, nebst Angabe theils erprobter, theils brauchbarer Mittel dagegen, besonders in Beziehung auf Göttingen ... 63--89.
5) Hirtenbrief des Bischofs zu Würzburg 90--100.
6) Kurze Erklärung des gnädigst bestätigten bürgerlichen Kranken- Geselleninstituts in Würzburg ... 100--104.
7) Summarischer Abschluß der bei der Armenpflege in Cassel verabreichten Steuren im Jahre 1787 ... 105.
8) Rechnungsetat der Weimarschen Armenanstalt vom Jahre 1786 ... 106--112.
9) Sachsen-Coburgische verbesserte Armenanstalt vom Jahre 1787 ... 113--126.

IItes Heft.
1) Pastor Wagemann, über Industrieschulen rc. Fortsezung von Nro 1 des vorigen Hefts. 127--136.
2) Industrieschule zu Rostorf bei Göttingen Gerichts Leineberg. ... 136--159.
3) Obrigkeitliche Bekanntmachung die Aufhebung des Waisenhauses zu Memmingen betreffend 160--165.
4) Nachricht von einer wohlthätigen Privatanstalt zu Straßburg ... 165--181.
5) Auszüge aus den Missionsnachrichten von Trankebar ... 182--197.
6) Schreiben aus Marburg das dortige Armenwesen betreffend ... 198--203.

7) Pastor Wagemann, über vorzügliche Ursachen des Verarmens ꝛc. Fortsezung von Nro 4 des vorigen Hefts — 203-234.
8) Candidat Wagemann, über Versorgung der Armen und Abstellung des Bettelns auf dem Lande, eine Anfrage — 234-238.
9) Ueber Arbeitsschulen in Hessen zu Nro 2 des vorigen Hefts — 239-240.
10) Anzeige der neuen Armenanstalt in Hamburg — 240-254.

IIItes Heft.

1) Pastor Wagemann, kurze Nachricht von der Göttingischen Industrieschule — 255-259.
2) Ueber Schulverbesserung in Böhmen, besonders durch Einrichtung der Industrieclassen in denselben — 259-324.
nebst einer Kupfertafel zu pag. 304.
3) Pastor Wagemann, über vorzügliche Ursachen des Verarmens ꝛc. Fortsezung von Nro 7 des vorigen Hefts — 324-352.
4) Anzeige der neuen Armenanstalt in Hamburg. Fortsezung von Nro 10 des vorigen Hefts — 353-397.

IVtes Heft.

1) Schreiben aus Hessen über den Fortgang der dortigen Arbeitsschulen — 399-405.
2) Ueber die in der Stadt Würzburg bestehenden und auf dem Lande einzurichtenden Industrieschulen — 405-417.
3) Industrieschule in Ballenhausen bei Göttingen im Amte Friedland — 418-424.
4) Neue Armenanstalt zu Rotenburg in Hessen — 424-476.
5) Ueber die Armenversorgungsanstalt in Stade — 467-501.
6) Zu Nro VIII. des zweiten Hefts S. 234: 501-508.

Subscribenten-Verzeichniß.

	Exemplaria
Die Fürstin Regentin zu Solms-Laubach	I.
Herr Graf zu Solms-Rödelheim senior	I.
= Graf zu Solms-Rödelheim junior	I.
Sr. Excellenz Herr Minister v. Alvensleben in London	I.
Herr Alberti, Amtmann zu Osterode	I.
= Balemann, Senator in Kiel	I.
= Bartels, Claes Kaufmann in Hamburg	I.
Basel Armenanstalt daselbst	I.
Herr Graf v. Baudissin K. Dänischer Kammerherr ꝛc.	I.
= Bellermann in Erfurt	I.
= Berendes, Joh. Friedr. Kaufmann in Hamburg	I.
= Best, Geh. Secretair in London	I.
= Brauer, Simon Kaufmann in Hamburg	I.
= Bremer, Post-Secretair in Hannover	I.
= Buchholz, Bergrath in Weimar	I.
= Buff, Regierungsassessor in Rödelheim	I.
= Cappaun, Regierungsadvocat in Bückeburg	I.
= Caspersen, Amtschreiber in Kiel	I.
= Cleve, Amtschreiber zu Friedland	I.
= Cohrs, Candidat zu Wolfsanger	20.
= Dahler, Magister in Göttingen	I.
= Danckwerts, Probst zu Lüchow	I.

Herr

Subscribenten-Verzeichniß.

	Exemplaria
Herr Dissen, Pastor zu Groß-Schneen	1.
' Dröhnewolf, Probst zu Uelzen	1.
' Ebeling, Postmeister in Stade	1.
' Ehlers, Professor in Kiel	1.
Sr. Excellenz Herr Geh. Rath v. Ende in Stade	1.
Herr Feil, in Kiel	1.
' Frank, Superintendent zu Bardowik	1.
' Geiser, Kirchenrath in Kiel	1.
' Gerhard, Oberalt in Hamburg	1.
' Günter, Licentiat in Hamburg	1.
' von Guttenberg, Praesident in Fulda	1.
' Hartung, Oberalt in Hamburg	1.
' Ritter Graf v. Holck, K. Dänischer Conferenz-Rath	1.
' Jung, Hofcammerrath in Uffenheim	1.
' von Kerpten, Dohmcapitular in Bamberg	1.
' Klefeker Daniel, Kaufmann in Hamburg	1.
' Klefeker Franz, Kaufmann in Hamburg	1.
' Martin, Pfarr zu Holzhausen	8.
' Matsen, Synd. in Hamburg	1.
Memmingische Armenpflege	1.
Herr Meyer, Probst und Haupt-Pastor in Kiel	1.
' Müller, Pastor in Kiel	1.
' Münzenberger, Candidat in Lübeck	1.
' Niemann, Professor in Kiel	1.
Nordhausen, Magistrat daselbst	1.
Herr Oldenburg, Licentiat in Hamburg	1.
' Osan, M. Pastor zu Adelepsen	1.
' Pfingsten D. Mainzischer Cammerassessor und Professor in Erfurt	1.
' Poppe Johannes, Kaufmann in Hamburg	1.
' Probst, Candidat in Bamberg	1.

Herr

Subscribenten-Verzeichniß.

	Exemplaria
Herr Repher, Justizrath in Kiel	1.
‒ Ruländer in Göttingen	1.
‒ Ruppstein, Pastor in Stöcken	1.
‒ von Salbern K. Dänischer Landrath	1.
‒ Schäfer, Bauconducteur in Lemgo	1.
‒ Ritter v. Schack, K. Dänischer Geh. Rath	1.
‒ Schröder, D. in Göttingen	1.
‒ v. Schulstein, Probst in Prag	10.
‒ von dem Steenhoff Joachim, Kaufmann in Hamburg	1.
‒ Baron von Stauffenberg zu Bamberg	1.
‒ Tasche, Pastor zu Meienberg	1.
‒ Tonnies Joh. Friedr. Kaufmann in Hamburg	1.
‒ Ulrich Logis-Com. in Göttingen	4.
‒ Versmann in Hannover	5.
‒ v. Voigt, Amtmann zu Friedland	1.
‒ Vogt Caspar, Kaufmann in Hamburg	1.
‒ Warlich, Pastor zu Lütjen-Schneen	1.
‒ Weber, Prof. Med. in Kiel	1.
‒ Wedekind, Pastor zu Kirchwehren	1.
‒ Weimar, Armeninstitut daselbst	1.
‒ Wustermann, zu Erfurt	1.

Vorrede.

Bei dem Magazin wovon ich dem geehrten Publico hier des ersten Bandes erstes Heft überreiche, habe ich die Absicht so viel ich kann, zur moralischen und oeconomischen Volksverbesserung auch auſſer dem Kreiſe wo ich zunächſt würke beizutragen. Da ich mich schon mehrere Jahre mit der Armenverſorgung und Bildung verlaſſener Kinder für die Stadt Göttingen beſchäftige, und die Zeit welche mir meine Amtsführung übrig läßt anwende die beſten Mittel aufzuſuchen, um theils die mir anvertraneten Allmoſengelder an dem rechten Orte und in gehörigem Maaß auszuſpenden, theils und vorzüglich aber auch durch eine mit dem Religionsunterrichte verbundene Bildung der Jugend zur Induſtrie die Quellen der Armuth, Bettelei und Bosheit zu verſtopfen, ſo werde ich die zu ſolchem Zwecke erprobten Mittel in dieſer Schrift von Zeit zu Zeit öffentlich bekannt machen. Zugleich erbiete ich mich jedem der zur Anlage ähnlicher Anſtalten beſondere Erläuterung über einzelne Puncte zu haben wünſcht, meine gemachte Er-

fah-

Vorrede.

fahrungen in ihrem ganzen Gange ohne den geringsten Rückhalt mitzutheilen, um anderen ein für die Menschheit so wohlthätiges, aber auch mit vielen Schwierigkeiten verbundenes Geschäft etwas zu erleichtern.

Dankbar werde ich's aber auch erkennen wenn ich diensame Vorschläge und von Anderen gemachte Erfahrungen zur Vervollkommnung meines Instituts, und zur öffentlichen Bekanntmachung mitgetheilt erhalte.

Bei dem Schlusse dieses Bandes, wozu vier Hefte jedes zu 8 Bogen gehören, werde ich die Namen der Subscribenten abdrucken lassen, weswegen ich um die Einsendung derselben bitte.

Göttingen im Septbr. 1788.

Wagemann Pastor.

I.

Ueber Indüstrie-Schulen im algemeinen, und über die Göttingische insbesondere.

Die Erfüllung der Pflichten der Wohlthätigkeit gegen Arme, bleibt, wenn sie nicht nach gewissen, als gut erprobten Principien geleitet wird, gewöhnlich Anwendung wichtiger Mittel, zu geringen Zwecken; ja sie kann auch sogar durch unrichtige Anwendung der kostbarsten Mittel, ein Uebel vergrössern, dessen Hebung ihre Absicht war; kann andere Uebel erzeugen, die ärger als Dürftigkeit und Armuth sind. Diese Würkungen zeigen sich uns bei jedem Blick, welchen wir auf eine Gesellschaft werfen, die sich noch nicht vereinigt hat, die Summe des Elends, welche der Mangel an den nothwendigen Bedürfnissen, über Einzelne gebracht hat, gemeinschaftlich tragen zu helfen; und die Erleichterung dieser Bürde, nach gewissen vernünftig festgesetzten Regeln denen die es bedürfen angedeihen zu lassen.

Bei dem unvolkommenen Anfange einer solchen Verabredung, wird doch der Erfolg noch immer in den engen Grenzen der Befriedigung des wirklichen oder erheuchelten Bedürfnisses eingeschlossen bleiben; denn die Erforschung der persönlichen Eigenschaften, und häuslichen Lage der Bittenden, ist schon ein Geschäft, welches mehr Anstrengung fordert, als man gewöhnlich auf eine Arbeit verwendet, die sich in sehr vielen Rücksichten so schlecht lohnet. Gelangt man aber auch durch unverdrossenen Fleiß dazu, richtig zu bestimmen, welcher unter den Bittenden auf Gewährung durch sein Bedürfniß den meisten Anspruch habe, und hat dann die Mittel in Händen, dem in die Augen fallenden Mangel abzuhelfen, was würkt man mehr durch Darreichung der gebetenen Gabe, als den Schmerz, der tief im Inneren liegenden Krankheit, für den Augenblick zu stillen? Immerfort währende Palliative sind kostbar, zerrütten die Maschine, und würken daher gegen den Zweck. Zur gründlichen Hebung des Uebels, wird der schon mehr wirken, welcher die noch übrigen Kräfte der Hülfsbedürftigen aufsucht, zur Anwendung Gelegenheit giebt, und so dem Armen, der ganz durch seine Wohlthäter subsistirte, einen Theil seiner Selbständigkeit wieder giebt. Dies wäre um das Bild beizubehalten, schon eine Art von radical=Kur. So wenig man aber von einer Stadt

Stadt sagen kann, daß sie eine gute medicinische Policei habe, wenn in guten Hospitälern ihre Kranken geheilet werden, die durch das Einathmen verdorbener Luft erkrankten, wo man aber noch nicht darauf gedacht hat, diese Ursachen der Krankheit, in so fern es der Policei möglich war zu heben; eben so wenig ist Armenversorgung ohne Armenerziehung, zur Heilung des oeconomischen und moralischen Uebels, welches in der Armuth gegründet ist, zureichend. Zur Anwendung unserer Kräfte, zu bestimmten Zwecken, gehören Kenntnisse und Fertigkeiten, ohne die wir mit dem besten Willen, von dem in uns liegenden Capital keine Interessen ziehen, und welche zu erwerben nicht allein Zeit, sondern auch eine gewisse bestimmte Zeit des Lebens, das jugendliche Alter, verwendet werden muß. Das einzige Mittel also um der Armuth weniger zu machen, und das Uebel welches sich durch sie auf den Staat verbreitet, zu mindern, ist frühe Bildung der Kinder zum Fleiß und Geschicklichkeit in Arbeiten mancher Art, ja selbst wo es möglich ist, zum eignen Rafinement auf rechtmässigen Erwerb, das ist zur Industrie.

Etwas ähnliches, aber nur ähnliches hat man in verschiedenen Waisenhäusern theils unternommen, theils ausgeführet. In wiefern überhaupt die Erziehung in Waisenhäusern mit der häuslichen Erziehung in Verhältniß stehe, was von dieser und jener für die Bildung solcher Menschen, die für die niedern Stände bestimmt sind zu erwarten sey, ist hier der Ort nicht zu entscheiden. Wir dürfen nur um die Unzulänglichkeit der Waisenhäuser zu dem hier bezielten Zweck in die Augen fallend darzustellen, den grossen Aufwand, in Verhältniß zu der Zahl der theilnehmenden Individuen, und dieser zu der Zahl derer welche einer solchen Wohlthat bedürfen, im Umrisse zeichnen. Um nicht ins unbestimmte zu fallen nehme ich zu dieser Darstellung die Farben aus meiner persöhnlichen Erfahrung her, und bin ganz gewiß, daß, wenn gleich aus einem einzelnen Fall meine Behauptung nicht bewiesen werden kann, die Untersuchung an jedem andern Orte, wenigstens einen grossen Unterschied zum Vortheil der häuslichen Erziehung, auch in oeconomischer Rücksicht geben werde. Hier in Göttingen kann ich, wie sich aus den Rechnungen der Armenabministration des Jahrs 1787 ergiebt, ein Kind bis zum 14ten Jahre bei Bürgern, oder Einwohnern dieser Stadt, mit den gehörigen Nahrungsmitteln, Wäsche, und Wohnung versorgen, wenn ich dafür aus der Armencasse monatlich 20 Ggr. hiesiger Cassenmünze bezahle. Kleidung und Unterricht betragen ohngefehr monatlich noch 16 Ggr., so daß die ganze Ausgabe für ein völlig verlassenes Kind, jährlich nicht über 18 Thlr. kostet. Man prüfe darnach den

Auf=

Aufwand eines Waiseninstituts worin eine Anzahl von 20 Kindern erzogen wird; welches man schon zu thun im Stande seyn wird, wenn man sich nur erinnert, daß auſſer der eigentlichen Ernährung dieser Kinder, beträgtliche Ausgaben für Capital= Nutzung des Hauses, und Reparation desselben, für Besoldung der babei nothwendig anzustellenden Personen, für Wäsche, Feurung und Licht hingehen. Man wird finden, daß zur Ernährung und Kleidung, wenn auch etwas, doch nur wenig von der Summe übrig bleibt, wodurch eben diese 20 Kinder einzeln in Familien versorgt und erzogen werden können. Dazu kömmt noch, daß wenn die Betrachtung, Verminderung der Bettler kann nicht anders als durch Vermehrung der Industrie bewirkt werden, in uns den Wunsch recht belebt hat, den Geist der Industrie durch den Theil der Gesellschaft besonders zu verbreiten, der durch Mangel industriösen Fleisses bisher der Gegenstand der Armenversorgung wurde; so fällt es uns nur gar zu deutlich in die Augen, daß sich diese Bildung über die ganze handarbeitende Classe in dieser Rücksicht verbreiten müsse; und daß es also nicht hinreiche, blos denen, die sich zur Aufnahme in Waisenhäuser qualificiren, und welche eine Stadt etwa aus ihren Mitteln in selbigen unterhalten könnte, diese Bildung zu geben. Sehr wünschenswürdig war also immer ein Mittel, was uns

uns diesem Zwecke näher führete, eben so wünschenswürdig ist noch jetzt, jede Vervollkommnung desselben zur schnelleren und besseren Erreichung des Zwecks. Sowol in Absicht der extensiven als intensiven Zweckmässigkeit, schien unter vielen anderen Planen, die Verbindung des Unterrichts in mancherlei Arbeiten, mit dem Religionsunterricht besonders zu empfelen; welche Betrachtung denn auch Herrn Sextroh Prof. der Theologie in Göttingen, vor etwa 5 Jahren, als Er durch die damals geführete Administration des Armenwesens, mit dem dringenden Bedürfniß der Volksbildung zur Industrie mehr bekannt geworden war, auf die Idee zu einer solchen Einrichtung brachte. Auch bei mir war schon längst durch die Erfahrung der traurigen Folgen des Mangels an Arbeitskenntniß und Arbeitsfleiß, der sehnliche Wunsch nach einer Umbildung der niederen Stände aufgestiegen; und ob ich gleich aus mehreren Erfahrungen ähnlicher Art, einen grossen Theil der Schwierigkeiten, die sich uns bei der Wirkung auf den Theil unserer Mitmenschen in den Weg stellen konnte, so schien mir doch der Zweck zu wichtig, als daß nicht eine auch unvolkommene Erreichung desselben der grössesten Anstrengung würdig gewesen wäre. Ich fing daher an im Jahre 1784 einen Plan, der sich für das Locale zu passen schien zu entwerfen, und war so glücklich, durch

den

den Beifall und den ermunternden Beitritt des hiesigen Herrn Obercommissairs Meyenberg, mit der Ausführung desselben um Michaelis des Jahres, in der Marienpfarrschule anfangen zu können.

Von dem Anfange dieses Instituts, und seiner Haupteinrichtung, ist schon vor zwei Jahren in dem zweiten Stück des ersten Jahrgangs der Braunschweig-Lüneburgischen Annalen eine Nachricht eingerückt. Da aber diese Schrift vielleicht manchem Leser dieses Magazins nicht zu Gesicht gekommen seyn kann; so werde ich das dort gesagte der Hauptsache nach hier einrücken, und das was nachher noch zur Erweiterung des Instituts geschehen ist, bemerken. Damit die Lehr- und Arbeitsschule desto besser mit einander verbunden werden könnten, wurde in dem Schulhause der hiesigen Mariengemeine für den Unterricht in Arbeiten, ein besonderes Zimmer eingerichtet, eine Lehrerin, die täglich 6 Stunden Anweisung giebt, angenommen, und die bei dem Institut vorkommende Rechnung, dem Schullehrer gegeben. Aus der in drei Classen abgetheileten Lehrschule, wurden anfangs aus jeder zwei, also überhaupt sechs Kinder, theils Knaben, theils Mädgen in die Arbeitsschule eingeführet. Sie erhielten daselbst in Stricken, Nähen, Flachs- und Baumwollespinnen, auf die Art Anweisung, daß diejenigen beten Classe in der Lehrschule gerade nicht vorgenommen wurde, in die Arbeitsschule gingen, und wenn sie dort die Reihe wieder traf, mit denen aus einer anderen Classe abwechselten. Es daurete nicht lange, daß diese zu Anfange ausgewählte sechs Kinder, in denen ihnen gezeigten Arbeiten, so fertig wurden, daß sie unter der Aufsicht der Lehrerin, Anderen schon einigen Unterricht geben konnten. Nun wurde diese Zahl mit sechs neuen Kindern aus den verschiedenen Classen der Lehrschule vermehret, und bei mehrerem Anwachs der Geselschaft, gab man die welche sich durch Fleiß, und Folgsamkeit mehr Fertigkeiten in ihren Arbeiten erworben hatten, den neu hinzukommenden zur Unterweisung bei. Dieser abwechselnde Unterricht hat in mehrerer Rücksicht vor den sonst gewöhnlichen Einrichtungen unserer Volksschulen, in die Augen fallende Vorzüge. Er befördert Munterkeit und Lust zum Lernen bei den Kindern, und schafft dem Lehrer bei seiner Arbeit ausserordentliche Erleichterung. Der Lehrer kann sich doch jedesmal nur mit einer Classe beschäftigen, da ist alsdenn die Anwesenheit der übrigen Kinder für die ganze Schule nachtheilig. Es ist wol nicht zu erwarten daß sich Kinder überhaupt, und noch viel weniger Kinder aus dieser Classe der Menschen, durch eigene Betriebsamkeit mehrere Stunden nach einander mit ihren Büchern beschäftigen werden. Ist die Zeit vorüber da der

Leh-

Lehrer die Classe wozu sie gehören vornimt, so glauben die meisten, das was ihnen für den halben Tag oblag zu Ende gebracht zu haben. Erwartet man daß die noch übrige Schulzeit zur Vorbereitung auf das folgende Pensum angewendet werden soll; so wird man sich meistens sehr betrogen finden. Unter denen die zu einer solchen Vorbereitung wol Fähigkeit hätten, sind manche zu träge, und die Fleissigen werden durch das fortdaurende Lesen oder Aufsagen der anderen Classen, durch das Corrigiren des Lehrers u. s. w. in ihrer Aufmerksamkeit gestöret; dies hat alsdenn die natürliche Folge, daß ihre Lust zum Lernen nachlässet, daß sie unzufrieden werden, und mit den schon Unfleissigen ihre Zuflucht zu Thorheiten nehmen, wodurch ihre Mitschüler gestöret werden. Wenn der Lehrer dieses bemerkt, und sie zur Ruhe und Ordnung anweiset, so unterbricht dies die Arbeit mit der er sich jetzt ganz allein beschäftigen sollte, und zugleich ziehet er auch die Aufmerksamkeit der Kinder, die jetzt unterrichtet werden, auf jene verwiesene Unarten hin. Bei kleinen Kindern welche Buchstaben lernen, oder zu buchstabiren anfangen, fällt diese eigene Beschäftigung ohnehin ganz und gar weg, und es ist wirklich hart von Kindern zu verlangen, daß sie Stunden lang gewisse Zeichen, wobei sie sich nichts denken, auch nicht denken können, ansehen sollen, kein Wunder wenn sie dann mit Widerwillen zur Schule gehen, und lieber eine Züchtigung ertragen, als sich drei Stunden lang einsperren lassen. Je stärker nun eine Schule besetzt ist, desto grösser ist der Schaden der aus dieser Einrichtung entstehet; und im Gegentheil verdoppelt sich auch bei einer grossen Anzahl Kinder der Nutzen, den der abwechselnde Unterricht für die Bildung der Jugend hat. Es ist wol nicht leicht eine Volksschule stärker besetzt, als die in der hiesigen Mariengemeine, wo jetzt mehr als 300 Kinder unterrichtet werden. Diese Angabe wird ohne Zweifel manchen meiner Leser sehr auffallend seyn, denn wenn sich in jeder der übrigen 4 Pfarrschulen noch eben so viel Kinder fänden, und man rechnete die welche zur reformirten und catholischen Religion erzogen werden, imgleichen die Kinder der Judenschaft noch dazu, so würde daraus eine ganz ausserordentliche Volksmenge für Göttingen folgen: allein das ist auch der Fall nicht, sondern zu der auszeichnenden Vermehrung der Marien-Pfarrschule, ist zeither eine besondere Veranlassung gewesen. Es werden jetzt in Göttingen etwa 300 Kinder aus der Armencasse frei in die Schule gehalten, wovon der eine Schullehrer mehr, der andere weniger zum Unterricht hat. Dem jedesmaligen Administrator der Armencasse stehet es frei, nach seinem Gutfinden die vorfallenden armen Kinder auf die eine

oder

oder die andere Schule anzuweisen, ohne daß er dabei auf den Wohnort der Eltern Rücksicht zu nehmen hat. Personen welche keine eigene Häuser haben, sind mit der Unterweisung ihrer Kinder, an keine bestimmte Gemeine gebunden; sondern sie können sich unter den 5 Pfarrschulen wählen welche sie wollen, so bald sie nun ausser Stande sind den Unterricht selbst zu besorgen, so vertritt der Administrator der Armencasse ihre Stelle, und wählet die Schule, welche er für das Kind am zweckmässigsten hält, und da ist denn die Marien-Pfarrschule, so lange die Arbeitsschule damit verbunden gewesen ist, für die neu hinzukommenden Kinder, wenn keine besondere Umstände dagegen waren, den übrigen vorgezogen, wodurch die Zahl der daselbst zu unterrichtenden Jugend, nothwendig vor den übrigen ausserordentlich anwachsen muste.

Die Wohlthat freien Schulunterricht zu geniessen, erstreckt sich hier nicht bloß auf die Kinder Lutherischer Eltern, sondern es wird seit einigen Jahren auch in den reformirten, und catholischen Schulen das Schulgeld für arme Kinder bezahlet, dies hat die gewünschte Folge, daß auch diese Schullehrer, so wie die in den 5 Pfarrschulen wöchentlich ein Absentenverzeichniß an den zeitigen Administrator der Armencasse abgeben, folglich können nunmehr nicht leicht Kinder in der Stadt verborgen bleiben,
wel=

welche die Schule unfleiffig oder gar nicht befuch=
ten. Diefe bei mir eingereichten Abfentenver=
zeichniffe, werden jedesmal am Schluffe der Wo=
che der hiefigen Policeicommiffion, mit den
bei diefem oder jenem Kinde noch befonders zu
machenden Bemerkungen, übergeben, und nach=
dem die Schuld von dem vernachläffigten Schul=
befuch auf die Aeltern, oder die Kinder fällt,
läffet die Policei den einen, oder beide Theile
einziehen, und beftrafen. Durch diefe Einrich=
tung hat das Schulwefen in Göttingen zeither
aufferordentlich gewonnen. Ehe fie war, find
mir felbft junge Leute männlichen und weiblichen
Gefchlechts die 18 bis 20 Jahr alt waren, und
noch nie, oder doch äufferft felten die Schule be=
fucht hatten vorgekommen, bei denen in der Un=
terweifung mit dem Buchftabenlehren angefangen
werden mufte, und die über zwanzig Jahr alt
wurden, ehe fie die Hauptwahrheiten der Re=
ligion kennen lerneten, und zum heiligen Abend=
mal gelaffen werden konnten. Diefes Uebel ift
jetzt gehoben, und wird bei fortgehender ftren=
ger Aufficht nicht wieder einreiffen können. Von
den vorhin genannten 300 Kindern für welche
das Schulgeld aus der Armencaffe bezahlet
wird, genieffen etwa 150 in der Marien=Pfarr=
fchule, fowol in der Religion als in verfchiede=
nen Arbeiten abwechfelnden Unterricht. Auffer=
dem kommen aus den übrigen Pfarrfchulen,
nach=

nachdem daselbst die Lehrstunden geendiget sind, verschiedene Kinder in die Arbeitsschule: deren einige sich selbst dazu gemeldet haben, andere aber, weil sie sich der Bettelei und Unordnungen auf den Gassen schuldig machten, durch die Obrigkeit dazu angehalten werden, und diese Letzteren gehen nach geschlossener Arbeitsschule in das hiesige Werkhaus, woselbst sie sich bis den Abend um 9 Uhr mit Spinnen beschäftigen müssen. Auf diese Art bleibt die sonst unartige Jugend, den ganzen Tag unter Aufsicht, und wird in Thätigkeit erhalten. Was sie durch die Spinnerei verdienen, wird ihren Eltern am Schlusse der Woche ausgezahlet, versäumet aber das eine oder andere Kind die Schule, oder machet sich der Bettelei schuldig, so bekommen die Eltern für das, was es auch die übrigen Tage der Woche gesponnen hat, gar nichts: dies hat die gute Wirkung, daß die Eltern selbst mit auf ihre Kinder achten, und zur Aufrechthaltung dieser Einrichtung die Hand bieten.

Ueber diesen abwechselnden Unterricht, der die Kinder munter und in beständiger Thätigkeit erhält, muß ich noch folgendes anmerken. Der Schulunterricht nimmt im Winterhalbenjahre des Morgens um 8 Uhr seinen Anfang. In der ersten Stunde bleibt die gesammte Jugend in der Lehrschule bei einander. Der Anfang wird mit Gesang und Gebet gemacht, alsdenn lesen

die

die Kinder der erſten Claſſe, und werden über das in der Ordnung folgende Stück der Religionslehren (in ſofern dieſe Arbeit für den Schullehrer gehöret) catechiſiret. Um 9 Uhr fängt die Lehrerin in der Arbeitsſchule mit den armen Kindern aus der erſten und dritten Claſſe der Lehrſchule ihren Unterricht an, und von dem Schullehrer werden in dieſer Stunde die Kinder der zweiten Claſſe vorgenommen. Um 10 Uhr gehet die 2te Claſſe in die Arbeitsſchule, und die 3te in die Lehrſchule. Um 11 Uhr kommen die in der Arbeitsſchule verſammlete Kinder zum Gebet in die Lehrſchule; womit der vormittägige Unterricht des Schullehrers ein Ende hat. Hierauf bleiben ſowol die armen, als die übrigen Kinder, welche an der Unterweiſung die der Prediger den Confirmanden ertheilet, Theil nehmen, in dem Lehrzimmer; die anderen aber gehen in die Arbeitsſchule, und beſchäftigen ſich daſelbſt bis 12 Uhr. Nachmittages halb 1 Uhr verſammlen ſich alle Schulkinder in der Lehrſchule, wenn geſungen und gebetet iſt, tritt dieſelbe Ordnung des Unterrichts, wie des Vormittags ein. Nach 1 Uhr wenn die erſte Claſſe vorgenommen iſt, begiebt ſich dieſe und die 3te Claſſe wieder zu der Lehrerin in das Arbeitszimmer; die 2te Claſſe hergegen wird in der Lehrſchule unterrichtet. Von 2 bis 3 iſt die 1te und 2te Claſſe in der Arbeitsſchule und die 3te wird in der Lehrſchule vorge-
nom=

nommen. Um 3 Uhr versammlen sich alle Kinder wieder in der Lehrschule zum Gesange und Gebete. Von 3 bis 4 Uhr wird in der Lehrschule im Schreiben und Rechnen Unterricht gegeben; die armen Kinder welche daran Theil nehmen, bleiben alsdenn in dem Lehrzimmer; die übrigen aber gehen wieder bis 4 Uhr in die Arbeitsschule, und damit endigt sich der Unterricht. Von Ostern bis Michaelis gehet die Lehrschule des Morgens um 7 Uhr und Nachmittages um 12 Uhr an. Die Arbeitsschule dauert Morgens von 8 bis 11 Uhr und Nachmittages von 1 bis 4 Uhr, und der Unterricht wechselt in eben der Ordnung wie im Winterhalbenjahre ab.

Was die Arbeiten der Kinder betrifft, so stehet es den Eltern frei, wenn sie ihren Kindern Garn zum Stricken in die Arbeitsschule mitgeben wollen; und den Kindern verstattet man es gern ihre Strickzeuge mit nach Hause zu nehmen, um auch auſſer den Schulstunden daran zu arbeiten. Die rohen Materialien so die Kinder zur Verarbeitung aus dem Institut erhalten, werden ihnen zugewogen, und bei der Ablieferung der Producte, wird deren Gewicht mit dem Empfangenen verglichen. Die Kinder erhalten für ihre Arbeiten eine verhältnißmäſſige Belohnung, und diejenigen, welche sich durch Fleiß und Folgsamkeit vor anderen auszeichnen, werden durch auſſerordentliche Geschenke; aber nicht in
baa=

baarem Gelde, sondern in Kleidungsstücken zu anhaltendem Fleisse ermuntert. Dies hat bisher bei vielen die gute Wirkung gehabt, daß sie fleissiger wie vorhin die Schule besuchen. Die von den Kindern verfertigten Arbeiten, werden entweder aus der Hand, oder alle halbe Jahr durch eine Auction verkauft. Diese öffentliche Versteigerung geschiehet wenn es der Raum verstattet in Beiseyn der Kinder; und bisher haben sich dazu angesehene Wohlthäter der hiesigen Armen eingefunden, die Producte für einen höheren Preis als ihr eigentlicher Werth ist gekaufft, und dadurch der hiesigen armen Jugend das beste Almosen gegeben. Oder die Armencasse nimmt von den in dem Institut verfertigten Hembern und Strümpfen, so viel als zur Kleidung der ärmesten Jugend gebraucht wird, gegen einen gewissen Preis an, und vertheilet sie unter die Kinder.

Diese anfangs gemachte Einrichtung des Instituts bestehet in der Hauptsache bis jetzt noch unverändert, es sind jedoch nach und nach verschiedene Arbeiten die vorhin nicht getrieben wurden eingeführet; welche es sind, und wie weit es damit gediehen ist, will ich stückweise bemerken. Vielen meiner Leser wird es bekannt seyn, wie sehr seit einigen Jahren und besonders seit 1786 die Wollenpreise in hiesigen Gegenden gestiegen sind; dies verursachte daß unsere Tuchmacher

ihre

ihre Arbeiten grossen Theils einstellen und viele Wollenarbeiter abgehen lassen mußten. Hier zeigte es sich wie viel dieser einzelne Nahrungszweig bisher zur Ernährung, und zum häuslichen Fortkommen des ärmeren Theils unserer Mitmenschen beigetragen hätte, und was für nachtheilige Folgen es hat, wenn sich die Volksmenge der niederen Stände nur mit einerlei Arbeit bekannt gemacht hat, so bald diese stocket höret ihr Verdienst auf, und ganze Familien sehen sich in Unthätigkeit und Armuth versetzet. Hierüber kann wol niemand besser urtheilen als wer Gelder verwaltet die zur Unterstützung der Hülfsbedürftigen bestimmt sind. Dies war bei mir der Fall. Manche die sonst ihr gutes Auskommen hatten, sahen sich, da die Wollenbödens der Tuchmacher grossen Theils geschlossen waren, ausser Thätigkeit und Verdienst gesetzt; zu anderen Erwerbsarten ihre Zuflucht zu nehmen, fehlete es ihnen an Arbeitskenntniß, sie mußten sich also, so schwer es ihnen wurde, bei der öffentlichen Armencasse um Unterstützung melden. Jemehr mich diese Bitten des Einen und des Anderen befremdeten, desto sorgfältiger forschte ich der Ursach, wodurch sie in diesen hülfsbedürftigen Zustand gekommen wären nach, und fast durchgängig kam ich auf die vorhin erwehnte Stockung der Tuchmacherarbeit zurück. Da sie gesund und stark waren trug ich anfangs, und

wol

wol mit Recht Bedenken Anweisungen auf die Ar=
mencasse zu geben, zumal da ich wuste, daß
die Spinnerei des Kammgarns in der Grätzel=
schen Fabrick noch beständig stark getrieben wur=
de, und daß man wöchentlich grosse Vorräthe
Wolle aus gedachter Fabrick auf das Eichsfeld zum
Verspinnen trug: an diese verwies ich sie, um durch
diese Spinnnerei den eingetretenen Mangel an ih=
rer gewöhnlichen Arbeit, und daher entstehenden
Abgang an Verdienst zu ersetzen; allein man gab
mir diesen Vorschlag mit der Antwort zurück,
daß sie diese Spinnerei nie gelernet hätten, und
sich also ohnmöglich damit befassen könnten. Die=
ser Vorfall brachte mich auf den Entschluß in
meiner Industrieschule sofort die Spinnerei des
Kammgarns einzuführen, und überhaupt so viel
immer möglich Mannigfaltigkeit (*) unter
die

(*) Unter die Arbeiten zu welchen man Kinder in ei=
nem solchen Institut anzuführen hat, gehören nach
meiner Einsicht besonders die als zweckmässig, wel=
che in der Folge zur Nahrungsquelle für sie; am
sichersten werden können. Es scheinet mir also auf=
ser dem Zweck zu liegen wenn man Kinder in sol=
chen Arbeiten unterrichtet die eine grosse Anlage er=
fordern, oder auch durch Zunftmässige Erlernung
nur privilegirt werden können; ohne daß man im
stande ist, die Hindernisse wegzuräumen, die ihnen
die nachmalige Ausübung ihrer erworbenen Geschick=
lichkeit verwehren. So sehr es also den Anschein
der

die Arbeiten der daselbst beschäftigten Jugend zu bringen, damit das kommende Geschlecht nicht so wie diese, wenn ähnliche Vorfälle einträten, von allem Verdienst entblößt seyn mögte. Gleich in den nächsten Tagen wurde eine Frau, die sich bisher mit der Kammgarnspinnerei ernähret hatte, verschiedenen Kindern in der Arbeitsschule zur Lehrerin beigegeben. Mit drei Kindern wurde der Anfang gemacht, da diese zu einiger Fertigkeit gekommen waren, verdoppelte ich die Zahl, und es dauerte nicht lange, so sahe ich 10 Kinder theils Knaben theils Mädgen, brauchbares Kammgarn spinnen. Höher ist die Anzahl dieser Spinner auch bis jetzt nicht gestiegen, sondern so bald einige die nöthige Fertigkeit in der Spinnerei erlangt haben, treten andere in ihre Stelle, und auf diese Weise sind bis daher 40 Kinder in gedachter Spinnerei unterrichtet. Nach etwa 3 Monaten sahe ich, daß es überflüssig wäre die Lehrerin nach wie vor zum beständigen Unterricht zu behalten, weil unter den Kindern schon solche waren, die ihren Mitschülern Anweisung geben konnten; daher ließ ich sie in so fern abgehen, daß sie nur noch hin und wieder zur Untersuchung

der Vollkommenheit einer Lehranstalt geben mag, wenn Handwerksproducte von Kinderhänden geliefert werden, so hat mich doch nie ein solcher Anblick recht befriedigen wollen.

W.

suchung der Arbeit in das Institut kömmt, die eigentliche Aufsicht aber und die fortgesetzte Anweisung neuhinzukommender Lehrlinge wird abwechselnd einem Kinde welches die mehrste Kenntniß von der Spinnerei hat aufgetragen.

Die hiesige Gräzelsche Fabrik hat bisher die Güte gehabt, die erforderliche Kammwolle in das Institut zum Verspinnen zu geben, das Garn wird dahin zurück geliefert, und der Spinnerlohn je nachdem es gröber oder feiner gesponnen ist, bezahlet. So wie überhaupt alle Producte welche die Woche durch der Lehrerin eingehändiget sind an jedem Sonnabend Nachmittage, bei meiner Anwesenheit in der Arbeitsschule mir mit Benennung des Kindes, welches die Arbeit gemacht hat, mit Angabe des Gehalts dieses Products, und des damit verdienten Arbeitslohns vorgelegt werden; so wird mir auch in Absicht der Kammgarnspinnerei, das von jedem Kinde gesponnene Garn gezeigt, und ich schreibe sodann bei seinen in dem Arbeitsbuche aufgeführeten Namen, sowol die gesponnenen Zahlen, als den damit verdieneten Lohn an, wofür selbiges von Zeit zu Zeit mit einem Kleidungsstücke versehen wird. Um eine Probe von der Vervollkommnung der Arbeit dieser Kinder zu geben, führe ich nur folgendes an. Aus den ersten 3 Pfunden der erhaltenen Wolle, wurden 37 und 40 Zahlen (*) gesponnen, hernach wur=

(*) eine Zahl hält 600 Ellen Fadenlänge.

wurden Pfunde zu 50 Zahlen abgeliefert und ein Knabe hat es so gar bis auf 80 Zahlen gebracht. Von diesen in dem Institut unterrichteten Kindern, haben schon hie und da Erwachsene diese Spinnerei wieder gelernet, welche aus dem hiesigen Werkhause, wohin die Grätzelsche Fabrik ebenfals Wolle zum Verspinnen liefert, mit der nöthigen Wolle versehen werden. Wenn sich diese Spinnerei von Zeit zu Zeit mehr verbreitet, und nicht blos hier in der Stadt sondern auch in den umliegenden Dörffern allgemeiner wird; so werden dadurch gewiß grosse Summen die bislang ganz auf das Eichsfeld gingen, unseren Landeseinwohnern zu Theil, und die Dorfbewohner welche bei mißrathenen Flachsbau ganz ausser Thätigkeit kommen; und wie vor einigen Jahren im Winter, um nur kein Licht zu gebrauchen, lieber so bald es dunkel wurde sich zum schlafen legten, finden alsdenn bei dieser Arbeit zwar keinen grossen aber doch zum nothdürftigen Fortkommen hinreichenden Verdienst. Der Anfang diese Arbeit einzuführen und mehr zu verbreiten ist gemacht, denn es werden jetzt auch schon auf dem Lande um Göttingen, durch die daselbst eingerichteten Arbeitsschulen manche mit dieser Spinnerei bekannt, wozu entweder die Lehrerinnen in dem hiesigen Institut Anweisung erhalten haben, oder es ist eines der fertigsten Kinder aus demselben auf einige Zeit dorthin zum Unterricht gegeben.

Zu einer Zweckmäßigen Erziehung dieser Jugend, fand ich auch nöthig ihnen Gelegenheit zur mehreren Uebung ihrer körperlichen Kräfte zu schaffen, wodurch sie zugleich zu einer ihnen auf die Zukunft nützlichen Beschäftigung gewöhnet würden, und wählete dazu die Gartenarbeit. Im Frühjahr 1787 wurden zu diesem Behuf zwei Morgen Gartenland vor der Stadt gepachtet, und in der Stadt wurde der ehemalige Begräbnißplatz der Mariengemeine, hauptsächlich zur Erzielung der Sämereien benützet. Hier sind die Kinder nach geendigter Schulzeit von einem hiesigen, im eigentlichsten Verstande inbüstriösen Bürger, mit vielem und anhaltendem Fleiße, mit Sanftmuth, und ohne den allergeringsten Eigennutz unterrichtet, so daß sein ganzes Betragen bei diesem Unternehmen, wozu er sich selbst bei mir angeboten hat, und wobei ich häufig sein Zuschauer gewesen bin, mich bis aufs äuserste gerührt hat. Die Anweisungen welche er ihnen giebet, betreffen Graben und Harken, die Abtheilung des Landes, die verschiedene Bearbeitung desselben zu diesen und jenen Sämereien und Pflanzen, die beste und wo möglich zweimalige Benutzung der Länderei, die Behandlung der ausgestelleten Gewächse bis zu ihrer Vollkommenheit und Reiffe, und endlich die Art und Weise sie am vortheilhaftesten, und leichtesten abzunehmen und einzuernten. Auser dem zeigt er

thuen

ihnen die rechte Art Sämereien zu ziehen, macht sie mit dem verschiedenen Samen selbst, und mit den Kennzeichen, wenn er zu seiner Reiffe kommt bekannt, und weiset sie an wie sie ihn abnehmen und zur Aufbewahrung auf das nächste Jahr behandeln müssen. Die gezogenen Gewächse lässet er durch einige dazu besonders bestellete Kinder in gewissen Häusern der Stadt verkauffen, nimt die dafür gehobenen Gelder in Empfang, und berechnet selbige für die Industrieschulencasse. Die nicht verkauften groben Gewächse als Kartoffeln und Wurzeln, welche erst im Herbst aufgenommen werden, bewahret er durch den Winter auf, und aus diesem Magazin werden nach und nach, vorzüglich armen Familien, gewisse Portionen, auf die von mir ausgestelleten Anweisungszettel zur Unterstützung gegeben; und der Werth davon wird aus der Armencasse, in die Industrieschulencasse bezahlet, und daselbst berechnet. Im Frühjahr 1788 ist noch ein besonderer Garten in der Stadt zur Erziehung solcher Gewächse, die man im freien Felde nicht wol bauen kann, und zur Anlegung einer Baumschule eingerichtet, wobei hauptsächlich die arbeitslosen Knaben über 14 Jahr beschäftiget werden. In diesem Zeitpuncte vom 14ten bis zum 18ten Jahre muß auf die Kinder, welche, nachdem sie aus der Schule entlassen worden, nicht gleich zu einer bestimmten Arbeit untergebracht werden können, (ich meine die welche in der Folge Soldaten oder Tagelöhner werden wollen) ganz besondere Aufmerksamkeit gerichtet werden: wenn das was vorhin an sie gewendet ist, einen bleibenden Nutzen schaffen soll. Für diese aber Arbeiten zu finden, wodurch sie wenigstens so viel als zum nothdürftigen Fortkommen erfordert wird, verdienen, und die auf der anderen Seite keinem Handwerker seinen Verdienst schwächen, ist wirklich schwerer als man es Anfangs glaubt, und hat viel mehr Schwierigkeiten, als eine nützliche Beschäftigung der Jugend während ihrer Schuljahre. Die Gartenarbeit kann hier vor Göttingen noch mehr thätige Hände beschäftigen, und es ist sehr zu wünschen, daß dieser Nahrungszweig mit der Zeit indüstriöser getrieben werden mag; weil er alsdenn gewiß einer der allerergiebigsten ist: da wo er aber blos handwerksmässig behandelt wird, den Arbeiter nur sehr sparsam lohnet. Die Knaben welche seit diesem Frühjahr hauptsächlich mit solcher Gartenarbeit beschäftiget wurden, sind theils ganz älternlos, theils solche, die von ihren Eltern mehr zum Müssiggange, und der Bettelei als zur Arbeit angeführet werden würden. Jeder Knabe verdienet täglich 3 Mgr. welche entweder am Schlusse der Woche den Eltern gegeben werden, die alsdenn für seinen Unterhalt und Kleidung sorgen müssen, oder die Elterlosen sind bei Einwoh=

wohnern ausgethan, welche für jeden Knaben monathlich 1 Thlr. 18 Mgr. erhalten, die übrigen 18 Mgr. werden besonders aufgesparet, um dafür die nothwendigen Kleidungsstücke anzuschaffen. Auf diese Art lernen sie einsehen, daß anhaltender Fleiß und gehörige Eintheilung des sich verdienten Geldes erfordert wird, wenn man das zum Leben Nöthige haben will; und die sich hiebei erworbene Kenntniß der Gartenarbeit, ist ein Schatz der ihnen ihr ganzes Leben durch reiche Zinsen trägt. Als Tagelöhner werden sie, wenn sie mehr als Graben und Hacken gelernet haben, einen reicheren Lohn finden, und wenn sie einst ihre eigene Haushaltung haben, giebt ihnen die Hälfte Landes, die sie recht zu nutzen wissen, mehr als wenn sie noch einmal so viel nach dem alten Gebrauch bearbeiten. Seit Frühjahr 1787 erhalten verschiedene Knaben, von einem dieser Arbeit kundigen Mann, Anweisung Wollen- und Baumwollenkrämpeln zu verfertigen. Die ersten Anlagen zu den Krämpeln, werden von dem Manne selbst gemacht, hernach beugen die Kinder den Drat und legen ihn in das Leder ein. Das Institut hat zwar bisher keinen wirklichen Geldgewinn von dieser Arbeit gehabt, da die Krämpeln an den Mann wieder zurück geliefert, und von ihm verkaufft werden; sie beschäftiget aber doch einige von den Kindern auf eine nützliche Weise, befördert ihre Geschicklichkeit, giebt ihnen auch einigen Verdienst, da der Mann für jedes verfertigte Stück etwas an die Kinder bezahlet, und kann in der Folge einem oder dem anderen zu einem guten Erwerbe behülflich seyn; da die Verfertiger dieses so häufig gebrauchten Werkzeuges in hiesigen Landen noch zur Zeit äuserst selten sind.

Die Anpreisungen der zweispuligen Spinnräder, worauf mit zwei Händen zugleich gesponnen wird, bewog mich in verwichenem Herbst einige derselben zu verschreiben, und ein paar Mädgen den Gebrauch derselben lehren zu lassen. Die Kinder spinnen auch wirklich in der Zeit wo sie sonst einen Lopp spannen, anderthalb Lopp, obgleich das Garn nicht so eben ist, als sie es auf einspuligen Rädern verfertigen; es stehet aber zu hoffen daß bei einer längeren Uebung das Gespinnst auch an innerer Güte zunehmen werde. Was übrigens die Flachsspinnerei überhaupt betrifft, womit sich jetzt 20 Kinder beschäftigen, so haben einige unter ihnen in dieser Arbeit sehr gute Fortschritte gemacht. Ganz ohne alle Kenntniß davon kamen sie in das Institut, und es wird doch jetzt schon recht brauchbares Garn von 2 bis zu 16 Löppen (*) aus einem Pfunde Flachs von den Kindern gesponnen.

Um

(*) Lopp enthält 3375 Ellen Fadenlänge.

Um die Kinder zu gewöhnen daß sie Dinge die abgenutzt, und nicht weiter brauchbar zu seyn scheinen, nicht wegwerffen, sondern sie zu einem anderen Behuf als sie bisher benutzt waren, anzuwenden, und sie dadurch aufs neye wieder brauchbar zu machen suchen, sind alte zerrissene seidene Zeuge in das Institut gegeben. Die kleinesten Kinder welche sich mit anderen Arbeiten noch nicht beschäftigen können, müssen diese in kleine Stücke zerschnittene Zeuge ausreiffeln, so daß die Fäden ganz von einander getrennet werden: diese Fäden werden sodann von denen, die zum Baumwollekratzen angestellet sind, mit Baumwolle durchgekratzt, und hierauf gesponnen, woraus ein sehr gutes und festes Garn entstehet, welches hernach zu Strümpfen verstrickt wird, und einen vortreflichen halbseidenen Strumpf giebt.

In eben der Absicht müssen die Kinder von den hiesigen Schneidern, die von den Tüchern abgerissenen Eggen zusammenholen. Wenn ein gewisser Vorrath davon gesammlet ist, so müssen sie erst die verschiedenen Farben derselben sortiren, und alsdenn die Feinesten von jeder Sorte wieder allein legen: Aus diesen Lezteren werden geflochtene Pantoffeln verfertiget, und die Gröberen zu Fußtapeten verarbeitet. Zu dieser Arbeit ist ein besonderer Ramen, in welchem zu gleicher Zeit zwei Stück verfertiget werden können gemacht; hierin werden die Eggen zum Aufzuge

auf

auf Haken die in Walzen stecken ausgespannet, durch diese wird der Einschlag mit gehöriger Auswahl der Farben durchgeflochten, und alsdenn die Eggen aneinander genehet; dies hat den Nutzen daß sich die Stränge der Decke beim Gebrauch nicht verschieben, und man also sicher, ohne mit dem Fuß darin hängen zu bleiben darauf gehen kann; ausserdem ist dieses Durchnehen auch eine nützliche Beschäftigung für die Kinder. Wenn die Decke aus dem Ramen genommen ist, wird sie unter einer Tuchpresse gepresset, hiedurch und durch das sorgfältige Aneinandernähen jeder einzelnen Egge, wird das Stück so ein Ganzes, daß man die Zusammensetzung der vielen Theile kaum bemerkt. Gewöhnlich wird ein Stück zu 2 Elle breit und 8 bis 9 Elle lang gemacht, wenn aber jemand ein grösseres oder kleineres Stück verlangt und davon bei dem Institut Anzeige thut; so wird es der Bestellung gemäß verfertiget.

Unter allen Arbeiten, mit denen sich erwachsene Frauenspersonen, die nicht gerade durch Tagelohnen ihr Brot verdienen können, und Kinder die zu grober Arbeit noch zu schwach sind, am vortheilhaftesten beschäftigen, ist bin Baumwollenspinnerei, eine der schönsten und einträglichsten für unsere Stadt; sie wird gut bezahlet und es fehlet nie an Gelegenheit das gesponnene Garn abzusetzen; besonders kömmt es aber

aber darauf an, daß die Spinner das Sortiren und Kratzen der Wolle recht verstehen. Aus einem Pfunde Wolle lässet sich dreierlei Garn spinnen wenn sie nur gehörig präpariret wird, und darin liegt der grösseste Vortheil. Wenn die Spinnerin 1 Pfund Wolle sofort ohne sie zu sortiren verspinnet; so wird sie das Pfund Garn, auch bei den jetzigen hohen Preisen der Baumwolle, nicht über 1 Thlr. 4 Gr. verkauffen können: sondert sie aber die Wolle nach ihrer verschiedenen Güte sorgfältig von einander ab; so kann sie aus einem Pfunde $\frac{1}{4}$ der Feinesten, $\frac{1}{2}$ der Mittelsorte und $\frac{1}{4}$ der groben Wolle gewinnen. Ersteres wird ihr nach jetzigen Wollenpreisen, beim Verkauff mit 14 Gr., das Mittelgarn mit 24 Gr., das Grobe mit 9 Gr., folglich das Pfund mit 1 Thlr. 11 Gr. bezahlet, wodurch sie an jedem Pfund 7 Mgr. mehr verdienet, als wenn sie die ganze Wolle in einerlei Garn verspinnet. Eine gute Spinnerin kann auf diese Weise binnen 6 Tagen 1 Pfund bearbeiten wodurch sie sich also täglich 3 Ggr. verdienet.

Nachricht

die Anlage und Einrichtung der bei hiesiger Industrieschule eingeführten Manufactur der sogenannten dräternen Leineweberschirre, betreffend (*).

Seit einiger Zeit haben endlich einige der inländischen Leineweber das Vorurtheil für die bisher gebräuchlichen blos leinenen Weberkämme abgelegt, und bedienen sich gleich den Tuch= und Zeugmachern, der gefirnißten Kämme mit dräternen Oesen (Ringel genannt); Die für den Weber aus dem Gebrauch dieser so genannten dräternen Kämme erwachsenden bekannten Vortheile, sind zu einleuchtend, als daß nicht jeder Leineweber, die bisher üblichen Geschirre gegen diese vertauschen, und in diesem Falle die blinde Ehrfurcht gegen die Weise seiner Vorfahren aus den Augen setzen sollte.

Unsere Leineweber sind bisher genötiget gewesen diese neue Art Kämme, welche in hiesigen Landen nicht gefertiget wurden, von den Leinenhändlern, als welche allein damit handelten, und solche entweder vom Eichsfelde oder aus dem Thüringischen kommen liessen zu kaufen. Die gewöhnlichste Sorte zu 28 Gang für 1 Thlr. 6 Gr.,

deren

(*) Diese Nachricht ist von dem Manne der Zeither mit vielem Fleisse und seltener Uneigennützigkeit für das beste des Instituts gearbeitet hat.

deren Einkaufspreis 28 Mgr. ist. Ein sehr mäs=
siger Profit! 50 Procent.

Bei diesen Umständen, und damit die Ein=
führung des Gebrauchs dieser Geschirre ohne
grosse Beschwerden für den Leineweber ganz allge=
mein gemacht werden könnte, auch ferner das
Geld dafür nicht ausser Landes ginge, hatte man
sich von Seiten hiesiger Legge, wiewol bislang
vergeblich bemühet, dergleichen im Lande verfer=
tigt zu bekommen; Hievon bekam ich zu Anfang
dieses Jahrs Nachricht, und da ich dergleichen
Geschirre im Brandenburgischen durch Frauens=
personen und Kinder verfertigen gesehen; kam ich
auf den Einfall einen Versuch mit deren Verfer=
tigung in hiesiger Indüstrieschule machen zu lassen;
mein deshalb an die Behörde gethaner Vorschlag
wurde angenommen, und Anfangs Februars der
Anfang mit den Arbeiten, auf einige Art fabrik=
mässig gemacht, indem ein Kind dem anderen in
die Hand arbeiten muß.

Die Folge der Arbeiten, und, in der Voraus=
setzung daß jedes Kind die Schulzeit gehörig ab=
wartet, die Zahl der in einer Woche gefertigten Ar=
tikel, auch der dafür den Kindern zukommende
Verdienst, ist kürzlich in folgenden bestimmt.

Die zu jeder Gattung Ringel erforderliche
Art des Eisendrats wird von einem Knaben
mittelst einer Kneipfzange, in Stiften von erfor=
derlicher Länge zerschnitten, wenn derselbe das
von

von einen hinlänglichen Vorrath hat, bindet er mehrere Hunderte, mit feinerem gegluetem Drat in Pakete zusammen, und gluet diese gehörig aus. Sehr bequem können 10000 Stiften von einem 10-12jährigen Knaben in vorbemeldeter Zeit, bis zum Ringelbrehen fertig bearbeitet werden. Um diese 10000 Stiften in gleichmässiger Zeit über die Formen zu Ringeln zu drehen sind 3 Knaben angestellet; so wie diese davon etwas Vorrath haben, quetschet ein Anderer dieselben mit einem Hammer auf dem Ambos, wodurch gleichsam die zugedreheten Ende der Ringel zusammengenietet werden. Von diesen geschlagenen Ringeln kneipfet ein Dritter das Ueberflüssige an dem zugedreheten Ende ab, reihet dieselben demnächst auf einen Drat, welcher eingespannet wird, und feilt den scharffen Graat ab, die noch allenfalls daran gebliebene Rauhigkeit wird vollends mit Sand abgescheuert und die Ringel mittelst Reibens mit Kleien gereiniget.

Für die gänzliche Verfertigung der 10000 Ringel wird bemeldeten 6 Knaben zum Verdienst gerechnet — — 1 Thlr. 5 Gr. 2 Pf.

Während der Verfertigung der Ringel sind 2 andere Kinder mit dem Zwirnen des zum Striken der Kämme erforderlichen 4fachen leinen Garns beschäftiget, von welchen das eine, das auch in der Schule gesponnene flächsene Garn mit einer kalischen Lauge auskocht, in reinem

Wasser

Waſſer ausſpült und trocknet; dieſes Garn ſodann auf Rollen aufſpult, demnächſt 4 Rollen neben einander auf Drat ſtecket, und 4 Faden zuſammen auf einen Knäuel wickelt, wobei alle vorfallende merkliche Ungleichheiten und gröſſere Knoten ausgebrochen werden müſſen; So wie 3 Knäuel aufgewickelt ſind, ſo bekömmt ſie das andere Kind um ſelbige mittelſt Spindeln zu zwirnen, welche Art zu zwirnen gegen diejenige die mittelſt des Spinnrads geſchiehet vorzüglicher iſt, indem man hiebei einen feſteren und glätteren Zwirn erhält. Während der Lehrſtunden in einer Woche zwirnen beide Kinder mit der gröſſeſten Bequemlichkeit 12 Löppe Garn wofür ihnen berechnet wird — — 10 Gr. 4 Pf.

Nun iſt noch das Stricken und Fertigmachen der Geſchirre zu bemerken, dieſes verrichten 2 Kinder welche die zu jeder Art Geſchirre erforderliche Anzahl Ringel, und den in Faden von beſtimmter Länge zerſchnittenen Zwirn zugezählet erhalten, die Ringel auf einen Drat reihen, und dieſelben mit Zwirn über Leiſten zuſammenheften, welches das Stricken der Geſchirre genannt wird. Wenn nun ſolcher Geſtalt ein Schaft, deren 2 zu einem Kamm gehören, fertig geſtricket iſt wird derſelbe mit einem Firniß überzogen und wenn er getrocknet, iſt er zum Gebrauch für den Leineweber fertig. 2 Kämme zu 28 Gang werden

den wöchentlich fertig und beide Stricker erhalten
dafür — — — — 12 Gr.

Die Verkaufspreise der bisher gefertigten verschiedenen Waaren sind folgende:

für 1 Kamm zu 12 Gang - 16 Gr.
- 1 — - 18 — - 20 Gr. 4 Pf.
- 1 — - 24 — - 25 Gr. —
- 1 — - 28 — - 28 Gr.

feinere Kämme welche mehrere Gänge halten, werden für jeden 2schäftigen Kamm so viel Mariengroschen bezahlet als derselbe Gänge hat; jedoch werden dergleichen feinere, ausgenommen 30r und 32r nicht in Vorrath, sondern blos auf vorgegangene Bestellung gefertiget.

Für 1000 ordinaire Ringel, als zum Cammlott-Schallong-Tami-Rasche u. d. g. Geschirren welche bisher allhier für 20 Mgr. verkaufft worden — — — — 10 Mgr.

Für 10 Ringel zu ordinairen Tuchgeschirren deren bisheriger Preis 25 Gr. gewesen - 15 Gr.

Für 1000 dergl. gröffere und stärkere 20 Gr.

Göttingen im Junius 1788.

G. H. C. List.

Die Fortsetzung dieser Beschreibung der Göttingischen Industrieschule folgt im nächsten Heft.

II.

II.
Erste Arbeitsschule in Hessen.

Auch hier ist nun der Anfang gemacht, mit dem Religionsunterricht, die Anweisung zu nüzlichen Arbeiten zu verbinden, und dadurch unmittelbar an der so nothwendigen Volksverbesserung zu arbeiten. Obgleich nur erst in einem Dorf ein solches Institut würklich bestehet, so ist doch gar nicht zu zweifeln, daß die gute Würkung dieses Unternehmens, bald mehrere Landbewohner empfänglich für eine so wohlthätige Einrichtung auch in diesem Lande machen werde; und sind sie erst dazu gebildet, die Neuheit dieses Verfahrens nicht mehr als Kennzeichen seiner Verwerflichkeit anzusehen, dann haben ja nur die Oberen den geringen Zuschuß der etwa erfordert wird auszumitteln; und der rechtschaffene Religionslehrer, wird im Stande seyn, durch die zweckmäßige Einrichtung und almälige Verbesserung eines solchen Instituts, seine Kräfte auf das wohlthätigste in Würksamkeit zu erhalten.

Mein Freund der reformirte Prediger Martin in Holzhausen, dem es nicht genug war blos durch seine Belehrungen zur Aufklärung der Religionsbegriffe seiner Gemeine zu würken, sahe schon lange nicht gleichgültig den Wohlstand seiner Pfarrkinder mehr sinken als steigen, und fand die Ursachen gröstentheils in den noch nicht benarbten Wunden des siebenjährigen Kriegs; dieser hat ausser der unmittelbaren Zerrüttung des häuslichen Wohlstandes in der Zeit seiner Dauer, auch noch die verderblichere Folge hinterlassen, daß der Landmann mit manchen zusammengesezten Nahrungsmitteln und ausländischen Kleidungsstücken bekannt geworden ist; und diese nun zum Bedürfniß gewordenen Sachen sich zu verschaffen Zeit und Geld anwendet, ohne durch den immer mehr abnehmenden Wohlstand zu einem anhaltenden Gewerbsfleiß, und einfacher häuslicher Lebensart zurück geleitet zu werden. Der Wunsch ein Mittel gegen dieses Uebel zu finden, welchen die Liebe zu dem sonst treuem und redlichem Völkchen, ihrem Religionslehrer eingab, zeigte sich würksam, so bald er von der im Churhannöverischen Lande gemachten Einrichtung für die Bildung der Jugend zur Industrie hörete. Er fing mit der Ausführung eines für den Ort passenden Plans, in seinem Filialdorfe Wilhelmshausen an, weil er die dort wohnenden biegsameren Söhne des Thals, zur Aufnahme seiner neuen Anstalt geschickter, als die raueren Waldbewohner in Holzhausen hielt: denn diese glaubte er würden erst durch den sinnlichen Eindruck des würklichen Vortheils, zur willigen Annahme einer Wohlthat gebildet werden, die durch ihre Neuheit mehr Mistrauen als Beifall bei diesen Menschen erzeugen müste.

Völlig

Völlig darauf vorbereitet, daß eben dieser Abscheu vor dem Neuen der dem Landmann so allgemein eigen ist, auch noch unter den Thalbewohnern einheimisch sey, und der Ausführung der guten Absicht viele Hindernisse in den Weg legen werde, machte mein Freund den Anfang damit, Arbeitswerkzeuge für zwölf Kinder anzuschaffen, und theilte nun seinen Plan, an einem Sonntage nach geendigtem Gottesdienst, einigen der vernünftigsten und angesehensten Hausväter der Gemeinde mit. Ich begleitete ihn, und die Erinnerung dieses Tages wird die Zeit nicht leicht aus meiner Seele vertilgen. Er zeigte diesen Männern die so nahe liegenden, und so fern hin sich verbreitenden guten Würkungen, räumte die Zweifel welche ihnen hätten gegen die entschiedene Nuzbarkeit der Sache einfallen können schon weg, ehe sie noch darauf fielen; und sein Vortrag würkte so über meine Erwartung gut, daß einer der ältesten unter den Männern, noch ehe mein Freund ausgeredet hatte, ihn durch die herzliche Bezeugung seines Beifalls unterbrach. Der Grebe des Dorfs, ein jüngerer rascher Mann, fragte heftig, aber was können denn wir nun zu der guten Sache thun? Welche angenehme Ueberraschung bei der Erwartung mancher Widersprüche, oder doch eines trägen Achselzuckens! Wir drückten diesen ehrlichen Hausvätern die Hände, die sie so willig zur Ausführung

C 3 der

nen welche zunächſt an der Ausführung arbeiten nicht mit geſchärfter Aufmerkſamkeit, und ununterbrochenem vorſichtigem Fleiſſe daran arbeiteten. Zu dem Ende werden folgende Regeln dem Schulmeiſter zur gewiſſenhaften Nachachtung vorgeſchrieben.

1) Was die Aufnahme der Kinder in die Arbeitsſchule betrift, ſo iſt keines unter dieſe Anzahl aufzunehmen, welches nicht den Unterricht in nüzlichen Arbeiten, und die Gelegenheit zum erſten eigenen Verdienſt, als eine Wohlthat anſiehet; und dieſes Urtheil, muß bei den Kindern durch ſanfte Behandlung auf das ſorgſamſte unterhalten werden.

2) Solte ein Kind, welches ſchon unter den Arbeitenden iſt, in der Religionsſchule nachläſſig werden; ſo muß, nachdem gute Ermahnungen nicht helfen wollen, demſelben die Erlaubniß in die Arbeitsſchule zu gehen, ſo lange verſagt werden, bis es ſich zu neuem Fleiß ermuntern läßt. Auf die Art muß man die Kinder zum Lernen durch die Hofnung aufmuntern daß ſie arbeiten ſollen.

3) Um die Zeit gehörig zu benuzen, iſt es nöthig daß die Schulkinder, welche in drei Claſſen getheilet werden; nemlich Buchſtaben, = Buchſtabier, = und Leſeſchüler, ſich

a) bei-

a) bei dem gewöhnlichen mit der Glocke gegebenen Zeichen versammlen, und dem Gesange und Gebet in der Schulstube beiwohnen, dann

b) gehen die arbeitenden Kinder aus der zweiten und dritten Classe zu ihrem Geschäft in das Arbeitszimmer, und die erste Classe bekömmt Unterricht in der Lehrschule. Ist

c) die Lection mit der ersten Classe völlig geendiget, so kömmt die Zweite zum Religionsunterricht herunter, und die aus der Ersten, zur Arbeitsschule gehörigen gehen hinauf.

d) Nach diesen folgt die dritte Classe, und beim Schlusse des Schulunterrichts, sammlen sich alle Kinder wieder zum Gebet in der Lehrschule, und werden darnach entlassen.

Anweisung für die Lehrerin in der Arbeitsschule.

1) In dieser Schule ist ebenfalls wie in der Lehrschule eine gewisse Abtheilung der Kinder, sowol nach der Art ihrer Arbeit, als auch nach der Vollkommenheit in derselben zu halten: so daß die Spinnenden, Strikkenden, Nähenden u. s. w. neben einander,

E 5 und

und unter sich wieder in der Ordnung sizen, welche durch ihre Geschicklichkeit und gutes Betragen bestimmt wird.

2) Die Lehrerin übernimt nicht nur die Anweisung zur Arbeit, sondern auch die allgemeine Sorge, für Ruhe und Ordnung. Zur besseren Beförderung der guten Sache, ist dreien einsichtsvollen und angesehenen Männern der Gemeinde unter Leitung des Predigers die Aufsicht übertragen, deren einer das besondere Geschäft übernommen hat,

a) die rohen Materialien zu verwahren, und sie von Zeit zu Zeit der Lehrerin zu überliefern, diese wiegt dann jedem Kinde sein Theil zu, und empfängt sie verarbeitet von denselben wieder gewogen zurück.

b) Mit dem Ende jeder Woche erhält der Rechnungsführende Aufseher die sämmtlichen in dieser Woche verarbeiteten Producte, und theilet die rohen Materialien für die folgende Woche aus, sorgt sodann für die Versilberung der fertigen Sachen, und für die Ablieferung der für Lohn gemachten Arbeiten; und giebt dem Prediger darüber mit jeder Woche einen Etat, der die Materialien und Producte so aufs und vom Lager gekommen sind, und die Geldbeträge enthält, und die Basis zur jährlichen Rechnung wird.

3) Hat

3) Hat die Lehrerin sorgfältig dahin zu sehen, daß jede Arbeit nicht nur reinlich, treu, gut und dauerhaft verfertiget werde, sondern auch daß von den Materialien nichts verlohren gehe.

4) Den Kindern welche die Materialien aus dem Institut geliefert bekommen, darf nicht erlaubt werden die Arbeit mit nach Hause zu nehmen, welches nur denen frei stehet die ihre eigenen Materialien mitbringen.

5) Zur Verhütung aller Unordnungen und Gelage, ist es nicht erlaubt, daß jemand aus dem Dorfe mit seiner Arbeit hierherkomme und verweile.

6) Am Schlusse jeder Woche wird von dem Aufseher genaue Erkundigung über das Verhalten der Kinder eingezogen, und bei den Namen derer welche durch Fleiß und Folgsamkeit in dieser Woche sich vorzüglich ausgezeichnet haben ein Ehrenzeichen gemacht, so wie bei den Namen derer welche nicht fleissig oder artig waren, ein Zeichen der Bestrafung gesezet wird. Vier solcher Ehrenzeichen hinter einander machen daß bei den Namen ein vergoldeter Nagel eingeschlagen wird, der aber wieder weggenommen werden muß, wenn das Kind einmal das Zeichen der Bestraffung verdienet. Sechs goldene Nagel machen daß der Name des Kindes

des auf ein loses Blat in das Buch der guten Kinder geschrieben wird, und bestätiget sich die gute Aufführung des Kindes durch die ganze Zeit seiner Schuljahre; so wird sein Name auf ein festes Blat in dieses Buch geschrieben; welches Buch in der Kirche in einem verschlossenen Schrank zum immerwährenden Andenken aufbewahret wird. Auch die Kinder welche nie das Zeichen der Bestraffung verdienten, ob sie gleich nicht durch auszeichnende Vorzüge Ehrenzeichen erhielten, werden in dieses Buch geschrieben. Die strengste Gewissenhaftigkeit, ist bei der Bestimmung der Ehren= und Strafzeichen anzuwenden.

H—n. Wagemann.

III.

Nachricht des Herrn Pastor Steinhöfel zu Wake bei Göttingen, über die in Wake eingerichtete Arbeitsschule vom 30ten November 1786.

Die Veranlassung zum Einrichten dieser Anstalt war, erstlich die schon ältere Arbeitsschule zu Göttingen, und dann das Verlangen der menschenfreundlichen Gerichtsobrigkeit dieser Gemeine, des Herrn Schloßhauptmanns von Wangenheim

genheim und seiner Frau Gemahlin. Diese edeldenkenden Herrschaften, hielten sich im Sommer 1785 einige Wochen hier auf. In diese Zeit fiel der Geburtstag ihres Sohns. Sie feireten ihn, und nicht allein ihre Freunde in der hiesigen Gegend; sondern auch die ganze Gemeine, muste ihn mit feiren. Sie veranstalteten ein ländliches Fest. Der größte Theil der Gemeine war an diesem Tage auf einem mit Bäumen umpflanzten Plaze des Dorfs versammlet. Auch die Herrschaften kamen dahin und nahmen Theil an der anständigen Freude des Volks, die sie selbst verursacht hatten.

Gerührt über das allgemeine Vergnügen sagte die Frau Schloßhauptmannin zu mir: "Hat „dies Dorf keine Arme? Ich sehe keine Arme „hier. — Die Anzahl der Armen, sagte ich, ist „hier nicht klein: aber sie sind zu blöde, sie scheu„en sich, in ihren zerrissenen Kleidern hier zu er„scheinen. Aber diese, antwortete die gütige „Dame, haben doch das größte Recht zum Mit„genuß dieser Freude."

Wir sprachen noch länger, und dann am Schlusse dieser Unterredung sagte sie: "Gott hat „mich gesegnet mit Gütern dieser Erde; ich muß „und will die Armen davon mit geniessen lassen. „Die Hiesigen müssen aber doch, es ist billig, „den Vorzug vor anderen, an anderen Orten ha„ben. Fordern sie vierzig, funfzig bis sechzig
„Thaler

„Thaler jährlich, und versprechen mir, daß sie
„die Vertheilung und Anwendung derselben über=
„nehmen wollen. Geben sie mir Anleitung, wie
„den hier nothleidenden am zweckmässigsten zu
„helfen sey. Freilich wird mein Wirken nur im=
„mer das geringere, ihr Wirken dabei, gewiß
„das edlere seyn. Aber sie können doch das Mei=
„nige zu dem Ihrigen nicht wohl entbehren."

Diese rührende Unterredung die ich mit dem
Herrn Schloßhauptmann nachher fortsezte, die
dem wohlthätigen Manne Thränen auspreßte, gab
mir Gelegenheit, die damals schon in Göttingen
blühende, mit der Lehrschule verbundene Werk=
schule zu beschreiben, doch wollte sie vorher von
dem Nuzen solcher Schulen ganz überzeugt seyn.
Der Professor der Theologie Herr Seytroh in Göt=
tingen, hatte kurz vorher, in einem gründlichen
schön geschriebenen Aufsaz diese Industrieschu=
len, zuerst in diesem Theil Deutschlands, frü=
her noch als die Werkschulen in Böhmen hier
bekannt wurden, dringend empfohlen. Die=
sen Aufsaz las die Frau Schloßhauptmannin.
Die Schrift gewann ihren Beifall, wie das
darin empfohlne, zur Bildung, Veredlung und
mehreren Vervollkommnung, des zahlreichsten
und unentbehrlichsten Theils unsers Menschenge=
schlechts hinzielende Institut. Ihr Feuerblick
fand, und faßte sogleich den Nuzen, den solche
Schulen diesem und dem kommenden Menschenalter

ter geben können, und unter weiser und gewissenhafter Leitung auch gewiß geben werden.

Der Hr. Professor Sextroh ward herausgebeten. Er kam, und bekräftigte, was ich von der Industrieschule in Göttingen gesagt hatte. Das Institut gefiel der Dame. Sie wünschte hier ein ähnliches. Ich muste einen Plan dazu machen, mußte die Einwürfe beantworten, die Sie, die der Herr Schloßhauptmann, die der Herr Schazeinnehmer Führing, ein Mann der jedes Gute und Nüzliche sehr gern und kräftig befördert, die ein preussischer Hofrath, der in Deutschland und anderen Ländern Europens herumgereiset war, um nüzliche Anstalten zu sehen, und auch, wo er Gelegenheit dazu fand, solche einrichten zu helfen, mir vorlegten, mußte endlich versprechen diese Anstalt sobald es möglich seyn würde hier einzurichten. —

Dies Versprechen ist nun erfüllet. Die Arbeitsschule ist mit Hülfe des Hrn. Schazeinnehmer Führing, der hier Gerichtsverwalter ist, und der würdigen Männer in Göttingen die das dort blühende Institut veranstalteten, von mir eingerichtet. Sie bestehet bald ein Jahr, und zeigt schon izt, und verspricht auch auf die Zukunft mannigfaltigen Nuzen.

Diese Werkschule ist eine Tochter der zu Göttingen, aber für diesen Ort, so weit es bis anizo möglich war, gebildet. Sie ist mit der Lehrschule

schule verbunden, aber so daß die sie besuchenden Kinder von dem Unterricht des Schullehrers, der ganz nach den seminarischen Grundsäzen lehret, nichts verlieren. In der ersten Stunde bleiben die Kinder aller drei Classen zusammen und genießen die Unterweisung des Schullehrers. Am Anfange der zweiten Stunde müssen die Kinder der ersten Classe, die in die Arbeitsschule gehen sollen, zuerst lesen, und dann fängt der Unterricht in der Werkschule an. Wir schicken anizo dreissig Kinder aus allen drei Classen dahin, Vormittags die eine und die andere Hälfte Nachmittags, und zwar aus der ersten Classe die, die am Schreibtische zum Schreiben nicht Plaz finden, also bis zum Abgehen der Obersten doch nicht mitschreiben können, wenn sie auch in der Lehrschule bleiben, die ferner im Lesen und Buchstabiren so fertig sind, daß sie die Uebung darin nicht brauchen, endlich die, die Nachmittages rechnen müssen; und aus der zweiten und dritten Classe die, die in Buchstabiren, Kenntniß der Buchstaben, und der Hauptstücke des Catechismus die meiste Fertigkeit besizen. Gegen das Ende der dritten Stunde kommen sie wieder in die Lehrschule zurück. Nun ist der Lehrer mit dem Corrigiren dessen, was die in der Lehrschule Zurückgebliebenen geschrieben hatten, fertig. Er corrigiret nun, was die aus der Werkschule Wiedergekommenen zu Hause geschrieben hatten, läßt
die

die Schwächeren von diesen noch etwas lesen und buchstabiren, wobei die Anderen nachsehen, auch wol Einige aus dem Kopfe buchstabiren, läßt die Kleineren ihre Buchstaben und Einige, (heute diese, Morgen Andere) ein Hauptstück des Catechismus, oder den gelernten Spruch hersagen, erzählt eine kurze Geschichte und schließt mit Gesang und Gebet.

Des Nachmittags wird mit allen Kindern erst gesungen und gebetet. Dann gehen aus der ersten Classe die Kinder in die Arbeitsschule die noch nicht rechnen, und aus den beiden anderen die, die in Buchstabiren, Lesen, Kenntniß der Buchstaben die Fertigsten sind. In der lezten Hälfte der dritten Stunde kommen sie in die Lehrstube zurück, buchstabiren noch etwas und sagen dann, weil nun die übrigen in den Lehrstunden Gebliebenen fertig sind, ihre Aufgaben im Catechismus her.

Dies alles darf jedoch die gesezte dreistündige Schulzeit nicht über eine Viertelstunde verlängern. So viel wurde öfters, auch vor der Zeit dieser Anstalt dazu gesezt.

Am Sonnabend müssen dem Durchfragen des Evangeliums alle Kinder beiwohnen. Daher wird dann der Unterricht in der Werkschule abgekürzt. —

Diese Vertheilung des Unterrichts in beide Schulen schien mir die, wenigstens für diesen Ort,

Ort, einzig paſſende, Zweckmäſſige, und thun-
liche zu ſeyn.

So entbehren die Kinder von dem Unterricht
der Lehrſchule nichts, ſo können die, die Nachmittags rechnen, des Vormittags in der Werkſchule arbeiten, ſo die, die Vormittags nicht
ſo viel, wie ehedem, buchſtabiren, ſo die, die
an dem einen Schreibtiſche in dieſer Schule, —
mehrere leidet der Platz der für die Zahl der
Schulkinder faſt zu kleinen Stube nicht — nicht
ſchreiben konnten, doch ihr zu Hauſe Geſchriebe-
nes verbeſſert ſehen und am Sonnabend aus dem
Kopfe mitſchreiben, ſo können die Schwachen in
der Lehrſchule ſo lange ganz bleiben, bis ſie den
Anderen nachgeholfen und entweder ganz, oder
beinahe, gleich ſind, und dann den Unterricht
in der Werkſchule genieſſen, ſo entſtehet Gewinn
für die Wirkſamkeit, und Geſchicklichkeit dieſes
und des kommenden Menſchenalters.

Der Sommer ändert dieſe Einrichtung. Von
Oſtern bis Johannis wird hier an allen Vormittagen, aber an keinem Nachmittage die Schule gehalten. Dann kommt die erſte Hälfte der für die
Induſtrieſchule beſtimmten Kinder vor dem Anfange der Lehrſchule, ſchon um fünf Uhr, geht
um ſieben Uhr mit den anderen Kindern in die
Lehrſchule und bleibt dann bis zehn Uhr, alſo
die ganze Schulzeit hindurch darin. Die andere
Hälfte iſt dann, wie an den Vormittagen des

Win-

Winters von 8-10 Uhr oben. Doch müssen beide Hälften damit so abwechseln, daß auch nun keines der Kinder den Unterricht des Schullehrers entbehrt, daß die Hälfte, die an einem Tage vor der Schulzeit in der Arbeitsschule war, am anderen in der Schulzeit da seyn, die aber, die am Tage vorher in der Schulzeit oben war, nun in der Schulzeit da seyn muß. Das Kommen in den Morgenstunden erlangte ich von den Eltern und Kindern, durch Vorstellungen der Vortheile, die ihnen theils das frühere Aufstehen, theils auch die fortgesezte Uebung ihrer Arbeiten verschaffen würden. Sie glaubten meine Gründe und kamen. — Die Kinder geniessen also nun an jedem der vier ganzen Schultage zweistündigen Unterricht in der Werkschule, und in vier Stunden den ganzen sonst in sechs Stunden ihnen gegebenen Unterricht in der Lehrschule, im Sommer und an den halben Schultagen der Winterzeit zweistündigen Unterricht in der Werkschule, und in der übrigen Schulzeit die ganze Unterweisung die sie sonst auch genossen.

Von Johannis bis Michaelis wird die Schule nur an zwei Vormittagen in jeder Woche gehalten, und dazu, besonders in der Erndtezeit nicht so fleissig, wie sonst, (welches auch nicht möglich ist) besucht. Daher wird hier um Johannis die Werkschule geschlossen. Denn in dieser Zeit würde der Kostenaufwand fast umsonst seyn.

Ueber die Schulzeit dürfte ich hier die Kinder in der Werkstube nicht aufhalten. Denn die Eltern wollen, können sie aber auch nicht länger von Hause entbehren.

Den Unterricht in der Werkschule gab im vorigen Jahre, weil der Schulmeister noch unverheirathet war, den Kindern eine hiesige Einwohnerin. Sie konnte die nöthigen Arbeiten, und die Methode muste sie auf Kosten der Frau Schloßhauptmannin, in der Indüstrieschule zu Göttingen lernen. Nun giebt ihn des hiesigen Schulmeisters Ehefrau.

Am besten ist es gewiß, wenn die Schulmeisterin ihn geben kann und will. Denn alsdann wird der Schullehrer, weil seine Einnahme anwächst, der Anstalt nicht nur nicht hinderlich, sondern vielmehr, so viel er kann, nüzlich seyn. Er wird seiner Frau das nöthige Ansehn bei den Kindern verschaffen und erhalten, den Eltern von der besten Seite die Einrichtung vorstellen, und sie, so lange es seyn kann, nicht eingehen lassen. Doch kann, wie unsre Erfahrung es zeigt, wenn die Aufseher der Anstalt thun, was sie können, auch eine andere Person die Anweisung geben.

In der hiesigen Indüstrieschule lernen die sie besuchenden Kinder

1) Baumwolle und Schaafwolle spinnen,

2) nähen, nicht allein grobe, sondern auch feine Hemden; Kleider für Landleute männlichen

und

und weiblichen Geschlechts, neu verfertigen, und flicken, auch Müzen für Frauen und Mädchen;

3) Knütten, sowol baumwollene, als auch wollene und zwirnene Strümpfe, Handschuhe, Schlafmüzen. — Einige dieser Kinder haben schon im vorigen Winter sehr gute und brauchbare Arbeit verfertiget. Ein feines Oberhemd, welches sie für den jungen von Wangenheim machten und von diesem getragen wird, einige andere in diesen Schulstunden von ihnen gemachte Hember und Bettlaken, einige von ihnen geknüttete baumwollene und wollene Strümpfe, gaben denen die sie sahen und beurtheilen konnten, den Beweis ihrer Geschicklichkeit, und ihnen Lob und Ermunterung. —

Die Kosten für diese Anstalt gab allein die Güte der hiesigen hochadlichen Gerichtsobrigkeiten. Dreissig, vierzig bis funfzig Thaler in Cassenmünze können, an einem Orte mehr, an anderen weniger, je nachdem die Preise des Holzes und der Zimmer sind, hinlänglich zu der ersten Einrichtung einer solchen Schule seyn. Hier waren vierzig Thaler dazu genug. Davon ward ein langer gut gemachter, mit mehreren verschlossenen Schiebladen versehener Tisch, der zum Verwahren der Materialien und Arbeitsgeräthe, der Wolle, Leinewand, Nadeln, Fingerhüthe — dienet, davon wurden zwölf geflochtene kleine Stühle für die arbeitenden Kinder, davon wurden einige

nige Materialien, Wolle, Baumwolle, ein paar Räder zum Spinnen der Baumwolle, Krazen und ein kleiner Haspel, davon ward die Lehrerin noch eine Zeitlang bezahlet. Für das Holz welches hier nicht so theuer wie auf der anderen Seite Göttingens ist, bezahlen wir acht Thaler.

In den folgenden Jahren hoffen wir entweder weniger zu gebrauchen, oder mit eben dieser Summe unsere Anstalt mehr vervollkommnen zu können; theils, weil die gemachten Arbeiten etwas eintragen, theils auch, weil wir für Lohn arbeiten lassen. Die Einwohner dieses Orts und anderer Dörfer nemlich, die, was unsere Schüler und Schülerinnen schon zu machen im Stande sind, hier wollen verfertigen lassen, und nicht zu genau auf das Zierliche der Arbeit sehen, bezahlen die Hälfte des sonst bei Meistern und Meisterinnen gewöhnlichen Lohns. Ist die Lehrerin redlich, ist besonders die Aufseherin aufmerksam auf die Lehrerin und Schüler, daß die Arbeiten so gut als es möglich ist gemacht werden; so finden sich solche Arbeiten, wie unsere Erfahrung es lehret, oft mehrere als gemacht werden können. Dies verschaft uns eine kleine Casse, die künftig, theils zum Ankauffen neuer Materialien, theils auch, und besonders, zum Austheilen kleiner Belohnungen für die besten und fleissigsten, die artigsten Kinder dienen soll.

Die

Die Rechnung der Anstalt und die Aufsicht über die Lehrerin und Kinder führe ich, jene allein, diese mit meiner Frau gemeinschaftlich. Ich besuche, wie die Lehrschule, so auch diese Anstalt öfters, theils die Kinder durch Lob, und Tadel, Ermahnungen, Warnungen — aufzumuntern, theils auch der Lehrerin das gehörige Ansehn zu erhalten, und ihren Fleiß zu bemerken.

Aber die Güte der Arbeiten, und Methode der Lehrerin, kann ich nicht beurtheilen. Dies muß meine Gattin thun.

Sie ging im vorigen Winter täglich zweimal; nun, da wir in der Schulmeisterin eine beßere Lehrerin fanden, als die vorige war, geht sie zwar seltener, aber doch in jeder Woche vier oder mehrere male, dahin; weilt eine, oder mehrere Stunden da, besieht die Arbeiten, beurtheilet sie, unterrichtet die Kinder sowol in diesen Arbeiten, als auch durch Erzählungen, Fragen, Aufgaben, Ermahnungen, Verbeßerungen ihrer Erzählungen — in der Religion und anderen wissenswürdigen Dingen, und verschaft sich dadurch, und durch Beobachten der Lehrerin die Gelegenheit, dieser, wenn sie mit ihr allein ist, die erforderliche Weisung zu geben.

Dies geschiehet wie auch das Führen der Rechnung unentgeltlich.

Nun der Nuzen dieser Anstalt?

D 4   Er

Er ist groß, er ist mannigfaltig. Schon anizt ist er es, und wird es künftig, wie ich glaube, noch mehr seyn. Denn

1) Mehrt sie den Fleiß, die Wirksamkeit, die Betriebsamkeit, die Industrie; sie rückt also schon das izige, noch mehr wird sie das künftige Menschenalter unserer eigentlichen wahren Bestimmung näher rücken. Denn nun müssen unsere Schüler und Schülerinnen, stets beschäftiget seyn. Nun findet, wie's die Beschreibung der hiesigen Einrichtung zeigt, kein Herumgaffen, Plaudern, Necken, Kraftunterdrücken, Müssiggang — statt. Diesen Trieb zur Thätigkeit tragen die Kinder in ihre zum Theil faule Familien. Mit dem Freudausruf: "dies kann ich schon! ich ward gelobt, „diese Belohnung erhielt ich — !" kommen sie in das väterliche Haus, arbeiten was sie lernten, den Eltern vor und erwecken diese, Einige gewiß, zur Beschämung, zu mehrerem Fleiß, zum edleren Gebrauch ihrer Kräfte — die Kinder gewinnen den Fleiß, die Arbeitsamkeit, die Thätigkeit — lieb; sie entwöhnen sich allmählig, von dem in vielen Hinsichten schädlichen Herumlaufsen auf den Straßen, und in der Nachbaren Häuser. Gewiß viele von ihnen werden künftig thätige Menschen seyn. Wird, muß dies nicht die Summe der Laster mindern? Sie wissen, sie fühlen es dann, daß Uebung und Gebrauch aller Kräfte, Bestimmung des Menschen, christliche

Tugend,

Tugend, Bildung zum Himmel sey. Nun verstehen sie schon besser das Gebet im 2ten 3ten und 4ten V. des 1000sendsten Gesangs unseres Gesangbuchs und beten es mit heisser Andacht. Nun werden sie gerührt, wenn sie die schönen Stellen Salomon's: Ich ging vor den Acker des Faulen — Fleissige Hand wird herrschen — Es ist ein Löwe draussen — Um der Kälte willen will der Faule nicht pflügen — — Schlaf noch ein wenig — Durch ordentliches Haushalten — lesen und zergliedern hören. Diese Anstalt ist

2) eine Schule der Sparsamkeit, der Ordnung, der Reinlichkeit für die Kinder.

Nicht ungewaschen, nicht in schmuziger Kleidung, nicht mit unordentlich hängenden Haaren dürfen sie erscheinen. — Durch Ermahnen, Tadeln, Loben und wirkliche Uebung werden sie zur Ordnung angeführet. Sie müssen ihre Arbeiten und Arbeitsgeräthe, an die bestimmten Oerter stets hinlegen, und da wieder zu finden wissen. „Lege jedes Ding an den rechten Ort, thue „alles zur rechten Zeit, theile deine Ge-„schäfte, Vergnügungen, Einnahme und „Ausgabe wohl ein!" Diese Regeln werden ihnen nicht nur eingeprägt, sondern müssen auch bei jeder Gelegenheit ausgeübt werden. Die Kinder müssen Kleider, Hemden, Strümpfe — so bald sie's können, selbst verfertigen und ausbessern, fern, und ersparen dadurch theils das beste Geschenk Gottes, was sie sonst verschleuderten, die Zeit, theils den Jhrigen Arbeitslohn und endlich den Verlust so mancher alter Kleidungsstücke, die sie sonst weil sie nicht flicken konnten, — nur wenige, sehr wenige Landleute können es — wenn sie kaum halb abgenuzt waren, wegwarfen. Welcher Gewinn für die Haushaltungen! So wird diese Anstalt eine Schule der Sparsamkeit.

Könnten sie auch künftig im häuslichen Leben, durch andre Geschäfte verhindert, nicht ihre Kleidungsstücke selbst machen; so können sie doch die Güte der Arbeit beurtheilen, also dem Handwerker das Betrügen hindern und sich Zeuge und Geld ersparen. Diese Anstalt ist

3) den Einwohnern ein neuer Nahrungszweig. Wenn in dieser Gegend Mißwachs des Flachses ist, dann entstehet hier gewöhnlich bei vielen Einwohnern Hungersnoth, und für alle der Mangel des baaren Geldes zu den Abgaben, welches der Flachsbau, nicht der Ackerbau ihnen giebt. Nun können doch viele, besonders die Armen Baumwolle und Schafwolle spinnen, so sich nähren, so sich vor der Reizung zum Stehlen sichern, so der Nothwendigkeit des Bettelns ausweichen. In dieser Anstalt gewöhnen wir

4) die Kinder nüzliche Unterredungen zu führen.

Selten nur, sehr selten hört man im Kreise der Menschen aus den niedern Ständen, in Städten und Dörfern, andre als unnüze, oft schädliche Unterredungen, Verläumbungen, Lästerungen, Lügen aller Art, schmuzige Lieder und Ausbrücke, zotige, und nicht selten gotteslästerliche Gespräche. Nicht alle, vielleicht nur die wenigsten treibt böses Herz, die meisten gewiß die Nichtkenntniß wissenswürdiger Gegenstände, und die Nichtgewohnheit davon zu reden, zu diesen Gesprächen, die das Gewissen verwunden, das Herz verderben, oft die bittersten, lange fordaurende Feindschaften, verzehrende Processe, Zank, Streit, Schlägereien, Unglück und Verderben jeder Art erzeugen.

In dieser Anstalt gewöhnen wir die Kinder zu besseren, zu nüzlichen Unterredungen. Ich rede oft mit der Lehrerin und Aufseherin davon, was den Kindern nüzlich seyn kann. Die Aufseherin muß dies so durchgedachte Thema, izt eingekleidet in eine Erzählung, dann in Fragen, bald in Aufgaben, oft in Ermahnungen und Warnungen — so daß die Kinder die Absicht des Unterrichts und den Lehrton nicht merken, bei der Arbeit vortragen, und stiftet gewiß grossen und bleibenden Nuzen. Die Kinder behalten das Gehörte, erzählen es den Ihrigen, sie reden von ihrem Werk unter einander und mit ihren Gesellschaftern, und legen also den Grund zu besseren,

zu

zu menschenwürdigen Unterredungen. Diese Unterredungen mit der Aufseherin müssen die Kinder auch allmählig feiner, höflicher, gefälliger bilden.

Diese Anstalt erregt und nährt

5) die erlaubte Ehrbegierde und die in den niedern Ständen fast ganz gestorbene Nacheiferung.

Die schwächern Kinder üben sich in der Lehrschule und zu Hause im Lesen, Buchstabiren, Schreiben — fleissiger wie sie's sonst thaten, um nicht lange aus der Werkschule ausgeschlossen zu bleiben, und die in der Werkschule wetteifern unter einander, um Lob, Beifall der Lehrerin, die sie als ihre Mutter lieben, kleine Belohnungen ihres Fleisses, ihrer Artigkeit, ihrer guten Sitten, ein Buch, ein paar Strümpfe, eine Müze, ein Band — zu erhalten, um beliebter und geehrter zu werden. — Auch hievon sahen wir schon die Frucht.

Nur ein Beispiel will ich hersezen.

Ich wiederhole in den Kinderlehren gewöhnlich die Predigt. Die Knaben schreiben sie nach; sie konnten daher allemal mehr, als die Mädgen daraus erzählen. Eins der Lezteren aber zeichnete sich vor einigen Wochen durch gründliches Erzählen, und Antworten vor Anderen besonders aus. Die Aufseherin fragte am Tage darauf in der Werkschule, als hätte sie's nicht gekannt, nach dessen Namen, lobte es und ermunterte die

Andern

Andern zur Nachahmung. Am folgenden Sonntage konnten schon mehrere das Gehörte eben so gut vortragen, und nachher fanden sich noch mehrere. Der Lehrer bewirkt dies zwar auch, aber nicht bei so vielen, nicht so bald, nicht so lange daurend.

In dieser Anstalt suchen und hoffen wir

6) gute Dienstbothen, dankbare Kinder gegen alte hülflose Eltern und Wohlthäter, die mit unnennbarer Härte oft behandelt und grausam verlassen werden, und patriotische Unterthanen zu erziehen.

Schon die Arbeiten, welche die Kinder lernen, aber auch die öfteren Gespräche von den Pflichten und den Werth guter Dienstbothen, gehorsamer dankbarer Kinder und patriotischer Bürger, die von der Aufseherin und Lehrerin öfters geführt werden, müssen dazu dienen, eher und sicherer gute Dienstbothen, edeldenkende Kinder und gehorsame Unterthanen zu bilden, als die Prämiencassen, die neulich in einem sonst guten Buche vorgeschlagen wurden, aber wol nicht an vielen Orten zu Stande kommen, vielleicht auch nicht die gewünschte Wirkung thun werden.

Diese Anstalt ist endlich

7) ein Mittel das Erlangen der Kenntnisse, die der Schullehrer den Kindern in der Lehrschule beibringen muß, schneller, gewisser und wirksamer

samer für das gemeine Leben, wie es sonst möglich war, zu bewirken.

Die Abwechselung der Beschäftigungen hindert die beim Erlernen der nöthigsten und nüzlichsten Sachen schädliche und Kindern, besonders lebhaften Kindern, gewöhnliche Ermüdung.

Die in dieser Anstalt arbeitenden Kinder sah ich in der Lehrschule stets munterer, als die nicht darin arbeitenden. Die öftern Unterredungen von mancherlei Gegenständen schärfen ihren Verstand, üben ihr Nachdenken, mehren ihre Sprachkenntniß, dies herrliche Mittel zur schnellen Aufklärung, üben ihr Gedächtniß und ihre Beurtheilungskraft und lehren sie, die Religionslehren besonders, sogleich anwenden und gebrauchen.

Zwo Mädchen, Christine Erdmann, und Luise Kerl, die im vorigen Winter die Werkschule besuchten, waren die Besten unter den lezten Confirmanden, und ein Knabe Johann Ilje, der anizo die Werkschule besucht, ist der Beste unter den izigen Confirmanden.

Die Abwechselung der Arbeiten, die Unterredungen, die kleinen Belohnungen, der mehrere Fleiß und die Vorbereitung auf die Lectionen zu Hause, endlich auch die kleinere und folglich leichter zu übersehende Zahl der Kinder in der Lehrschule, die mehrere Ruhe, Stille und stete Beschäftigung — fördern und beschleunigen der Kinder Geschicklichkeit. So wird diese Anstalt, was

blosse

bloße Lehrschulen nicht sind, nicht seyn können, eine Erziehungsanstalt. —

Könnte ich nur in meinem lieben Ebergözen auch eine errichten! Gern wollte ich auch da die Rechnung und Aufsicht unentgeltlich führen! Aber woher dazu das Geld? — Die Kirchen könnten etwas dazu hergeben. Aber die Kirche zu Ebergözen ist arm, wie die Gemeine. Sollten wohl die reichen Kirchen die Erlaubniß bekommen, ihren armen Schwestern zu diesem nüzlichen Werk etwas zu schenken, oder gegen herabgesezte Zinsen zu leihen?

IV.
Ueber einige vorzügliche Ursachen des Verarmens und Bettelns, nebst Angabe theils erprobter theils wahrscheinlich brauchbarer Mittel dagegen, besonders in Beziehung auf Göttingen.

Die Verschiedenheit des Vermögenszustandes unter den Menschen, daß Reiche und Arme neben einander wohnen, gehöret zu den grossen Einrichtungen, deren Aufhebung so wenig möglich als wünschenswerth ist. So weit uns die Geschichte in die älteren Zeiten zurücksehen lässet, hat sich dieser Unterschied in jeder grösseren oder kleineren bürgerlichen Gesellschaft gefunden; doch lehret die Erfahrung daß verhältnißmässig die

Städte

Städte mehr Arme und vorzüglich mehr Bettler, als das Land erzeugen. Die Ursachen davon dürfen wir auch nicht weit suchen.

Des Landmanns Art zu leben wozu er von Jugend auf gewöhnet wird, ist einfach und sparsam, seine Nahrungsmittel, seine Kleidung und was er sonst für Bedürfnisse hat, fordern nur einen geringen Kostenaufwand, denn er ist zufrieden wenn er seinen Hunger mit Brod und Gemüse und seinen Durst mit einem selbstgebrauten Getränke stillen kann, und daran wird es ihm, so lang er nicht ganz und gar unvermögsam ist, nicht leicht fehlen, wenn er auch zu schweren Arbeiten eines Taglöhners keine Kräfte mehr hat.

Der begüterte Bauer siehet so sehr nicht darauf, ob einer mehr oder weniger das was ihm sein Feld und Garten giebt an seinem Tische verzehret, und es findet sich auch in seinem Haushalte manche Arbeit die von schwächerer Hand, als ihm selbst, oder einem seiner Dienstboten verrichtet werden kann; daher ist es ihm vortheilhaft wenn er für die Kost, und einen kleinen Lohn an Gelde seine Viehfütterung, und Geschäfte dieser Art besorgen lassen, und wehrend der Zeit mit seinen Hausgenossen Arbeiten wozu mehr Kräfte erfordert werden vornehmen kann.

Die Wohnungen sind auf dem Lande auch um einen weit geringeren Preis als in den Städten zu haben, nicht weil jene schlechter als diese wären,

wären, meistens sind sie viel besser, wenigstens für die Gesundheit besser eingerichtet, und dennoch wird der Tagelöhner für eine monathliche Miethe in der Stadt, ein halbes Jahr auf dem Lande wohnen können. Der Erwerb von ein paar Thaler baren Gelde, ist zwar auf dem Lande auch viel schwerer als in der Stadt; aber der arme Tagelöhner braucht dessen auch sehr wenig. Selbst die Miethe für seine Wohnung wird meistens ohne daß er es merkt durch seiner Hand Arbeit bei seinem Hausherrn abverdienet. Das bisher gesagte gilt sowol von Manns= als Frauenspersonen, beide finden so lang sie nicht krank, gebrechlich oder ganz lüberlich sind immer so viel Arbeit und Verdienst, womit sie ihren wenigen Bedürfnissen abhelfen können, daher werden sie nicht leicht zur Bettelei ihre Zuflucht nehmen. Ganz anders ist es in den Städten wo mehr Ursachen des Verarmens, und viel mehr Veranlassungen zu Betteleien sind. Was man im allgemeinen davon sagen kann, dienet nur dazu den Vorstehern der Armenpflege zu zeigen, worauf sie bei der Untersuchung, woher Armuth und Bettelei an ihrem Orte besonders rühret, zu sehen haben. Dies ist auch der Zweck den ich durch die öffentliche Bekanntmachung meiner hierin gemachten Erfahrungen zu erreichen wünsche, so wie ichs mit vielem Dank erkennen werde, wenn mir andere ihre Meinungen über diesen Gegenstand

stand mittheilen; denn ohne Zweifel übersehe ich bei dem sorgfältigsten Nachforschen noch manche Ursach des Verarmens meiner Mitbürger, und eben daher kann ich auch bei meinen Bemühungen die Quellen der Dürftigkeit zu verstopfen, und den Hang zur Bettelei zu schwächen in der Wahl der Mittel sehr leicht irren.

Armuth und Bettlersinn, sind keinesweges so genau mit einander verbunden, daß man sie nicht füglich von einander trennen könnte. Beide haben ihre verschiedene Ursachen, und es giebt auch für beide ganz verschiedene Mittel sie zu heben; daher rede ich zuerst von den Ursachen der Armuth verschiedener Einwohner der Stadt wo ich lebe, und zwar 1) **bei denen die durch ihre Schuld arm geworden sind.**

Bei den wiederholten, und auf mehrere Arten angestelleten Nachspürungen, woher bei den jezigen Theilnehmern an öffentlichen Allmosen (sie mögen unter den enrollirten Armen seyn, oder in der Stille Unterstüzung geniessen) ihre Dürftigkeit ursprünglich komme; habe ich bei Vielen, und wol bei den Allermeisten bemerkt, daß die Abweichung von einfachen Nahrungsmitteln, und die eingerissene Gewohnheit gegen Hunger und Durst täglich mehrere male ihre Zuflucht zum Caffe zu nehmen, ihren Vermögenszustand zerrüttet, und sie in Armuth versezt hat. Die in den niederen Classen lebenden Menschen, wohin

ich

ich Tagelöhner, und Handwerksgenossen die wenigen Verdienst haben rechne, müssen wenn sie nicht verarmen wollen, mit ihrer Zeit eben so sparsam als mit baarem Gelde umgehen, und jedes einzelne Glied der Familie, muß so viel es kann mit wirken, den Verdienst zu vermehren. Bricht nun die Hausfrau Tages einige mal von ihrem Spinnrade oder Nähezeuge ab, um jenes Getränk zu verfertigen; so gehet ein Theil des Verdienstes verlohren, der zur Aufrechthaltung ihres Wohlstandes mit im Anschlage war. Vielleicht ist der Mann gar ausser dem Hause in einer Werkstädte oder in Tagelohn, wohin ihm das Getränk durch die Hausfrau gebracht werden muß; so wird sie in ihrer Arbeit nicht nur abermals unterbrochen, sondern es giebt dieses auch eine gute Gelegenheit sich mit Anderen auf der Gasse, und in dem Hause ihrer Freundinn in Gespräche einzulassen, wodurch der Erwerb noch mehr verhindert wird. Dies ist eine Ursach die Verminderung der Einnahme zur sicheren Folge hat.

Eben dieses eingeführte Getränk veranlasset aber auch mehr Ausgaben, als eine einfache Lebensart. Es ist gewiß nicht gleichgültig ob der Tagelöhner, und die welche mit ihm gleiche Einnahmen haben, durch dieses Getränk, oder durch einheimische Nahrungsmittel ihr Leben erhalten. Jene fordern an und für sich schon einen viel grösseren Aufwand an baarem Gelde, und was

noch)

noch mehr ist, der Genuß derselben hebt die sonst gewöhnlichen Stärkungs- und Erquickungsmittel nicht auf, sondern bei den Meisten ist es ein hinzugekommenes Bedürfniß, wodurch die täglichen Ausgaben ausserordentlich vermehret werden. Der durch das Zubereiten und Austragen des Caffe verursachte Abgang an dem Verdienste der Hausfrau mag täglich leicht auf einen Mgr. gerechnet werden können, wenn nun das Getränk selbst auch täglich mit 1 Ggr. gestanden werden könnte, so wird dadurch der Vermögenszustand eines solchen Mannes doch jährlich um 5 Louisb'or zurückgesezet, denn seine Einnahme ist verhältnißmässig nicht mit gewachsen.

Hier haben wir also einen Weg der unvermeidlich zur Armuth führet gefunden. Viele von denen die bei der hiesigen Armencasse jezt Unterstüzung suchen betreten ihn, und sind auch selbst durch völlige Zerrüttung ihres Wohlstandes nicht von der üblen Gewohnheit zurückgebracht. Aber wie ist dann dem Uebel zu steuren? freilich sollte ich hier nicht blosse Krankheitsgeschichte erzehlen, ohne bewährte Heilmittel vorzuschlagen; allein so viele ihrer schon vorgeschlagen und angewendet wurden, haben sich doch sehr wenige als zum Zwecke hinreichend gerechtfertiget, und ausserdem liegt Wahl und Anwendung derselben ausser meiner Sphäre.

Bei

Bei Anderen habe ich den Grund ihrer Armuth in einem unzüchtigen Leben oder im Müssiggange, oder in Unmäßigkeit gefunden. Diese drei Laster, führen dem Vorsteher der Armencasse ganze Scharen zu, die ihn um Gaben ansprechen. Ein lüderliches wollüstiges Leben, stürzt besonders das weibliche Geschlecht in Armuth. Unter denen die durch die hiesige Armencasse unterstüzet werden, findet sich eine ganze Anzahl, die in früheren Jahren wol nichts weniger dachten, als daß sie, und zwar so bald von öffentlichen Allmosen leben sollten. Ihre Lebensgeschichte ist kurz folgende. Sie waren anfangs Dienstboten, die neben dem mit ihrer Herrschaft einsgewordenen Lohn, auch freie Beköstigung hatten, und also für nichts sorgen durften; ihre Zeit war aber nicht genug, oder wenigstens nicht mit solchen Arbeiten, die eine Anstrengung ihrer Kräfte forderten, ausgefüllet; und eben dadurch wurde diese Lage schon für ihre Tugend gefährlich. Hiezu kam daß sie mit Personen männlichen Geschlechts umgeben waren, die niederträchtig oder doch leichtsinnig genug dachten, boshafte Anschläge auf ihre Tugend zu fassen, und ihre sträflichen Absichten, unter Vorspieglungen mancher Art bei ihnen zu erreichen suchten. Einzelne Beispiele, da ihres Gleichen vor ihnen durch diesen Weg ein anscheinendes Glück machten, liessen sie über die mit den ersten Abweichungen von der Tugend verbundene grosse Gefahr, über die Schande welche sie durch ein unkeusches Leben auf sich lüden, leichtsinnig wegdenken. Gesezt auch, daß der Gedanke, du machst dich durch diesen Schritt zu einer verächtlichen Hure, denn dein jeziger Liebhaber wird und kann dich nicht heirathen, ihrer Leidenschaft einigen Einhalt thun wollte, so wurde dieses Hinderniß durch die Ueberzeugung, du wirst von dem Menschen gewiß ein ansehnliches Stück Geld bekommen, davon darfst du nur einige Thaler anwenden, so wirst du öffentlich legitimirt, und mit deinem Gelde kannst du alsdenn leicht einen Mann bekommen der in Zunft und Gilde stehet, bald weggeräumet. Von diesem Zeitpunkte an theilen sie sich gewöhnlich in zwei Hauptclassen, nicht als ob die, welche ihren gemachten Plan ausführen, gegen Armuth und Almosensuchen hinreichend gesichert wären. Eine kurze auf Facta gegründete Geschichte ihres künftigen Lebens wird zeigen daß sie oft eben so geschwind als die denen ihr Plan mißlungen war, der Allmosen bedürftig wurden.

Die durch die Hurerei auf sich geladene Schande wurde zwar durch eine öffentliche Ehrenerklärung von ihnen genommen, und da sie für die Aufopferung ihrer Tugend und zur Ernährung ihres Kindes wirklich ein ihren Umständen angemessenes ansehnliches Stück Geld erhalten hatten,

fan=

fanden sich auch bald Handwerksgesellen die einsahen, daß sie auf keine Art leichter Bürger und Meister werden könnten, als wenn sie diese Personen unter Versprechung der Ehe vermögten, die dazu erforderlichen Gelder herzuschiessen, dieses geschahe und sie wurden wirklich Meisterinnen einer ehrsamen Gilde. Gewöhnlich haben aber Leute dieser Art von einigen hundert Rthlr. eine gar zu grosse Vorstellung, die sie zu einem Aufwande verleitet, den ihre Casse nicht ertragen kann, daher war, ehe sie es sich versahen, ihr ganzer Reichthum dahin. Zur Fortsezung der einmal angefangenen Lebensart, nahmen sie ihre Zuflucht zum Leihen, oder zum Verpfänden der im Wohlstande angeschaften Sachen, diese Quelle versiegete aber nur gar zu bald, und es daurete bei manchen nicht lange, bis sie an den nothwendigsten Lebensmitteln Mangel hatten. Durch Tagelöhnerarbeit diesem abzuhelfen, war ihrer Meinung nach, ihrer Ehre zu nahe; daher blieb nichts anders übrig, als bei der Armencasse Unterstüzung zu suchen.

Andre erreichten den gehoften Zweck, sich mit ihrem Hurengelde einen Mann zu erkauffen nicht. Der Anwachs ihrer Bedürfnisse riß die erhaltenen Gelder zu bald weg, und sie sahen sich genöthiget ihre einmal angefangene Lebensart fortzusezen, oder so gleich ihre Zuflucht zur Armencasse zu nehmen. Wählen sie nun, wie es häu-

sig der Fall ist, das Erstere; so sind sie dadurch
keinesweges gegen Armuth gesichert, sondern es
wird durch diesen Aufschub, der Anspruch auf
Allmosen nur um desto dringender, wenn sie mit
zerrütteter Gesundheit und unvermögend zu Ge=
schäften ihren ganzen Unterhalt von der Armen=
casse verlangen.

Wie ist diesem Uebel vorzubauen? eine Frage
die so leicht nicht befriedigend beantwortet wer=
den kann. Ich will zwei Mittel die ich für die
Zweckmässigsten halte vorschlagen. Die Jugend
darf nicht eher aus der besonderen Aufsicht des
Lehrers entlassen werden, bis sie eine richtige und
deutliche Kenntniß von Recht und Unrecht hat.
Der Lehrer muß es sich, besonders in der lezten
Zeit des Unterrichts zu seinem Hauptgeschäft ma=
chen den Kindern das mit der Tugendübung ver=
bundene Gute, und das sichere traurige Gefolge
verschiedener einzelner Laster, besonders der Un=
keuschheit, recht anschaulich zu zeigen, ihnen die
zwar allgemeine aber wichtige Wahrheit: mit
Ausübung wissentlicher vorsäzlicher Sünden
ist Verlust der Gnade Gottes, und folglich
der Ruhe und des daurenden Glücks, auch
hier schon in dieser Welt unzertrennlich ver=
bunden, möglichst nahe zu bringen, und so in=
teressant zu machen, daß sie daran, wenn sie es
auch nicht wollten, erinnert werden. Bei denen
die nicht blos sinnlich sind, wird dieses Mittel

gewiß

gewiß von guter Würkung seyn. Aber es giebt auch solche die ihre Handlungen gar nicht nach Recht und Unrecht messen, sondern, so bald sie nur die Möglichkeit sehen, den übeln Folgen ihrer vorhabenden Unternehmungen auszuweichen, blos ihren Neigungen und Einfällen nachgehen. Diese würden, wie ich glaube, dadurch am besten von dem Wege der Unkeuschheit der zur Armuth führet zurückgeschreckt werden können, wenn nicht durchgängig, sondern nur in besonderen Fällen die auf die geschwächte Personen gefallene Schande durch eine öffentliche Ehrenerklärung weggenommen würde. Ich weiß wol daß man mir dagegen einwerfen kann: diese Einschränkung würde bei manchen zu Kindermord und ähnlichen Verbrechen Veranlassung geben. Darauf mögte ich aber antworten: der Gedanke, du kannst wieder legitimirt werden, hält gewiß wenige unkeusche Personen vom Kindermorde zurück, denn ihr unzüchtiges Leben wird ja doch, wenn sie sich gleich eine Ehrenerklärung geben lassen, bekannt, und folglich ist ihr guter Name, wenigstens in dem stillen Urtheil anderer über sie ohnehin verlohren. Meiner Meinung nach würde also eine solche Einschränkung der Legitimationen nicht schaden, sie würde aber gewiß manche leichtsinnige Person vorsichtig machen, und die welche jezt blos in der Absicht junge begüterte Leute an sich ziehen, um ein Stück Geld von ihnen zu erhalten,

ten, womit sie sich demnächst auf vorbeschriebene Art in einen Stand hineinkauffen können, zu dem sie sonst keine Hofnung haben, würden weil dieser Weg nicht so ganz offen wäre, auch weniger lüderlich seyn, und man würde folglich auch weniger Arme sowol unter den Erwachsenen als Kindern haben.

Daß Müssiggang arm macht, ist zu allgemein bekannt, als daß bei Anführung der Quellen, woraus Dürftigkeit entspringt, besonders darauf zu verweisen wäre: ich führe ihn nur aus dem Grunde mit an, weil ich die Erfahrung gemacht habe, daß es am allerschwersten ist einen wirklich Faulen so thätig zu machen, daß er sein Brod verdienet. Es finden sich unter denen, welche aus der hiesigen Armencasse Wohlthaten bekommen, auch einige, die in eine vollkommene Unthätigkeit versunken sind. Sie haben Kräfte genug, um von ihrer Hände Arbeit leben zu können, aber sie wollen sie durchaus nicht gebrauchen. Um zuerst die gelindesten Mittel anzuwenden, habe ich den Versuch gemacht, sie durch Versprechung des zweifachen Lohns, von ihrem Faullager aufzulokken und an eine Arbeit zu bringen, aber es war vergebens. Eben so fruchtlos war es wenn sie durch Hülfe der Obrigkeit in ein Gefängniß geführet wurden, und daselbst eine Zeitlang bei Wasser und Brod sizen musten. Das einzige Mittel sie noch irgend thätig wieder zu machen, ist der

wirk=

wirkliche Hunger. Sie müssen in einem Arbeits=
hause verwahret werden, damit ihnen alle Gele=
genheit zur Bettelei benommen wird. Hier müs=
sen sie eine Beschäftigung finden, womit sie sich
so viel als zu ihrem Unterhalt nöthig ist verdienen
können, von ihrem Verdienst muß das was zur
Bezahlung der Wohnung, und zur Erhaltung der
Kleidung erfordert wird, abgezogen, und für
das Uebrige gerade so viel Nahrungsmittel ange=
schaft, und ihnen gereicht werden, als man da=
für haben kann. Es darf auch wenigstens die er=
sten Wochen durch, den Ihrigen nicht verstattet
werden ihnen etwas mehreres zuzutragen. Als=
denn werden sie mit den zum menschlichen Leben
gehörenden Bedürfnissen wieder bekannt, und ih=
re Hände lernen wieder arbeiten. Auf diese, und
keine andere Weise lässet sich, so weit meine Er=
fahrung reicht, ein wirklich Fauler bessern.

Jedes Laster lohnet seine Diener mit Elend,
und so hat auch die Trunkenheit schon eine grosse
Menge Menschen zu Grunde gerichtet und ganze
Familien in Armuth gestürzt. Die Veranlassun=
gen dazu sind so verschieden, daß es viel zu weit=
läuftig seyn würde sie hier namhaft zu machen,
und eben deswegen ist es sehr schwer, diensame
Gegenmittel zur Verminderung der eingerissenen
Völlerei anzugeben und zu gebrauchen. Die
welche einmal diesem Laster ergeben sind, können
nicht wohl anders, als wenn man sie die drücken=
de

be Last des Mangels recht empfinden läffet, zur Ordnung und Thätigkeit wieder zurückgebracht werden. Zu dem Ende würde es nöthig seyn, solchen Armen, welche die Trunkenheit lieben, eine ihren Bedürfnissen nur sparsam angemessene Unterstüzung aus der Armencasse zu reichen, und wenn sie, oder ihre Kinder betteln, sie ganz und gar abzuweisen.

Dies wären etwa die mir bekannten Hauptquellen der Dürftigkeit wobei eigne Verschuldung zum Grunde liegt, und eine kurze Anzeige der nach meiner Ueberzeugung dienfamsten Mittel sie zu verstopfen, und die bereits Verarmten in einen besseren Zustand wieder zu sezen.

Es giebt unter den Armen aber auch

2) solche die ohne ihr Verschulden dahin gekommen sind, daß sie durch Allmosen unterstüzet werden müssen. Hier liegen mir die Kinder, für deren Ernährung und Erziehung die Armenpflege zu sorgen hat am nächsten. Sie mögen nun wahre Waisen seyn, oder noch kranke, unvermögsame auch wol schlechtdenkende Eltern am Leben haben, so verdienen sie die grösseste Aufmerksamkeit und Fürsorge.

Es ist bei gemeinen Leuten eine sehr gewöhnliche Art zu denken, daß sie ganz zufrieden sind, so bald sie für sich und die Ihrigen aus einem Tage in den anderen ihr Fortkommen haben. Manche suchten sich zwar wol gern durch Ersparung

rung einiges Vorraths gegen einen kommenden Mangel zu sichern, gern auf den Fall ihres früheren Todes, ihren nachbleibenden Kindern einiges Vermögen zu erwerben, aber ihr eingeschränkter Verdienst giebt ihnen nicht mehr als die tägliche Nothdurft erfordert. Nun sterben sie, und lassen ihre Kinder in Dürftigkeit zurück, wer wird da sonst ihre Stelle vertreten als der Vorsteher der Armencasse? Diese Waisen verdienen es vor Anderen, durch milde Gaben fortgeholfen zu werden, und ich bin überzeugt daß jeder der zur Casse beisteuert von seinem Beitrage keine zweckmässigere Anwendung wünschen wird, als daß man ihn zur Ernährung und Erziehung hülfloser Kinder mit benuzt: Denn grade da wird durch die Armencasse in mehrerem Betracht Gutes gewürkt; sie erhält dem Staat Menschen, die sonst vielleicht ihre Gesundheit verlöhren, früher als nun ihr Ende fänden, sie bildet aus diesem und jenem einen fleissigen Arbeiter, einen Christen, der mit seinen Händen in der Folge wieder etwas Gutes schaffet damit er Dürftigen geben kann. Dies ist, wie mir deucht die Zweckmässigste Anwendung die sich von Armengeldern machen lässet. Wird ein Hungriger durch eine Gabe gespeiset, ein Kranker erquickt; so bleibt dies zwar Wohlthat und rechtmässige Benuzung der Allmosencasse, aber durch sie das zu ersezen was Kindern durch den Verlust ihrer Eltern abging, ist noch

grösse=

gröſſere Wohlthat für die einzelnen ſo ſie empfangen und für den Staat dem durch ihre gute Erziehung nützliche Bürger geſchenkt werden. Bei jenen Alten und Kranken ſind Allmoſen alſo Mittel das Uebel zu mindern, hier aber würken ſie kräftig zur Vermehrung des Guten für Zeit und Zukunft. So dachte ich bisher, wenn ich von Elterloſen Kindern in dieſer oder jener Gegend der Stadt Nachricht erhielt; Ohne erſt zu berechnen was ihre Ernährung, ihr Unterricht, ihre ganze Bildung für Koſten erfordern würde, ſuchte ich ihnen Pfleger und Erzieher zu ſchaffen, und mein wohlthätiges Publicum zeigte durch die Billigung meines Unternehmens, daß es völlig mit mir einſtimmig war.

Es giebt leider aber auch Eltern die ihren Kindern das gar nicht ſind was ſie ſeyn ſollten; die kaum ihrer erſten Pflicht, für den Unterhalt der Ihrigen zu ſorgen, eingedenk ſind, geſchweige denn, daß ſie ſich um ihre Erziehung bekümmerten; denen es ganz gleichgültig zu ſeyn ſcheinet; ob der Menſch der von ihnen abſtammet künftig glücklich oder unglücklich iſt, ob er in der Folge Andern zum Nuzen oder zum Schaden gereicht. Sind ſolche Kinder weniger elend und mitleidswürdig als die vorhin genannten? In Wahrheit, ſie ſind in manchem Betracht in einer noch traurigern Lage als jene. Wie viel Schaden verurſacht ein böſes Beiſpiel, und noch dazu

von

von Eltern, bei der Jugend! und diese haben doch solche Kinder meistens täglich vor Augen. In diesen Häusern herrschen gewöhnlich Faulheit oder Trunkenheit, oft sind sie beide verbunden. Der entstehende Mangel giebt zu Uneinigkeiten unter den Eltern Veranlassung, und der übermässige Genuß geistiger Getränke bringt sie dahin daß sie sich wechselsweise schelten und schlagen. Sie entwerfen in Gegenwart ihrer Kinder Plane zu Betrügereien und Diebstal, verlangen von diesen Hülfleistungen zur Ausführung ihrer Entwürfe und suchen sie bald durch Versprechungen bald durch Drohungen zum Betteln und Stelen zu bewegen. Stehen solche Kinder nicht in der äussersten Gefahr ganz verdorben zu werden? Das einzige sichere Mittel dies zu verhüten ist wol, sie aus aller Verbindung mit ihren Eltern zu sezen. Durch obrigkeitliche Strafen kann zwar auf eine Zeitlang Ruhe gestiftet werden, aber das bewürken sie nicht, den Kindern eine gute Erziehung zu schaffen. Nach diesen Grundsäzen habe ich schon mehrmals gehandelt, Kinder aus ihrem elterlichen Hause weggenommen, bei andere gutdenkende Personen ausgethan und dabei die Freude gehabt, daß der Erfolg mein Unternehmen gerechtfertiget hat. So viel auch auf diesen Theil der Armenpflege von den gesammleten Wohlthaten verwendet wird; so ist doch diese Ausgabe der Saat gleich, welche der emsige Landmann

dem

dem Schoße der Erde vertrauet, und denn ruhig das Gedeihen vom Schöpfer bis zum Tage der Erndte erwartet.

Wenn der Tobt einen Vater von unversorgten und unerzogenen Kindern wegnimt, der zwar so lange er lebte mit den Seinen das tägliche Auskommen hatte, aber an keinen Vorrath denken konnte; so werden durch den Abgang dieses einzigen Menschen oft mehrere Personen in einen sehr hülfsbedürftigen Zustand gesezet. Bei Lebzeiten des Mannes besorgte die Mutter ihre häuslichen Geschäfte, und das Wenige welches sie nebenzu verdienete reichte mit seinem Erwerbe zusammen genommen grade hin, die zum Leben nothwendigen Ausgaben zu bestreiten. Soll diese hinterlaßene Familie nun nicht Hunger und Blöße leiden; so muß jener Abgang an Verdienst, wenigstens zum Theil aus der Armencaße ersezet werden. Bei der hiesigen Armenpflege wird in solchen Fällen gewöhnlich der Unterricht in der Schule besorgt, und wenn mehr oder weniger Kinder da sind nach Beschaffenheit der Umstände, der Mutter eine monathliche Unterstüzung aus der Armencaße gegeben.

Das hinsinkende Alter liefert dem Vorsteher der Armencaße ebenfalls hülfsbedürftige Menschen. So lang diese jezt Unvermögenden, Kräfte zur Arbeit hatten, waren sie thätige Bürger und halfen die allgemeinen Lasten mit tragen. Nun kann

ihre

ihre Hand nicht mehr würken, und das Wenige welches sie vorhin erworben, haben sie bei zunehmender Schwachheit zusezen müssen; Ihr graues Haupt, ihre nun wankenden Füsse und zitternden Hände müssen in jedem fühlenden Herzen das wärmeste Mitleiden erregen, müssen den Armenpfleger werkthätig für ihre Unterstüzung machen.

Manche sind auch durch Schwäche ihrer Seelenkräfte in Armuth gekommen. Diese, von denen ich hier rede sind zwar nicht ganz des Gebrauchs ihrer Vernunft beraubt, aber sie haben doch nicht Kräfte des Geistes genug sich mit Arbeiten durchzuhelfen. Personen dieser Art dürfen der Aufmerksamkeit des Armenpflegers nicht entgehen, wenn es mit ihnen nicht nach und nach bis zum äussersten Mangel und zu einem hohen Grade der Schwermuth kommen soll. Am besten wird für sie gesorgt werden, wenn man sie mit einem vernünftigen, rechtschaffenen und sanften Menschen in Verbindung zu bringen sucht, wo sie unter dessen Leitung, ohne daß sie es merken arbeiten müssen. Können sie nicht so viel als zu ihrer Versorgung erfordert wird verdienen; so muß das Fehlende aus der Armencasse ersezt werden. Bei Manchen ist in der Art und Weise ihnen diese Unterstüzung zu leisten ebenfalls die grösseste Vorsichtigkeit anzuwenden, damit sie sich nicht auf die Hülfleistungen verlassen, und also träge und nachlässig in ihren Arbeiten werden, oder

I, 1.   F   auf

auf der anderen Seite allen Muth verlieren. Der beste Weg ist wol, daß ihnen eben so viel als Anderen, die mit ihnen arbeiten, wenn sie gleich nicht so viel verdienen, an Lohn gereicht wird, und daß diesen Ueberschuß ohne daß sie es erfahren die Armencasse ersezt. Auf diese Art habe ich vor einen Jahre einem jungen Mann von etwa 24 Jahren, der in seiner Schwermuth schon sehr weit herunter gekommen war, wieder in solche Ordnung gebracht daß er hernach gleich anderen Arbeitern sein Brot ordentlich verdiente.

Unter diejenigen welche ohne ihre Schuld hülfsbedürftig werden, gehören auch kranke und gebrechliche Personen. Die Lezteren haben entweder von ihrer Geburt her, oder doch schon seit ihrer Kindheit einen verstümmelten Körper, der sie ausser Stand sezte, sich nach Gefallen eine Beschäftigung zu wählen; oder sie sind erst in späteren Jahren gebrechlich geworden, und deshalb nicht im Stande in der einmal ergriffenen Lebensart ihr Brot zu verdienen. Sie mögen nun gehören zu welcher Classe sie wollen, so sind sie ein würdiger Gegenstand der Armenpflege.

Bei ungesunden Kindern kömmt es hauptsächlich darauf an, daß man, wenn ihre Gebrechlichkeit nicht gehoben werden kann, eine ihren Kräften angemessene Beschäftigung zu finden sucht, damit sie, wenn gleich der Verdienst von ihren Arbeiten unbeträchtlich seyn sollte, doch etwas

wir-

wirken und gegen gänzliche Unthätigkeit, die auf die Dauer unerträglich drückt und zu vielem Bösen Veranlassung giebt, gesichert werden.

Andere welche später da sie schon eine gewisse Lebensart ergriffen haben, Gebrechen an ihrem Körper erfahren, die sie zu ihrer bisherigen Arbeit untügtig machen, dürfen ebenfalls, wenn es nicht die höchste Noth erfordert, nicht ganz und gar von Allmosen ernähret werden. Es werden sich auch, nur wenige Fälle ausgenommen noch immer Beschäftigungen finden die für ihre Kräfte passend sind. Unter den hiesigen Armen die zu dieser Classe gehören, sind Einige die zwar ihres gebrechlichen Körpers wegen wenig oder gar nicht auffer Bette seyn können, bemohngeachtet verdienen sie sich noch durch Strumpfestricken etwas zu ihrem Unterhalte. Die Materialien dazu werden ihnen von der Armenpflege zugeschickt, und für die Arbeit erhalten sie zur Ermunterung etwas mehr als der gewöhnliche Lohn ist. Auf diese Weise bleiben sie, ob sie gleich aus ihrem ehemaligen Würkungskreise herausgerissen sind, doch immer noch in einiger Thätigkeit.

Werden Personen die von ihren täglichen Arbeiten nichts weiter haben, als zur nothdürftigen Befriedigung ihrer Bedürfnisse gehöret mit Krankheiten beladen; so müssen sie nothwendig von Seiten der Armenpflege unterstüzet werden, und der Vorsteher der Casse muß, wenn ihnen würklich sich Erleichterung geschafft werden soll, wissen, in welchen Stücken und in welchem Grade sie Mangel haben. Sie lassen sich unter drei Hauptclassen bringen. Bei einigen verursacht die Krankheit blos einen Stillstand in ihrer Arbeit und hält die Ihrigen ab, dem zu ihrem Fortkommen nöthigen Verdienst gehörig nachzugehen. Diesen ist noch am allerleichtesten zu helfen. So bald sich ein Arzt des Kranken unentgeldlich annimt, und die erforderliche Arzenei aus einer öffentlichen Casse bezahlet wird, ist nichts weiter nöthig als daß die Armencasse zur Verpflegung des Kranken, und in so fern der Wärter einen Abgang an seinem Verdienst leidet, dafür etwas herschießt.

Andere sind schon in einer übelern Lage, ob sie gleich noch nicht zu den Elendesten gehören. Sie haben keine so nahe Angehörige auf deren Beistand sie in ihren Krankheiten sicher rechnen könnten. Ihr Aufenthaltsort ist nicht ungesund, sie sind auch nicht ganz von Betten und Kleidungsstücken entblößt, aber weiter als dies haben sie auch nichts in ihre Krankheit gebracht was ihnen ihren Zustand erträglich machte und worauf sie zu ihrer Pflege greifen könnten. Es ist nun die Frage wie solchen Personen am leichtesten und besten geholfen werden kann? Nach meinen Grundsäzen ist jeder Mensch, der Arme wie der Reiche zu den Pflichten des geselschaftlichen Lebens verbunden. Was dieser durch Andere gegen einen

Lohn

Lohn beschaffen kann, dazu muß jener seine Kräfte anwenden. Bei einer guten Armenpflege wird deßhalb ein Verzeichniß von denen aus den Armen, die zur Hülfleistung für Kranke noch brauchbar sind gehalten, diese müssen wenn Einer oder der Andere aus ihrer Geselschaft erkranket, nach der Reihe etwa 24 Stunden dem Kranken zur Hand gehen, für den Gebrauch der Arzenei sorgen, und ihm, was er zu seiner Erquickung bedarf reichen, wofür sie eine kleine Belohnung aus der Casse erhalten, die sie für die Versäumniß ihrer Arbeiten auf welche bei der Bestimmung ihrer Allmosenportion mit gerechnet war, entschädiget. Die übrigen Bedürfnisse als Holz zur Heizung des Zimmers, etwas Speise, Getränke und Licht, muß von Seiten der Armencasse angeschafft werden. In einem weit beklagenswürdigern Zustande finden sich endlich solche arme Kranke, die schon in ihren gesunden Tagen zufrieden seyn musten, wenn sie nur Obdach fanden. Alles was sie für Wohnung aufbringen konnten reichte nicht weiter, als etwa einen Plaz auf einem Boden, oder sonst einem Ort, war er auch noch so feucht und ungesund in Miethe zu nehmen. Betten oder sonst etwas worauf sie ruhen und was ihnen zur Decke dienen könnte hatten sie lange nicht mehr, ein wenig Stroh auf den Gipsboden, oder auf die feuchte Erde hingeworfen ist häufig ihre Lagerstäbte, und einige zerrissene Kleidungsstücke

stücke sind ihre Decke, ja, ich übertreibe die Sache nicht wenn ich sage daß sie oft fast ganz nakkend sind. Wahrlich, ein solches Krankenlager zeigt das menschliche Elend in seiner ganzen Grösse, erregt Empfindungen für die ich gar keine passende Ausdrücke habe. Wenn sein Beruf dahin führet, (denn ausserdem kömmt selten jemand zu ihnen) der muß nothwendig bei dem Anblicke dieser Elenden zum alleräussersten Mitleiden hingerissen werden. Der blosse Instinct des Mitleids wird bei einem solchen Anblick auf das lebhafteste erregt, wie sollte dann nicht der, dessen Herz durch christliche Grundsäze zur allgemeinen thätigen Bruderliebe gebildet ist, sich unmittelbar entschliessen auch mit Aufopferung, die eine der beiden so schweren Bürden zu erleichtern, die seinen armen kranken Bruder drücken. Aber wie bald wird die Forderung seines Herzens sein Vermögen übertreffen, wie bald wird er fühlen daß er allein nicht im Stande ist das Elend zu lindern dessen Anblick sein Herz preßt, und was bleibt ihm da übrig als Andere aufzufordern daß sie ihm beitreten, mit ihm und durch ihn den leidenden wohlzuthun und ihren bejammernswürdigen Zustand etwas erträglich zu machen. Für die welche mir als Mitbewohner einer Stadt zunächst angehen habe ich bislang mein begütertes Publicum wiederholt gebeten und bin durch die Wohlthätigkeit der hiesigen Armenfreunde im

Stande

Stande gewesen das drückende Elend dieser Kranken wenigstens in etwas zu erleichtern. Schon dies war für mich so innigst erfreuend, daß ich den Wunsch meines Herzens nicht verhelen kann: Die Vorsehung erhalte an jedem Orte wo Elende dieser Art sind, auch unter den Begüterten milde Geber zur Erquickung der Hülfsbedürftigen, besonders der Kranken.

Wie ich jenen Hülfsbedürftigen bisher zu helfen suchte, und was ich noch für einen Plan zu ihrer Hülfe entworfen habe, will ich hier als einen Wink für diejenigen die mit mir an einem Zwecke arbeiten kurz anzeigen, wer ihn ausführen kann mit dem will ich mich theilnehmend herzlich freuen — mögte ich's doch selbst können! Ein Kranker muß nothwendig, wenn die ihm gegebene Arzenei etwas gutes wirken soll, gegen Kälte, und andere dem Körper nachtheilige Umstände gesichert werden. Dieses kann auf zweierlei Weise geschehen.

1) Die Armencasse lässet einen gewissen Vorrath leichte Bettestellen, Strohsäcke und Pfüle zum Lager und wollene Decken zur Bedeckung verfertigen, diese wie sie zusammen gehören mit Nummern versehen und die sämmtlichen Sachen in ein gehöriges Verzeichniß bringen.

So bald es nun einem erkrankten Armen an einem oder dem anderen Stücke fehlet, wird ihm solches von der Armenpflege zugeschickt, des Empfänpfängers Name, so wie der Tag wann er solches erhalten hat, bei die Nummer in das Verzeichniß geschrieben. So lang die Krankheit dauert, bleiben die hingegebenen Stücke zum Gebrauch des Armen, bei seiner Genesung oder nach seinem Tode wird das Leinen zu dem Sacke und Pfüle ausgewaschen, die Decke ausgewalkt und bis zum neuen Gebrauch aufgehangen; diese Zurücklieferung wird alsdenn ebenfalls mit der Bemerkung des Tages in dem Register gehörigen Orts angeschrieben, so daß man genau wissen kann, welche Stücke und wohin sie ausgethan sind. Auf diese Weise wird den armen Kranken einige Erleichterung geschaft, und dahin bin ich gekommen. Aber diese Vorkehrung erreicht in manchen Fällen den Zweck nicht genug, da ist sie unzulänglich, wo der Aufenthaltsort des Kranken ungesund ist. Besser wäre es daher

2) wenn ein paar Zimmer in einem besonderen Hause ganz dazu eingerichtet würden, daß Arme aus dieser Classe, so bald sie erkrankten, daselbst verpflegt und von einem bestimmten Arzt mit Arzenei versehen werden könnten. Eine solche Anstalt scheinet beim ersten Anblick sehr kostbar zu seyn, bei genauerer Beurtheilung wird man aber finden daß der Unterschied der Kosten zwischen beiden Vorschlägen so sehr groß nicht ist. Es ist aus der Sache selbst klar und die Erfahrung bestätigt es, daß ein Kranker, der besonders

ders zur Winterzeit auf einem Boden unter den Ziegeln, oder in einer feuchten Kammer an der Erde sein Lager hat, viel länger durch die Armencasse verpflegt werden muß, als wann die Hindernisse, wodurch die Wirkungen der Arzneien aufgehalten werden, weggeräumet sind, und der Kranke an einem gesunden Orte liegt. Der Dunst in den Kammern wohin weiter keine frische Luft kömmt als wenn sich die Thür einmal öfnet, oder der durchziehende Wind auf dem Boden, verursachen auch oft neue Uebel die den Kranken an einem gesunden Orte nicht zugestossen seyn würden; dieses macht daß die Armencasse, da wo sie sonst den Kranken vielleicht nur einige Wochen zu verpflegen hätte, nun mehrere Monathe, ja wol ein ganzes Jahr und noch länger Kosten für ihn aufwenden muß. Vergleicht man dieses mit einander so wird sich ergeben daß die leztere viel zweckmässigere Art der Krankenverpflegung, wenn man die Einrichtung des Hauses davon abrechnet, wenig kostbarer als die Erste ist. Die Wartung des Kranken kann in einem solchen Hause eben so gut und noch besser durch Arme besorgt werden, als wenn die Kranken in ihren Wohnungen liegen, theils weil eine Person mehreren Kranken, die sie um sich hat zur Hand gehen kann, theils weil man auch viel besser auf sie achten und den rechten Gebrauch der verordneten Arzeneien besorgen kann.

V.
Hirtenbrief des Bischofs zu Wirzburg.

Wir Franz Ludwig, Bischof zu Bamberg und Würzburg ꝛc.

Allen Gläubigen, Unsers Bistums Wirzburg, Heil und Seegen in dem Herrn.

Schon wieder und mit verstärktem Tone erheben wir unsere oberhirtliche Stimme, um Euch die Pflicht der christlichen Liebe gegen den dürftigen Nächsten noch einmal an das Herz zu legen. Wir fürchten zwar nicht, daß unsere wiederholte Sprache von einer so wesentlichen Religionspflicht Euch Ueberdruß und Eckel verursachen werde. Wenn ihr Euch aber dennoch gegen Unser besseres Vermuthen darüber befremden solltet: so erinneren Wir Euch an die Kraftworte des H. Johannes, womit er seine über die immerwährende Empfelung der Nächstenliebe verdrüssigen Jünger zurecht wies. Meine lieben Kinder, sprach er, ich erneuere und wiederhole Euch so oft diese Sprache, weil die Nächstenliebe Gottes Geboth ist, und weil mir es genug ist, wenn ihr mir nur darin Gehör gebt. Wir wollen Euch auch nicht verbergen, daß es Uns bei Unseren bisherigen Wahrnehmungen und Erfahrnissen,

fen, eine dringende Herzensangelegenheit ist, Euch unsere Gesinnungen und Ueberzeugungen in Ansehung dieses wichtigen Gegenstandes, bei schicklichen Gelegenheiten unverholen mitzutheilen. Nun welche Gelegenheit kann hiezu schicklicher als jene seyn, welche Uns durch die vorseyende Fastenzeit und durch das Jahrsgedächtniß der Geheimnisse des leidenden Heilandes von selbsten dargeboten wird? Die catholische Kirche eröffnet zu dieser heiligen Zeit die grosse Schaubühne der zärtlichsten und musterhaftesten Liebe gegen das hülflose Menschengeschlecht. Der ewige Gottessohn erniedrigt sich bis zur Gestalt eines Knechts — wird wegen uns arm — hat, da die Füchse Höhlen und die Vögel Nester haben, nicht einmal etwas, wo er sein Haupt hinlege — ringt mit allen Beschwernissen der tiefsten Verachtung, der schwärzesten Verläumdung, der trostlosesten Verlassenheit — wird zur Tilgung der Sünde als ein unschuldiges Lamm zur Schlachtbank geliefert — öfnet seinen Mund nicht zur Klage, sondern zum Versöhnungsgebet für die Mörder — giebt Blut, Leib, Leben und Seele dahin, nur damit die der menschlichen Natur nach mit Ihm verbrüderten Kinder Adams das Leben davon trügen, und mit Ueberfluß davon trügen.

Geliebte in dem Herrn! Wäre es Euch möglich, daß Ihr bei einem so reizenden und so

unwi=

unwiderstehlichen Muster der Nächstenliebe, Euer Herz gegen Euere dürftigen Mitbrüder verschlossen? wenn Ihr auch fähig wäret, gegen den lauten Zuruf der Vernunft und der Religion taub, Gefühl= und Liebelos zu bleiben, könntet Ihr es wohl bei diesem zudringlichen Beispiel Eures so thätig und großmüthig liebenden Heilandes bleiben?' Solltet Ihr wol Eueren um Liebe und Hülfe flehenden Mitbürgern, einen Theil Euerer zeitlichen Güter versagen, da wo Ihr wahrnehmet, daß der göttliche Heiland Euch auf Kosten seines theuersten Bluts das ganze volle Maas geistlicher und ewiger Güter erworben, und zu diesem Ende alles und alles, was Er als Mensch hatte, ohne Abbruch und Ausnahme für Euch dahin gegeben, ja noch oben darein versichert hat, Er wolle das, was man den Armen in seinem Namen erweiset, so ansehen und so vergelten, als wenn es Ihm selbst erwiesen worden wäre?

Zwar hat der größte Theil unter Euch bereits die rühmlichsten Beweise geliefert, daß Ihr von den ächten Grundsäzen der christlichen Liebe und Mildthätigkeit wohl durchdrungen seyd; und Wir bemerken mit innigster Rührung und Freude, daß Unsere zum Besten der Armen getroffenen Anstalten, wodurch wir Euerer Wohlthätigkeit die gemeinnüzigste Richtung geben wollten, nach und nach in Aufnahme und Gedeihen kommen,

men, und daß recht viele redliche und thätige Männer aus dem geist- und weltlichen Stande dahier in unserer Residenzstadt sowol als auf dem Lande, zur Erreichung Unseres auf das Wohl des Staats und der Religion abgesehenen Zweckes unermüdet bewirken: Da aber einem zahlreichen und dem Stande und Vermögen nach eben so als den Gesinnungen und Grundsäzen nach verschiedenen Volke immer Ausnahmen eintreten, und Wir darum auch auffer Stand sind, diese öffentlichen Aeusserungen Unserer Zufriedenheit auf alle einzelne Orte Unseres Hochstifts oder gar auf alle einzelne vor Gott und ihrem Gewissen zum Almosengeben verbundene Diöcesane auszudehnen: So lassen Wir es Uns zum Geschäft und zur Pflicht seyn, Euch hier noch einmal mit der ganzen vollen Kraft Unseres Bischöflichen Ansehens zu erinneren, und mit aller Zubringlichkeit Unseres Euch in Christo umfangenden Herzens zu bitten, daß Ihr Euere mildthätige Liebe gegen arme Mitbürger und Mitchristen nach dem Gebote und Geiste der Religion thätig bewähren, und hiedurch das Wohl und die Dauer Unseres Armeninstituts mit vereinigten Kräften unterstüzen wollet. Schon ohne Unsere Belehrung werdet oder solltet Ihr wenigstens wissen, daß das stands- und vermögensmässige Almosengeben keine willkührliche und der menschlichen Eigenliebe und Habsucht freistehende Sache ist, sondern daß

es

es vielmehr für den Christen eine ausdrücklich gebotene und schwer verbindliche Religionspflicht ist, eine Religionspflicht, deren treue Erfüllung den Hauptkarakter eines von Nächstenliebe durchdrungenen Christen ausmacht, und deren sträfliche Verlezung den lieblosen Scheinchristen auszeichnet. Seyd barmherzig, lauten die deutlichen Worte der H. Schrift, seyd barmherzig, wie Euer Vater barmherzig ist. — Es wird ein Gericht ohne Barmherzigkeit über den ergehen, der keine Barmherzigkeit hat. — Wer irdische Güter besizet, und dennoch fähig ist, sein Herz bei dem Anblicke eines Nothleidenden zu verschliessen, kann keine wahre Liebe haben. Freilich können und dürfen die Kirche, und Kirchenvorsteher das eigentliche Maas des schuldigen Allmosens um deswillen nicht bestimmen, weil die Religion dessen verhältnißmässige Bestimmung der christlichen Liebe auf Treue und Glauben heimgestellet hat: Allein wie groß ist nicht der Umfang der ächten christlichen Liebe? wie unerschöpflich sind nicht ihre heiligen Quellen? wie zärtlich, wie großmüthig, wie sinnreich ist nicht ihr wohlwollender und wohlthätiger Geist? wie weislich und wie ausgiebig hat nicht der göttliche Religionsstifter für diese nothleidende Menschen gesorgt, da Er den Maaßstab ihres zu lindernden Geschicks den Händen der christlichen Liebe anvertrauet, und diese allein

lein Ihnen zur klugen und großmüthigen Pflege=
mutter angewiesen hat? denn so leicht es auch
ist, im Almosengeben die Augen und die Urthei=
le der Welt zu täuschen: so schwer und unmög=
lich ist es, jene des unsichtbaren Gottes zu hin=
tergehen, der die Ausspendung und das Maas
des Almosens von der Liebe fordert, und bei sei=
nen Forderungen die Herzen und Nieren durch=
forschet. Auch haben zwar die tückische Eigen=
liebe und der lichtscheue Geiz, ihre Ausflüchte
und Schlupfwinkel, wo sie dem Ihnen lästigen
Zuruf der Armen und des Bischofs ausweichen
und trozen können: allein können sie wol auch
die laute Stimme der Religion und der christli=
chen Liebe ersticken, welche Ihnen unaufhörlich
den grossen Grundsaz einprediget, den**k**e **d**ich **in**
die **L**age **d**einer **h**ülfsbe**d**ürftigen **M**it**b**rü**=**
der **h**innein, un**d** was **du** wünschtest un**d**
wolltest, **d**aß sie **d**ir **d**auin leisten sollten,
das leiste Ihnen nun auch! Gott, Religion
und Liebe vertheidigen die Rechte und Befugnis=
se der schuldlosen Armuth, siegen über alle Aus=
flüchte und Einreden des eng= und hartherzigen
Christen, reissen Ihm alle seine trügliche Masken
vom Gesichte, und verabscheuen, und verdammen
Ihn zur Zeit wo er den unverdienten Beifall sei=
ner menschlichen Obrigkeit erschleicht, oder we=
nigstens ihre Aufsicht und Anstalt vereitelt; Doch,
Geliebte in dem Herrn! werden Gott, Reli=
gion

gion und Liebe nicht mit einem jeglichen und dem
nächsten besten Allmosen befriediget: sie fordern
**ein kluges und ein großmüthiges Allmosen von
Euch.**

Klug ist Euer Allmosen, wenn Ihr so viel
von Eurem zeitlichen Vermögen in den Schoos
der Armen hingebt, als ihr ohne Verletzung der
wohlverstandenen Selbstliebe und ohne Nachtheil
Eures eigenen wohlgeordneten Hauswesens hin=
geben könnt, und wenn Ihr es mit reiner Ab=
sicht, mit christlicher Treue, und mit vorsichti=
ger Auswahl so dahingebt, daß es einerseits zur
Erfüllung des grossen Gebots der Nächstenliebe
und zur Erwerbung eines übernatürlichen Ver=
dienstes, und andererseits zur Erreichung des
hierunter bezielten Endzwecks geeignet und zurei=
chend ist. Da nun diese Eigenschaften und Be=
dingnisse einer klugen Mildthätigkeit, zum Theil
von euerem eigenen Herzen abhangen, und zum
Theil durch das in unserem Lande bestehende Armen=
institut vorzüglich befördert und erleichtert wer=
den: Wo und wie könntet Ihr euere christliche
Klugheit im Allmosengeben besser bewähren, wo
und wie wäret Ihr gegen die Gefahr der Ueber=
raschung und des Betrugs mehr gesichert, wo
und wie wäret Ihr von der verlässigen Ueberein=
stimmung der Mittel mit dem Endzwecke vester
überzeugt, als wenn Ihr euere milden Beiträge
der allgemeinen Kasse des obberührten Instituts

anver=

anvertrauet, und hieburch das grosse und nur von vereinigten Kräften zu erwartenbe Werk Unserer Armenanstalten, ausführen und beförderen helfet? Wäre nicht selbst die gutwillige Verzicht auf euere eigene freie und in so mancher Rücksicht gefahrdenvolle Auswahl der Dürftigen, und die redliche Handhabung eines so gemeinnüzigen Plans der beste Beweis euerer Klugheit, und ein neuer Stoff des Verdienstes?

Großmüthig ist Euer Allmosen, wenn es nicht mit niedrigen Zügen des Kleingeistes, und nicht mit unedeln Merkmalen der Kargheit, sondern nur mit dem erhabenen Gepräge der christlichen Liebe und Seelengrösse gestempelt ist. Gesparsamkeit und Haushaltungskunst haben zwar zu jeglicher Zeit, und besonders bei den jezigen eben nicht günstigen Zeitläuften ihren entschiedenen Werth, und sind für manchen Hausvater nach Verhältniß seiner häuslichen Umstände eine unumgängliche Standspflicht: allein die Gegenstände dieser häuslichen Tugenden sind so mannigfaltig und zahlreich, und die Gelegenheiten ihrer wirklichen Ausübung sind so alltäglich und häufig, daß man immer gesparsam und wirthschaftlich genug seyn kann, ohne eben der verhältnißmässigen Großmuth im Allmosengeben zu nahe treten zu müssen. Lächerlich aber und unredlich wäre es, wenn man seine häuslichen Einschränkungen bei den Armen anfangen, und sich

I, 1.   G   durch

durch kärgliches Almosengeben das Ansehn eines guten Wirths geben wollte: nicht nur aber lächerlich und unreblich, sondern grausam und unchristlich wäre es, wenn man bei übertriebener und unstandesmässiger Kleiderpracht, bei kostbaren Vergnügungen, bei unnöthigen und zum Theil sündhaften Befriedigungen der geldverschlingenden Sinnlichkeit die billigen Geseze der Sparsamkeit mißkennen, und sie nur lediglich bei der Erfüllung des Gebots der Nächstenliebe auf Kosten der Armen geltend machen wollte. Ihr habt in den vorigen Zeiten, wo Ihr auf den Strassen und an Eueren Häusern von ungestümen Bettlern verfolgt wurdet, nicht immer aus Großmuth, sondern gar oft nur aus Ungebult und Nothwehre manches Almosen hingeschleudert, und Ihr könntet, wenn Ihr es berechnen wolltet, gar leicht die Entdeckung machen, daß Euch derlei alltägliche, des Tags mehrmalen wiederholte und doch vielleicht unverdienstliche Ausgaben eben keine kleine Summe gekostet haben: Wolltet Ihr nun wol die Euch durch die Abstellung der Bettelei und Einführung des Armeninstituts verschafte Ruhe und Gemächlichkeit zum Gewinn an den Armen mißbrauchen? oder sollten wol jezt Religion und Liebe weniger über Euch vermögen, als ehevor menschlicher Respect und Ungebult über Euch vermogt haben? Wir hegen von Euch weit bessere Gesinnungen, als daß Wir Euch in Zukunft ei-

nes

nes so auffallenden Betragens fähig halten sollten, und Wir hoffen und vermuthen vielmehr, daß Ihr das großmüthige Almosengeben nach dem Geiste der Religion als reinen Gewinn ansehen, und wohl wissen und beherzigen werdet, daß Jener dem Herrn auf Wucher ausleihet, welcher sich über den Dürftigen erbarmet.

Geliebte in dem Herrn! Wie rühmlich wäre es für die Religion, wie nüzlich für den Staat; wie tröstlich für die Armen, wie verdienstlich für Euch, und wie beruhigend für Uns, wenn die hie aufgestellten Wahrheiten bei Euch in herschende und bleibende Grundsäze übergingen, und wenn Wir die frohe Stunde erlebten, wo Wir die ächte christliche Liebe und Mildthätigkeit in Unserem Kirchensprengel allenthalben recht lebhaft und blühend, und das davon abhängige Armeninstitut recht vest und dauerhaft gegründet wüsten!

Es verstehet sich bei allem diesem auch ohne Unsere Erinnerung von selbst, daß, wenn sich auch unser Armeninstitut nicht auf alle Wohnorte Unserer Diöcesane erstrecket, Unsere wohlgemeinten Ermahnungen und Aufforderungen zur allgemeinen und allgemein verbindlichen Pflicht der mildthätigen Nächstenliebe dennoch an alle Unsere Diöcesane ohne Ausnahme gerichtet sind. Weil Wir übrigens wünschen und wollen, daß Unser gegenwärtiger Hirtenbrief allen Unseren lieben Diöcesanen wohl bekannt und begreiflich gemacht
wer-

werde: so verordnen und befehlen Wir Unseren hochstiftischen Pfarrern, daß sie zuerst denselben bei dem Eintritt der Fastenzeit öffentlich und wortdeutlich verkündigen, und hierauf auch und zwar den 4ten Sonntag in der Fasten über dessen Inhalt eine eigne ihren anvertrauten Gemeinden angemessene Predigt halten sollen. Die dort vorkommende evangelische Geschichte, daß Jesus eine grosse Volksmenge aus mitleidiger Liebe bis zur vollen Ersättigung gespeiset habe, kann und solle Ihnen die Veranlassung seyn, Ihren Zuhörern die Verbindlichkeit und die Eigenschaften der mitleidigen Nächstenliebe einbringlich und erbaulich an das Herz zu legen. Gegeben in Unserer Haupt= und Residenzstadt Wirzburg den 19ten Jenner 1788.

Franz Ludwig. B. u. F. zu B. u. W. ꝛc.

VI.
Kurze Erklärung des gnädigst bestätigten bürgerlichen kranken=Gesellen Instituts zu Wirzburg.

Das Institut welches einige dahiesige Bürger besonders auf eifriges Anmahnen des dahiesigen Joseph Heidenreich, Bürger und Hofhutmachermeisters in Aufnahm zu kommen sehnlichst wünschten, wurde mittels thätiger Beihülfe der da=
hie=

hiesigen Bürgerschaft durch den von Seiner Hochfürstlichen Gnaden gnädigst aufgestellten Commissair eingeleitet, sonach von Höchstdenenselben, auf unterthänigstes Bitten ermeldeter Bürger, unter fürstmildester und werkthätigster Unterstüzung gnädigst genehmiget, und bestätiget. Die Verwaltung hierüber wird von der Bürgerschaft durch den aus ihren Mitgenossen selbst erwählten Ober = und Untercassirer, dann zwölf Vorstehern und Deputirten unentgelblich besorget.

Jeder dem Institut beigetretene Gesell, oder Lehrjung erleget wöchentlich 1 Kr. rhein., jede Innung oder Zunft erwählet aus sich selbsten einen Deputirten, dieser ist gehalten, die wöchentliche Auflagen bei den abgehalten werdenden Zusammenkünften einzunehmen, und solche alle Quartal gegen gedruckte Scheine zum Obercassier zu liefern, bei welchem auch jeder Deputirte, im Fall ein in Arbeit stehender Gesell, oder Jung von seiner Innung, oder Zunft erkranket, die Anzeige zu machen, und von da nach erhaltenem gedrucktem Aufnahmschein den Herrn Aerzten selben vorzustellen hat, welcher dann auf Gutbefinden ersagten Herrn Aerzten so gleich in die Krankenpflege im hochfürstlichen Juliusspital aufgenommen wird; nach der vollkommenen Genesung wird von dem Obercassier für jeden Tag des krank darnieder gelegenen Mitglieds 25 Kr. rhein. an belobtes Spital bezahlet, wogegen dieses alles dem Kranken nur immer nöthiges besorget.

Rechnung über das Krankengeselleninstitut in Wirzburg vom 1ten Jänner bis 31ten Christmonath 1787.

Einnahme.

Fl.	Xr. rheinisch	
339	11¾	sind laut vorjähriger Rechnung zu Receß gestanden und baar eingehändiget worden.
311	30	sind bei dem am 26ten Jänner 1787. von dem vortreflichen Orchester des gewöhnlichen Liebhaberconcert, und dem Entreprenneur, Johann Baptist Limb, Bürger und Hofglaser, zum Besten des Krankengeselleninstituts unentgeldlich gegebenen Concert, einschlüssig 9 doppelte Goldgulden, welche Se. Hochfürstl. Gnaden bei Höchstdero Eintritt gnädigst dargereicht haben, erhoben worden.
62	30	an 50 Fl. fr. Kapitalzins von 1000 Fl. fr. zu 5 von Hundert.
48	—	von 1200 Fl. rhein. zu 4 von Hundert.
5	6	sind noch aus bei Eröffnung des Instituts vom Hrn. Prof. Berg abgehaltenen Predigt, gelöset, und
14	16	aus der vom Hrn. Prof. Feber an dem Titularfest der Bürgersodalität abgehaltenen und zum Druck beförderten Predigt eingekommen.
5	58½	aus der vorjährigen gedruckten und verkauften Rechnung eingegangen.

Von

Fl.	Xr.	
rheinisch		
1	—	von einem Gutthäter.
—	36	dito.
4	45	von einem Gutthäter an einem Schuldschein verehret und erhoben worden.
28	17	aus den für das Institut im Hochfürstlichen Julierspital aufgestellten Büchsen von Gutherzigen eingelegt und erhoben worden.
1	—	als Opfer am Jahrsgebot der löbl. Uhr- und Büchsenmacherinnung.
2	59½	an dito von den vier Quartalgeboten des löbl. Peruquenmachermittel.
5	—	sind vom Schön- und Schwarzfärberhandwerk besonders verehret worden.
1	30	von einem Gutthäter.
66	6	sind von verschiedenen Mitgliedern der dahiesigen löbl. Kaufmannschaft, und
19	30	von der Gesellschaft des löbl. Gremii Chirurgici eingekommen.
824	10½	von den sämmtlichen Innungen, Mitteln und Handwerkern, dann Auflaggeldern der Gesellen, Jungen und andern mildthätigen Beiträgen.
2	30	ersezet der Schlössergesell Heinrich Morhard aus Schwarzenberg für seine 6tägige Kur im Krankenhause.
6	40	vergütet ebenmässig Christoph Heger, Schlossergesell aus Münster für seine 16tägige Kur allda.
3	11	wurden für die Leichenkösten des verstorbenen Schuhmachergesellen Peter Blazer ersezet, und
6	7	sind aus des Verstorbenen hinterlassenen Kleidungen erlöset worden.

Summa Einnahme 1759 Fl. 54¼ Xr.

Ausgabe

welche dem Hochfürstlichen Juliusspital für Unterhalt der Kranken bezahlet worden, als für jeden des Tags 25 Xr. rhein.

Fl.	Xr. rheinisch	
842	55	für 117 Kranke, 2023 Tage.

Ausgabe der in diesem Jahre ausgeliehenen Capitalien.

187	30	Capital zu 4 von Hundert, den 1ten May 1787.
300	–	Capital zu 4 von Hundert, den 28ten May 1787 ausgeliehen worden.

Ausgabe insgemein

4	–	für 300 Rechnungen pro 1786 zu drucken.
9	–	für die Predigt zu drucken, welche Herr Professor Feder am Titularfest Maria Himmelfahrt in der Sodalitätskirche gehalten.
–	20	für einen Bottengang, Herrn Pfarrer und Consistorialrath Brechtlein von Sommerhausen abzuholen, zu einem im Krankenhaus sehr gefährlich krank gelegenen Schmidt, Adam Loray, protestantischer Religion, aus Wiesenthal in Sachsen.
3	11	für Leichen = und Kirchenkosten des für dieses Jahr aus dem Institut an einer Lungenschwindsucht verstorbenen Peter Blazer, aus Stilzen.

Summa aller Ausgabe 1346 Fl. 56 Xr.
vergl. mit der Einnahme 1759 — 54¼ — rheinisch
bestehet baar zu Receß 412 Fl. 58 Kr. rheinisch

Gnädigst bestättigte bürgerliche Krankengeselleninstitut

Johann Baptist Limb,

Bürger und Hofglaser, d. Z. Oberkassier.

VII.

VII.

Summarischer Abschluß derer beim Armenverpflegungsinstitut in Cassel verabreichten Steuern. Im Jahr 1787.

	Personen	Rthlr.	Alb.	Hlr.
1) An ordinairen Wochensteuern incl. Brod	696	5128	15	1
2) An ständigen Quartalsteuern	25	203	29	4
3) An Begräbnißsteuern	—	48	16	—
4) An Besoldung dem Rechnungsführer	—	39	—	—
5) Die zu Abwendung des Gassenbettelns, anstatt der bisherigen Gassenvoigte, angestellete 7 Policeydienere, erhalten monatlich 25 Rthlr. 2 Alb. 8 Hlr. Gehalt, und deren Montirungsstücke kosten des Jahrs 81 Rthlr. thut jährlich	7	382	—	—
6) An extraordinairen Ausgaben, für Drucker- und Buchbinderlohn, Papier ꝛc.	—	64	16	10
Summa Ausgabe	728	5866	13	3
An Collectengeldern sind aber nur eingegangen	—	5425	30	1
Mithin hat das Werkhaus zugeschossen	—	440	15	2

VIII.

VIII.

Von der Fürstl. Sächs. zum Allmosenwesen der Residenzstadt Weimar gnädigst verordneten Deputation, über die dasige Allmosencasse vom 1ten Januar 1786 bis dahin 1787.

Bei dem Schlusse des Jahrs 1785 haben wir das hiesige, zum Allmosenwesen beitragende Publicum, durch gedruckte Bilancen überzeugt, daß die zu so löblichen Zwecken verwilligten Beiträge, dem Willen der resp. Geber gemäß, verwendet worden sind. Wir thun jetzt unter anhoffendem Beifalle des Publicums ein Gleiches, und merken nur noch folgendes dabei an.

In dem abgewichenen Jahre sind wir von verschiedenen edeldenkenden Menschenfreunden mit Zuschüssen an Gelde für die innere Verbesserung des Siechhauses beschenkt worden. Wir haben dieses mit inniger Rührung und Danke empfangen, und dem Sinne der Geber gemäß dergestalt verwendet, daß nunmehr sowol der einheimische als fremde unbegüterte Kranke, durch Anschaffung neuer Betten, neuer Wäsche und anderer nöthigen Mobilien, mit mehrerer Bequemlichkeit behandelt werden könne — auch können wir unsere Freude über das für uns so schmeichelhafte Zutrauen, mit welchem man diese Gaben unserer freien Verwendung überlassen, nicht bergen.

Auch

Auch hat der Fond des Siechhauses sowol als der Armencasse einigen Zuwachs von edeldenkenden Gebern erhalten, als wofür wir hiemit öffentlich danken.

Noch sind uns sowol durch unsers Landesvaters höchste Milde, als auch durch andere Menschenfreunde beträchtliche Zuschüsse für Anschaffung einiges Brennholzes geworden, wodurch wir nicht allein dem frierenden Armen seine Noth bei strenger Kälte haben erleichtern helfen; sondern wir sind auch durch wiederholte ausserordentliche milde Beiträge in den Stand gesezt worden, denen Allerdürftigsten durch Zuschüsse an Geld, ihr Elend zu erleichtern.

Wir fühlen uns für verbunden, hier für diese liebevollen ausserordentlichen Zugänge öffentlich den Dank der Nothleidenden, so damit beschenkt worden, beizubringen.

Mit innigem Vergnügen müssen wir auch hier öffentlich gestehen, daß unsere Bemühungen, so theils in liebevollen Erinnerungen, theils in ernsthaften Mitteln bestanden — die bettelnden Müssiggänger vom Betteln ab=, und zur Arbeit anzugewöhnen; über unsere Erwartung Nuzen gestiftet haben, wozu denn allerdings die im Policeihause, durch Serenissimi allermildest getroffene Anstalten, das meiste beitragen.

Bilance über Einnahme und Ausgabe, nebst den Ursachen des Steigens und Fallens gegen voriges Jahr.

	Einnahme.	rthlr.	gr.	pf.
1	An Vorrath voriger Rechnung	50	1	½
2	An eingegangenen Capitalien	—	—	—
3	An Interessen - - -	102	6	6

der mehrere Ansaz der 6 Gr. 6 Pf. ist aus dem Agio der Münzsorten entstanden.

| 4 | An Legaten und Verehrungen | 311 | 8 | 3 |

Steigt mit 279 Rthlr. 6 Gr. 3 Pf. Dieses Steigen ist durch ein von der verstorbenen Frau Cammeräthin, Eilenstein, ingleichen von der verstorbenen Jungfer Schmidtin gemachtes Legat von 50 Thlr. und durch die wohlthätige Verehrung einer noch lebenden vornehmen Person entstanden.

| 5 | An Deputatis - - - - | 407 | 12 | — |

Steigt mit 20 Rthlr. weil die Abbition von 40 Rthlr. auf den ganzen Lauf des Jahres darinnen stekket.
Die Deputate bestehen in:
250 Rthlr. aus Fürstl. Cammer;
  60 — aus Serenissimi Regentis Scatoulle;
  80 — aus der Frau Herzogin Mutter Hochf. Durchl. Scatoulle;
  17 — 12 Gr. aus hiesiger Rathscämmerei.

| 6 | An Almosenbeiträgen - - | 1426 | 5 | 2 |

Steigt mit 78 Rthlr. — Gr. 3½ Pf.

Die

		rthlr.	gr.	pf.
	Die Beiträge bestehen in:			
	178 Rthlr. welche Serenissimus aus Ihrer Scatoulle gnädigst und mildest angewiesen haben.			
	11 Rthlr. 16 Gr. 6 Pf. welche die hier wohnhaften gräflichen, adlichen und sonstigen vornehmen Personen beigetragen haben.			
	979 Rthlr. 6 Gr. 5 Pf. so die Fürstl. Dienerschaft beigetragen hat.			
	14 Rthlr. 15 Gr. 7 Pf. von den Herrn Stadtgeistlichen.			
	232 Rthlr. 13 Gr. 8 Pf. von der hiesigen löbl. Bürgerschaft.			
7	Von Innungen und Handwerkern - - - -	101	3	—
	Steigt mit 2 Rthlr. 8 Gr.			
8	An Abolitionsgeldern - -	—	12	—
	Fällt um 1 Rthlr. 11 Gr. 11 Pf.			
9	An Strafgeldern - -	—	—	—
10	Von Hochzeiten. -	9	14	9
	Fällt um 2 Rthlr. 9 Gr. 2 Pf. wegen weniger Hochzeiten.			
11	Von Kindtaufen - - -	24	10	6
	Fällt um 4 Rthlr. 22 Gr. der wenigern Kindtaufen wegen.			
12	Aus den Almosenbüchsen -	10	2	—
	Steigt um 2 Rthlr. 21 Gr. der mehreren angegebenen Kaufe bei Amt und Rath wegen.			
13	Aus dem Almosenbuch -	32	16	3
	Diese Einnahme war ganz caduc, welches der Saumseligkeit und			

Bequem=

		rthlr.	gr.	pf.
	Bequemlichkeitsliebe des vorigen Collecteurs zuzuschreiben war. Der dermalige Collecteur, der Almosendiener, König, hat durch seine Thätigkeit, welche wir hier öffentlich loben müssen, der Almosencasse diese Revenue wieder verschaft.			
14	Aus den Asbacher Büchsen — Ist um 1 Rthlr. 9 Gr. durch milde Beiträge gestiegen.	75	5	8
15	An Hundesteuern — — Ist wegen mehrerer Hundehaltung um 1 Rthlr. 19 Gr. 1½ Pf. gestiegen.	45	6	3½
16	An Abzug von neuen Besoldungen zu 2½ p. C. — Steigt um 75 Rthlr. 11 Gr. 9½ Pf. Die Ursach dieses Steigens liegt darinnen, daß in dieser Rechnung ein ganzer Jahrsbetrag verschrieben, in der vorigen aber nur ein halber verrechnet worden.	85	11	9½
17	An Ueberschuß von *Benefice-Comoedien* — — — Diese Einnahme steigt um die angesezte Summe. Die Benefice-Comoedie hat die Almosencasse der hiesigen Liebhabergesellschaft zu verdanken, deren patriotischen Gesinnungen wir hiemit das schuldigste Dankopfer darbringen.	53	2	3
18	An Calenderstempelgeldern Steigt um 31 Rthlr. 17 Gr. 6 Pf. Diese Einnahme wurde im vorigen Jahre nur vom Monath Nov. als dem Anfang, bis zum 1 Jan. berechnet. Was aber in diesem Jahre berechnet worden, das ist dasjenige was durch den Lauf des	100	6	—

vorigen

	vorigen Jahres eingekommen ist.	rthlr.	gr.	pf.
19	An Decretgeldern - -	128	11	—
	Steigt mit 120 Rthlr. 11 Gr. weil hier ein ganzer Jahresbetrag sich in Ansaz findet.			
20	An Beckengeldern - -	28	12	11
	Fällt um 2 Rthlr. 18 Gr. 10 Pf. ohngeachtet in dieser Rechnung zwei Collecten, in der vorigen aber nur eine verschrieben worden.			
21	An Gemäßstempelgeldern -	14	10	10
	Ist eine neue gnädigste Verwilligung.			
22	Insgemein - - - - -	29	3	6
	Fällt um 14 Rthlr. 19 Gr. 6 Pf. weil es steigend und fallend ist.			
	Summa der Einnahme	3035	17	8½

Ausgabe.

1	An ausgeliehenen Capital. -	—	—	
2	An das Depositum abgel. Gelder - - - -	520	18	3
3	An hiesige Hausarme. - -	1610	5	6
	Wegen zugenomener Armuth steigt dieses Capital mit 122 Rthlr. 17 Gr.			
4	An Kranke und Nothleidende	177	—	7
	Fällt um 12 Rthlr. 3 Gr.			
5	An Handwerksgesellen -	34	2	—
	Fällt wegen nothwendig angewendeter Härte gegen die müssiggehenden Handwerksgesellen um 35 Rthlr. 3 Gr.			
6	An Schul- und Privatgeldern	15	11	—
	Ist um 3 Gr. gefallen.			
7	Denen Asbacher singenden Armen - - - - -	91	15	8

Steigt

		rthlr.	gr.	pf.
	Steigt um 1 Gr. 9 Pf.			
8	An ordinairer Besoldung	229	23	6
	Steigt um 28 Rthlr. 16 Gr. 6 Pf. weil in diesem Jahr der ganze Jahrsbetrag der Allmosendienerbesoldung, verschrieben worden.			
9	Insgemein — — — — —	215	1	8
	Steigt um 64 Rthlr. 17 Gr. 9 Pf. Die Ursache dieses Steigens liegt darin, weil 32 Rthlr in die Siechhauscasse zu verschiedenen nothwendigen Reparaturen, ingl. verschiedenes vor Holz, Druckerlohn ꝛc. aufgewendet, auch nach dem Willen eines gütigen Gebers 50 Rthlr. unter die hiesigen Armen ausgetheilet worden, welche sich nebst dem Aufwand des Gemäßstempels, welcher auf 10 Rthlr. betragen hat, unter diesem Capitel verschieben findet.			
	Summa der Ausgabe —	2894	6	2

Bilance

3035 rthlr. 17 gr. 8½ pf. Einnahme
2894 — 6 — 2. — Ausgabe. Bleibt
———————————————————————
141 rthlr. 11 gr. 6½ pf. Vorrath. (*)

IX.

(*) Der so seltene Anblick, daß in dem vorliegenden Rechnungsauszuge die Ausgabe von der Einnahme so merklich übertroffen wird, macht auf jeden, welchem das Geschäft der Armenpflege interessirt, verbunden mit der Ueberzeugung, daß die Zwecke der Armenpflege durch die verwandten Gelder erreicht sind,

IX.
Sachsen-Koburgische verbesserte Armenanstalten vom Jenner 1787.

Auch in Koburg hat sich seit verschiedenen Jahren, eine so grosse Anzahl von armen Leuten hervorgethan, daß das Publicum dadurch nicht wenig beläſtiget worden iſt. Die öffentliche Bettelei war so hoch geſtiegen, daß Fremde und Einheimiſche nothwendig sehr gerechten Verdruß darüber

sind, einen sehr angenehmen Eindruck. In den meiſten Rechnungsbilanzen dieser Art findet man die Ausgabe gröſſer, und das Fehlende wird oft als aus einem Werkhause zugeschoſſen angegeben. Dieſe Täuſchung verbirgt ſich nicht lange vor dem Blicke des Sachverſtändigen, und erregt die Furcht daß die Einrichtungen so gut sie übrigens seyn mögen wenigſtens nicht ausdauren können weil ſchon in dem Begriff eines Werkhauses eher ſicherer Koſtenaufwand als Ueberſchuß liegt.

Da nun im vorliegenden Fall, wenn die auſſerordentlichen Einnahmen von den zur Armencaſſe geſchlagenen Taxen u. ſ. w. auch abgerechnet werden, die Beiträge zureichend waren um die Ausgaben zu beſtreiten, so erregt das für die Haltbarkeit des Inſtituts ein vortheilhaftes Urtheil, und läſſet den Leser wünſchen die gewiß vorzüglich guten Zwecke welche mit den deponirten Geldern bezielt werden kennen zu lernen. W.

über empfinden mußten. Wer nicht arbeiten mogte, der bettelte und befand sich, indem er andern zur Last fiel, sehr wohl dabei. Die Ursachen welche dieses Uebel auf einen so hohen Grad veranlasset haben, sind gar mancherlei. Verschiedentlich gehabte ausserordentliche kalte Winter, Mißwachs der Früchte, schlechte Korn- und Heuernden, daher entstandene Theuerung, Abnahme der Nahrung und vielleicht auch neuerlich eingerissener Luxus, sind wol die hauptsächlichsten Ursachen.

So wurden der Armen von Zeit zu Zeit zwar mehr, aber die längst errichtete Armencasse blieb nicht nur immer bei ihrem zeitherigen Unvermögen, sondern sie wurde auch natürlicher Weise immer unzureichender, denen sich vermehrenden Dürftigen Hülfe und Beistand zu leisten. Die Folge hievon war, daß das Betteln eine fast allgemeine — auf die Nachkommenschaft forterbende Seuche wurde. Ganze Familien waren davon angesteckt, ihre Kinder, so bald sie nur gehen und lallen konnten, wurden in der Bettelei unterrichtet, sie lernten ein alltägliches Gebetlein und ein Vergelts Gott dazu. Hiemit kamen sie von Haus zu Haus, verdienten sich, oder vielmehr ihren Eltern täglich einen Groschen, oder Bazen, gewöhnten sich dabei zum Müßiggang, vernachlässigten allen Unterricht und was das Traurigste ist, sie verdunkelten in Ansehung der

Nach=

Nachkommenschaft, alle angenehme Aussicht und liessen auf die Zukunft nichts Gutes hoffen.

Es war dahero Pflicht auf die Abstellung dieses, von so vielen übeln Folgen begleiteten Unwesens mit Ernst zu denken — aber es war auch nöthig, es war gerecht und billig, für den Unterhalt der würklich Armen und Elenden zu sorgen. Durch das bisherig — beständige Herumlaufen derselben auf denen Gassen, Strassen, vor und in denen Häusern, wurden die Einwohner hiesiger Stadt nicht nur an ihrer Arbeit gehindert, sondern auch nach und nach in Contribution gesezet. Zur Abstellung dieses ärgerlichen Herumlaufens, war wol das schicklichste Mittel, daß man auf die Erhöhung des Fonds der Armencasse Bedacht nahm, zugleich aber auch für Arbeit sorgte, welche denen die noch arbeiten können, zu ihrem Unterhalt nöthig ist. Hiebei hatte es keinesweges die Absicht, dem Bürger neue Last aufzuerlegen; denn es darf nur ein jeder das was er bereits monathlich in die Armencasse gegeben, mit dem, was er nebenher noch an die Bettler ausgetheilet hat, vermehren; so findet er bei der jezigen Einrichtung eheuder Erleichterung, als vermehrte Last.

Diese wohlthätige Absicht ist nunmehro meistens glücklich erreicht und man muß der hiesigen Bürgerschaft zum Ruhm nachsagen, daß sie gute Anstalten gern unterstüzt, die immer auf ihr eige=

eigenes Wohl abzweckende Befehle ihres **Durch-
lauchtigsten Landesherrn**, mit Ehrfurcht be-
folget und dabei lieber Hindernisse zu beseitigen,
als in den Weg zu legen sucht. Ein grosser Theil
derselben, hat so reichlich subscribiret, daß de-
nenjenigen, welche es verdienen, öffentlicher Dank
dafür, hiermit abgestattet wird. Man zweifelt
nicht, daß sie auch fernerhin mit ihren Beiträgen
fortfahren und so weit es nach ihrem Vermögen
geschehen kann, solche annoch verbesseren werden.
Aber es sind auch Subscribenten dabei, von denen wir ein mehreres zu erhalten wünschten. Wir
sind zu diesem Wunsch um so mehr berechtiget,
da wir gewiß wissen, daß sie es ohne ihren eigenen Nachtheil thun können, weil wir überzeugt
sind, daß sie die bisherige gute Anstalten, nach
welchen sie nunmehro von allem Anlauf und von
aller Hausbettelei gänzlich befreiet sind, selbst
fühlen müssen, und da wir gerne unsere so gut
gemeinte — Höchsten Orts gnädigst genehmigte
Absicht, ohne Zwang und ohne Vorkehrung unange-
nehmer Mittel, vollkommen erreichen möchten.
So wie wir nun dem Publikum wegen richtiger
Verwendung derer zeitherigen Beiträge, durch
diese gedruckte Nachricht öffentlich Rechnung ablegen und solche von Jahr zu Jahr fortsezen werden; Als wollen wir auch einstweilen zum voraus
bekannt machen, daß die uns nicht unbekannten
Contribuenten, welche wider alle Erwartung zu
diesem

diesem heilsamen Institut so gar wenig oder wol gar nichts beitragen, ohne Ansehen der Person, des Standes und der Würde, in ein Verzeichniß gebracht und von öffentlicher Kanzel abgelesen, künftiges Jahr aber, so wie alle übrige Contribuenten, mit ihren würklichen Beiträgen namentlich abgedruckt werden sollen.

Die dermalige Einnahme bei der hiesigen Almosenkasse, bestehet nach der Tabelle sub Lit. A. in 2861 Fl. 13 Ggr. Die Vertheilung des Almosens, geschiehet nach vier Classen. Die Anlage sub Lit. B. beweiset, daß die in der ersten Classe befindlichen 10 Personen, jede wöchentlich 10 Ggr. und einige derselben, Brode, die in der zweiten Classe, deren 40 sind, jede 8 Gr. und 6 unter ihnen Brod, die in der dritten Classe, 60 an der Zahl, jede 5 Gr. und 19 von ihnen Brod, die 51 Personen in der vierten Classe aber 3 Gr. und drei von ihnen auch Brod erhalten. Dieses sind zusammen 161 Personen. Ausser diesen sind annoch 12 Hausarme, welche über das wöchentliche Almosen, noch besonders für sie bestimmte Legate erhalten. Gleiche Bewandnis hat es mit denen Personen, welche sich in den Armenhäusern aufhalten. Alles dieses sowol, als auch wie es mit der Brodaustheilung gehalten, und nach welchem Verhältniß das Almosen ausgegeben wird enthalten die Beilagen C. und D.

Diese wöchentliche Ausgabe, wozu noch 16 Gr. 10 Pf. für den Kirchenaufwärter, wegen Ablesung der Armenliste und Aufsicht bei der Austheilung, 12 Gr. 7 Pf. für die Distribution, dann die täglichen Ausgaben für die reisende Handwerkspursche, und endlich die Besoldungen derer, bei dem Armeninstitut angestellten Personen, gerechnet werden müssen, beträgt nach der Anfuge Lit. F. jährlich 2820 Fl. 9 Gr. 1 Pf.

Aus dieser gefertigten Rechnung über Einnahme und Ausgabe bei der Almosenkasse, ist zu ersehen, daß wenn beides ein Jahr hindurch, in gleichem Verhältniß stehen bleibt, am Ende ein Rechnungsüberschuß von 41 Fl. 3 Gr 11 Pf. sich ergeben würde. Allein, da Einnahme und Ausgabe gewissermassen nur zufällig sind; so lassen sich auch beide zum voraus zuverlässig nicht berechnen, mithin kann auch der erst gedachte Ueberschuß mit Gewißheit nicht angenommen werden, zumal da die in der Anlage sub Lit. F. angegebene, unter dem Bürglaßthor monathlich vertheilet werdende 21 Fl. sehr oft nicht hinreichend sind, wie sie denn nicht selten 24 bis 26 Fl. betragen. Wer inzwischen die Almosenrechnung, so wie sie von Monath zu Monath, bei der Armeninspection vorgezeiget, bei dem Schluß eines jeden Jahrs, nochmalen examiniret und revidiret wird, selbst einsehen will, dem stehen bei dem Vorsteher des Armeninstituts, die Bücher

täglich

täglich offen. Aus der bis hieher angezeigten Lage wird übrigens leicht begreiflich werden, daß es bis jezo noch nicht wohl möglich ist, die Allmosenabgabe weiter zu vermehren und denen fremden Handwerkspurschen, deren Zulauf seit einiger Zeit ganz ausserordentlich ist, die Zehrpfennige zu erhöhen, vielmehr hat der Armenvorsteher sehr viele Behutsamkeit bei richtiger Verwendung des Armenguts anzuwenden, um den Plan ordentlich auszuführen und aufrecht zu erhalten. Sein Geschäft ist gewiß sehr mühsam, er arbeitet im Vertrauen auf Gott unermüdet und getrost fort, giebt und hilft den Dürftigen, so weit es die Umstände der Casse erlauben und hoffet daß der edeldenkende Bürger, ihm diese grosse Arbeit durch zweckmässige Beiträge erleichtern und immer angenehmer machen werde.

Diejenigen Armen, welchen es an Arbeit fehlet, können sich bei ihm gebührend anmelden und er wird ihnen Flachs oder Werk zum Spinnen abgeben und sie gerne nach Verdienst belohnen. Wie aber, wenn nun der Arme krank wird und nichts mehr verdienen kann? in diesem Fall verdienet er desto mehr Mitleiden und Allmosen, damit ihm seine Krankheit gelindert und erträglicher gemacht wird. Da aber die Kräfte der Casse hierzu noch nicht anreichen, so zweifelt man im geringsten nicht, auch diesen höchst wichtigen Umstand werden die Contribuenten in menschen-
freund-

freundliche Beherzigung ziehen und ihre Beiträge künftig so einrichten, daß auch dieser allerdings wichtige Endzweck erreichet werden kann. Dieserwegen viele Bewegungsgründe anzuführen ist nicht nöthig. Koburgs Einwohner sind ohnehin stets geneigt Gutes zu thun und diese ihre edle und christliche Denkungsart ist uns Bürge nicht nur für die Fortdauer, sondern auch für die gewisse immer mehr zu begründende Verbesserung dieser wohlthätigen Armenanstalt.

A.

Einnahme bei der hiesigen Armencasse	Fl.	gr.	pf.
1) An ordinairen monathlichen Beiträgen			
von Herzoglicher Cammer – –	10	–	–
vom Hospitalamt – –	14	–	–
vom Probsteiamt – –	8	–	–
an Stadtallmosen-Collecturgeldern	136	–	–
an neuverwilligten Beiträgen –	20	16	10
	188	16	10
Diese 188 Fl. 16 Gr. 10 Pf. monathliche Beiträge auf ein Jahr, oder auf 12 Monathe betragen –	2265	13	–
2) An neuverwilligten Beiträgen, alljährlich,			
von Herzoglicher Cammer aus dem Marien-Elisabethen-Legat –	50	–	–
aus der Herzogl. Hofallmosencasse	40	–	–
aus der Exulantencasse –	36	–	–
aus der Zierizischen Stiftung zu Wiesenfeld – – –	30	–	–

von

	fl.	gr.	pf.
von einem löblichen Stadtrath	110	—	—
aus der Armenbüchse bei Hochzeit= und Kindtaufen ohngefehr	50	—	—
3) **An alten Legatzinsen**, welche auf Anordnung der Armende= putation, jezo ebenfalls zur Armen= casse abgegeben werden, als:			
von den Valentinschmidtischen	7	10	6
von den Valentinschelerischen	2	10	6
von den D. Schmollerischen	10	—	—
von den Hauptmannglaserischen	6	—	—
von den Eschenbachischen	10	—	—
von den Riethischen	19	—	—
Summa Summarum aller Einnahme	2861	13	—

B.
Ausgabe der Almosencasse.

Wöchentlicher Almosenbetrag in der St. Moritzkirche

	fl.	gr.	pf.
Ite Classe 10 Pers. à 10 Gr. u. 6 Brod	4	16	—
IIte — 40 — à 8 — 6 —	15	5	—
IIIte — 60 — à 5 — 19 —	14	6	—
IVte — 51 — à 3 — 3 —	7	6	—
161 Pers. bekom. 34 Brod u.	41	12	—
der Kirchenaufwärter für die Able= sung der Armenliste und für die Auf= sicht bei der Austheilung	—	16	10
Für die Distribution	—	12	7
	42	20	5

C.
I. Hausarme.

Unter dieser Benennung werden die allerbedürf= tigsten Personen, welche ausser dem wöchentlichen

Almo=

Allmosen, auch noch besondere, für sie bestimmte Legate bekommen, verstanden.

II. **Die Personen in den Armenhäusern.**
Sie haben ausser dem wöchentlichen Allmosen, noch besondere für sie gemachte Legate zu geniessen, insonderheit die fünf Pfründnerinnen im Convent und in dem Lazaret.

III. **Unter die Bedürftigsten der übrigen Armen**
werden wöchentlich, ausser dem ihnen angewiesenen Allmosen, noch 34 Brode vertheilet, ein jedes zu 3 Pfund wozu das Gedrait von dem hiesigen herzoglichen Cassenamt abgegeben wird.

D.
Plan,
nach welchem das hiesige Armuth einjedes nach seiner Bedürfniß, wöchentlich aus der Allmosencasse entweder eine nothdürftige Versorgung, oder nur eine nöthige Unterstüzung an Geld und zum Theil auch an Brod erhält.

Die erste Classe a 10 Gr.
enthält diejenigen Arme in sich, welche wegen hohen Alters, oder weil sie blind, Krüppel und sonsten wegen Gebrechlichkeit ihres Leibes, nichts mehr zu verdienen im Stande sind.

2te Classe a 8 Gr.
macht solche Arme aus, welche zwar noch etwas arbeiten können, gleichwol aber wegen Alter und
wegen

wegen Schwachheit ihres Körpers, ihren nothdürftigen Unterhalt durch ihre geringe Arbeit zu bemöglichen nicht vermögend sind.

3te Classe à 5 Gr.
bestehet aus solchen Personen, welche nicht nur mit Spinnen und Stricken, sondern auch mittelst andrer Arbeit noch etwas verdienen können, ob sie schon wegen Alter und anderer körperlicher Gebrechen, zu harter Arbeit nicht mehr tauglich sind. Zu der

4ten Classe à 3 Gr.
gehören auch arme, verlassene und hülflose Kinder, damit sie, wenn sie ohne allen Beistand sind nicht zum Betteln genöthiget werden. Es ist jedoch die Pflicht des Armenpflegers, eine genaue Aufsicht über sie dahin mit zu halten, daß sie sowol zur Schule, als zu Erlernung schicklicher Arbeiten in Zeiten angehalten werden.

Nach diesem Plan und der dabei entworfenen Classenordnung, ist der hiesige Bettelhaufen gemustert und es ist einer jeden Person, nach befindenden Umständen und je nachdem eine jede, viel oder wenig arbeiten kann, ihre Classe angewiesen worden.

E.
Die täglichen Ausgaben
unter dem Burglaßthor für arme hieher kommende Fremde, abgebrannte und sonsten verunglückte Perso-

Personen, wie auch für hiesige und andere arme Leute, sind unbestimmt und daher in keiner Woche und in keinem Monath sich einander gleich, sondern sie steigen und fallen. Hieher gehören auch die reisenden Handwerkspursche, welchen eine Gabe aus der Allmosencasse um so weniger zu versagen ist, da sie wandern müssen und in denen Städten unentbehrlich sind. Bei diesen ist die Einrichtung zur Gabe, nach den Handwerkern und den Professionen gemacht, je nachdem dieselben in hiesiger Stadt stark oder schwach und nachdem dieser im ganzen römischen Reich gewöhnliche Zuspruch der fremden Pursche üblich ist. Diejenigen, welche von dem Handwerk selbst, oder von der Brüderschaft eine Gabe bekommen, erhalten noch daneben eine verhältnißmässige Unterstüzung aus der Armencasse: als

1) die Becker, Mezger, Müller, Tuchmacher, Leinenweber, Kürschner und Schreiner bekommen 1 Ggr.

2) Strumpfwirker, Zeugmacher, Tüncher, Schlosser, Seiler, Hufschmiede, Nagelschmiede, Wagener und Büttner, erhalten 15 Pf.

3) Schneider, Schuhmacher, Maurer, Zimmerleute und Bierbrauer, bekommen 18 Pf.

4) Posamentier, Beutler, Barbier, Bader, Drechsler, Nadler, Hutmacher, Roth- und Weißgerber, Sattler, Riemer, Färber, Zinngiesser, Gürtler, Blech- und Kupferschmiede, Glaser

Glaſer und Lebküchler, welchen es nach Profeſſi=
ons = und Handwerksgebrauch nicht verſtattet iſt
zu fechten und Allmoſen anzunehmen, weil ſie oh=
nehin Geſchenke und Unterhalt bekommen, erhal=
ten ordentlicher Weiſe nichts, doch wird auch bei
dieſen eine Ausnahme gemacht, wenn einer von
denſelben ſehr arm, krank, oder gebrechlich iſt.

Dieſe Abgaben ſind einige Zeit her ſehr häu=
fig vorgekommen und ſie waren um ſo beträchtli=
cher, da in den drei Monathen Jun. Jul. und
Auguſt des v. J. 680 fremde Purſche von aller=
lei Handwerken und Profeſſionen durch die hie=
ſige Stadt paſſirt, welche alle ihren Zehrpfennig
erhalten, nicht gerechnet, was ſonſten an aus=
wärtige und hieſige Arme, welche leztere noch
nicht bei dem Inſtitut aufgenommen werden kön=
nen, ausgetheilet worden.

Dieſe Ausgabe unter dem Bürglaßthor be=
lauft ſich monathlich wenig=
ſtens auf   -   -   21 Fl.

Hierzu die wöchentlichen
Allmoſen, welche alle Frei=
tage in der St. Morizkirche
abgegeben werden, nach der
Beilage ſub Lit. B. wöchent=
lich 42 Fl. 20 Gr. 5 Pf. mit=
hin monathlich   -   171 Fl. 18 Gr. 8 Pf.

An Beſoldungen für die,
bei dem Armeninſtitut an=
geſtellte Perſonen   -   24 - 1 - 5 -
                              ─────────────────
                              216 Fl. 20 Gr. 1 Pf.

Dieſer

Dieser monathliche Betrag der Ausgabe macht das ganze Jahr hindurch, in welchem 52mal ausgetheilet wird   -   -   2820 Fl. 9 Gr. 1 Pf.

Diese 2820 Fl. 9 Gr. 1 Pf. verglichen mit der Einnahme sub. Lit. A. von 2861 Fl. 13 Gr. wäre ein Ueberschuß von 41 Fl. 3 Gr. 11 Pf. der aber wol schwerlich bei der immer mehr zunehmenden Ausgabe zu erlangen seyn wird.

I.
Ueber Industrieschulen im algemeinen, und über die Göttingische insbesondere (Fortsetzung).

In der Darstellung des Entstehens, und der bisherigen Einrichtung der Göttingischen Industrieschule, im ersten Hefte dieses Magazins, versprach ich eine Fortsetzung. Ich liefre sie hier, sowol um diesem meinem Versprechen ein Genüge zu leisten, als auch den Zweck der Bekanntmachung der Geschichte des Instituts zu erreichen, der hauptsächlich darin liegt, daß jeder, der mit mir an der Volksbesserung arbeitet, auch dieses Mittel, welches ich zu derselben anwandte, richtig und ganz kennen lerne: um theils aus meinen Erfahrungen bei ähnlichen Anlagen einigen Nutzen zu ziehen, theils und vorzüglich aber zur genaueren Prüfung und Berichtigung meiner Verfahrungsart aufgefordert zu werden.

Ich halte mich nicht bei der Schilderung des psychologischen und moralischen Nutzens dieser Einrichtung überhaupt, und der meinigen insbesondere auf, welcher sich zum voraus von derselben erwarten lässet, und bei der gewissenhaften Aufmerksamkeit auf dieses Geschäft auch bewirkt wird; sondern mache meine Leser hier nur mit der Oekonomie meines Instituts und mit dem Nutzen desselben, in sofern er sich in Zahlen darstellen lässet, bekannt.

Die Angaben der zu diesem Zweck von gnädigster hoher Landesregierung, und von dem hiesigen Publicum hergeschossenen Gelder, macht jedem, der es weiß, daß ohne Kostenaufwand dergleichen Anstalten nicht bestehen können, gewiß einen sehr vortheilhaften Begriff von der besonderen Milde unseres allergnädigsten Königs, von der gnädigen Aufmerksamkeit Seiner Minister auf das Wohl des Landes und von der würksamen Theilnahme der Begüterten unserer Stadt an guten Einrichtungen; macht mir die lebhafteste Freude, da ich Gelegenheit habe, den Dank dafür, der mich ganz erfüllet, hier öffentlich zu sagen.

Um Michaelis 1784 wurden aus der hiesigen Werkhauscasse 100 Rthlr. Cassenmünze angewiesen, wovon jedoch in dem laufenden Jahre nur 75 Rthlr. Cassenmünze, oder 80 Rthlr. 12 Gr. 6 Pf. Gold gehoben wurden. An Privatgeschenken sind in diesem Jahre bei der Casse eingegangen 16 Rthlr. 14 Gr.

Von

Von Michaelis 1785 bis dahin 1786 war die Einnahme, die noch übrigen 26 Rthlr. 28 Gr. 2 Pf. Gold aus der Werkhauscasse, und auf eine abermalige Anweisung wurden aus gedachter Casse 50 Rthlr. Gold erhoben. An Privatgeschenken kam in diesem Jahre ein: 6 Rthlr. 17 Gr.

Von Michaelis 1786 bis 1787 erhielt das Institut ein Gnadengeschenk von Sr. Majestät dem Könige von 200 Rthlr. Cassenmünze, oder 214 Rthlr. 10 Gr. 2 Pf. Gold, und eben daher gingen noch ein: 100 Rthlr. Gold. An Privatgeschenken wurden in diesem Jahre zur Casse geliefert: 37 Rthlr. 25 Gr. Endlich erhielt die Casse an Lehrgeld, welches Bürgerkinder, für den ihnen im Institute ertheilten Unterricht bezahleten: 2 Rthlr. 2 Gr., so, daß also die Summe des in diesen drei Jahren zum Besten der Anstalt angelegten Geldes sich auf 534 Rthlr. 1 Gr. 2 Pf. belief.

Aus dieser Casse sind in gedachtem Zeitraum für Hausmiethe, Feuerung, Unterricht, Geräthschaften u. d. gl. 290 Rthlr. verwendet, daß also zum Betriebe des Instituts 244 Rthlr. übrig bleiben. — Diese Summe erhielt durch die Arbeit der Kinder, und durch die milde Güte hiesiger Freunde des Instituts, welche die Producte um einen höheren Preis, als ihr eigentlicher Werth war, ankauften, einen Zuwachs von 90 Rthlr., wodurch die Summe von 334 Rthlr. entstand. Hievon sind bei dem Schlusse des dritten Jahres theils an baarem Gelde, theils an Materialien- und Productenwerth vorräthig 230 Rthlr. Die übrigen 104 Rthlr. sind den Kindern als Arbeitslohn und Prämien gegeben.

Nach dieser Berechnung sind in den ersten drei Jahren zur Anlage und Unterhaltung des Institus 304 Rthlr. aufgewendet. Wie viel Kinder dafür nützlich beschäftiget und in verschiedenen Arbeiten unterrichtet sind, davon zeugt folgender Auszug aus dem Arbeitsbuche.

Michaelis 1784, wie die Schule ihren Anfang nahm, wurden zuerst 6 Kinder im Spinnen, Strik= ken und Nähen unterwiesen, und beim Schlusse des Jahres war die Gesellschaft schon auf 42 Kin= der angewachsen, wovon VI, 1 Knabe und 5 Mäd= chen im Flachsspinnen; VI, 2 Knaben und 4 Mäd= chen im Baumwollespinnen; IV, 2 Knaben und 2 Mädchen im Nähen; XXVI, 13 Knaben und 13 Mädchen im Stricken unterrichtet wurden.

Von diesen 42 Kindern gingen im Jahre 1785 aus der Schule 5 ab, 45 traten dagegen aber wie= der ein, so, daß am Ende Decembers überhaupt 82 Kinder an dem Institute Theil nahmen, von denen sich XI, 2 Knaben und 9 Mädchen mit Flachs=; IX, 3 Knaben und 6 Mädchen mit Baum= wollespinnen; VII, 2 Knaben und 5 Mädchen mit Nähen; LV, 21 Knaben und 34 Mädchen mit Stricken beschäftigten.

Im Jahr 1786 verliessen 15 Kinder diese Schule; es kamen aber 33 wieder hinzu, 15 Knaben und 18 Mäd=

über Industrieschulen.

Mädchen, daß folglich am Ende des Jahres 100 Kinder, 36 Knaben und 64 Mädchen an dem daselbst gegebenen Unterrichte folgendergestalt Theil nahmen: XIII, 2 Knaben und 11 Mädchen spannen Flachs; IX, 2 Knaben und 7 Mädchen spannen Baumwolle; zum Nähen wurden IX, 1 Knabe und 8 Mädchen, zum Stricken aber LXIX, 31 Knaben und 38 Mädchen angewiesen.

Im Jahre 1787 wurden 18 Kinder aus der Schule entlassen, sie erhielt dagegen einen Zuwachs von 38 Kindern, 18 Knaben und 20 Mädchen, wodurch die ganze Schule 120 Kinder stark wurde, von diesen waren XIV, 5 Knaben und 9 Mädchen bei der Flachsspinnerei angestellet. Baumwolle wurde von XII Kindern, 6 Knaben und 6 Mädchen gesponnen. Sechs Knaben verfertigten Kratzen und Kniestreichen für die Wollenarbeiter. Im Nähen erhielten 10 Mädchen Unterricht, und mit Stritken wurden LXXVIII Kinder, 36 Knaben und 42 Mädchen beschäftiget. Ein grosser Theil dieser Kinder wurde ausserdem zur Gartenarbeit angeführet.

In den ersten drei Jahren haben also 158 Kinder an dem Institut Theil genommen, von denen 38 abgegangen, 120 aber noch in das Jahr 1788 getreten sind.

Es läßt sich auch noch ausser dieser Angabe der Kinder, welche im Institut durch die drei Jahre Unterricht erhalten haben, etwas auf Zahlen bringen,

gen, was mich selbst, da ich jetzt die Arbeitsbücher der Kinder in der Schule, und die Verzeichnisse derer durch Kinder, die im Institut erzogen werden, verfertigten Arbeiten, welche aus der hiesigen Werkhauscasse bezahlet sind, nachsehe, sehr überrascht hat, und was ich zur Empfelung solcher Anstalten als die meinige ist, meinen Lesern nicht vorenthalten darf.

Da wo solche Anstalten fehlen ist der gewöhnliche Gang der Dinge, daß die Kinder der niedern Volksclasse täglich 6 und mehrere Stunden nach Orts Gewohnheit in einer Schulstube eingeschlossen werden, und sich dort sowol die Fertigkeiten im Lesen und Schreiben erwerben, als auch eine Summe von Sätzen ins Gedächtniß fassen, wovon sie einen Theil, wenn es glückt, mit ihrem Verstande übersehen und auf ihr Leben anwenden. Ob nun bei einer Verbindung des Arbeitsunterrichts die Erreichung jener Zwecke leichter werde, ob auch ausser diesen noch höhere, in psychologischer und moralischer Rücksicht dadurch erreichbar sind; darüber sage hier nach meiner Absicht weiter nichts, nur das sey mir erlaubt hier aufzustellen, was jener Zwecke unbeschadet in oekonomischer Rücksicht für Vortheile aus der Bildung zum Arbeitsfleiße folgen.

Ich kann dreist unter den oben angegebenen aus dem Institut ausgegangenen Kindern eines herausheben, auf welches mit weniger Abänderung der Particularien folgende Berechnung passet.

Mi

über Industrieschulen.

Mit dem 6ten Jahre finge ein Kind die Besuchung der Lehr- und Arbeitsschule an, und bliebe bis zum 14ten Jahre in dem Institut. Drei von diesen Jahren, welche etwa das 1ste, 4te und 6te wären, gingen auf den Unterricht in verschiedenen Arbeiten so hin, daß in dem 1sten Jahre das Strumpfstricken, in dem 4ten das Flachsspinnen und im 6ten das Baumwolle- oder Kammgarnspinnen erlernet, und folglich in diesen drei Jahren gar kein Verdienst des Kindes angenommen würde; so blieben doch vom 6ten bis zum 14ten Jahre noch 5 Jahre, worin das Kind durch die erlernten Arbeiten nach Verhältniß derselben sich etwas verdienen könnte, und dies würde nach der sichern Erfahrung, welche ich an mehrern Kindern gemacht habe, im Durchschnitt etwa folgendes betragen.

Ein Kind, welches wollene oder baumwollene Strümpfe stricket, kann, wenn es nur erst einige Fertigkeit in dieser Arbeit hat, alle Quartal, während der Schulzeit, ein Paar grosse oder zwei Paar kleinere Strümpfe verfertigen, womit es etwa 15 Mgr. und also im Jahr 1 Rthlr. 24 Gr. verdienet. Würde es nun 2 Jahre bei dieser Arbeit bleiben; so betrüge sein Verdienst in der Schule 3 Rthlr 12 Gr. Bei Kindern, die erst Lust zur Arbeit haben, und denen man auf ihr Verlangen ihre Strickzeuge mit nach Hause giebt, habe ich die Erfahrung, daß sie ausser den Schul-

	Rthlr.	Gr.

stunden gewiß noch eben so viel gearbeitet haben, wodurch sie sich also in einem Zeitraum von zwei Jahren, der oben zu dieser Beschäftigung angenommen ist, überhaupt mit Stricken verdienen können — 6 24

Ein Kind, welches ein Jahr die Flachsgarnspinnerei gelernet hat, liefert hernach gewöhnlich jede Woche von dem in der Schule gesponnenen Garn so viel ab, daß es 3 Mgr. verdienet hat, und eben so viel haben die Kinder, welche ausser der Schulzeit im hiesigen Werkhause solches Garn gesponnen haben, abgeliefert; wodurch ihnen ein Verdienst zugewachsen ist, der für jedes Kind auf 1 Jahr beträgt: —   8 —

Bei der Baumwollenspinnerei verdient ein in dieser Arbeit schon geübtes Kind die Woche durch während der Schulzeit gewöhnlich 4 Gr. 4 Pf., und nach dem Werkhausregister haben Kinder, welche von daher mit Baumwolle zum Spinnen versehen sind, ausser der Schulzeit, wöchentlich 6 Mgr. folglich überhaupt die Woche 10 Gr. 4 Pf. verdienet, beträgt das Jahr 14 Rthlr. und nach obiger Angabe auf 2 Jahre   28 —

Hieraus erhellet; daß ein auf diese Art erzogenes Kind während seiner Schuljahre baar verdienen kann — 42 Rthlr. 24 Gr.

Bei

Bei der Kammgarnspinnerei wird etwas weniger, als wenn sie Baumwolle spinnen, verdienet.

Zum Belege der Angabe des Verbienstes solcher Kinder, die ausser der Schulzeit für Rechnung des Werkhauses arbeiten, darf ich hier nur aus dem Register dieses Hauses vom Jahre 1787 den Artikel Flachs- und Hedespinnerei der Kinder anführen, dem zufolge einige in der Indüstrieschule unterrichtete und von der ihnen gewohnten Bettelei zum Fleisse umgebildete Kinder, besonders im Laufe des Winters im Werkhause gesponnen haben $232\frac{1}{4}$ Pf. Flachs zu 410 Löppen und $263\frac{1}{2}$ Pf. Hede zu 130 Löppen und jeden zu 1 Ggr. Spinnerlohn gerechnet.

Diese Erfahrung nun vom Einzelnen aufs Allgemeine ausgedehnet, giebt ein Resultat, welches jedem für die Anlage solcher Schulen um desto mehr einnehmen muß, je mehr es gegen das absticht, was ohne dieselben auf Kinder und durch Kinder der niedern Volksclasse nicht gewürkt würde.

Es werden jezt hier in Göttingen 360 Kinder von Seiten der Armencasse frei zur Schule gehalten. Gedenkt man sich nun die Indüstrieschule weg, so ergiebt die vormalige Erfahrung, daß etwa 60 von diesen Kindern bei ihren Eltern eine zweckmässige Erziehung fanden, die bei weitem grössere Zahl der 300 aber blieben fast ohne alle Anleitung zur zweckmässigen Anwendung ihrer Kräfte. Wenn man nun nach obigen Datis den Verbienst

die-

dieser Kinder in und ausser der Schule schätzet, und für die Ausnahmen von der Regel bei solchen, deren Bildung der angewandten Mühe nicht entspricht, einen halben Theil der ganzen Summe abziehet; so ergiebt sich dennoch, daß diese Kinder in ihren Schuljahren, vom 6ten bis zum 14ten Jahre eine Summe von 6300 Rthlr. verdienen.

Zu diesem grossen Plus noch jenes Minus der Bosheiten, welche sonst diese Anzahl junger Menschen, getrieben durch ihren verwarloseten Thätigkeitstrieb, ausübten, und die jezt nach dem Zeugnisse hiesiger obrigkeitlicher Personen, sich um ein sehr merkliches vermindert haben, so darf wol weiter nichts zur Empfehlung solcher Institute gesagt werden.

II.
Indüstrieschule zu Roßdorf bei Göttingen.
Gerichts Leineberg.

Es scheinet mir dem Zwecke dieser Blätter völlig gemäß, wenn ich hier über das Entstehen, die Einrichtung und den bisherigen Erfolg einer andern Indüstrieschule auf dem Lande eine ausführliche Nachricht gebe. Die eigentlichen Bedürfnisse des Orts, die Schwierigkeiten und günstigen Umstände bei einer solchen Einrichtung, die Hebung jener und die Benutzung dieser im einzelnen dargestellet, können

allein

allein sichere Data zu analogen Schlüssen für ähnliche Anlagen geben, und sind daher wichtig für jeden, den die Sache sonst interessiret. Angenehm kann und wird es meinen Lesern auch ausserdem seyn, zu sehen, wie die angelegentliche Bemühung der Kirchencommission und die gnädige Unterstützung dieses Unternehmens von Seiten der hohen Landescollegien sowol durch den Erfolg selbst, als durch die dankbare Anerkennung desselben in der Gemeine auf das reichlichste belohnet wurde. Den ersten Vorschlag, welchen die Herrn Kirchencommissarien, Superintendent Luther und Gerichtsschulz Compe, dem Königlichen Consistorio in Hannover, über die Anlage dieses Instituts den 30ten Octbr. 1786 einsandten, will ich hier, der Hauptsache nach, als Einleitung hersetzen:

„Vor allen anderen muß diese ganze Einrichtung dem eigentlichen Unterricht im Lesen und im Christenthum nach der Methode des Königlichen Seminarii in Hannover, wie auch im Schreiben und Rechnen keinen Eintrag thun, sondern vielmehr den Fleiß und Eifer in demselben befördern.

Nun sind aber die Schulkinder auch in der Schule zu Roßdorf in drei Classen, als die Buchstaben= Buchstabier= und Leseclasse abgetheilet. Zur Erreichung des bezielten Zwecks bliebe der Unterricht im Christenthum so eingerichtet, daß in der 1sten Vormittagsstunde, nachdem mit Gesang und Gebet

II. Industrieschule

bet der Anfang gemacht worden ist, alle Kinder daran Theil nehmen; in der 2ten Vormittags, stunde aber, die zur Uebung im Bibellesen für die erste Classe bestimmt ist, können während der Zeit die 2te und 3te Classe, die zum ruhigen Zuhören ohnehin nicht zu bringen stehet, auch das Gelesene nicht fassen kann, nicht wohl vor Störung und Unruhe bewahret werden. Diese beiden Classen könnten daher während dieser 2ten Stunde aus der Lehrschule entbehret, und dagegen in einem besondern zur Arbeit bestimmten Zimmer, im Schulhause, in nüzlichen Arbeiten, besonders im Nähen und Stricken, nach einer gewissen Ordnung unterwiesen werden.

Während dieser Zeit würden in der ersten Hälfte der 1ten Vormittagsstunde vorzüglich die Mädchen erster Classe im Bibellesen geübt, so, daß diese in der andern Hälfte dieser Stunde, worin die Knaben erster Classe das Lesen in der Bibel fortsezten, zu Schreibübungen angehalten werden können.

Die 3te Vormittagsstunde würde auf folgende Art angewandt.

Nach gegebenem Zeichen kommt die 2te und 3te Classe aus der Arbeitsstube in die Lehrschule zurück, und werden daselbst im Buchstabiren geübt und resp. zur Kenntniß der Buchstaben angewiesen; mittlerweile wird von den Knaben der ersten Classe das Schreiben fortgesezt; dahingegen die Mädchen

chen dieser Classe, die nun, wie vorhin bemerkt, im Schreiben sich geübt haben, in dieser Stunde in die Arbeitsschule gehen, und zum Nähen, Strikken ꝛc. angewiesen und angehalten werden.

Am Ende der 3ten Vormittagsstunde würde, wie sonst üblich ist, die Schule in Gegenwart der 3 Classen mit Gesang und Gebet geschlossen.

Was den Unterricht in den Nachmittagsstunden betrift, so bliebe, wie bisher, die 1ste Nachmittagsstunde zu Uebungen im Rechnen für die Knaben und Mädchen der ersten Classe bestimmt; in dieser Zeit könnten aber die Kinder der 2ten und 3ten Classe in die Arbeitsstube gehen, und daselbst im Stricken ꝛc. unterwiesen werden.

Die 2te Nachmittagsstunde würde zu Uebungen im Lesen und Buchstabiren in dem Alten Testamente angewandt. Die Kinder der 1sten Classe machten mit dem Lesen den Anfang, und gingen in der Mitte dieser Stunde bis in die Mitte der folgenden in die Arbeitsstube, zum Stricken, Nähen ꝛc. die andern aber würden demnächst den übrigen Theil der 2ten Stunde im Lesen und Buchstabiren geübt.

Die 3te Nachmittagsstunde ist überhaupt zum Aufsagen und Wiederholen bestimmt.

In der ersten Hälfte dieser Stunde, worin die erste Classe noch in der Arbeitsstube sich befände, würde die 2te und 3te Classe, und in der andern Hälfte dieser Stunde die 1ste Classe zum Aufsagen und

und Wiederholen angehalten, und darauf die ganze Schule, wie gewöhnlich, mit Gesang und Gebet geschlossen.

Zu mehrerer Beförderung der guten Sache erbietet sich überdem der Cantor Fromme, Vormittags und Nachmittags noch eine besondere Stunde zur Beförderung der Arbeitsamkeit hinzuzufügen, welche besonders den Kindern der ersten Classe zum Unterricht und Uebung in den vorhin genannten Arbeiten zu Statten kommen würde. In diesen könnten alsdann auch einige Knaben besonders, welche vorhin, wie bemerkt worden ist, bei den Schreib- und Rechnungsübungen beharreten, in den ihnen nüzlichen Arbeiten geübt werden: Wie denn ein grosser Theil der Gemeineglieder mit Vergnügen zu Abwartung dieser besondern Arbeitsstunden ihre Kinder anhalten, und überhaupt diese nüzliche Anstalt mit Dank erkennen wird.

Bei dem Anfange des Unterrichts würden zuerst nur einige besonders gelehrige Kinder aus jeder Classe angenommen, und diesen nach und nach immer mehrere hinzugefügt, bis jede Classe allmählich ganz zu diesem Unterricht gezogen werden könnte.

Der Kostenaufwand, den die Einrichtung dieser bezielten Arbeitsschule erfordert, würde für ein Jahr folgender seyn:

Für eine besondere Stube, und diese
    zu heitzen ein ganzes Jahr — 16 Rthlr.

Der

Der Lehrmeisterin an Lohn für 7 Monathe des Jahrs, da die Arbeitsschule täglich, ausser Mittwochs und Sonnabends zweimal gehalten wird, a Monath 4 Rthlr. — 28 Rthlr.
Derselben für 2 Monathe im Jahre, da die Schule täglich nur einmal gehalten werden kann, a Monath 2 Rthlr. — — 4 Rthlr.
Derselben für 2 Monathe im Jahre, da die Schule wöchentlich nur dreimal Statt finden kann, a Monath 1 Rthlr. — — 2 Rthlr.
Für den 12ten Monath wird nichts gerechnet, denn obgleich in demselben die Sommerschule gehalten wird, so muß doch wegen der Erndte die Arbeitsschule eingestellet werden.

Summa der Kosten für die Arbeitsstube, deren Heitzung und die Lehrmeisterin — — 50 Rthlr.

Ausserdem ist kein Aufwand erforderlich, als zur Anschaffung einiger Bänke, einer Anzahl Fingerhüte, Nähenadeln und anderer Kleinigkeiten, um damit den Kindern zur Aufmunterung ein Geschenk zu machen; welches alles für das ganze Jahr mit 10 Rthlr. ausgerichtet werden kann,

und

und würden also die jährlichen Kosten in allem höchstens 60 Rthlr. betragen.

Zur Bestreitung dieser Kosten wurde von der Kirchencommission das sehr bemittelte Kirchenaerarium zu Roßdorf vorgeschlagen, für welches dieser Aufwand zu einer so gemeinnützigen Anstalt nicht erheblich ist."

Auf diesen Vorschlag der Kirchencommission genehmigte Königliches Consistorium zu Hannover, im December 1786, daß der Versuch, mit der Roßdorfischen Lehrschule eine Arbeits= und Industrieschule zu verbinden, in der vorgeschlagenen Maaße auf ein Jahr gemacht würde, und die erforderlichen Kosten zu 60 Rthlr. aus den dasigen Kirchenmitteln genommen werden könnten. Zugleich erhielt gedachte Kirchencommission den Auftrag, gegen den Ablauf des Jahrs von dem Erfolge zu berichten.

Um keine Zeit zu verlieren, sondern so bald, als möglich, das Institut einzurichten, wurde der Cantor Fromme, gleich nach dem Eingange jener Genehmigung, von der Kirchencommission mit folgender Instruction versehen:

„Nachdem von Königlichem Consistorio zu Hannover genehmiget ist, daß die vorgeschlagene Arbeits= und Industrieschule zu Roßdorf mit bevorstehendem Monathe Januar den Anfang nehmen soll, so hat der Cantor deshalb die behufige Vorkehrung zu treffen, auch so fort die erforderlichen

chen Bänke zu bestellen, und dafür zu sorgen, daß es bei dem Anfange der Arbeitsschule daran nicht fehle. Und wie vorerst nur mit der Unterweisung im Nähen und Stricken verfahren wird, also hat der Cantor aus jeder der drei Classen einige der gelehrigsten und folgsamsten Kinder, beiderlei Geschlechts, auszuwählen, mit welchen sodann in der Unterweisung der Anfang zu machen ist.

Da auch zu Bewirkung des behuf zweckmässigen Fortgangs der Sache erforderlichen guten Willens, sowol bei den in die Arbeitsschule aufzunehmenden Kindern, als deren Eltern diensam ist, daß den Kindern die zur Arbeit benöthigten Instrumente u. d. gl. als Fingerhüte, Nehenadeln, Scheeren, Strickstöcke ꝛc. etwas Band zu deren Befestigung, allenfalls auch, besonders den dürftigen Kindern zum Anfange Zwirn und Garn unentgeltlich gereicht und mithin geschenkt werde; so wird der Cantor durch seine Ehefrau, als künftige Lehrmeisterin, für die Anschaffung dieser benöthigten Sachen sorgen lassen.

Nach unserem Dafürhalten würde es auch mit zur Beförderung des Instituts und zur Aufmunterung bei den Kindern gereichen, wenn leztere ihre ersten kleinen Arbeiten entweder zu ihrem eigenen, oder, nach Befinden, zu ihrer Eltern Gebrauch verfertigten, und lezteren damit ein freudiges Geschenk machten; wobei vor allen Dingen die An-

II. Industrieschule

leitung auf eine vortheilhafte Ausbesserung schadhafter Kleidungsstücke in der Folge mit zu richten, auch, so viel möglich, auf Reinlichkeit und ordentlichen Anzug bei den Kindern zu halten seyn wird.

Wir hegen übrigens das Vertrauen, der Cantor sowol, als dessen Ehefrau werden sich eine angenehme Pflicht seyn lassen, durch ihren zur Einrichtung und Vervollkommnung des Instituts zu beweisenden Eifer und unveränderten Fleiß, die bezielte heilsame Absicht auf die bestthunlichste Art zu befördern, und können wir nicht unbemerkt lassen, daß aller Anschein von Zwang möglichst entfernet, und die Sache, sowol bei den Kindern, als bei den Eltern, blos als eine Wohlthat vorgestellet und sie ihnen in dieser wahren Gestalt angepriesen werden müsse, um dadurch ihre Dankbarkeit und guten Willen rege zu machen. Göttingen, den 18ten December 1786.

Luther. Compe."

Damit sich auch die Einwohner zu Roßdorf von dieser neuen Anstalt einen richtigen Begrif machen, und der Sache thätig beitreten mögten, wurde ihnen folgende Nachricht über das Institut von Seiten der Kirchencommission mitgetheilet.

„Da beliebt worden, zu Roßdorf mit der dasigen Lehrschule zugleich eine Arbeits- und Industrieschule zu verbinden, und auf diese Art die für die Landjugend so nüzliche als unentbehrliche Kenntniß

niß im Nähen und Knütten auszubreiten und überhaupt Fleiß und Arbeitsamkeit bei den Schulkindern zu erwecken und zu vermehren, mithin sie zu thätigen fleissigen Unterthanen zu bilden, und zwar solchergestalt, daß durch diese wohlthätige Einrichtung der bisherige gute Unterricht im Christenthum, Rechnen und Schreiben auf keine Weise eingeschränkt, vielmehr im Gegentheil befördert werden wird, indem diejenigen Kinder während der Zeit, da sie bisher in der Lehrschule nicht vorgenommen werden können, sondern müssig sitzen müssen, auch wol gar die übrigen bei dem Unterricht und Lernen begriffenen Kinder gestöret haben, mit nützlichen Arbeiten, als Nähen, Knütten und dergleichen beschäftiget, und eben durch diese den Kindern gewiß angenehme Veränderung, zum nachherigen Unterricht und Fleiß in der Lehrschule ermuntert werden sollen, so wird solches der Gemeine Roßdorf, gleichwie deren Bauermeister und Vorstehern heute mündlich von uns geschehen ist, hierdurch schriftlich nochmals eröffnet, und zweifelt man nicht, es werde ein jeder Einwohner, welchem die gute Erziehung und das künftige Wohl seiner Kinder am Herzen liegt, diese gemeinnützige Anstalt mit Dank erkennen, und solche durch ununterbrochenes fleissiges Schicken ihrer Kinder zur Schule, und durch deren Ermahnungen zum Fleiß und zur Folgsamkeit gegen ihren bisherigen treuen Lehrer, den Cantor Fromme, und

dessen

II. Industrieschule

dessen Ehefrau, als ihre künftige Lehrmeisterin in der Arbeitsschule, auf das kräftigste unterstützen und auch ihrer Seits möglichst befördern. Wobei zum Ueberfluß hiermit nochmals die Versicherung ertheilet wird, daß durch die angeordnete Anlegung der Arbeitsschule der Gemeine überall keine Kosten zuwachsen, vielmehr solche nach der von uns bewirkten hohen Genehmigung des Königlichen und Churfürstlichen Consistorii lediglich und ganz allein aus den Kirchenmitteln bestritten werden. Göttingen, den 27sten Dec. 1786.

Luther.   Compe."

Mit dem Anfange des Jahrs 1787 wurde nun auf vorgeschlagene und höhern Orts genehmigte Weise diese neue Schuleinrichtung zu Roßdorf eingeführet. Im Februar des Jahres fanden sich aus der ganzen Schule, welche damals überhaupt 120 Kinder stark war, 86 Kinder in der Arbeitsschule. Aus der ersten Classe 16 Knaben und 30 Mädgen, aus der 2ten und 3ten Classe 10 Knaben und 30 Mädgen. Es dauerte nicht lange, so wuchs die Zahl der Kinder in der Arbeitsschule auf 94 an. Denn im May desselben Jahres wurden daselbst schon 30 Knaben und 64 Mädgen im Nähen und Knütten unterrichtet. Der viele Zeit wegnehmende Unterricht vieler ganz unwissender Kinder, und der Mangel des Raums verstattete es bis dahin nicht, mehrerlei Arbeiten einzuführen, welches lezteletztere Hinderniß nunmehr aber durch einen neuen Anbau an das Schulhaus weggeräumet ist. Es wird meinen Lesern gewiß interessant seyn, von dem weiteren Wachsthum und dem jetzigen Zustande dieses wohlthätigen Instituts hier eine Nachricht zu finden, die ich um so viel richtiger und ausführlicher liefern kann, da ich einigemal und noch vor wenigen Tagen Gelegenheit gehabt habe, diese vortrefliche Anstalt in ihrer ganzen Einrichtung zu sehen.

Da mir aber der würdige Lehrer dieser Schule, Cantor Fromme*), so eben mit einem Schreiben an mich, worin er das Institut ganz, so wie es ist, darstellet, ein angenehmes Geschenk macht, so setze ich solches hier wörtlich her.

„Mit

---

*) Ueber die Stuffe vernünftiger Aufklärung, worauf der Verfasser dieses Aufsatzes sich befindet, darf ich meinen Lesern nichts sagen, weil der Aufsatz selbst den Maasstab davon angiebt; aber denen, die sich für diesen Mann, als für einen aufgeklärten Volkserzieher schon interessirt haben, bin ich schuldig, auch die Freude zu machen, daß ich ihnen denselben als einen thätigen Mann in jedem Geschäfte darstelle, welches sich nur irgend auf seinen Hauptzweck beziehet. Durch seine Bildung vorbereitet, war die Gemeine empfänglich für das mit der Lehrschule verbundene Industrieinstitut, und unter seiner Hand konnte die Anstalt in so kurzer Zeit zu dem Grade der Zweckmässigkeit kommen; da nicht nur er, sondern auch seine Ehefrau, mit ununterbrochenem Fleisse an der Vervollkommnung desselben arbeiten. Es gehört unter die angenehmsten Aussichten jedes Menschen=

II. Industrieschule

„Mit recht lebhaftem Vergnügen, werde ich mich noch lange des 3ten Novembers erinnern, an welchem Dieselben unsere hiesige Lehr- und die damit verbundene Arbeitsschule, in Gesellschaft Dero Herrn Bruders des Herrn Generalsuperintendenten, und Herrn Gerichtsschulz Compe, zu besuchen die Güte hatten.

Die größte Aufmunterung wird es jedem vernünftigen Schullehrer seyn, wenn er Besuche von der Art und in der Absicht erhält; Aufmunterung wird es auch der zum Denken gewohnten Schuljugend seyn, wenn sie es wahrnimmt, daß ihr Fleiß, ihre Lust zum Lernen von Höhern mit Wohlgefallen bemerkt wird.

Die Wirkungen einer solchen Aufmunterung habe ich zum öftern an mir selbst und an der mir anvertrauten Jugend erfahren. Die ganze Zeit her, die ich hier als Schullehrer stehe, und das sind schon über zwanzig Jahre, bin ich ununterbrochen mit dem ausgezeichnendsten Beifalle meiner Obern beglückt worden. Der Herr Superintendent Luther, dem so sehr das Beste der ihm untergebenen Schulen am Herzen lieget, hat zum öfteren meinem Schulunterrichte beigewohnet, mit den Kindern

schenfreundes, daß dereinst der größere Theil unserer unmittelbaren Volkslehrer die Kenntnisse mit dem Eifer für ihr Geschäft verbänden, die sich in diesem Manne vereinigen.

w.

dern liebreich gesprochen, sie geprüft, und durch
Lob zum fernern Fleiße ermuntert. Auch der
Herr Gerichtschulz thut, was hier noch nie die
weltliche Obrigkeit gethan hat; er besucht mich bei
meinem Schulunterrichte, äussert Freude und Zufriedenheit, und ermuntert die Jugend zum fleissigen Schulbesuche. Kann es nun wol anders möglich seyn, als daß ich mit wahrer Lust arbeite, und
daß nicht meine Schulstunden mir die angenehmsten seyn sollten? Gewiß, wenn ich anders schrie-
be, als ich dächte, so müßte ich kein Gefühl haben, und verdiente nicht der Lehrer einer so grossen Anzahl Kinder zu seyn. Ich schreibe aus der
ganzen Fülle meines Herzens, denn ich bin überzeugt, daß ich es einem Manne sage, der keine
Schmeichelei und Verstellung bei mir argwöhnen
wird.

Euer ꝛc. verzeihen mir es gütigst, daß ich bei
dem Anfange eines Briefes so weitläuftig geworden
bin, bei welchem meine Absicht nur ist, Dieselben
mit dem Zustande bekannter zu machen, worin sich
anjetzo die hiesige, von dem Königl. Consistorio und
hoher Landesregierung genehmigte und von hiesigen
Herren Kirchencommissarien in Vorschlag gebrach-
te, und von denenselben eingerichtete, mit der
Lehr-verbundene Arbeitsschule befindet, und welcher Nutzen bereits anjetzo davon verspüret wird.

Was die Einrichtung dieser Anstalt betrift, so
ist dieselbe mit der zu Wake, in Ansehung ihrer

Verbindung mit der Lehrschule, fast dieselbe, vielleicht haben Dieselben auch den Vorschlag der Herren Kirchencommissarien gelesen, es würde also überflüssig seyn, wenn ich etwas davon erwehnte.

Was zuerst den jetzigen Zustand derselben anlanget, so muß ich es gestehen, daß er schon weit besser ist, als ich es jemals erwarten konnte, sowol in Rücksicht auf die Anzahl der sie besuchenden Kinder, als der Arbeit, die darin verfertiget wird; was ich davon sagen will, bin ich so dreist, mich auf das gewiß unpartheiische Zeugniß Eu. ꝛc. selbst zu berufen. Anfangs schränkte sich meine Frau mit ihrem Unterrichte, blos auf Nähen und Knütten ein, weil die Grösse der Stube, die dazu genommen werden konnte, keine andere Arbeiten verstattete, indessen wurde nachher der Anfang gemacht, auf zwei Rädern Kammwolle zu spinnen, nun aber durch die Erbauung einer neuen Scheuer und Verlegung des Kuhstalles, ein geräumiges Zimmer dazu angelegt werden können, so ist in diesem Herbste mit Unterweisung

1) im Nähen und Knütten von Kindern beiderlei Geschlechts fortgefahren, und im erstern haben es viele zu einer ziemlichen und im leztern zu einer grossen Fertigkeit gebracht. Das, was in dieser Art verfertiget wird, bringen die Kinder mit, und gehört den Aeltern, oder Andern, die diese Arbeit bezahlen. Den Anfängern wird aber Garn gegeben,

ben, und die Strümpfe sehr armen Kindern geschenket. Die Kosten dieserhalb betragen nicht viel, und werden mit unter den Ausgaben berechnet, die mit den zehn Thalern bestritten werden, welche Königl. Consistorium von den hiesigen Kirchenmitteln gnädigst dazu verwilliget. Auch ist

2) im Kammwollespinnen nicht nur fortgefahren, sondern es sind auch noch mehrere Räder angeschaft, so, daß nun schon von verschiedenen Kindern, sowol Knaben als Mädgen, so gutes brauchbares Garn gesponnen wird, daß Herr Grätzel in Göttingen nichts daran auszusetzen gefunden.

Die Wolle dazu wird von Herr Grätzel genommen, und das Spinnerlohn den Kindern bezahlet; die Wolle, die Anfängern gegeben wird, wird gleichfalls von jenen verwilligten 10 Thalern angekauft, und das schlechte Garn mit von den Kindern zum Knütten verbraucht.

3) Ist der Anfang gemacht mit Baumwollespinnen; auch hierin ist es so weit gebracht, daß ich bereits Eu. ꝛc. eine Probe sehr brauchbares und ziemlich gutes Garn habe vorlegen können.

4) Ist zu gleicher Zeit angefangen, auf einem grossen Rade Wolle zu spinnen.

5) Wird, um im hiesigen Orte einzuführen, daß die Hede gesponnen, und nicht durch Ausländer gröstentheils für Wachholder- und Heidelbeeren weggetragen wird, auf verschiedenen Rädern von Mädgen und Knaben Hebe durch Kämme gesponnen, das Garn ist sehr gut, die Probe davon habe ich gleichfalls Eu. ꝛc. vorgelegt. Die Hede gebe ich den Kindern und bezahle ihnen das völlige Spinnerlohn.

Die Anzahl der sämmtlichen Schulkinder ist in diesem Jahre 136. von diesen gehen in die Arbeitsstube aus der

1sten Classe	Knaben	21.
	Mädgen	45.
2ten Classe	Knaben	15.
	Mädgen	16.
3ten Classe	Knaben	9.
	Mädgen	19.
	Summa	125.

nur 11 von den Knaben bleiben zurück.

Die Vortheile dieser Anstalt, die sich schon anjetzo äussern, leuchten einem jeden in die Augen, zum Beweise, daß sie auch von den Einwohnern dieses Orts erkannt werden, will ich Eu. ꝛc. nur bemerklich machen: daß sie bereits im vorigen Jahre eine Schrift bei den Herren Kirchencommissarien farien an Königliches Consistorium übergeben haben, worin sie für diese hohe Wohlthat danken und um die Fortdauer dieser Anstalt bitten.

Ferner hat die Gemeine einen kostbaren Scheuern- und Ställebau unternommen, den sie noch viele Jahre hätten ablehnen können; imgleichen ist von derselben, nachdem der Kuhstall aus dem Hause an die Scheuer verlegt ist, der vorige Stall in eine recht schöne Stube zur Arbeitsschule umgebauet. Königliches Consistorium hat freilich die Gnade gehabt, der Gemeinde eine alte Kirchenschuld von 234 Rthlr, 11 Gr. 6 Pf. huldreichst zu erlassen, aber dieses Geschenk konnte nicht der einzige Beweggrund seyn, da die von der Gemeine verwandten Kosten sich wahrscheinlich noch einmal so hoch belaufen, als die erlassene Summe ausmacht, auch hatten sie bereits viele Baumaterialien angeschaft, ehe ihnen sichere Hofnung gemacht werden konnte, daß Königl. Consistorium gedachte alte Schuld erlassen würde, und überdem so schmeichelten sie sich schon lange vorher, ehe an die Arbeitsschule gedacht wurde, daß hohes Consistorium, bei den Vermögensumständen hiesiger Kirche, ihnen nie die gänzliche Abtragung jener Schuld auflegen würde.

Der Nutzen dieser Anstalt, der sich schon anjetzo äussert, erstrecket sich

1) auf die hiesige Lehrschule. Nun erst kann ich die Kinder einer jeden Classe in Thätigkeit

zeit setzen und darin erhalten, welches mir vorher nie ganz möglich war. Königliches Consistorium hat zwar in den Grundsätzen des Seminarii vortrefliche Anweisung dieserhalb gegeben, allein, wer sich mit Unterweisung der Kinder auf dem Lande abgegeben hat, wird es mit mir eingestehen müssen, daß man bei Kindern von 6 bis 8 Jahren, (die öfters nur Menschengestalt haben, mit denen fast noch nie ein vernünftiges Wort gesprochen, und mit welchen man Jahre hinbringen muß, ehe sie des Lehrers Sprache verstehen,) zwar wol, mit dem Stocke in der Hand, Stille, aber diese Kinder nie in Thätigkeit und Nachdenken erhalten kann, zumal wenn man sich nicht unmittelbar mit ihnen, sondern mit einer andern Classe beschäftiget. Diese Kinder nun werden unter dem Lesen der Bibel, aus der Lehrschule entfernet, und weerden, anstatt sonst steif da zu sitzen, auf eine Art beschäftiget, die den Kräften ihres Geistes und Leibes angemessen ist. Auch den grösseren Kindern ist die Abwechselung angenehm und nützlich; sie sind munter, die Lust zum Lernen erhält sich bei ihnen, und ich glaube gewiß, daß Eu. ꝛc. an den hiesigen Schulkindern, bei der kurzen Prüfung, so ich in Dero Gegenwart, mit ihnen, am Schlusse der Nach-
mit-

mittagsſchule, alſo zu einer Zeit anſtellete, da
ſie am wenigſten dazu aufgelegt waren, ſol=
ches werden bemerkt haben.

Auch die Eltern weigern ſich nicht, die
Kinder fleiſſig zur Schule zu ſchicken, weil
ſie wiſſen, daß ſie bei dem gewöhnlichen
Schulunterrichte noch mehr für ſie arbeiten,
als ſie zu Hauſe ſonſt gethan haben. Der
Nutzen der Arbeitsſchule verbreitet ſich
aber auch

2) über den ganzen hieſigen Ort, und zwar

a) ſchon anjezt, die Kinder ſind thätiger,
das iſt ſichtbar in der Schule, in ihren
Häuſern und drauſſen, wo ſie ſich befin=
den, und durch den Fleiß der Kinder,
die nicht bloß für ſich, ſondern auch für
Geld arbeiten, müſſen nothwendig ältere
Perſonen ermuntert werden, ſich gleich=
falls zu beſchäftigen, ja ich weiß, daß
Töchter ſchon die Lehrerinnen ihrer Müt=
ter ſind. Das alte Vorurtheil, daß Knüt=
ten und Spinnen den Knaben ſchimpf=
lich, hat hier gänzlich aufgehöret, in der
Arbeitsſchule drängen ſie ſich zum Wolle=
und Hebeſpinnen, und man ſiehet ſie auf
der Straſſe mit ihrer Arbeit gehen. Wie
viele Ausgaben können nun vermieden
werden, und wie groß ſind die Vortheile,
die ein Dorf, wie dieſes iſt, das beinahe
aus

aus 150 Häusern und noch mehrern Familien bestehet, und dessen jetzige Bewohner,mit den Kindern eine Anzahl von 757 Personen ausmachen, davon hat, wenn die Kinder von Jugend auf zur Arbeit gewöhnet werden.

Und wie groß sind nicht die Vortheile, worauf man

b) in der Zukunft mit Gewißheit rechnen kann. Es sind unter den hiesigen Einwohnern gewiß 300 Personen, die sich meistens vom Flachse nähren müssen, wie groß ist nun nicht deren Verlegenheit, wenn derselbe misräth, und sie denn kein ander Mittel kennen, wie sie das Geld zu Bestreitung der unumgänglichsten Ausgaben verdienen können. Ein solches Erwerbemittel wird ihnen nun in der Arbeitsschule durch das Wolle= und Baumwollespinnen bekannt gemacht, und ihre Kinder werden dazu angeführet. Auch war es bei den hiesigen Einwohnern fast gar nicht Gebrauch, daß Hede gesponnen und Kauflinnen daraus verfertiget wurde, wenn dieses nun eingeführet wird, woran kein Zweifel ist, da die Kinder so grosse Lust dazu bezeigen, so ist auch in dieser Rücksicht der Nutzen der Arbeitsschule beträchtlich. Und wie viel für die Gesundheit der Kinder durch eine solche Einrichtung gewonnen werden muß, die vorher, besonders im Win=

Winter, täglich Vor- und Nachmittags über 3 Stunden, oftmals ganz durchgenässet, so ganz gepresset sitzen mußten, wird wol einem jeden einleuchten, und am meisten empfinde ich es, wie wohl mir ist, wenn ein Theil der Kinder sich in der Arbeitsstube befindet. Roßdorf, den 7ten Nov. 1788.

Fromme.

Danksagungsschreiben

der Gemeine zu Roßdorf, an Königliches Consistorium zu Hannover, für die bei ihnen eingerichtete Arbeits- und Industrieschule.

Euro ꝛc. werden unser unterthänigstes Schreiben, welches wir im Namen der hiesigen Gemeine, Hochbenenselben vorzulegen uns erdreisten, gnädigst und hochgeneigt annehmen.

Königliches Consistorium hat die Gnade gehabt, wegen unserer Kinder huldreichst zu verfügen, daß dieselben in der Schule nicht nur im Christenthum, im Rechnen und Schreiben, sondern auch zugleich im Nähen und Knütten unterwiesen werden, ohne daß uns die Unterweisung in den lezteren Arbeiten Kosten verursacht.

Wir

II. Industrieschule

Wir und unsere Nachkommen werden von dieser wohlthätigen Einrichtung vielen Nutzen haben, manche Ausgaben können dadurch gesparet werden, manche Haushaltung, womit es jezt nicht fort will, da die Hausfrau nicht einmal einen Strumpf zu knütten, und die Kleidungsstücke auszubessern verstehet, wird in der Folge in bessern Wohlstand kommen, und unsere Kinder werden von Jugend auf zur Arbeit gewöhnet. Die guten Folgen fangen schon jezt an, sich zu zeigen, da doch diese Arbeitsschule erst seit dem Anfange dieses Jahres bestanden hat. Unsere Kinder, auch schon die kleinsten, haben Lust und Trieb zu diesen uns so unentbehrlichen Arbeiten, und suchen sich, zu unserer grossen Freude, auch zu Hause damit zu beschäftigen. Dem Unterrichte im Christenthum, im Rechnen und Schreiben, geschiehet dadurch, so, wie uns unsere ältesten Kinder erzehlen, kein Abbruch, alles wird noch eben so mit Knaben und Mädgen getrieben, wie wir es, seit des Hierseyns des jetzigen Cantor Fromme, immer gewohnt gewesen.

Wir würden dieser hohen Wohlthat unwürdig seyn, wenn wir die gnädige Fürsorge des Königlichen Consistoriums nicht mit dem unterthänigsten Danke erkenneten. Zugleich aber bitten wir, Ew. ꝛc. wollen diese Anstalt auch in der Folge fortdauern lassen, und ferner für das Beste der hiesigen Gemeine gnädigst sorgen. Wir wollen durch
unser

unser Betragen zeigen, daß wir uns bemühen, des Wohlgefallens unserer hohen Obern immer würdiger zu werden.

Mit der tiefsten Ehrfurcht verharren wir
  Euer ꝛc.
    unterthänigste Knechte
  Joh. Heinr. Grube, Bauermstr.
  Joh. Heinr. Mündemann ⎤
  Christoph Luthin   ⎬ Vorsteher.
  Andreas Mündemann ⎦
  Joh. Heinr. Jaep. ⎤
  Christoph Heepe. ⎦ Gerichtsschöppen.
  Johann Ludwig Grube.
  Wilhelm Mündemann.
  Johann Heinrich Becker.
  Wilhelm Grube.

Dieses Danksagungsschreiben wurde von der Kirchencommission an Königliches Consistorium eingesandt, und die Herren Commissarien unterstützten die Bitte der Gemeine um Fortdauer dieser heilsamen Anstalt; da benn gedachtes hohes Collegium mit Zustimmung Königlicher hoher Landesregierung genehmigte, daß vorerst auf 6 Jahre die zum Bestande des Instituts erforderlichen Kosten aus den Kirchenmitteln zu Roßdorf gegeben würden.

III.

Obrigkeitliche Bekanntmachung die Aufhebung des Waisenhauses zu Memmingen betreffend. *)

Schon lange hat ein Hochedler und Hochweiser Magistrat der Reichsstadt Memmingen einer zweckmäſsigeren Erziehung der armen Waisenkinder, als sie solche in hiesigem Waisen= oder sogenannten Kindshause bisher genossen haben, eine besondere Aufmerksamkeit gewidmet, und sich, je länger, je lebhafter, von den überwiegenden Vortheilen überzeugt gefunden, welche eine Privatverpflegung vor einer öffentlichen, eine vertheilte vor einer gemeinschaftlichen, behauptet.

Hoch=

---

*) Veranlasset durch die pag. 4. des vorigen Hefts hingeworfene Bemerkung über das ökonomische Verhältniſs der Erziehung verlassener Kinder in Waisenhäusern, zu der in Familien, erhalte ich von Memmingen diese obrigkeitliche Bekanntmachung, die meinen Grundsätzen über diesen Punkt ganz gemäſs ist, und die ich meinen Lesern um desto lieber mittheile, da der Erfolg schon über die Richtigkeit der darin befolgten Grundsätze entschieden hat. Die dortige Bürgerschaft, welche bei der Aufhebung des Waisenhauses einige Besorgniſs spüren ließ, siehet jezt den entschiedenen Vorzug der gemachten Einrichtung mit Zufriedenheit ein; besonders da man jezt, statt der ehemals im Waisenhause versorgten 30 Kinder, mit nicht völlig so grossem Kostenaufwande, noch einmal so viel Kinder unterhalten kann, den Vorzug der häuslichen Erziehung ungerechnet. W.

Hochderselbe hält dafür, daß nur eine ohnbefangene Vergleichung der im Waisenhause befindlich gewesenen Kinder mit jenen, welche ausser demselben erzogen werden, nöthig sey, um von dem auffallenden Unterschiede zwischen beiderlei Arten der Education, zu Gunsten der Lezteren, in Ansehung sowol der Verstandes- als Leibeskräfte der Kinder, ein auf die Erfahrung sich gründendes Urtheil zu fällen, und sich dadurch selbst zu belehren,, welche üble Wirkungen das gedrängte Beisammenwohnen so vieler Kinder in Gebäuden, die ohne das selten die gesundesten und freiesten zu seyn pflegen, in Verknüpfung mit den übrigen Umständen der Einrichtung, besonders einer gewissen in Waisenhäusern gemeiniglich herrschenden Art von Unthätigkeit, wenigstens einer Entfernung von häuslichen Geschäften und Verrichtungen, auf Geist und Körper der Kinder hervorbringen, und wie ungleich geschickter dagegen eine frühe Gewöhnung zu zweckmässiger Industrie, zu ökonomischen Beschäftigungen, und kurz zu einer bürgerlichen Lebensart, neben dem zertheilten Aufenthalte in Privathäusern, seyn müsse, gesunde und starke, muntere und lebhafte, frohe und vergnügte Kinder zu ziehen, sofort sie zu thätigen und brauchbaren Gliedern der menschlichen Gesellschaft frühzeitig zu bilden.

Haben unter diesen und anderen Betrachtungen die größste und weiseste Fürsten Teutschlands
eine

eine Aufhebung der in ihren Landen angelegten vorzüglichsten Waisenhäuser zu Potsdam, Gota und Pforzheim, ob solche gleich, so weit es immer das eigenthümliche und untrennbare ihrer Verfassung gestattete, unverbesserlich angeordnet gewesen, dennoch dem Wohl ihrer Staaten, und eine Vertheilung der Kinder unter der Bürger- und Bauerschaft dennoch dem Besten derselben nicht nur theoretisch angemessen, sondern auch in der Ausübung selbst mit dem gewünschtesten Erfolge bereits begleitet gefunden; so ist daher schon leicht zu schliessen, wie ersprießlich und wohlthätig eine solche Abänderung sich erst an Orten erzeigen müsse, allwo zu mancherlei Hindernisse eintreten, um dergleichen öffentliche Anstalten nur zu jenem Grade der Vollkommenheit zu bringen, dessen sie in andern Ländern fähig sind.

Ein wohllöblicher Magistrat hätte daher, wegen Versäumung einer der wesentlichsten obrigkeitlichen Pflichten und Obliegenheiten, sich selbst die gerechteste Vorwürfe machen müssen, wenn Hochderselbe einem Institute mit gleichgültigen Augen länger hätte zusehen wollen, das auf der einen Seite mit den beträchtlichsten Kosten verbunden gewesen, und doch auf der andern der dabei zum Grund liegenden Absicht so wenig Genüge geleistet, daß es aus natürlichen Folgen seiner Anlage zuletzt beinahe aufgehöret hat, ein Waisen- oder Kindshaus zu seyn, sondern mehr in ein Pfründhaus

haus alter simpler oder sonst unbrauchbarer Personen, so zum größten Nachtheil wirklicher Waisen, verwandelt worden ist.

Um nun so gemeinschädlichen Folgen nicht nur auf einige Zeit, sondern auf beständig, nicht nur vorübergehend, sonden bleibend abzuhelfen — um sobann mit wenigerem Aufwand mehrere Waisen in der Folge versorgen, und diesen eine für sie und den Staat vortheilhaftere, eine sowol ihren gegenwärtigen Umständen als künftiger Bestimmung angemessenere Erziehung verschaffen zu können — um benebens in epidemischen Krankheiten der Verbreitung einer nirgends stärker und gefährlicher, als in gemeinsamen Erziehungshäusern, um sich greifenden Contagion, mit der Vorsicht, die in solchen Fällen menschliche Anordnungen zulassen, vorzubeugen zu suchen — um zugleich ein- und anderen unbemittelten wackeren Familien durch das erhaltende Kostgeld zu einiger Erleichterung und Unterstützung behülflich zu seyn — kurz um von allen Seiten den Endzweck einer Stiftung dieser Art in wirksamere und wohlthätigere Erfüllung zu bringen, und für die Wohlfahrt so vorzüglicher Gegenstände des obrigkeitlichen Mitleidens nicht nur halbe sondern ganze Sorge zu tragen, ja die Vortheile, welche einer zertheilten Waisenerziehung durch die auf solche von geistlichen und weltlichen Amts wegen tragende besondere Obsicht fürs Künftige zugehen werden, in den Folgen auch auf die eigene Kinder der Pflegeeltern mild auszudehnen — Um dieser und mehrerer wichtiger Gründe wegen hat ein Hochedler und Hochweiser Magistrat nicht nur vor einiger Zeit schon die Aufhebung hiesigen Waisenhauses, und eine an dessen Stelle tretende Versorgung der Waisen unter der Bürgerschaft, zu verfügen sich verpflichtet geachtet, sondern auch durch eine umständliche Instruction, wie es in Zukunft mit der Erzieh= und Verpflegung der dürftigen Waisenkinder gehalten werden solle, das löbliche unterhospitalische Pflegamt bereits solcher Gestalt angewiesen, daß von diesen neuen Anordnungen unter göttlichem Segen der heilsamste Erfolg um so zuversichtlicher anzuhoffen, als dabei allenthalben die zärtlichste Sorgfalt für das wahre Wohl der Waisen und das damit so tief verbundene allgemeine Beste zum Grunde gelegt worden.

Ob nun wohl ein Hochedler und Hochweiser Magistrat beglaubet ist, sich von dieser neuen Einrichtung allgemeinen Beifall und Segen sicher versprechen zu dürfen; so hat Hochderselbe jedoch, um alle ungleiche Begriffe und Meinungen, die bei nicht genug Unterrichteten etwa noch zurück geblieben seyn mögten, desto vollständiger zu beseitigen, keinen Umgang nehmen wollen, die bringende Gründe, wodurch mehrhochernanntderselbe zu der mit dem Waisenhause vorgenommenen Abänderung vorzüglich bewogen worden, mittelst gegenwärtiger gedruckter Anzeige zu Männiglichs

Kennt=

Kenntniß und Wissenschaft gelangen zu lassen. So beschlossen vor Rath, den 17ten May, 1782.

IV.
Nachricht von einer wohlthätigen Privatanstalt zu Straßburg.

An wohlwollende Menschen.

Daß seinen armen bürftigen Brüdern mit thätiger Hülfe an die Hand gehen zu können, ein Vergnügen ist, welches — weit über andere erhaben — manche ohne dasselbe vielleicht traurige Stunden versüßet, und dessen Erinnerung selbst am Rande des Grabes noch stille Freuden gewähret, welche wohl wenige andere genossene Vergnügungen alsdenn hervorzubringen vermögend sind, das ist eine allzusehr bekannte Wahrheit, um eines Beweises zu bedürfen. Daß es aber auch für edle Menschen eines der empfindlichsten Leiden ist, den Jammer und das grosse Elend so mancher bürftiger Mitbrüder zu kennen, es in seinem ganzen Umfange zu fühlen, ohne ihm jedoch abhelfen, oder es zum wenigsten mildern zu können, ist eine eben so gewisse, als traurige Wahrheit. Freilich suchen viele den unangenehmen Eindruck, welchen dieser Anblick auf ihr Herz macht, dadurch zu schwächen, daß sie oft da und dort ihre milde Hand reichlich aufthun; allein dessen nicht zu gedenken, daß die Anzahl solcher Personen eben die größste nicht ist, und daß es so manche wohldenkende Menschen gibt, welchen auch nur ein mäßiger milder Beitrag, wegen so mancherlei eigener dringender Bedürfnisse, etwas beinahe unmögliches ist: so wird auch selbst auf Seiten derjenigen, welche wirklich und oft reichlich geben, selten etwas recht gründliches gethan.

Entweder reicht man einer armen Person einmal für allemal eine Gabe, ohne sich ferner um ihre Lage zu bekümmern, da doch so manche Dürftige sind, deren traurige und zerrüttete Umstände eine anhaltende Unterstützung erforderten; oder man läßt sich dabei in keine genaue Untersuchung ein, ob die oder jene Person einer Wohlthat wirklich bedürftig und würdig sey, giebt gleichsam mit verschlossenen Augen dem ersten, dem besten, und bedenkt nicht, daß dasjenige, was man auf diese Art austheilet, meistens so gut als weggeworfen sey, und schwächt zugleich seine Kraft in anderen Gelegenheiten bei würdigern Gegenständen thätige und nachdrückliche Hülfe zu leisten.

Diesem allem nun vorzukommen, und zugleich auch wohlthätigen, aber in ihren Ausgaben oft sehr eingeschränkten Personen eine bequeme Gelegenheit anzubieten, mit Wenigem viel Gutes zu thun, haben einige Freunde aus verschiedenen Ständen ben den Verſuch gewagt, eine wohlthätige Privatanſtalt zu unternehmen, und mehrere Menſchenfreunde einzuladen, durch ihre Beiträge dieſe Abſicht zu unterſtützen, damit unter Gottes Segen und kluger Verwaltung manchem Kummer und Bedürfniß gründlich abgeholfen, und manches Gute geſtiftet würde, welches ohne nähere Verbindung mehrerer Perſonen zu eben dem Zwecke nicht ſo leicht geſchehen könnte. Sie haben daher unter Gottes Leitung, folgenden Plan aufgeſezt, und nehmen ſich die Freiheit, denſelben wohldenkenden Perſonen mitzutheilen, ſie zu williger Theilnehmung an dieſer Privatanſtalt einzuladen, auch zur Vervollkommnung des Entwurfs das Ihrige beizutragen.

Plan
dieſer wohlthätigen Privatanſtalt.

I. Zweck der Anſtalt.

1) Nur einheimiſche Perſonen, und zwar ſolche, welche nicht wohl an das Hoſpital verwieſen werden können, ſollen zum Genuß der Wohlthat zugelaſſen werden.

2) Ueberhaupt will man zwar keinen Fall, wo irgend ein Bedürfniß zu heben, oder etwas nüzliches zu ſtiften wäre, geradezu ausſchlieſſen, aber doch

doch hauptsächlich in solchen Gelegenheiten zu Hülfe eilen, wo mit einer kleinen Gabe, wenig oder nichts geholfen wäre.

Vorzüglich soll die Kasse für solche und ähnliche Fälle sich öffnen:

1. Armen Kindern nöthigen und guten Unterricht zu schaffen.
2. Arme Töchter weibliche Arbeiten, und
3. herangewachsene Knaben Handwerke erlernen zu lassen.
4. Armen Kranken bessere Pflege und Wartung zu verschaffen.
5. Armen, die arbeiten könnten und wollten, und keine Arbeit wissen, welche zu geben; die rohen Materialien dazu aus der Kasse anzuschaffen, die Arbeit zu bezahlen, und sie alsdann auf Rechnung der Kasse zu verkaufen.
6. Einem Handwerksmanne, welcher Vorschuß von Gelde brauchte, und dessen Redlichkeit uns bewährt ist, Geld ohne Zinse aus der Kasse zu leihen, und es wieder ganz oder zum Theil von ihm anzunehmen, so wie er es abtragen kann.
7. Arme und dem Verderben einer schlechten Erziehung ausgesezte Kinder zu versorgen.

Uebrigens wird man, soviel es sich thun läßt, sich hüten, den Armen das baare Geld selbst unter

ter die Hände zu geben, damit allem zu besorgenden üblen Gebrauche desselben desto sicherer gewehret werde.

3) In der Auswahl unter den Fällen, wo Gutes zu thun wäre, wird man auf die Jugend insonderheit Rücksicht nehmen, und auf solche Bedrängte, welche mehr durch sogenannte Unglücksfälle, als durch eigene Schuld in ihre traurige Lage versetzet worden. Dennoch soll dieses ein Hauptgrundsaz dieser Anstalt seyn und bleiben — — daß überhaupt der Hülfsbedürftigste, bei dem man hoffen kann, daß eine Wohlthat werde zweckmäßig angewandt werden, das nächste Recht zur Hülfe haben soll. Es ist ja öfters schwer, und selbst in manchen Fällen unmöglich, zu wissen, wie viel der Mensch durch seine Schuld zu seinem Elende beigetragen. Ueberdas kann wohl Gott verdorbene Menschen den schrecklichen Folgen ihrer Vergehungen überlassen: aber nimmermehr hebt dies die Verbindlichkeit bei uns auf, ihnen, wo wir können, zu helfen. Auch sollen, wo es sich nur immer thun läßt, heilsame Erinnerungen und Belehrungen die Darreichung der Wohlthaten begleiten.

4) Alle beitragende Personen werden ersucht, den Verwaltern der Kasse solche Fälle, wo etwas Gutes zu stiften wäre, bekannt zu machen; indem
wür-

würdige Arme grossentheils blöde und schüchtern sind, und sich aufsuchen lassen.

5) Wenn ein Freund unserer Anstalt wahrscheinliche Nachrichten einzöge, daß einem Unwürdigen etwas aus der Kasse gereicht würde: so wird derselbe ersucht, die Sache sogleich einem Mitgliede der näheren Verwaltung anzuzeigen, damit diese dafür sorge, daß die Umstände gründlich untersucht, die angezeigte Person nach Befinden gewarnet, oder gar von der Wohlthat ausgeschlossen werde.

II. Einrichtung der Kasse.

1) Der Fond der Kasse bestehet theils aus Beiträgen, die monatlich einlaufen, (welches man vorzüglich wünschet) theils aus solchen, die zwischen der Zeit, mit oder ohne Namen des Wohlthäters, eingeschickt werden. Die Grösse des Beitrags will man nicht bestimmen, sondern jedem die Freiheit lassen, zu geben, so viel ihm gut dünket. Man ist auch bereit, den geringsten Beitrag anzunehmen.

2) Die Absicht gehet nicht dahin — die einlaufenden Beiträge auf Zinsen anzulegen; sondern sie sogleich nach Maasgabe der vorkommenden Bedürfnisse anzuwenden; es sey denn, daß eine etwas namhafte Summe, mit der ausdrück-
lichen

lichen Erklärung, sie solle auf Zinse angelegt werden, zu dieser Anstalt bestimmt würde.

3.) Im Fall, daß jemand Bedenken trüge, seinen Namen zu nennen und einschreiben zu lassen: so kann man eben sowol durch einen andern seinen Beitrag einsenden.

4.) Alle diejenigen Personen, welche Beiträge einsenden wollen, werden ersucht, bei dem ersten Male ihre Gabe, nebst ihrer Adresse und Erklärung, ob und wie viel sie jeden Monath beitragen wollen, an Herrn Mag. Snilius zu überschicken, auch anzuzeigen, ob sie inskünftige ihren Beitrag einsenden wollen, oder ob derselbe soll abgeholet werden.

5.) Den ersten jedes Monaths, im Fall daß er kein Sonn- oder Feiertag ist, wird der monathliche Beitrag erwartet, im anderen Fall den zweiten des Monaths. Auch wird er von denjenigen Personen, welche es verlangen, durch eine dazu bestimmte Person an eben diesem Tage abgeholet werden. Diese wird zu mehrerer Sicherheit allemal eine Karte mit dem Namen und Petschaft des Einnehmers vorweisen. Uebrigens werden die Wohlthäter freundlich ersucht, ihre Gabe in einem versiegelten Billet, worin ihr Name geschrieben ist, einzuhändigen.

III.

III. Verwaltung der Kasse.

1) Zur Besorgung der Anstalt sind verschiedene Personen ernannt: nemlich ein Oberaufseher, die Verwalter, und Commissionairs.

1. Der Oberaufseher ist ein Mann, der allgemeines Ansehen hat. Er hat ein wachsames Auge über die Verwaltung, damit alles zweckmässig und mit Treue besorgt werde; er wird in wichtigen Puncten zu Rathe gezogen, und wohnet den Berathschlagungen der Gesellschaft so oft bei, als er es für gut findet. Alle sechs Monathe werden demselben die Rechnungen zur Durchsicht übergeben.

2. Das Verwaltungscorps bestehet aus vier Personen.

    Die eine besorgt die Einnahme und Berechnung derselben.

    Die andere hat die Kasse in Händen, und berechnet nur die Summe der Einnahme und Ausgabe.

    Die dritte hat die Besorgung der Ausgabe und deren Rechnung auf sich.

    Die vierte führt das Protocoll und ist der Secretair der Gesellschaft.

3. Die Commissionairs übernehmen alle nöthige Besorgungen zum Vortheile dieser Anstalt.

2) Die Geschäfte dieser verschiedenen Personen sind folgende:

1. Die Verwalter und Commissionairs versammeln sich gewöhnlich jeden Monath zweimal. Da nur in dringendster Noth ein einzelnes Mitglied des Verwaltungscorps berechtiget seyn soll, eine und doch nur mässige Gabe auf Rechnung der Kasse zu reichen, so kommen bei dringenden Fällen, welche eine ansehnliche Unterstützung erfordern, die Verwalter auch ausserordentlich zusammen. In diesen Versammlungen werden zuerst die Acten der vorhergehenden Versammlung vorgelesen, wobei die Commissionairs die von ihren Aufträgen eingezogenen Berichte abstatten. Hierauf trägt jedes Mitglied der Gesellschaft die neuen, ihm bekannt gewordenen Fälle, worin etwa Hülfe geleistet werden könnte, zur Berathschlagung vor. Erfordern die vorkommenden Fälle eine nähere Untersuchung; so nehmen die Commissionairs dieselbe auf sich, um bei der nächsten Versammlung Nachricht davon zu geben. Alle vorgetragene Fälle, abgestattete Berichte, und darauf erfolgte Entscheidungen der Gesellschaft werden vom Secretair aufgeschrieben.

In der ersten Versammlung jedes Monaths werden die Rechnungen der Verwalter

walter dargelegt und verglichen. In der zweiten wird allemal die Liste der Dürftigen, die wirklich Unterstützung genießen, vorgelesen, um zu überlegen, ob sie fortdauern solle, oder nicht.

2. Der Einnehmer führt ein Buch, in welches der Anfangsbuchstabe von dem Namen jedes Wohlthäters, oder ein anderes Zeichen, nebst der Summe seines Beitrags, Monath für Monath, richtig eingeschrieben werden. Zugleich wird ein Geheimbuch von ihm gehalten, in welches er die Namen und Wohnungen der Wohlthäter einträgt, in so fern sie ihm bekannt sind, welches nur dem Verwaltungscorps offen stehen darf.

3. Der Cassier empfängt die eingelaufenen Beiträge vom Einnehmer, und übergiebt demjenigen, der die Ausgabe besorgt, das zur Bestreitung derselben erforderliche Geld. Beide Summen trägt er in sein Kassenbuch ein.

4. Der dritte Verwalter, welcher die Ausgabe besorgt, führet wie der Einnehmer ein doppeltes Buch, in deren eines die ausgetheilten Wohlthaten und die Namen derer, welche die Wohlthaten empfangen, richtig eingeschrieben werden. Doch pflegt er diejenigen Dürftigen, welche durch Bekanntmachung ihres Namens zu sehr beschämt würden,

ben, nur mit dem Anfangsbuchstaben desselben zu bezeichnen, ihren völligen Namen
aber in das andere Buch einzutragen, welches ebenfalls nur dem Verwaltungscorps
unter dem Siegel der Verschwiegenheit offen stehet.

5. Der Secretair führt das Protocoll, in welches alle Anfragen, welche an die Gesellschaft ergehen, die besonderen Umstände
der angezeigten Nothleidenden, und alle
Wohlthaten, welche ihnen aus dieser Kasse
zufliessen, die Zeit und Ursachen, wenn sie
ihnen wieder entzogen werden, alle abschlä-
gige Antworten auf begehrte Hülfleistungen
u. s. w. treulich eingetragen werden. Auch
hiebei wird ein Geheimbuch gehalten, wie
bei den vorigen Büchern.

6. Die Commissionairs haben folgende Verrichtungen:
   1. Sie erkundigen sich nach den Umständen der Dürftigen, für welche Unterstützung von dieser Anstalt gesucht wird,
   um ihre eingezogenen Nachrichten in
   der nächsten Versammlung mitzutheilen.
   Eben dieses thun auch vielfältig die Verwalter.
   2. In jedem Monathe macht einer von
   den Commissionairs den Besuch bei den
   Lehrjungen, welche von dieser Anstalt

abhängen, um sich nach ihrer Aufführung zu erkundigen, ihnen, so weit es nöthig ist, Erinnerungen, Ermunterungen und Warnungen zu ertheilen, und bei der ersten folgenden Zusammenkunft auch davon Bericht abzustatten.

3. Auch werden alle Lehrjungen bei diesem Besuche beschieden, an einem festgesezten Tage und Stunde, sich bei einer bestimmten Person von den Verwaltern oder Commissionairs einzufinden, damit sie von derselben geprüft, ermahnt, und in manchen ihnen nüzlichen Kenntnissen unterwiesen werden.

4. Ebenfalls liegt es den Commissionairs ob, bei allen denjenigen, welche von unserer Anstalt Wohlthaten geniessen, einen monathlichen Besuch abzulegen, und sich genau nach ihrer gegenwärtigen Lage zu erkundigen, damit man erfahre, ob die Wohlthat fortzusetzen, zu verringern, oder zu vergrössern sey.

3) Das Recht, nüzliche Veränderungen in den Einrichtungen der Anstalt zu beschliessen, und ein neues Mitglied der Gesellschaft, wenn eines durch den Tod oder andere Umstände abgehen sollte, durch die Mehrheit der Stimmen zu erwählen — soll allein bei dem Verwaltungscorps mit Zuziehung der Commissionairs stehen.

4) Die

4) Die Nachrichten von dieser Anstalt, welche man, dem sich dafür interessirenden Publikum hiermit in öffentlichem Druck vorzulegen, den Anfang macht, werden ins künftige alle Jahre fortgesezt werden. Aus dieser Ursache werden die sechsmonathlichen Versammlungen — welche bisher sind gehalten worden, um den beitragenden Gönnern und Freunden dieser Anstalt durch Vorlegung der Bücher, die darüber geführt werden, und durch Vorlesung der Geschichte derselben von jedem halben Jahre, Rechenschaft von den anvertrauten Beiträgen abzulegen — von jezt an unterlassen werden. — Wem es belieben würde, eine genauere Einsicht von der ganzen Verwaltung der Anstalt zu nehmen, dem ist es zu allen Zeiten gar gerne vergönnt, bei den Verwaltern die Bücher, die sie obgemeldter Weise führen, (die Geheimbücher ausgenommen) zu durchsehen, und insonderheit das Protocoll, welches den ganzen Gang der Anstalt am deutlichsten zeiget, zu durchlesen. Und wer auch glaubte, Erinnerungen oder Vorschläge von Verbesserungen thun zu können, der wird freundlichst gebeten, solche den Verwaltern mitzutheilen, die Ihm allen Dank dafür haben, und dieselben zu reifer Ueberlegung nehmen werden. —

Diese 1780 zu Strasburg errichtete wohlthätige Privatanstalt bestehet noch jezt, und hat nach sicheren Nachrichten schon ausser-

IV. Wohlthätige Privatanstalt

ordentlich viel Gutes gewirkt. Nachstehende Anzeige von der Verwendung der gehobenen Gelder, vom 1sten Oct. 1784 bis dahin 1785 kann davon zum Beweise dienen.

— Edle Wohlthäter und Freunde unserer Anstalt! durch Sie ist in dem verflossenen Jahre auch wiederum der Herr in unseren leidenden Mitbrüdern auf mancherlei Art gesättiget, erquickt und erfreuet worden; wir die Verwalter ihrer Wohlthaten, legen ihnen hier mit gerührtem Herzen die Geschichte davon dar. Es belief sich nemlich zu vorderst unsere Einnahme auf 1317 fl. 6 ßl. und die Ausgabe betrug 1468 fl. 1 ßl. 11½ pf. von dieser lezteren aber ist folgendes die nähere Berechnung:

	fl.	ßl.	pf.
Unterstützung in Brod — —	450	3	2½
— — — Fleisch — —	48	7	6
— — — baarem Gelde —	85	4	6
— — — allerlei kleinen körperl. Bedürfnissen —	15	2	4½
— — — Arzeneien — —	72	6	—
— — — Kleidungsstücken —	99	1	3
— — — Holz — —	19	6	—
— — — 1943 Holzwellen —	114	8	6
Für Lehrgeld, Werkzeug und andere Nothwendigkeiten unserer Lehrjungen — —	96	7	6

Für

	fl.	ßl.	pf.
Für Kostgeld — —	217	2	6.
— Unterricht in der Religion und andern nüzlichen Dingen fürs gemeine Leben; auch hiezu nöthige Bücher — —	169	9	$1\frac{1}{2}$
— Bettwerk, Garn, Leinwand u. d. gl. — —	78	3	6
	1468 fl.	1 ßl.	$11\frac{1}{2}$ pf.

Aus Vergleichung unserer Einnahme mit der Ausgabe erhellet nun zwar, daß diese leztere die erstere um 150 fl. 5 ßl. $11\frac{1}{2}$ pf. übersteigt, welches wir nicht hätten können zulassen, wenn nicht ein Ueberrest vom vorhergegangenen Jahre es uns erlaubt hätte; allein sind es nicht die nämlichen Wohlthäter, die uns auch hiezu in den Stand gesezt haben? und es ist uns genug, durch diese Anzeige dem Bestreben ihres Herzens, Gutes zu thun, und nicht müde zu werden, neue Gelegenheit erweckt zu haben.

Ich übergehe hier die Nachrichten von denen an einzelnen, besonders elenden Personen erwiesenen Wohlthaten, und berühre nur noch die mir besonders wichtige Bemühung dieser menschenfreundlichen Gesellschaft zur Bildung der Jugend. Die Anzeige davon aus obengedachtem Jahre ist folgende.

Von dem uns immer besonders wichtigen Zweig unserer Unterstützungen, dererjenigen nemlich, die wir an junge Leute zu Erlernung nüzlicher Künste und Handwerker verwenden, haben wir diesesmal den Freunden unserer Anstalt folgende Nachricht von ihren dermaligen Bestimmungen mitzutheilen.

2. erlernen die Goldschlagerkunst;
5. sind bei Schuhmachermeistern;
6. — bei Schneidermeistern;
1. ist bei einem Schlössermeister.

Von deren einigen die Lehrzeit in kurzem zu Ende ist, welche uns nebst den übrigen, so viel wir aus unsern vierteljährigen Besuchen bei ihren Lehrmeistern erfahren, größtentheils angenehme Hofnungen machen und beruhigende Außsichten versprechen. Auch dieses Jahr sind sie, nebst unsern übrigen Pflegekindern, getroffener Einrichtung gemäß, und zwar am Dreikönigstage 1785. in Hrn. Dr. Beyckerts Gegenwart gestellet worden, wobei man den allermeisten wieder zweckmässige Belohnungen ausgetheilet hat.

Hr. Fr. fährt auch noch immer fort, ihnen alle 14 Tage des Sonntages allerhand nüzliches zu sagen, das theils ihr Herz, theils ihren Verstand zu bilden im Stande ist.

Unsere drei ältesten Pflegetöchter sind nun bereits alle in Dienste und demnach aus unserer näheren Pflege und Aufsicht getreten; und wir leben

der

der gewissen Zuversicht, daß Gott der Allmächtige niemalen sein Antliz von ihnen wenden werde, in dessen weise und vollkommnere Erziehung wir sie hiemit aus der unsrigen unmittelbaren übergeben. Die Anzahl unserer jezigen Pflegkinder, zu deren Kostgeld und Unterricht wir jedoch nur Beiträge geben, bestehet aus 7 Kindern.

Sowol die Zwecke dieser Privatanstalt, als auch die Art, um sie zu erreichen, macht der Gesellschaft viel Ehre, und es ist in grossen Städten eine solche Privatvereinigung um so weniger dem allgemeinen Armenversorgungsplane nachtheilig, je mehr sich eine solche Gesellschaft es zur Pflicht macht, ihre wohlthätigen Bemühungen zum Besten einzelner Nothleidenden bekannt zu machen, weil dadurch die nachtheilige Folge, welche heimlich gegebenes Privatalmosen sonst gewöhnlich zu haben pflegt, wegfällt, die nemlich, daß ein und ebenderselbe Arme auf doppelte Art unterstüzt wird.

w.

V.

Auszüge
aus den Missionsberichten von Trankebar.

Mit Vergnügen theile ich meinen Lesern eine zum Plan dieser Blätter gehörige Nachricht aus Ostindien mit.

Der hiesige Herr Geh. J. R. und Ritter Michaelis hatte die Güte mich aufmerksam auf die mit meinen hiesigen Unternehmungen zur Industriebildung ähnlichen Bemühungen der Missionarien in Trankebar ꝛc. zu machen, und verschafte mir das Vergnügen, mich mit dem Herrn D. und Prof. Schulz in Halle über diesen Gegenstand schriftlich zu unterhalten, von dessen Güte ich denn die Missionsberichte, in welchen zerstreute Nachrichten über Industrie und Armenpflege von dort aus enthalten sind, erhielt. Ich rücke sie hier ein, weil ich glaube, daß jene Missionsberichte nicht in den Händen aller derer sind, denen diese Nachrichten wichtig seyn könnten.

Die allererste Bemerkung, welche sich jedem, der es wünscht, das Elend des ärmeren Theils der Gesellschaft mindern und ihrem Mangel abhelfen zu können, sogleich aufdringt, ist die: daß Gaben, so reichlich sie auch immer seyn mögen, das Uebel, zu deſſen Hebung ſie verwendet werden, nicht heben, und daß nothwendig in dem Begrif der guten Armenverſorgung, der, der Armenerziehuug mit liege, weil jene ohne dieſe das Uebel vergröſſert, zu deſſen Minderung ſie angewandt wird.

Dies Bedürfniß der Nutzung der noch übrigen Kräfte der Armen, ſowol wegen der Minderung ihrer poſitiven Bedürfniſſe, als auch wegen der moraliſchen Einflüſſe fühlten auch die Miſſionarien in Trankebar, und machten daher die Vorkehrung, wovon das Tagebuch vom Jahre 1785, welches im 33ſten Stück der Miſſionsberichte ſtehet, die Nachricht enthält (S. 997.).

— Eine unſerer Hauptbemühungen iſt, unſere Chriſten gänzlich vom Betteln abzuhalten, und leichte Arbeiten unter ihnen auszubreiten. Hiezu gehöret unter andern das Strumpfſtricken. Denen aus unſerer Gemeine pflege ich immer etwas mehr, als gewöhnlich für dieſelbe zu bezahlen, um ſie zur Arbeitſamkeit zu ermuntern. Dieſe auf ſolche Art zuſammengekaufte Strümpfe brauche ich entweder für mein Haus und die Europäiſche Schule, oder ich verkaufe die übrigen wieder, wie die Strümpfe aus der Malabariſchen Schule, das Korg, oder 20 Paar, für 15 Pagoden, oder nach ihrem Werth auch geringer. Wenn ich auch ein oder etliche Pagoden an dem Korg verliere, ſo rechne ich dieſes für das beſte Almoſen, das man geben

geben kann, um nur Arbeitsamkeit auszubreiten. Für Alte und Gebrechliche giebt es solche kleine Arbeiten, dadurch sie sich ihren Unterhalt verdienen könnten. Das Strassenbetteln aber, welches hier noch viel gewöhnlicher als in Europa ist, ist ihnen lieber und gemeiniglich einträglicher, sonderlich, wenn Schiffe aus Europa hier sind. So oft eine Kindtaufe oder Hochzeit ist, oder ein Fremder kömmt oder abreiset, so sammlet sich eine Schaar von vierzig bis funfzig Bettlern und schreit so lange, bis sie etwas erpressen. Diese Schaar bestehet meistens aus Blinden, Gichtbrüchtigen, Lahmen, Alten und Gebrechlichen, deren Anblick das größte Mitleiden erregt. Siehet man aber ihre Aufführung und verstehet ihre ärgerliche Worte, die sie unter einander, sonderlich bei ihrem häufigen Zank führen, so kann man sich auch des äussersten Unwillens nicht enthalten. Wir sehen es demnach mit grossem Unwillen, wenn einige von unseren armen Christen sich unter diesen Haufen finden, und werden nicht eher ruhen, bis wir sie ganz davon abgezogen, und entweder durch Arbeit oder durch Almosen auf bessere Art versorgt haben. —

So gut und nüzlich nun auch diese Veranstaltung der Missionarien war, ihren armen Christen, durch Verschaffung verschiedener Arbeiten, das beste Almosen zu geben, so würde doch hier auch

auch eingetreten seyn, was bei jeder solcher Armenversorgung eintritt, daß nemlich viele der Armen, die noch Kräfte zur Arbeit haben, sie nicht zu einigem Erwerb anzuwenden im Stande sind, da es ihnen an Fertigkeit in solchen Geschäften fehlet, die der Armenvorsteher ihnen anweisen könnte, und selbst in dieser einzigen Rücksicht ist es nur daraus zu erklären, daß man erst in den neuesten Zeiten über die Versorgung der Armuth nachgedacht hat, warum man nicht längst darauf verfiel den Kindern, gleich bei der Entwickelung ihrer körperlichen Kräfte auch Anweisung zur nüzlichen Verwendung derselben zu geben, so wie man auf der anderen Seite zu voreilig mit der bestimmten Direction ihrer Seelenkräfte war.

Es scheinet mir, als ob körperliches Bedürfniß den ersten Stoß zur allgemeinen Bemerkung und Ausführung des in der Natur so ganz gegründeten Gedanken gegeben hat: daß man von Bildung der körperlichen Kräfte, zur wichtigeren und schwereren Geistesbildung übergehen müsse, und daß bei der Versäumniß der einen, die andere nothwendig leide, so wie durch wechselseitige Einwirkung die eine durch die andere gewinne. Und es scheinet sich sowol die Allgemeinheit dieses Bedürfnisses, als auch die Aechtheit des Mittels dadurch zu beweisen, daß unter so verschiedenen Himmelsstrichen, und in so ganz verschiedenen übrigen Verhältnissen zu ein und eben derselben Zeit, unabhän-

gig

gig von einander Männer die Anwendung desselben versuchten. Daß die Erfolge den Erwartungen entsprachen, lehrt die mehrjährige Erfahrung
an den Böhmischen Indüstrieschulen, von denen
ich demnächst meinen Lesern Nachricht mittheilen
werde, eben das beweisen auch schon einzelne Fälle in Ostindien, wie aus der folgenden Beschreibung erhellen wird. Im 29sten Stück der Missionsberichte vom Jahre 1783. S. 532. wird in einer Berathschlagung über Verbesserung der Mission, als ein wichtiger Gegenstand der Aufmerksamkeit, die Verbindung des Arbeitsunterrichts
mit dem Religionsunterrichte, von Herrn Pohle
angegeben.

— Die Mission betreffend, so wurde in den
Conferenzen bei Herrn Schwarzens, Hrn. Ger-
kens und meiner Anwesenheit überlegt, was bei
der Mission zu verbessern seyn mögte; und sowol in
Ansehung der Landprediger und Catecheten, als
auch der gesammleten und noch zu sammlenden
Gemeine, desgleichen in Ansehung der Schulen
manche bessere Einrichtung beschlossen, wie denn,
was die Schule betrift, dahin gesehen werden soll,
daß die Kinder beiderlei Geschlechts auch zur
Arbeit mehr angeführet, und dadurch in den
Stand gesezt werden sollen, einmal ihr Brod
zu erwerben. —

Die Ausführung dieses so wohlthätigen Vorsatzes finden wir theils darin, daß man die Kinder durch einen gewissen Muttu im Wöllespinnen unterrichten ließ, wie im 30sten St. S. 661. erzählet wird.

— Er konnte auch sehr feine Wolle spinnen, aus welcher Ursach wir ihn auch in diesem Jahre auf einige Monate in die Schule nahmen, um den Schulkindern solches beizubringen. Er hat viele aus dem Heidenthum und Pabstthum herbeigebracht, und war bei allen Christen, die zu seinem Bezirk gehörten, in Liebe und Achtung. —

Die Zeitumstände machten die genauere Aufmerksamkeit auf dieses Unternehmen noch mehr rege, wie in eben dem St. S. 670. berichtet wird.

— Da Krieg und Hungersnoth die Zahl unserer Schulkinder vermehret und die Christlichen Eltern gelehret hat, die Schulanstalten mehr zu schätzen, als viele vorher gethan haben; so haben wir unsere Aufmerksamkeit vorzüglich darauf gerichtet, wie wir nicht nur für die Erhaltung der Gesundheit dieser Kinder, sondern auch für ihre künftige Wohlfart im Geistlichen und Leiblichen die beste Sorge tragen mögten. Der Hunger und unnatürliche Speisen hatten bei vielen, die in die Schule von ihren Eltern gebracht wurden, die Säfte schon

schon sehr verderbet, und unter anderen Zufällen einen Ausschlag erreget, von dem auch andere gesunde Kinder angesteckt wurden. Um diesem Uebel abzuhelfen, liessen wir in unserm neuangelegten Garten bei der Betlehemskirche in Porreiar ein Pandel errichten, damit die angesteckten Kinder von den Gesunden in der Stadtschule abgesondert würden. Wir sezten denselben einen Landcatecheten zum Aufseher, dr sie anhalten muste, des Morgens von 6 bis 8 Uhr sich Motion zu machen und nach ihren Kräften dem Gärtner in Begiessen 2c. mitzuhelfen. Nach genossenem Frühstück wird mit ihnen einige Stunden Schule gehalten, welches auch des Nachmittags von 2 bis 4 Uhr geschiehet, da sie denn bis zum Sonnenuntergange, wie des Vormittags, wieder Leibesbewegung machen müssen. Dieses hat bisher glücklichen Erfolg gehabt.

In den Stadtschulen wurden für die Gesundheit der Kinder, und um sie bei Zeiten zur Handarbeit zu gewöhnen, auch einige neue Einrichtungen getroffen. Die zwei lange grosse Höfe bei der Knaben= und Mägbleinschule wurden zu Gärten zugerichtet und nuzbare Bäume, Blumen, hauptsächlich aber allerlei Küchengemüse darein gepflanzt. Alle die Knaben, von denen man vorhersehen kann, daß sie sich künftig blos durch Handarbeit nähren können, ingleichen alle Mägblein wurden bestimmt, nur des Vormittages im Christenthum, Lesen und Rechnen unterrichtet zu werden.

den. Und damit den vielfältigen Klagen abgeholfen werde, daß die mehresten unserer Schulmädgen, wenn sie aus der Schule verheirathet würden, wenig zur Haus- und Küchenarbeit taugten; so müssen die grösseren Mädgen nicht nur das Kochwasser selbst aus der Stadt und das Trinkwasser von Sattankundi, und die Knaben aus dem eine halbe Stunde von hier liegenden Missionsgarten herbei tragen, sondern auch eine Anzahl von den Mädgen wechselsweise Reiß stampfen, kochen und das Gemüse mit zubereiten lernen. Des Nachmittags bereitet ein Theil Mädgen Baumwolle, ein anderer spinnet, ein dritter strickt Strümpfe, einige flechten allerlei Matten, andere klopfen eingeweichte Cocusschaalen, deren Fasern wieder andere von einander zupfen und in Kairu oder starke Bindfaden drehen, aus denen allerhand Tauwerke verfertiget werden. Eben dieses Geschäft treiben auch eine Anzahl der arbeitenden Knaben des Nachmittags, einige lernen allerlei Arbeit von Malackischen Rotting, wovon z. E. unsere Fenster, Stühle, Betten ꝛc. geschnüret, auch Reisekörbe, Stubenmatten und dergleichen verfertiget werden; andere machen verschiedene Körbe, die zu Stein, Kalk, Erde und dergleichen Baumaterialien zu tragen gebraucht werden, ingleichen solche, worin der Wein hier zu Lande verschickt wird.

Diese Arten von Arbeiten sind um der Ursach willen zuerst eingeführet worden, weil der Unterschied der Geschlechter hierin weniger Schwierigkeit macht, als bei andern, und jedes Geschlecht sich damit beschäftigen kann. Ganz anders verhält es sich aber mit anderen mehr zunftmässigen Handwerkern, als Färber, Weber, Schmiede, Zimmerleute ꝛc. die auch zugleich ein besonderes Geschlecht ausmachen und wo z. E. eines Goldschmidts Sohn kein Eisenschmidt werden darf. Und sonderlich werden Gerber und Schuhmacher von den Uebrigen beinahe verabscheuet und für das geringste Geschlecht gehalten. Um dieser aus dem Unterschied der Geschlechter entstehenden Hindernisse willen sind hauptsächlich unter vielen in den vorigen Zeiten mit den Schulkindern in der Mission angestellten Versuchen die mehresten nicht gelungen. Inzwischen werden wir unser möglichstes thun, auch zu solchen nüzlichen Handwerken den Kindern Gelegenheit zu verschaffen, und fortfahren, sie zu überzeugen zu suchen, daß jede nüzliche Arbeit auch jedem Menschen, der dazu Neigung und Gaben hat, anständig ist, damit die jetzige Jugend, in besseren Begriffen erzogen, einst verständigere Väter werde, als die jezigen gemeiniglich sind. Bei unseen bisherigen Versuchen ist es ein Hauptzweck, mehr Thätigkeit und Arbeitstrieb in unsere faule Malabaren und sonderlich in unsere Schuljugend zu bringen, die sonst größsten Theils bei dem

bestän=

beständigen Lesen, Hören, Schreiben und Rechnen den ganzen Tag sitzen und denselben mehr vergähnen, als in der Erkenntniß gefördert und zu ihrer künftigen Lebensart zubereitet werden. Wenigstens merket man nach den wenigen Monaten, da diese Versuche angefangen worden, schon weniger Ausschlag und Krankheiten, die sonst aus zu vielem Stillsitzen entstanden, und mehr Munterkeit und Thätigkeit. — Schenket Gott gnädiges Gedeien zu diesen Bemühungen, so daß aus unserer Schuljugend einst geschickte Bürger und solche Christen gezogen werden, die nicht nur dem Christenthum würdig wandeln, sondern auch an Tüchtigkeit, Brauchbarkeit und Arbeitsamkeit andere übertreffen, so ist gar kein Zweifel, daß auch ihr leiblicher Wohlstand dadurch sehr befördert und künftig auch mehr wohlhabende Familien in der Missionsgemeine entstehen werden, die viel ärmere unter ihren Brüdern unterstützen können, wie wir ein Exempel an unserem lieben Christian Daniel, erstem Dollmetscher bei dem Königlichen Gouvernement, haben, der zugleich ein Beisitzer im Schwarzen Gericht ist, und sonderlich in diesem Kriege bei seinen öfteren Gesandschaften an den Heider Ali Chan selbst und dessen Generals, die uns in der Nähe sehr geängstet haben, und in manchen kritischen und gefährlichen Umständen sich so gut und weislich verhalten hat, daß er nicht nur etlichemal von Heider Ali Chan beschenket worden, sondern auch erst kürzlich von dem Königlichen Gouvernement, zum Beweis ihrer besondern Gewogenheit und Zufriedenheit mit ihm, einen Stock mit einem goldenen Knopf erhalten, den er als ein Ehrenzeichen führen darf. Nicht aber die Ehre und sein äusserer Wohlstand allein macht ihn zu einer Zierde unserer Gemeine, sondern vielmehr der demüthige und weise Gebrauch dieser Vorzüge, mit denen er einen anständigen und christlichen Wandel verbindet und damit seinen Christen Gutes thut, wie er denn auch unsern Gottesacker bei der Betlehemskirche mit einer hübschen Mauer und Stacketwerk auf eigene Kosten umziehen lassen, und erst neulich eine Orgel aus Koppenhagen für unsere Stadtkirche für 300 Rthlr. bestellet hat.

Erziehen wir mit Gottes Hülfe mehrere dergleichen würdige Glieder des Christenthums und des Staats, und bringen wir überhaupt mehr Arbeitsamkeit und Thätigkeit unter unsere Christen durch frühere Erziehung und Anleitung dazu, so wird die Mission nicht nur den hiesigen Europäern wichtiger werden, wenn wir ihnen mehrere und bessere Subjecte als die Heiden und Römischen liefern können; sondern es werden auch die Urtheile aus Europa über die Mission besser ausfallen, und die gesegneten Folgen auf die Ausbreitung des Christenthums durch den Wandel und Brauchbarkeit der Christen, wird das wichtigste seyn.

Schon

von Trankebar.

Schon haben unsere besondere Bemühungen mit der Jugend auf manche Heiden und Römische guten Eindruck gemacht, daß drei angesehene reiche Malabaren ihre Kinder mit vielen Bitten, sie mitlernen zu lassen und sie zu häuslichen Geschäften zu gebrauchen und zu gewöhnen, zu uns gebracht, die wir auch, um ihnen zu zeigen, wie gern wir ihnen dienen, ins Haus unter die christlichen Kinder aufgenommen haben. Diese lernen das A. B. C., Buchstabiren und Lesen mit den christlichen Kindern aus den gewöhnlichen Büchern und lesen mit denselben die heilige Schrift, sonderlich das Neue Testament. Des Morgens knien sie bei dem Gebete, wie die anderen, nieder und stimmen mit lauter Stimme mit ein, wenn wir singen: Die falschen Götzen macht zu Spott, der Herr ist Gott, der Herr ist Gott! Gebt unserm Gott die Ehre! Bei der deutschen Katechisation hören sie mit zu, und antworten auf die Fragen eben wie die anderen, wobei zugleich das Deutsche auf Malabarisch öfters erkläret wird, was etwa nicht mögte verstanden werden. Des Abends, wenn die christlichen Jünglinge nicht nur deutsche Worte und Redensarten, sondern auch Sprüche und Gebete einander vorsprechen, lernen sie selbige mit, und es ist angenehm ihnen zuzuhören, wenn sie ganz aufmerksam und vernehmlich hersagen: Also hat Gott die Welt geliebet ꝛc. Alles dieses angeführte thun sie ganz ungeheissen, und man lässet sie es als eine besondere Wohlthat ansehen, daß man ihnen erlaubt, an allem mit Antheil zu nehmen! Anstatt mit dem Christenthum unmittelbar in sie zu bringen, welches sie sogleich zu Hause ihren Eltern erzählen und Aufsehen machen würde, läßt man sie nur zuhören, wenn man sowol bei dem gewöhnlichen Unterricht, als auch bei dem Ausgehen und anderen besonderen Gelegenheiten den Jünglingen die Würde des Christenthums, das weise, gottselige, sich vor andern auszeichnende Verhalten nebst der Glückseligkeit und frohen Hofnung eines wahren Christen vorhält, und wie ein unwissender und lasterhafter Christ weit verabscheuungswürdiger und strafbarer sey, als ein solcher, der in den vortreflichen Lehren des Christenthums noch nicht unterrichtet ist. Lasset uns allerlei Versuche machen guten Saamen auszustreuen und stille auf die Früchte warten.

So wie wir unser Augenmerk auf die Verbesserung der Schulen gerichtet haben, so ist es auch in Absicht der Präparation und Aufnahme der Katechumenen geschehen und sind zu diesem Zweck einige Versuche angestellet worden, um selbige mehr zu prüfen, damit nicht die Zahl unwürdiger Christen fast bei jeder Taufhandlung vermehret werde. So viele Schwierigkeiten die zweckmässige Erziehung und der Unterricht der Malabarischen Jugend hat, eben so viele und noch mehrere Schwierigkeiten finden sich auch bei der Arbeit

an

an dem Unterricht und der Zubereitung der Katechumenen zu ihrer Taufe und Aufnahme in unsere Gemeine. Man kann sie vom Anfang nicht übersehen, und muß suchen, sie durch mannigfaltige Proben, Abänderung derselben und durch viele Mühe, Geduld und Zeit zu überwinden. ———

——— So angenehm uns auch das Geschäft ist, den allein wahren Gott, und den er gesandt hat, Jesum Christum, ohne Ansehen der Person, auch den Aermesten und Elendesten zu verkündigen, so herzlich wir auch glauben, daß unter diesen mehrere willig sind, dem Evangelio gehorsam zu werden, als unter Vornehmen und Reichen, so gerne wir auch den oft ekelhaften Anblick ihrer Lumpen und den häßlichen Gestank, der manchmal unter ihnen sich findet, während des Unterrichts ertragen, und uns auch wenig an die Spöttereien anderer, die sie aus- und eingehen sehen, kehren; so haben wir doch aus langer Erfahrung mit Betrübniß sehen müssen, daß viele von diesen Armen nach der Taufe größtentheils eben so wenig, als die Vornehmern, dem Evangelio würdig wandeln, sich auf das Betteln legen, und nicht nur der Mission, sondern auch der Stadt und dem Lande zur Last fallen, welches oft der Mission zum Vorwurf und Geringschätzung gereicht hat; sonderlich wenn bemerkt wird, daß unter den armen Christen ebensowol Laster herrschen, als unter armen Heiden. Der allgemeine Rath: Man muß sie vorher recht

N 3 prü=

prüfen, ist leichter gegeben, als ausgeführt. Daß sie um leiblicher Versorgung willen kommen, ist von dem größten Theil der Armen wol ausser Zweifel und wird auch von uns bei Annahme derselben vermuthet. Da aber die mehresten ihre unlautere Absicht genug zu verbergen wissen, und nur von der Begierde selig zu werden sprechen, so müssen wir es so lange als wahr annehmen, als sie nicht das Gegentheil zeigen, und dieses geschiehet gemeiniglich erst nach der Taufe. Wollten wir zu argwöhnisch seyn, so könnten wir dem einen oder dem anderen Unrecht thun, die es wirklich redlich meinen. ――― Da wir also bei aller Vorsichtigkeit leicht hintergangen werden können; so haben wir die Probe der Arbeitsamkeit hinzugefügt und die Ordnung gemacht, daß das Lernen der Hauptstücke, der Unterricht des Missionarii und die Wiederholung durch einen Katecheten ganz allein auf den Vormittag eingeschränkt bleibe; des Nachmittags muß jeder arbeiten, und denen, die keinen bestimmten Dienst oder Handwerk haben, wird Arbeit bei der Mission angewiesen, so, daß sie ihren nothdürftigen Unterhalt nicht ganz umsonst, sondern wenigstens zum Theil als einen Lohn erhalten. Dadurch wird mehr als vorher erkannt werden, wer um des Bauches willen kommt, oder wer eine wahre Sorge für seine Seele hat und Nahrung für diese sucht. Nach dieser Einrichtung haben wir schon öfters bemerkt, daß
man-

manche gleich den anderen Tag, oder kurz nach dem
Anfange der Präparation wegblieben, da sie sahen, sie sollten arbeiten und nicht umsonst gefut-
tert werden. So lang die Hungersnoth noch an-
hält, wird sich die Wirkung freilich nicht an allen
zeigen, sie wird es aber hoffentlich, wenn wir mit
Gottes Hülfe wohlfeilere Zeiten bekommen. Gern
mag alsdenn die jährliche Anzahl der Getauften
verringert und nur auf sehr wenige eingeschränkt
werden, welches wahrscheinlich oder gewiß der Erfolg seyn wird; es ist aber der christlichen Kirche
und auch uns nicht an vielen Namen, sondern an
wahren Christen gelegen. Der häßliche Vorwurf,
daß sie Reis- und Kaschristen sind, soll künftig aufs
äusserste vermieden werden, und es ist uns recht
ernstlich daran gelegen, sowol unsere Christen, als
auch die, welche sich zum Christenthum wenden
wollen, und welche nur die Mission kennen, zu
überzeugen, daß wir keinen für das Himmelreich
tüchtig achten, der nicht irgend auf eine Weise, so
er nur kann, ein nützlicher Bürger der Erde ist.

Jakob Klein. Johann Friedr. König.
Christoph Samuel John. Johann
Peter Rottler.

VI.

Schreiben aus Marburg, das dortige Armenwesen betreffend.

Mit Vergnügen theile ich ihnen das, was mir von den Anstalten zum Besten der hiesigen Armen bekannt ist, mit.

Die Anzahl der Häuser dieser Stadt ist zwischen 770 und 780, die Einwohner, Studenten und Soldaten ausgenommen, belaufen sich etwa auf 5000. Die Zahl derer, welche unter ihnen Allmosen geniessen, ist ausser jenen, die als Alte oder Gebrechliche in den Hospitälern Elisabeth, Jakob und den beiden Siechenhöfen sich befinden und etwa 80 ausmachen, im Durchschnitt 220 bis 240, theils Erwachsene, theils Kinder. Stiftungen sind allhier, ausser jenen vier Hospitalien, in welchen die Hospitaliten nothdürftig versorgt werden, und wenn sie noch etwas arbeiten können, wohl gar ein bequemes Leben führen, noch verschiedene ziemlich beträchtliche, die theils vom Magistrat, z. E. an unvermögende, kranke und abgelebte Bürger, ja sogar bei Verheirathung armer Bürgertöchter, theils aber auch von den Kirchen beider Confessionen ausgetheilet werden. In Ansehung der Lezteren ist die Einrichtung getroffen, daß selbige zu

zwei=

zweienmalen im Winter und zwar zur Zeit der bittersten Kälte, wo der Arme, gedrungen durch die
Noth, die richtige Anwendung von dieser Wohlthat macht, ausgetheilet werden. Obgleich die
Anzahl der Armen, die Theil daran nehmen auf
110 bis 130 gerechnet werden kann, so erhält bei
dieser Austheilung doch die Hauptclasse jedesmal
2 fl. die zweite 1 fl. und die dritte, die nur einer
geringen Beihülfe bedarf, einen halben Gulden.
Ausser diesen Stiftungen, welche vorzüglich Kranken uud Alten zu gute kommen, wie denn auch
arme Kranke durch das hiesige Clinicum mit freier Arzenei und Hülfe des Arztes versorgt werden,
giebt es hier noch zwei Waisenhäuser, das Eine
für Reformirte Kinder, welches etwa 24 Waisen
auf eine recht gute Art erziehet und das Andere,
deren Eltern Lutherisch waren, worin ebenfalls
für 20 Kinder gesorgt wird. Eine wahre Lücke ist
es in der hiesigen Armenpflege noch, daß es uns
bisher an einem Arbeitshause fehlet, in welchem
Müssiggänger aufbewahret und durch Zwang zur
Arbeit angehalten würden. Die Hofnung kann
ich dennoch nicht ganz aufgeben, daß bald etwas
der Art, wenigstens im Kleinen, durch Anlegung
von Arbeitsstuben zu Stande komme.

Die Armenanstalt, so wie sie izt auf einen guten Fuß ist, bestehet seit dem April 1773. und
zwar blos aus dem Zuschusse, welchen die Einwohner der Stadt freiwillig dazu thun. Vorhin war
sie

VI. Armenversorgung

sie äusserst schlecht, indem die Bettler öffentlich, besonders am Freitage Schaarenweise umherliefen, so wie es von den reisenden die ganze Woche hindurch geschahe, woher es denn auch kam, daß niemand gern, wenigstens nicht reichlich zu den eingesammleten wöchentlichen Allmosen geben konnte und wollte. Was nun die gegenwärtige Verfassung dieser Anstalt betrift, so verhält es sich damit auf folgende Weise:

1) Die Sammlung geschiehet jeden Montag und Dienstag von Haus zu Haus durch zwei ehrliche dazu besonders verpflichtete Bürger in Begleitung zweier Waisenknaben, welche die Büchsen tragen. Jede einzelne Gabe wird von den Sammlern in ein dazu eingerichtetes Buch eingeschrieben, welches Verzeichniß bei der Ablieferung des Geldes vorgezeiget wird. Für diese Bemühung bezahlet das Armencollegium an die beiden Sammler monathlich 4 Rthlr. und an die beiden Waisenhäuser monathlich 4 Gulden.

2) Die Austheilung geschiehet jeden Donnerstag in Gegenwart eines Deputirten der Policeicommission, der das Protocoll führet, eines reformirten und lutherischen Predigers und einiger Mitglieder des Magistrats, und zwar wegen der unüberwindlichen Schwierigkeiten bei der Austheilung von Naturalien, blos an Gelde.

Die Theilnehmer an diesen öffentlichen Allmosen sind in acht Classen vertheilet und erhalten

8, 10, 15, 20, 25, 30, und 40 Xr. Unter diesen ist besonders die Classe zu 8 Xr. für dürftige Lehrknaben zu Bestreitung der Ausgaben für Kleidungsstücke bestimmt, welches Geld dazu von den vier Quartiercommissarien so angewendet wird, daß sie es nicht selbst in die Hände bekommen. 30 bis 40 solcher Knaben nehmen an dieser Wohlthat Theil und werden dadurch zu brauchbaren Bürgern angezogen. Da die Hauptsache bei jeder Armenanstalt die gewissenhafte Classification der Theilnehmenden ist, und es in der Natur der Sache liegt, daß von Zeit zu Zeit dem sich abändernden Bedürfniß gemässe Einrichtungen gemacht werden müssen; so wird auch hier monatlich eine allgemeine Revision vorgenommen, woran folgende Personen gemeinschaftlich arbeiten. Die ganze Policeicommission, der Commendant der Stadt, ein Deputirter der hiesigen Regierung, einer aus der Universität, ein Kriegs- und Domainenrath, der Advocatus Fisci, der Oberschuldheis und Bürgermeister, die Prediger der Reformirten und Lutherischen Gemeine, die vier Quartiercommissarien und einige Glieder des niederen Raths.

Die Vermögensumstände, körperlichen Kräfte oder Gebrechen sind vorher von der Obrigkeit und dem Physicus untersucht, und desfalls beglaubte Zeugnisse beigebracht, wornach dann die Armencommission ihre Entschliessung über die Versetzung in die verschiedenen Classen faßt; damit man noch
desto

desto sicherer gehe, werden von Zeit zu Zeit die in der Stadt zerstreut wohnenden Kirchenältesten, deren Zahl sich über 20 beläuft, zu Rathe gezogen, um den wahren Zustand der Armen in ihren Bezirken zu erfahren. Auf diese Art wird nun das Betteln in den Häusern ziemlich vermindert, da man dem Einheimischen sagen kann, daß er sich an der Behörde melden solle, *) und den Fremden aus der Casse 4 Kr. zu Haltung einer Mahlzeit gereicht werden, um alsdenn ihren Stab weiter fortzusetzen. Demungeachtet hören noch nicht alle Klagen über Gassenbettelei auf, welches daher rühret, daß der Fond nicht zureicht, mehr als zwei Armenvoigte zu halten, auch trägt dazu der Mangel eines Arbeitshauses allerdings bei. Von dem Einflusse der Universität auf die Almosenbedürftigen läßt sich vor der Hand nichts festsetzen, so wie die Beiträge der Universität zu der Armenanstalt

---

*) Bei der Versorgung der Armen, wobei es noch unzählig viele fromme unerfüllte Wünsche giebt, die sich nicht allein auf die Armen selbst, sondern auch auf die, die zu ihrer Unterstützung beitragen, oder beitragen sollten, beziehen, ist gewiß der wol dem Vorsteher einer Versorgungsanstalt für Arme der allerwichtigste, daß das Publicum, dessen Gaben er ausspendet, sich in allen Stücken dem einmal angenommenen Plan zur Versorgung ihrer dürftigen Mitmenschen gemäß verhalte, und daher nicht blos die erforderlichen Gelder zur Casse steure, sondern hauptsächlich sich von der übelverstandenen Wohlthätigkeit gegen Vagabunden enthalte.

W.

anstalt als freiwillige und unstete Gaben sich nicht bestimmen lassen. Rechnung wird vor dem Publico nie abgelegt, sondern der Abschluß über Einnahme und Ausgabe geschiehet monathlich bei der Session zum Besten des Armenwesens, das Publicum macht auch nie Mine eine Rechnung zu fordern, sondern ist überzeugt, daß die Verwaltung in ehrlichen Händen ist. Da haben Sie ohngefähr die vornehmsten Puncte unserer Armenanstalt, die seit 15 Jahren in ihren Würkungen verhältnißmässig zu den schwachen Vermögensumständen der meisten unserer Einwohner meine Erwartungen weit übertroffen hat. Marburg, 1788.

VII.

Wagemann über vorzügliche Ursachen des Verarmens ꝛc. (Fortsezung.)

Ausser den Veranlassungen zur früheren oder späteren Allmosenbedürftigkeit, welche gerade zu in der Person dessen liegen, der der Armenversorgung anheim fällt und wovon sich in manchen Fällen die eigene Verschuldung behaupten oder leugnen lässet; finden sich besonders in den Städten viele, wobei es zweifelhaft bleibt, ob man die Schuld auf die Person selbst, oder aufs gewisse fürs Ganze als überwiegend wohlthätig anerkannte, oder nur als mit

mit ſolchen nothwendig verbundene und deswegen geduldete Einrichtung ſchreiben ſoll. Da es überall meine Abſicht iſt, Erfahrungen mitzutheilen, ſo ſetze ich das, was aus der meinigen hieher zu gehören ſcheinet, her.

Die Klage, welche der Armenverſorger ſo oft hören muß, daß alle Geſchäftsarten zu ſehr beſezt wären, kann an verſchiedenen Orten ſo viel Wahres enthalten, als die gegenſeitige Behauptung: daß Volksmenge der Reichthum des Staats ſey, und der ſcheinbare Widerſpruch, welcher hierin liegt, wird alsdenn weggeräumet, wenn man das Fehlerhafte in der Wahl und in der Art der Beſchäftigung des gemeinen Volcks genauer entdeckt.

Die Bedürfniſſe einer Geſellſchaft, in ſo fern ſie durch Fabricate einzelner Mitglieder aus derſelben befriediget werden, haben ihre Grenzen, und es muß alſo auch ſeine beſtimmte Grenzen haben, wie viel Perſonen ſich mit Verfertigung jedes derſelben beſchäftigen und ernähren können. Sobald man ſich alſo eine einzelne Stadt ohne Fabriken, die für Handelsproducte arbeiten, oder die Zahl der Handarbeiter ohne den Zuſaz gedenkt, daß unter denſelben ſich Induſtridſe befinden, die ihrer Arbeit einen Werth zu geben verſtehen, der ſie zu Exporten macht, ſo iſt allerdings zu erwarten, daß Vermehrung der Volksmenge, Vermehrung der Armuth zur Folge haben werde.

Wenn

Wenn in einer Stadt, deren Einwohner sich in einem Zeitraum von 25 Jahren, im Ganzen genommen, so wenig merklich vermehren als vermindern, wenn keine besondere Veränderungen vorgehen, die eine stärkere Besetzung dieser oder jener Gilde nöthig machen, bemungeachtet z. B. die Gilde der Schuhmacher von 58 bis auf 126, der Schneider von 50 bis auf 71, der Peruquenmacher von 11 bis auf 28 anwächset, und man keine verhältnißmässige Vermehrung des auswärtigen Absatzes der von der einen oder anderen Gilde verfertigten Fabricate wahrnimmt; so darf man sich nicht wundern, warum in diesen Handwerken manche ohne genugsame Beschäftigung sind, und warum sie, da sie es für schimpflich halten, als Tagelöhner zu arbeiten, sowol mit der Abtragung der öffentlichen Abgaben zurückstehen, als sich bei der Armencasse um Unterstützung melden.

Die Angabe bewährter Mittel, diese Quelle der Armuth zu verstopfen, ist das wahre Werk politischer Kenntniß: daher überlasse ich sie dem, der hierin weiter siehet, als ich. Ueberhaupt genommen, bin ich aber für meine Person überzeugt, daß der Wohlstand eines bestimmten Gewerbes durch zu sehr vermehrte Concurrenz gewiß zu Grunde gehen kann. Es ist wahr, in der Epoche des Entstehens und Wachsthums eines Gewerbes, ist Vermehrung der Arbeiter in demselben, ist Concurrenz wohlthätig, um die Waaren im Preise herun-

herunter zu bringen und sie durch den Wetteifer der Handwerker besser zu machen. — Aber wo ist der Ort, wo die Gewerbe beständig im Steigen bleiben, wo nicht auch ein Stillstand oder gar eine Abnahme derselben eintritt? und in diesem Fall sind zu stark besetzte Gewerbe, nicht nur für diese Menschen selbst, sondern für die ganze Stadt nachtheilig, denn sie vermehren die Zahl der Hülfsbedürftigen, die, sobald sie nur irgend einen schicklichen Vorwand haben, bei der öffentlichen Armencasse Unterstützung suchen und den Armenpfleger oft in nicht geringe Verlegenheit setzen, wie er sich gegen sie nehmen soll; wenn er auf der einen Seite keine Härte beweisen, auf der andern aber auch die Almosengelder nicht an dem unrechten Ort hingeben will.

Mein Hauptgrundsaz bei der Versorgung der Armen bleibt immer der, man muß, so lang bei dem Verarmten noch irgend Kräfte vorhanden sind, wodurch er dem gemeinen Wesen nüzlich werden kann, selbige sorgfältig in Thätigkeit zu erhalten suchen, und lieber die Hälfte an der Arbeit, die man ihm giebt, verlieren, als ihm ein Viertel des Ganzen an baarem Gelde reichen und es ihm überlassen, ob er sich beschäftigen will oder nicht; und nach diesem Grundsatze habe ich auch bei meiner bisherigen Armenadministration, sowol überhaupt, als insbesondere gegen verarmte Handwerker zu handeln gesucht. Sind es Schuster oder Schneider,

der, die durch Stockung ihres Gewerbs heruntergekommen sind; so schaffe ich den Ersteren Leder und den Leztern Zeuge, woraus sie mir für die arme Jugend, die ihre Versorgung aus der Armencasse haben muß, Schuh und Kleidungsstücke verfertigen müssen, und bezahle ihnen den an der Arbeit verdienten Lohn. Ihren Frauen und Kindern gebe ich zur Vermehrung dieses Verdienstes Flachs, oder Wolle zum Spinnen und Garn woraus sie Strümpfe stricken müssen. Hier offenbart es sich bald, ob der Grund der Verarmung wirklich in eingetrezenem Mangel an Arbeit, oder in der Faulheit des Mannes oder der Frau liegt, und diese Bemerkungen geben sodann neue Maaßregeln zur weiteren Behandlung solcher Personen. Bei Handwerkern, deren Arbeit man nicht so wie jene benuzen kann, ist es schwerer, wenn ihr gewöhnliches Gewerbe stocket, sie durch eine andere ihnen anzuweisende Beschäftigung gegen Unthätigkeit zu sichern. Das einzige Mittel, welches mir in solchen Fällen am brauchbarsten scheinet, ist ein gut eingerichtetes Werkhaus, das ist, eine Anstalt, in der vielerlei und besonders solche Arbeiten getrieben werden, womit sich jeder, der nur zur Sache gehörige gesunde Glieder hat, ohne daß er lange Zeit auf die Erlernung derselben verwenden muß, beschäftigen kann. Hat ein solches Institut würklich diese Einrichtung, wozu aber ausserordentlich viel gehört, so können daselbst auch Peruquenmacher, Knochenhauer und dergleichen heruntergekommene Personen, bis sie Gelegenheit haben, ihr Handwerk wieder zu treiben, Beschäftigung und nothdürftigen Verdienst finden.

Ausser diesen verarmten Handwerkern, kommen auch häufig solche Personen zur Armencasse, die sich eine Beschäftigung gewählt haben, bei der sie zwar eine Zeitlang hinreichenden Verdienst, und viel mehr, als wenn sie Tagelöhner sind, haben, der aber, weil die Arbeit blos von den Einfällen der Begüterten abhängt, und so wie sich diese verändern, zugleich mit steigt und fällt, so suchen sie, wenn dieser Verdienst abnimmt, einen Zuschuß bei der Armencasse. Solche temporelle und so lange sie dauern sehr lucrative Beschäftigungen finden sich besonders häufig in grossen Städten. Der Ruf des dabei zu habenden Gewinnstes verbreitet sich bald auswärts, ziehet manche Fremde herbei, die denn auch bald unter diesem, bald unter jenem Vorwande Gelegenheit finden, sich unter die Städter schreiben zu lassen. Wenn nun diese Nahrungsquelle abnimmt oder gar versieget, so hat die Stadt durch jene vorübergehende Arbeit so viel mehr, unbeschäftigte Menschen bekommen, davon ein grosser Theil früher oder später Ansprüche auf die Armencasse macht. Um diesen Zuwachs von Hülfsbedürftigen, wodurch den wirklich Einheimischen ein Theil ihrer Unterstützung genommen wird, zu verhindern, sehe ich kein anderes Mittel, als daß

man

man bei der Aufnahme fremder Personen äusserst vorsichtig ist, und nur denen Erlaubniß sich in der Stadt niederzulassen ertheilet, von denen man mit grosser Wahrscheinlichkeit vorhersehen kann, daß sie, ohne den bereits vorhandenen Einwohnern ihr Brod zu nehmen, ihren Unterhalt finden werden; denn, sie bei Abnahme ihres Verdienstes, und daraus folgenden Mangels an ihren vorigen Wohnort wieder zurück zu weisen, hat schon viel mehr Bedenklichkeiten, und würde in manchen Fällen, z. B. wenn solchen Personen körperliche Gebrechen zustossen, oder wenn gar der Mann mit Hinterlassung einer Frau und einigen Kindern verstirbet, gegen diese jetzt wirklich Elende und Hülfsbedürftige, Härte seyn.

Dies sind einige Beobachtungen, die ich über die Ursachen der Armuth gemacht habe, die aber noch ins Unendliche vervielfältiget werden können, und sobald sie in das Einzelne eindringen, ein wichtiger Beitrag zur Vervollkommnung der Armenanstalten sind, dadurch sowol Armen als Begüterten ein wichtiger Dienst geleistet wird. Wo schon seit einiger Zeit ordentlich eingerichtete Armenanstalten bestehen, da kann es für den Beobachter äusserst deutlich nützlich werden, wenn er aus der Geschichte derselben, das Zu- und Abnehmen der Almosenbedürftigen, die zu ihrer Versorgung zusammengebrachten Beisteuren, und ihre

Ausspendung kennen lernet; aber da dieses Geschäft erst so kurze Zeit Gegenstand der allgemeinen Aufmerksamkeit war, und an den meisten Orten Deutschlandes die Armenarchive nicht über ein oder zwei Jahrzehnde mit einiger Bestimmtheit reichen; so läßt sich von daher wenig Belehrung für den Armenversorger erwarten. Das einzige, was ich in dieser Rücksicht aus dem hiesigen Armenarchiv liefern kann, mögte etwa darin bestehen, daß ich aus der historischen Darstellung der Einnahme und Ausgabe die Geschichte der mehreren Ausbildung dieses Geschäfts in unserer Stadt von der wichtigen Epoche her lieferte, wo Göttingen aus einer Haushalts- und Manufacturstadt auch eine Academie wurde.

Es läßt sich schon vom Anfang erwarten, daß die Universität zur Vermehrung der Almosenbedürftigen werde beigetragen haben; aber mit eben der Wahrscheinlichkeit siehet man auch einen Zuwachs der Gaben zur Versorgung der Armen sowol von Lehrern als Lernenden vorher.

Bei den Vermehrungen der Handwerker, welche mit der Academie eintreten muste, zogen sich auch gewiß verschiedene her, denen nachher entweder Mangel an Arbeit, oder zutretenden Krankheit u. d. gl. eine Beihülfe aus der Armencasse nothwendig machte. Einen stärkeren Zuwachs von Almosenbedürftigen erhielt aber das hiesige Publicum wol allerdings von solchen Personen, welche

in

in ihren jüngeren Jahren zur Aufwartung gebraucht waren, und sich daher auf kein bestimmtes Geschäft vorbereitet hatten, wodurch sie sich im Alter ihren Unterhalt hätten verdienen können: diese fielen nun der Armencasse mit der Zeit grossentheils anheim, und es muste sich daher die Zahl der Bedürftigen von Zeit zu Zeit mehren. Daß dieses von Seiten der Academie erkannt wurde, zeigen die so beträgtlichen Vermehrungen der Einnahme von dort her, und es fehlete nur noch an Einheit in dem Plan der Armenversorgung um schon längst dahin zu kommen, wohin man in diesem Geschäfte, was die meisten Glieder der Gesellschaft, entweder als Gebende oder als Nehmende interessirt, nur durch allgemeine Zusammenstimmung kommen kann. Daß es daran fehlete lehren die Listen der Armen von den Zeiten her, von welchen sie in meinen Händen sind, denn daß die Zahl der Almosenbedürftigen in dem lezten Jahrzehent in einer solchen Progression zugenommen haben sollte, läßt sich nicht erwarten. Man kannte also bei der Armenadministration die Armen nicht alle, und was das für eine Wirkung haben muste, siehet ein jeder Sachverständiger ein.

1) Die wohlthätigen Geber gaben mehr, als zur Versorgung der eigentlichen Armen der Stadt, und zum nothdürftigen Zehrgelde der Durchreisenden erforderlich war.

2) Die

2) Die eigentlich Nothleidenden erhielten nicht so viel, als sie bedurften, wenigstens nicht alle.

3) Ein grosser Theil der aus guten Grundsätzen zur Ernährung Nothleidender gegebenen Beisteuren kam an solche, die es in der Verstellungskunst am weitesten gebracht hatten.

4) Viele Kräfte, welche zur Arbeit hätten benuzt werden können und sollen, lagen brach.

5) Viele Kinder schlechter Eltern wurden im höchsten Grade an Leib und Seele verbildet, und es muste nachher wol natürlich eine ungeheure Vermehrung von wirklich Bedürftigen erfolgen.

Die Beweise zu diesen Sätzen findet man an allen Orten, wo keine Einheit im Plane der Armenversorgung ist, und man darf sich, um es recht sinnlich zu fühlen, nur eine Familie gedenken, worin der Geist der Faulheit und der Bettelei recht zu Hause ist, diese eine Familie, welche etwa aus drei Personen bestände, würde, wenn sie auch nur beim hausirenden Betteln jeder in dem dritten Hause einer Stadt, wie Göttingen ist, alle Woche einen Pfennig erbettelte, doch eine wöchentliche Summe von mehr als drei Thaler zusammen bringen, und ob man nun gleich einsiehet, daß dieser Anschlag äusserst mässig ist, so fühlt man doch auch, daß durch diesen Aufwand, wovon

von denen, die von Haus zu Haus gehen, nur der geringste Theil rechtmäſſiger Weiſe zuzuurtheilen wäre, mehr als dreien ſolcher Familien, wenn ſie nur noch einiges zuarbeiten wollten, die nothwendigſte Unterſtützung geſchaft werden könnte. Das traurigſte dabei iſt doch allerdings, daß gerade dieſe, welche faſt im Elend vergehen, denen nicht bekannt werden, die das, was ſie heuchleriſchen Bettlern geben, für wahre Arme beſtimmt hatten.

Auszug

aus den Armenrechnungen der Stadt Göttingen vom Jahre 1737 bis 1786. von 10 zu 10 Jahren.

	Rthlr.	Gr.	Pf.
Das ganze in der Armencaſſe 1737 vorräthige Capital waren etwa 120 Rthlr. wovon jährlich 6 Rthlr. 5 Gr. 4 Pf. Zinſen eingingen, die auf 10 Jahr bis 1746 betrugen.	61	19	–
Aus der **wöchentl. Sammlung**, welche durch den Armenvoigt und eine Perſon aus den enrollirten Armen von Haus zu Haus geſchahe, ſind in obigen 10 Jahren eingegangen.	4554	31	3

Bei dieſer Sammlung findet in dem Laufe der 10 Jahre weder eine merkliche Zu- noch Abnahme ſtatt; ſelbſt 1740 da die Armuth nothwendig

VII. Ueber vorzügliche Ursachen

ganz ausserordentlich leiden müste, hat das hiesige Publicum seinen Zuschuß zur Casse gar nicht vermehret.

	Rthlr.	Gr.	Pf.
Die stehenden Einnahmen von den Kirchen, der Cämmerei und den Gilden hat jährlich 48 Rthlr. also in 10 Jahren betragen.	480	—	—
Aus den Becken vor den Kirchthüren sind in diesem Zeitraum gehoben	113	3	—
Aus der St. Johanniskirche hieselbst sind bis 1746 berechnet	110	22	5
In den Armenstöcken hat sich gefunden	4	6	5
Aus den Brau= und Wirthshäusern ist geliefert	7	2	3
Von Hochzeiten u. Kindtaufen	107	2	6
Strafgelder aus den Gerichten	31	33	—
Von Jahrmärkten	16	8	—
Extraordinaire Zuschüsse, welche besonders dadurch zur Casse kamen, daß, nach einer im Jahr 1741 gemachten Einrichtung, die enrollirten Armen alle Quartal unter Anführung eines Armenvoigts mit Absingung einiger Gesänge die ganze Stadt durchzogen.	162	24	7

1742 fieng ein Glied der Aca=

demie

des Verarmens ꝛc.

	Rthlr.	Gr.	Pf.
demie an, alle Quartal seinen Zuschuß zur Casse besonders zu geben, und daher sind bis 1746 eingekommen — —	66	—	-

Folglich war die ganze Geldeinnahme durch diese 10 Jahre   5715   9   5

Bei der wöchentlichen Sammlung wurde von den Einwohnern der Stadt auch Brod zur Versorgung der Armen gegeben, dieses hat von 1737 bis 1746 — 317 Ctr. 48 Pfd. betragen. Von diesem eingekommenen Geld- und Brodvorrath erhielten im Durchschnitte der 10 Jahre jedes Jahr 73 Personen ihre wöchentliche Portion Allmosen. Das gesammlete Brod wurde bei der Verabreichung des Armengeldes unter sie vertheilet, und was sie an baarem Gelde bekommen haben, beträgt in obigen 10 Jahren auf jedes Jahr im Durchschnitt 440 Rthlr. überhaupt —

	Rthlr.	Gr.	Pf.
	4400	—	-
Auf besondere Anweisungen z. B. für durchreisende Arme, für Kranke, an hülfsbedürftige Familien ꝛc. sind berechnet —	113	16	-
Für Beerdigung der Armen —	22	7	-

Für

	Rthlr.	Gr.	Pf.
Für Schulbücher zum Besten armer Kinder — —	33	31	2
Besoldung des Registrators —	120	—	—
Für Information armer Kinder	640	—	—
Besoldung des Armenvoigts -	172	—	—
An extraordinairen Ausgaben -	206	30	3

Die ganze Summe der in obi=
gen 10 Jahren aus der Ar=
mencasse aufgewendeten Gel=
ber betrug also — —   5709   4   1

Nach Vergleichung der Einnah=
me und Ausgabe fand sich beim
Schlusse dieser 10 Jahre in der
Casse ein Vorrath von —   6   5   4

Die wöchentl. ordinaire Samm=
lung betrug in dem 2ten Jahr=
zehnt von 1747 bis 1756 —   4184   2   6

An Zinsen gingen ein —	61	19	—
Von den Kirchen, der Cämmerei und den Gilden —	480	—	—
Aus den Becken vor den Kirch= thüren — —	157	23	5
Aus der St. Johanniskirche —	100	32	7
Aus den Armenstöcken — —	17	9	—
Aus den Brauhäusern —	10	9	4
Von Hochzeiten u. Kindtaufen -	114	17	5
An mitleidigen Geschenken —	67	17	3
Aus den Gerichten Strafgelder	26	16	1

Bei=

	Rthlr.	Gr.	Pf.
Beitrag eines academischen Mitgliedes — —	139	15	–
Von Jahrmärkten, Umsingen, und ausserordentlich — —	185	32	7
Summa der Einnahme war —	5581	21	2

Als ausgegeben ist dagegen berechnet:

	Rthlr.	Gr.	Pf.
An wöchentlicher Ausgabe für die enrollirten Armen —	3786	31	–
Auf Assignationen —	25	30	–
Für Beerdigung der Armen —	3	24	–
Bücher für arme Kinder —	5	5	–
Für Information der armen Kinder — —	774	23	4
An Besoldungen —	192		
Den Armenvoigten —	520	–	–
Extraordinair — —	77	22	2
Summa — —	5385	27	6

Diese Ausgabe mit der Einnahme verglichen, so bleibt in der Casse ein Ueberschuß in das dritte Jahrzehnt von — — 132 30 4

Von 1757 bis 1766 sind zur Casse gekommen:

	Rthlr.	Gr.	Pf.
An Zinsen — —	46	29	7
Aus der wöchentl. Sammlung	2341	27	1
Von den Kirchen, der Cämmerei und den Gilden —	310	–	–

Aus

218 VII. Ueber vorzügliche Ursachen

	Rthlr.	Gr.	Pf.
Aus den Becken vor den Kirchthüren — —	166	21	1
Aus der St. Johanniskirche -	131	31	2
Aus den Armenstöcken —	5	7	5
— — Brauhäusern —	37	26	6
Von Hochzeiten —	176	28	2
Mitleidige Geschenke —	147	26	4
Strafen aus den Gerichten —	21	13	5
Von Jahrmärkten, Umsingen ꝛc.	436	33	7
Von der Akademie — —	3136	10	-
Summa — —	6793	19	-

Im dritten Jahrzehnt unserer Berechnung, wo sich die Glieder der Academie, nach dem Beispiele eines Einzelnen, dessen Beitrag wir im 1ten und 2ten Decennio aufgeführet haben, zu abgesondertem Allmosengeben entschlossen, und dadurch eine Summe von ohngefähr drei Tausend Thlr. zusammen brachten, so fand sich im Ganzen durch diese 10 Jahre ein plus von etwa 1000 Thlr. Denn die Sammlung aus der Bürgerschaft, in welche die Academie sonst mit gegeben hatte, fiel nach dieser Absonderung nur um etwa 2000 Thlr.

Gegen jene Einnahme von 1757 bis 1766 war die Ausgabe

	Rthlr.	Gr.	Pf.
wöchentliche an die enrollirten Armen — —	4349	31	4
Auf Assignationen —	172	24	-
Für Begräbnisse —	19	25	-

Für

des Verarmens ꝛc.   219

	Rthlr.	Gr.	Pf.
Für Bücher — —	3	9	4
Für Information —	375	6	2
An Besoldungen —	782	16	4
Extraordinair —	323	21	4

Es betrug also die ganze Ausgabe 6026 26 2
Diese mit der Einnahme verglichen, so ist in das 4te Jahrzehnt hier ein Ueberschuß zu berechnen von 1067 8 2

Die Einnahme in den Jahren 1767 bis 1776 incl. hat in folgenden Posten bestanden:

An Zinsen, Rückständen und aus den laufenden Jahren — 743 6 —
Die wöchentliche Sammlung, welche sich in diesen Jahren fast gleich war, betrug — 4095 11 5
Von den Kirchen, der Cämmerei und den Gilden ist theils rückständig, theils aus den laufenden Jahren eingekommen — — 593 33 2
Die Almosenbecken haben geliefert — 236 29 4
Aus dem St. Johannis-Klingbeutel kamen zur Casse — 88 13 2
Die Einnahme aus den Armenstöcken belief sich auf — 6 32 U

Aus

VII. Ueber vorzügliche Ursachen

	Rthlr.	Gr.	Pf.
Aus den Brauhäusern war einnahmlich zu berechnen —	41	21	5
Von Hochzeiten —	240	22	2

obgleich die Jahre der Theurung eine so grosse Einnahme von dort her nicht hätten vermuthen lassen sollen, weil man glauben könnte, daß der allgemeine Mangel grosse Gastereien verhindert hätte

Von Strafen nahm die Casse ein	44	1	3
Die Quartalsammlung betrug in diesem Zeitraum die gegen vor so merklich grössere Summe von —	5459	5	7
Vom Umsingen —	743	13	1
Von den Traiteurs —	11	31	4
Von mitleidigen Geschenken —	554	19	1
Von denen an den hiesigen Magistrat zu zahlenden Beiwohnungsgeldern der Inquilinen hatte die Casse eine Einnahme von —	205	14	3
Extraordinair lief ein —	614	25	1
Daß also die ganze Einnahme betrug — —	12747	—	5

Dagegen waren die Ausgaben dieses 10jährigen Zeitraums folgende:

Wöchentliche Ausgabe an die verzeichneten Armen —	6506	15	—

Auf

des Verarmens ꝛc. 221

	Rthlr.	Gr.	Pf.
Auf Assignation wurde ausgezahlet	328	4	6
Beerdigungskosten der Armen betrugen	65	24	-
Für Bücher wurden nur ausgegeben	8	19	-
Der Unterricht armer Kinder erforderte eine Ausgabe von	356	5	-
und an Besoldungen zahlete die Casse aus	1567	34	-
Die extraordinaire Ausgabe belief sich auf	139	8	1
Summa	8972	1	7

Hiemit die Einnahme verglichen, so blieben vorräthig — 3774 34 6

In dem Laufe der Jahre von 1777 bis 1786 waren einnahmlich zu berechnen:

An Capital-Zinsen	891	28	7
und die wöchentliche Sammlung brachte eine Summe von	9809	24	4
Kirchen, Cämmerei und Gilden gaben	450	-	-
Aus den Becken erhielt die Casse	238	7	7
und der Klingbeutel trug ein	137	26	1
Aus den Armenstöcken wurde gehoben	3	1	7

und

	Rthlr.	Gr.	Pf.
und aus den Brauhäusern geliefert	37	29	2
An den Jahrmärkten beliefen sich die Almosen auf	27	11	7
und bei Hochzeiten wurden gesammlet	276	33	3
Strafgelder kamen ein	9	10	–
Die Quartalsammlung gab die Summe von	6057	15	8
und vom Umsingen, welches bis 1780 fortdaurete, wurde eingenommen	320	14	5
In den Büchsen der Traiteurs befand sich	10	18	6
Die Geschenke betrugen	300	25	4
Das der Armencasse zugebilligte Beiwohnungsgeld gab	276	9	1
und extraordinair kam ein	869	22	7
Summa	23492	9	6

Die Ausgabe dieser 10 Jahre war stückweise folgende:

Wöchentliche an die auf der Liste verzeichneten Armen	10076	17	4
Auf Assignationen wurde ausgezahlet	2706	7	2
Die Beerdigungen erforderten	99	1	–
Zu Büchern wurden angewandt	84	28	2

Für

des Verarmens ꝛc.

	Rthlr.	Gr.	Pf.
Für Unterricht bezahlete die Casse — —	833	19	7
und als Besoldung wurde verausgabt — —	2420	7	4
Die extraordinairen Ausgaben beliefen sich auf —	1316	28	1
Summa — —	17537	1	–

Beide Posten verglichen, wäre der Ueberschuß mit dem Schluß des Jahres 1786 etwa 6000 Rthlr. Von diesen überschiessenden Geldern nun, waren mit dem Anfange des Jahrs 1787, an theils zinsbar belegten Capitalien, theils in der Casse baar liegenden Geldern 4447 Rthlr. vorräthig. Das Uebrige war zum Betriebe des zur Beschäftigung arbeitsloser Personen hier angelegten Werkhauses vorschußweise gegeben.

Aus dem bisherigen erhellet, daß für die Armen in unserer Stadt durch die 50 Jahre von 1736 bis 1786, eins in das andere gerechnet, jährlich etwa 1000 Rthlr. zusammengebracht worden sind, und daß demnach am Ende dieses Zeitraums über ein Zehntheil dieser ganzen Geldsumme als Ueberschuß in Rechnung war.

Wer hiernach allein den Vermögenszustand von Göttingen beurtheilen wollte, dem müßte der Wunsch einkommen, daß es doch an allen Orten so wenig Arme als hier geben mögte. Denn, in welcher Stadt von der Grösse und Volksmenge

Göttingens sollten wohl 900 Rthlr. jährlich zur Versorgung der Armen hinreichen? Die ersten Fragen, welche meinen Lesern bei dieser Rechnungsdarstellung einfallen müssen, sind daher wol die:

1) Gab es denn in Göttingen wirklich nicht mehr Arme? oder
2) wurden sie nicht alle versorgt? und wenn das nicht war,
3) bestritte man wirklich von dem Gelde, was aufgebracht wurde, die allernothwendigsten Ausgaben für Verpflegung der Kranken, für Erziehung der Kinder ꝛc. und endlich
4) wie rettete man sich auf den Gassen und in den Häusern vor den Anfällen der zudringlichen Bettler?

Diese Fragen beantworten sich theils schon aus den Rubriken der Rechnungsauszüge im Vorhergehenden, theils aber auch aus den Abänderungen der ganzen Anstalt, die man zu treffen sich genöthiget sahe, und nun nach und nach traf.

Von denen Verbesserungen, welche in der Armenanstalt Göttingens im Jahr 1780 durch die damaligen einsichtvollen Administratoren gemacht wurden, kann ich keine bestimmtere Nachricht geben, als welche in der Anzeige für das Jahr gegeben worden ist, und die ich deswegen hier einrücke.

An

An
die Wohlthäter
der
Göttingischen Armen.

Ueber den gegenwärtigen Versuch und Anfang einer verbesserten Armenanstalt in Göttingen.

1.

Es ist bekannt, wie oft und manigfaltig bisher über die Bettelei auf den Straſſen und in den Häuſern dieſer Stadt nicht ohne Grund geklagt worden iſt. Um dieſen Klagen, ſo viel möglich, abzuhelfen, hat man 1.) zuerſt den Zuſtand der hieſigen Armen genau zu erforſchen geſucht, und darauf einem jeden, wirklich Dürftigen und Unvermögenden nach Beſchaffenheit der Umſtände und dem verſchiedenen Grade der Dürftigkeit, das nothdürftige Allmoſen, oder einen Zuſchuß, beſtimmt, auch im Vertrauen auf die künftige Mildthätigkeit der hieſigen Wohlthäter wirklich auszutheilen angefangen. 2.) Denjenigen aber, die noch zu arbeiten im Stande ſind, und ihrem Vorgeben nach keine Gelegenheit zur Arbeit finden konnten, oder aus Trägheit nicht arbeiten wollten, wird im Werkhauſe, jedem nach Ermäſſigung der Kräfte, Beſchäftigung, als das beſte Allmoſen, und damit auch eine anſtändige Gelegenheit zum Erwerb des Unterhalts angewieſen. Auch werden solcher Eltern Kinder, die man bisher bettelnd gefunden, zur Arbeit angehalten, und darinn unterrichtet werden. Dadurch ist und wird nun jedem Einheimischen Armen der Vorwand zur Bettelei benommen.

4.) Den Auswärtigen durchwandernden Armen, die sich melden, wird auch, nach Befinden der Umstände, so viel die Nothdurft auf die bestimmte Zeit erfordert, pro viatico gereicht. Nur diejenigen, die zu einem gewissen Handwerk gehören, werden jeder an seine Herberge verwiesen. Solche Bettler aber, die aus einigen benachbarten Orten, wie man bisher bemerkt hat, sich an gewissen Tagen zum Betteln in die Stadt geschlichen haben, werden künftig abgehalten, jeder nach dem Ort seines Aufenthalts zurück gewiesen, oder, wenn sie nicht gehorchen, zur Strafe gezogen werden.

Auf die Art wird die Obrigkeit nunmehro durch die dazu bestellte Aufseher und Patrouille der Hausbettelei sowohl von Einheimischen als Fremden, mit Nachdruck Einhalt thun.

2.

Um den wahren Zustand der hiesigen Armen zu erfahren, ist das Verzeichniß derselben, auf vorgängige Communication mit dem hiesigen wohllöblichen Stadtmagistrat, auf dem Rathhause in Gegenwart der sämtlichen Herren Stadtprediger, und vieler aus der Kaufmanschaft und übrigen Bürgerschaft

schaft dazu eingeladenen glaubwürdigen Männer, wie auch der Reviermeister und Opfermänner, genau durchgegangen, und jeder armen Person, die nach Beschaffenheit der Kräfte, häuslichen oder Gesundheitsumstände erforderliche Unterstützung, oder Almosen wöchentlich bestimmt.

3.

Bei dieser Untersuchung entdeckte man, daß mancher noch nicht ganz dürftige Einwohner zwar für sich die Nothdurft noch erwerben konnte, aber wegen zahlreicher unversorgter Familie, oder wegen anderer mitleidswürdigen Umstände, nur einigen Zuschuß, oder Erleichterung, suchte und bedurfte. Für diese ist größtentheils nur ein Zuschuß von 1 Mgr. wöchentlich festgesezt.

Andere, die zwar noch Etwas zu ihrem Unterhalt durch ihrer Hände Arbeit verdienen können, wenn sie ihre Kräfte und die ihnen angebotene Gelegenheit zum Erwerb gebrauchen wollen, doch aber nach Verschiedenheit des Alters, der Kräfte, des Grades ihrer Dürftigkeit, der Anzahl ihrer unmündigen Kinder, und besonders der Gesundheitsumstände, mehr als jene bedürfen, erhalten wöchentlich theils 2 Mgr. theils 3 Mgr. 4 Pf. ob. 5 Mgr.

Für die äusserst Dürftigen aber, die wegen hohen Alters, Gebrechlichkeit, oder anhaltender Leibesschwachheit ꝛc. sehr wenig, oder oft gar nichts zuverdienen können, sind wöchentlich theils 9, theils 12 Mgr.

12 Mgr. bestimmt. Auf die Art ist zu den bei Vertheilung der öffentlichen Allmosen bisher üblichen fünf Classen von 9, 5, 3½, 2 und 1 Mgr. noch die, worin ein jeder 12 Mgr. erhält, gesezt worden. Gern hätten wir manchem Elenden noch etwas mehr zugelegt. Es wird darauf ankommen, ob wir künftig durch den milden Beitrag der Wohlthäter dazu in den Stand gesezt werden.

Für diejenigen unter den auf der Liste sich befindenden und Hausarmen, die etwa durch Krankheit oder andere Unglücksfälle ganz ausser Stand gesezt werden, etwas zu erwerben, und in solcher Verlegenheit und Noth eine besondere Beihülfe bedürfen, wird ausser der wöchentlichen, noch auf besondere Anweisung eine ausserordentliche Unterstützung von Zeit zu Zeit bewilliget.

4.

Das Verzeichniß der hiesigen Armen nebst dem jedem wöchentlich bestimmten Allmosen ist in der Absicht abgedruckt, damit dem Publikum theils die Anzahl der zu versorgenden Armen, theils welche, und wie viel Allmosen jede arme Person empfange, und die Summe der wöchentlichen Ausgabe an diese Armen bekannt werde. Auch wird mancher Wohlthäter, der etwa, ausser den ordentlichen milden Beiträgen zur Nothdurft, zu gewissen Zeiten oder bei besondern Veranlassungen, dieser oder jener mitleidswürdigen Person unter den

des Verarmens 2c.

den Kranken, Alten, äusserst Gebrechlichen 2c. noch Etwas zur besondern Erquickung und Freude zuwenden möchte, aus diesem Verzeichniß ersehen, und durch genauere Erkundigung bei der Armenadminiſtration noch mehr erfahren können, welche etwa vorzüglich eine ſolche aufferordentliche Erleichterung bedürfen, oder verdienen.

5.

Bei der Summe der wöchentlichen Ausgabe an dieſe in dem Verzeichniß bemerkte Armen, müſſen wir noch erinnern, daß auſſer dieſer ordentlichen Ausgabe, jede Woche öft eben ſo viel, und bisweilen noch mehr, zu aufferordentlichen Ausgaben an Durchreiſende, Kranke, (3.) beſonders unglükliche Hausarme, an Zulage in beſondern Fällen, an Koſtgeld für arme verlaſſene Kinder, an Schulgeld für arme Kinder, deren Anzahl ſich auf 140 beläuft, zur Unterhaltung der Armenvoigte 2c. erfordert werde. Künftig wird daher ein die ganze jezige Einnahme zwei bis dreimal übertreffende Ausgabe von 35 bis 40 Rthlr. wöchentlich, oder von 1800 bis 2000 Rthlr. jährlich, erfordert werden.

6.

Da nun dieſe Ausgabe ſo anſehnlich wird, und doch alle mitleidig, patriotiſch und rechtſchaffen Geſinnte in dieſer Stadt mit uns ernſtlich wünſchen

schen werden, daß 1) die in jener Rücksicht so beschwerliche Haus- und Straßenbettelei gänzlich unterbleibe, 2) die wahren Hausarmen, Gebrechlichen, Kranken, Unvermögenden ꝛc. ꝛc. nothdürftig versorgt und unterstützt werden, und 3) alle diejenigen unter den Armen, die noch arbeiten können, und zum Theil bisher nur aus Faulheit lieber vom Herumbetteln und Allmosen leben wollten, zu ihrem eignen und zum allgemeinen Besten, jeder nach der Billigkeit und dem Maaß seiner Kräfte, mit Nachdruck und Ernst unter guter Aufsicht zur Arbeit angehalten werden; — so hoffen und ver=
„sprechen wir uns auch zu dieser Absicht von allen
„hiesigen Wohlthätern der Armen, von jedem nach
„seinem Vermögen und Gewissen, einen um so viel
„ansehnlichern und mildern Beitrag in die Armen=
„kasse, damit jene beträchtliche Ausgabe von der
„Einnahme bestritten werden könne.

7.

So groß nun aber auch unser Vertrauen zu der Wohlthätigkeit unsrer Mitbürger, und so frei die Mildthätigkeit an sich ist; so frei müssen wir auch hier öffentlich gestehen, daß, „wenn der Beitrag
„theils aus der Subscription nicht reichlicher, theils
„und besonders aus der wöchentlichen durchaus
„allgemeinen Sammlung nicht drei= bis viermal
„stärker wird — und bleibt, jener ernstlich ge=
„wünschte Zweck leider nicht erreichet werden kann.
Wo

Wofern aber jezt aufser dem, was ein jeder bisher schon den öffentlichen Armen zugewandt, diejenigen Gaben, welche der sonst zudringliche fremde und einheimische Bettler den wahren Armen, oft mit Verletzung der häuslichen Sicherheit, entzogen hat, der öffentlichen Armencasse anvertrauet werden; so hofft man durch diese und andere milde Gaben in den Stand gesezt zu werden, alle wirklich Nothbürftige in dieser Stadt zu versorgen, und mit Hülfe der Obrigkeit, und durch die Anstalt im Werkhause, das Publicum von der so äusserst beschwerlichen Haus- und Strassenbettelei zu befreien.

8.

Bei denjenigen Wohlthätern, die sich zu einem vierteljährigen Beitrage unterschrieben, wird die Sammlung, wie bisher, fortgesezt werden.

9.

Statt der wöchentlichen, durch die die Armen selbst mit der Büchse sonst geschehenen Sammlung, die bisher im Verhältniß gegen die wöchentliche Ausgabe wenig eingebracht hat, haben sich die verschiedenen Mitglieder des wohllöblichen Stadtmagistrats, wie auch der Ehrsamen Kaufmann- und Bürgerschaft aus uneigennützigen patriotischen Gesinnungen und christlicher Liebe gegen die Armuth im besten Vertrauen auf die Güte der Wohlthäter entschlossen, in 20 Häusern die wöchentliche Sammlung persönlich zu verrichten, auf die Armen dieses Districts besonders zu achten, und wo etwa ein Hülfsbedürftiger bisher noch nicht bemerkt, oder jemand unter den Armen noch einer besondern Unterstützung und Aufmerksamkeit bedürfte, der Armenadministration davon gefällige Nachricht ertheilen zu lassen.

10.

Wenn künftig Ein oder Andrer Wohlthäter einer gewissen armen Person, ausser dem bestimmten wöchentlichen Allmosen, noch einen besondern Zuschuß zu reichen geneigt seyn sollte; so ersucht man angelegentlichst, zur Vorbeugung der sonst unvermeidlichen Hausbettelei, diese besonders bestimmte Gabe entweder den Armen selbst, oder der Administration nebst einer bestimmten und deutlich geschriebenen Anweisung, zuzuschicken. Alsdenn wird diese besonders bestimmte Gabe bei der wöchentlichen Austheilung dem angezeigten Armen gereicht werden.

11.

Da wir bei der Armenadministration dies Geschäft aus blosser Menschenliebe, ohne Entgeld, und mit mancher Aufopferung und Beschwerde, übernommen; so bittet man sich daher bei den milden

milden Gaben die einzige Gefälligkeit aus, daß auf die bloße und oft falsche Anzeige eines oder andern partheiisch gesinnten Armen nicht sofort ein übereiltes Urtheil über die ungleiche Austheilung der Almosen gefällt; sondern, wo ein, auch nur dem Anschein nach gegründeter, Zweifel, oder eine Klage entstehen sollte, diese zunächst demjenigen, der die Sammlung in dem District von 20 Häusern übernommen, und durch diesen der Administration gemeldet werde. Man wird alsdenn gern von dem Zustand und der Unterstützung des Armen, der sich etwa beklagt oder den Zweifel veranlaßt hat, nähere und zuverlässige Nachricht ertheilen.

12.

Sollte künftig der Wachsamkeit der Aufseher und Patrouille irgend ein Bettler entkommen, und etwa unter dem Vorwand, dieses oder jenes zu bestellen, eine Kleinigkeit zu kaufen ꝛc. ꝛc. sich in ein Haus einschleichen; so wird recht sehr gebeten, einem solchen kein Almosen zu reichen; sondern ihn an die öffentliche Armencasse zu verweisen, und wenn er sich damit nicht abweisen lassen will, der nächsten Patrouille anzuzeigen.

Göttingen den 9. Novembr. 1780

Aus der Armenadministration

O. D. H. Becmann.   H. P. Sextroh.
O. Riepenhausen.

VIII.

VIII.

Ueber Versorgung der Armen, und Abstellung des Bettelns auf dem Lande, eine Anfrage.

Der Fleiß, welchen man seit mehreren Jahren auf die Versorgung wirklich Armer, und die Verminderung der Bettelei verwendet hat, wirkte bisher fast grössesten Theils, zur Einrichtung guter Armenanstalt in den Städten. Vielleicht lag einer der wichtigsten Gründe darin, daß die, so an der Ausführung guter Projecte Theil haben, grössesten Theils in der Stadt leben. Ein nicht unwichtiger Gegenstand der Betrachtung des Menschenfreundes ist aber sowol die Armenversorgung als die Abstellung der Bettelei auf dem platten Lande. In den meisten Gegenden hat die Erreichung des ersten Zwecks auf dem Lande wenigere Schwierigkeiten, als in den Städten, denn die Legata, welche etwa vorhanden sind, die Sammlung in der Kirche ꝛc. pflegt zur Unterstützung der schwachen und wirklich armen Mitglieder der Gemeine hinzureichen, denn die Bedürfnisse des auf dem Lande im Bauerstande erzogenen Armen sind nicht so vielfach, und die freundschaftliche oder Familienverbindung, welche solche Arme in der Gemeine oft haben, tragen denn auch zur Minderung ihres

Man-

Mangels bei; so, daß man Orte findet, wo es sogar schwer wird, über das Vorurtheil, daß Allmosennehmen Schande bringe, zu siegen, und wirklich Elende zur Annahme der Wohlthaten aus einem Armeninstitut zu bewegen. Man kann sich auch diese Erscheinung sehr leicht erklären, wenn man den beschränkten Horizont der meisten Dorfbewohner kennet, welche nur äusserst einseitig von dem verschiedenen Zustande, unter welchem sie Menschen sehen, zu urtheilen vermögen. Reichthum scheinet ihnen im allgemeinen einen Anspruch auf Ehre zu geben, und vi oppositi, auch declarirte Armuth ein Gegenstand der Verachtung zu seyn.

Viel mehr Schwierigkeit hat die Abstellung der Bettelei auf dem Lande, die zum Theil durch die guten Armenanstalten in den Städten, und theils durch den Mangel derselben auf dem Lande, zu einer fast grenzenlosen Ausdehnung gelanget.

Die Unzulänglichkeit der an vielen Orten gemachten Verfügung, daß die Einwohner nach der Reihe die Tagewache halten und auswärtigen Bettlern den Zugang in die Häuser verwehren sollen, hat die Erfahrung hinlänglich bewiesen, und wer der Ausführung eines solchen Plans zugesehen hat, sah leicht, daß der Zweck auf diesem Wege nicht zu erreichen sey. Denn aller obrigkeitlichen Befehle ungeachtet, wird doch die Wache nicht jeden Tag richtig gehalten, oder, wenn das auch wäre, so werden zu derselben Kinder, oder solche

Personen gebraucht, welche zu anderen Geschäften nicht tüchtig sind, und von denen man auch nicht erwarten kann, daß sie dieses nicht leichte Geschäft, unverschämte und schlaue Bettler abzuweisen, mit gutem Erfolg verrichten werden. Endlich aber ist die so allgemeine übelverstandene Religiosität Schuld daran, daß die Landbewohner sich mehr über auswärtige Bettler beklagen, als das Herz haben, sie abzuweisen.

Auf diese Weise wird also den Erpressungen der Vagabunden nicht Einhalt gethan werden, und doch ist, wenn man auch einstweilen über die moralische Verschlimmerung der durch diese Nachlässigkeit gebildeten Müssiggänger hinaussieht, und es vergißt, daß so viele Diebe am Bettelstabe herum schleichen, und sich Gelegenheit ersehen. Doch, ist die Summe, die an diesen vermischten Haufen gewendet wird, zu beträgtlich, als daß dem Menschenfreunde nicht an ihrer besseren Verwendung viel gelegen seyn sollte.

Das Dorf, wo ich mich eine Zeitlang aufgehalten habe, wird, ob es gleich nicht an einer Landstraße liegt, so häufig von auswärtigen Bettlern besucht, daß man für jeden Tag zwei rechnen kann, und sie nützen, durch die Kunstgriffe, welche sie nach Handwerksgebrauch anwenden, diesen Ort so gut, daß ich nicht zweifle, ein jeder trägt im Durchschnitt 3 Ggr am Werth hinaus, wovon nun, wie sich das verstehet, nach Verhältniß der

Talente und des Glücks, auf einen ein grösseres, auf den anderen ein geringeres Theil fällt. Dieses angenommen, beträgt die jährliche Summe über 90 Rthlr. Eine beträgtliche Contribution für ein aus etwa 75 Häusern bestehendes gewiß nicht reiches Dorf.

Was wird nun durch diesen Aufwand zum Besten der Menschheit gewirkt? Kinder aus benachbarten Landstädten und Dörfern recht gründlich zu Müssiggang, Verstellung und regellosem Leben gebildet, herumstreifendem Gesindel aller Art, auf Kosten des arbeitenden Landmanns, freie Zehrung, und Gelegenheit zur Ausführung unzähliger Gaunereien geschaft, und den wirklich gebrechlichen Bettlern die noch übrigen Kräfte brach gelegt. Ja selbst die Wohlthaten, welche der Bettler erhält, und die grossentheils in Brod und andern Naturalien bestehen werden, sobald sie aus der Hand des Gebers kommen, von dem Werth menschlicher Nahrung zur Viehfutterung herabgewürdiget; da die meisten Bettler das gesammlete Brod zur Futterung der Schweine an die Bier- und Branntweinwirthe für einen Preiß verkaufen, der dieser Anwendung gemäß ist, und daß es ihnen an Absaz nicht fehle, dafür hat der Aberglaube längst gesorgt, denn die Vorstellung, daß erbetteltes Brod dem Vieh sehr gedeihlich sey, ist ganz allgemein, und bestätigt sich auch durch den Erfolg, da das Brod den Schweinen viel besser, als Spreu und Kleie,

oder

ober was sie sonst etwa erhalten würden, bekömmt. Was könnte aber durch die Hälfte einer solchen Summe, wenn sie zu guten Zwecken gewissenhaft verwendet würde, gewirkt werden. Eine nicht unwichtige Frage ist es daher: Wie sind Armenverpflegungsanstalten auf dem Lande am Besten einzurichten? und besonders wie stellet man die Bettelei auswärtiger Vagabunden auf den Dörfern ab, ohne dem wirklich armen Reisenden die ihm schuldige Wohlthat zu versagen?

Vorschläge und Plane für gewisse Gegenden sind nur erst dann mit der Hofnung eines guten Erfolgs zu machen und auszuführen, wenn man die Erfahrungen vieler Sachverständigen, aus verschiedenen Gegenden hat, und es ist daher zur Beantwortung dieser wichtigen Frage die treue Darstellung verschiedener durch die Erfahrung erprobten Einrichtungen, mit den localen und anderen Umständen, unter welchen sie gemacht wurden und den Erfolgen, die sie hatten, am richtigsten zu gelangen. Solche Beschreibungen werden deswegen sehr wünschenswerthe Beiträge zu dem Magazin für Industrie und Armenpflege seyn.

Wagemann.

IX.

IX.

Ueber Arbeitsschulen in Hessen.
(Zu Nr. II. pag. 35. des vorigen Hefts.)

Da die besten Absichten bei Anstellung gewisser Staatsbedienten doch immer nur in dem Maas erreicht werden, nach welchem die Personen, die man anstellet, persönliches Interesse für ihr Geschäft fassen und geltend machen können; so ist es um desto angenehmer, Beispiele von Männern zu wissen, die ihren Posten ganz ausfüllen wollen und können, je grösser der Wirkungskreis ist, den sie haben. Ich kann daher meinen Lesern die Freude nicht vorenthalten, die es mir macht, daß der Herr Landrath von E. im Hessischen, welchem seine Amtspflicht die Verbreitung des industriösen Fleisses unter den Bewohnern der ihm untergebenen Landschaft befiehlt, jedes Mittel, was zu diesem Zwecke führen kann, aufsucht und benuzt. Der gute Erfolg der in Wilhelmshausen in Hessen eingerichteten Industrieschule, machte diesen Mann auf das Mittel zur Volksbildung aufmerksam, und durch seine Anordnung siehet man jezt in Hessen mehrere solche Institute entstehen; zu welchen die erforderlichen Kosten, von den Gemeinden, die jeden von Ihm kommenden Plan als wohlthätig kennen,

gern

gern hergegeben werden. Von denen Abänderungen des in Wilhelmshausen befolgten Plans, die durch die Umstände einzelner Orte vielleicht nöthig gemacht werden mögten, behalte ich mir vor, in der Folge Nachricht zu geben.

W.

X.

Anzeige
der neuen Armenanstalt in Hamburg.

Wer das Geschäft einer ordentlichen Armenpflege im Allgemeinen, die dazu erforderlichen Kenntnisse, die Schwierigkeiten mancher Art, zu deren Ueberwindung nicht sowol concentrirte Kraftanwendung, als unermüdetes Ausdauren gehöret, ganz übersiehet, der hält schon eine bestimmte Nachricht über einen Plan zur Versorgung der Armen für irgend eine Stadt, sey sie groß oder klein, wenn er wirklich gemacht wurde, um ausgeführt zu werden, seiner Aufmerksamkeit nicht unwerth.

Das Interesse aber für dergleichen Pläne muß natürlicher Weise in eben dem Maaße zunehmen, als die Summe der erforderlichen Kenntnisse zum Entwurf, und der Kraftanwendung zur Ausführung

rung zunimmt. Unter diesen Gesichtspuncten nun, glaube ich meinen Lesern, in Beziehung auf Armenpflege, nicht leicht etwas wichtigeres vorlegen zu können, als den nun wirklich in Ausübung gegangenen Plan zur Versorgung der Armen in einer der größten Städte Teutschlandes, besonders da schon zum Voraus, aus den bestimmten Zwecken desselben, welche sowohl Armenversorgung, als Armenerziehung sind, und aus der das Ganze belebenden Ordnung die vortheilhafte Erwartung entsteht, daß die Erfahrung, die beste Lehrerin in diesem Theile der gesellschaftlichen Einrichtungen, wenigstens einen grossen Theil des Plans rechtfertigen werde. Auch selbst in Beziehung auf das, was die einsichtsvollen Männer, die diese Anlage machten, von der Erfahrung belehrt, künftig abändern mögten, bleibt es wichtig, das Ganze, so, wie es jezt ist, vor Augen zu haben.

Es folgt daher der Auszug, aus dem in Hamburg bei Hofmann 1788 herausgekommenen 1sten Bande

der vollständigen Einrichtungen der neuen Hamburgischen Armenanstalt.

Dieser erste Band enthält:
1) die neue Hamburgische Armenordnung, beliebt durch Raths- und Bürgerschluß den 18. Februar und 7. Julius 1788.

2) Ver-

2) Verzeichniß der zu einem jeden Armenquartier gehörigen Gassen, Plätze, Twieten und Gänge, nebst Register.

3) Des grossen Armencollegii vorläufige Nachricht an die Herren Armenpfleger, im April 1788, mit beigefügten Fragestücken zur Abhörung der Armen, und der Tabelle zur Armenliste.

4) Des grossen Armencollegii nähere Erläuterung für die Herren Armenpfleger, im August 1788, nebst vollständigem Register.

In Nro. 1. enthält der erste Abschnitt die Nachricht von der Absicht und Direction der neuen Armenanstalt.

A. Die Absicht ist, die Quellen der Armuth zu verstopfen — der Bettelei zu wehren — und der öffentlichen und Privatwohlthätigkeit eine bessere Richtung zu geben.

B. Die Direction wird einer besonderen Deputation, dem grossen Armencollegio übertragen, welches aus fünf Rathsgliedern, zwei E. Oberalten und zehn Deputirten der Bürgerschaft bestehet. Ausser diesen beständigen Mitgliedern, haben im Armencollegio Sitz und Stimme, die jedesmaligen Gotteskastenverwalter der fünf Hauptkirchen, nebst den Jahrverwaltenden Provisoren der drei grossen Armenhäuser.

Die

X. Neue Armenanstalt in Hamburg.

Die Stadt ist in fünf Hauptarmenbezirke, und jeder derselben in zwölf Armenquartiere getheilet. Jedem der fünf Hauptbezirke sind zwei Vorsteher zur Specialdirection vorgesezt, von denen jeder 6 Quartiere des Bezirks unter seiner Aufsicht hat. An sie wenden sich die Pfleger mit den in ihren Quartieren vorfallenden Anzeigen ꝛc. und stehen ihnen, so weit sie können, bei. Sie besorgen die bestimmten Armenportionen aus den Gotteskasten ꝛc. Erhöhung derselben, und deren Bestimmung für Neuhinzukommende, gehöret aber für sie nur vorläufig, bis auf Ratihabition des kleinen Collegii. Ihnen liegt die Aufbewahrung der Gelder und deren Austheilung an die Pfleger ob, und endlich bleibt ihnen die Ausführung der Beschlüsse des grossen Armencollegii in ihrem Bezirk überlassen.

Jeden ersten Donnerstag im Monath versammlen sich die 10 Vorsteher nebst den 5 Herren des Raths und die beiden E. Oberalten, mit welchen sie das kleinere oder engere Collegium ausmachen.

Der Zweck dieser Zusammenkunft ist:

Die Vorsteher zeigen die monathliche Einnahme und Ausgabe aus ihren Bezirken an, damit das Collegium über den Zustand der Casse urtheilen kann. — Sie legen die Listen der zu Unterstützenden, mit Bemerkung der ihnen zuzubilligenden Hülfe vor, und erwarten deren Bestätigung. — Was ihnen bedenklich scheinet, lassen sie in dieser Versammlung entscheiden, und geben von dem Fortgange der Beschlüsse des grossen Collegii Nachricht.

Damit von dem Zustande der Armen desto sicherer geurtheilet werden kann, so ist für nöthig gefunden, der Specialdirection noch andere zuzuordnen, die als Armenpfleger eine genauere Aufsicht führen müssen. Hiezu soll das grosse Armencollegium zwölf Männer aus dem löblichen Collegio der 180ger erwählen, und ihnen ihr Quartier anweisen.

Jeder dieser Armenpfleger bringt sodann dem grossen Armencollegio 4 Männer, welche mit der Stadt in Verbindung stehen, zu seinen Gehülfen in Vorschlag, aus denen ihm zwei beigegeben werden.

Diese Armenpfleger bleiben drei Jahre in ihrem Amte, und wenn einer abgehen will, muß er, mit Zustimmung der beiden anderen Pfleger seines Bezirks, zwei Männer dem grossen Armencollegio präsentiren, woraus alsdenn Einer gewählt wird. Stirbt Einer, so thun die beyden übrigen diesen Vorschlag. Mitglieder des Raths, E. Oberalten, Mitglieder des grossen Armencollegii, und Verordnete der Cammer, so wie alle, die

X. Neue Armenanstalt in Hamburg.

die das sechzigste Jahr zurückgelegt haben, sind hievon ausgenommen.

Geschäfte der Armenpfleger eines jeden Quartiers unter Beistand und Mitwirkung der Specialdirection eines jeden Hauptbezirks.

Sie forschen sorgfältig nach dem Zustande der in ihrem Quartier wohnenden Armen. — Versehen die Arbeitslosen mit Arbeit, — sorgen für die Kranken — und zeigen die Müssiggänger der Specialdirection an.

Die für die Armen benöthigten Gelder empfangen sie monathlich von den Vorstehern, und theilen sie wöchentlich in den bestimmten Portionen aus. Ausserordentliche Unterstützungen zu verabreichen, stehet ihnen nur in bringenden Fällen zu; die sonst erst von der Specialdirection festgesezt werden. Sie achten auf die Veränderung des Wohnorts der Armen, und auf die Verbesserung oder Verschlimmerung ihrer Umstände. Wenn sich fremde Bettler, oder sonst dem gemeinen Wesen nachtheilige Personen in ihrem Bezirke hervorthun, zeigen sie selbige der Specialdirection an. Zur Erleichterung dieses Geschäfts, sind alle Gassen, Plätze, Höfe ꝛc. in der Stadt numerirt worden.

Zweyter Abschnitt, von der den Armen nach ihren verschiedenen Umständen zu leistenden Unterstützung.

Hiebei ist zur Regel festgesezt, wer nur einigermassen zur Arbeit fähig ist, muß nicht ganz durch Allmosen unterhalten werden.

Daher sorgen die Vorsteher und Pfleger dahin, daß die zur Arbeit fähigen und willigen mit Arbeit versehen werden, und was ihnen am Verdienst abgehet, wird ihnen als Beihülfe zugelegt. Verarmte Handwerker sollen unterstützt, und mit nöthigen Materialien zu ihrer Arbeit versehen werden. Die, welche sich sonst durch Tagelohn ihr Brod verdienen, jezt aber arbeitslos sind, sollen bei öffentlichen Arbeiten angestellet werden. Kleidungsstücke, Betten und Geräthschaften, welche den Armen gegeben, oder für sie eingelöset werden, sollen mit besondern Zeichen bemerkt werden.

Die, welche noch zu keiner besondern Arbeit angeführet sind, wohin auch die Kinder der Armen gehören, sollen in besonders dazu eingerichteten Zimmern, zu gewissen Stunden des Tages in Arbeiten unterrichtet werden, die sie hernach in ihren Häusern fortsetzen.

Die=

Diejenigen, welche durchaus nicht arbeiten wollen, oder Träge — Trunkenbolde, überhaupt die, welche nur durch Zwang zu bessern sind, sollen im Zuchthause zur Arbeit und Ordnung gezwungen werden, wo sie ihre Kost verdienen müssen. Wenn man erwarten kann, daß sie künftig ihr Brod nothdürftig verdienen werden, so wird ihnen bei ihrer Entlassung für ihre ersten Bedürfnisse etwas an Gelde mitgegeben.

Kranke werden mit Arzeneien und Pflege versehen. — Die, welche wegen unheilbarer Gebrechen des Geistes oder Körpers zu aller Arbeit unfähig sind, werden in Hospitälern untergebracht, oder gegen Kostgeld ausgethan. — Diese Alimentation findet auch bei hülflosen Kindern statt. Ueberhaupt soll den Kindern der Armen und des gemeinen Mannes durch eine solche Einrichtung der Schulen, daß Arbeitsanstalten damit verbunden sind, eine bessere Erziehung gegeben werden.

Die verschämten Armen müssen sich bei der Specialdirection ihres Bezirks melden, alsdenn erhalten sie, nach vorgängiger Untersuchung ihrer Umstände, Unterstützung, und ihre Namen bleiben

ben verschwiegen. Auf alle Armengelder und vorerwähnte Hülfsleistungen kann unter keinerlei Vorwande Arrest gelegt werden.

Dritter Abschnitt. Von den der neuen Armenpflege anzuweisenden Fonds.

Zur Bestreitung vorbenannter Unterstützungen werden

1) die in der Armenordnung genau bestimmten Zuschüsse aus dem Werk- Zucht- und Armenhause, wie auch
2) aus dem Gotteskasten der 5 Haupt- und Nebenkirchen angewiesen.
3) ist eine wöchentliche Sammlung durch die ganze Stadt festgesezt, deren Einrichtung in Folgendem bestehet.

Es werden 55 Bücher verfertiget, wovon für jede Bürgercompagnie eines bestimmt wird. Diese werden den Hausbewohnern, oder jedem, von dem man eine Einzeichnung erwarten kann, mit dem Ersuchen vorgelegt: eine zur Unterstützung der Armen bestimmte milde Gabe, welche er ein ganzes Jahr hindurch beitragen will, darinn anzumerken. Wenn der Einzeichner stirbt, und dessen Erben wollen die Gabe nicht continuiren; so höret sie auf. Diese Bücher blei-

bleiben beim Armencollegio liegen, und es werden auf besondern Tabellen die Namen der Eingezeichneten mit ihren Beiträgen gemerkt. Mit dem Anfange eines neuen Jahrs, werden neue Bücher und neue Tabellen verfertiget. Jeder hat Freiheit, seinen unterschriebenen Beitrag viertel-, halb- und ganzjährig voraus zu bezahlen. Von den übrigen Subscribenten wird er wöchentlich abgeholet.

Wer sich in diesen Büchern zu keiner bestimmten Gabe anheischig gemacht hat, zu dem wird wöchentlich eine verschlossene Büchse getragen.

Ein solcher Sammlungsdistrict enthält etwa 100 mit Numern bezeichneten Häuser, unter deren Bewohnern (so fern sie sich zur Sammlung qualificiren,) die Wochensammlung der Reihe nach umgehet. Jeder Bürger und Einwohner christlicher Religion ist dazu verbunden, und es ist davon niemand ausgeschlossen, als die, welche vorhin schon von der Uebernehmung der Armenpflege freigesprochen sind, nebst den Herrn Ministerialen und Graduirten, welche leztere, wenn sie es verlangen, von der Uebernahme der Sammlung auch frei sind.

Die-

Dieses Sammlen geschiehet jeden Mittwochen, und falls dieß ein Festtag ist, den folgenden Tag. Wer durch Krankheit oder sonst gültige Ursachen behindert wird, es in Person zu verrichten, muß einen Bürger oder Einwohner an seinen Plaz stellen. Bediente, oder sonst zum Sammlen unqualificirte Personen sind davon ganz ausgeschlossen, und im Uebertretungsfall wird eine Strafe von 5 Rthlr. erlegt.

Die verschlossene Büchse wird so fort an den, dem Sammler angewiesenen Casseführenden Vorsteher abgeliefert, und dieser schickt sie, nachdem sie ausgeleeret ist, an den in der Ordnung folgenden Sammler.

Die wöchentliche Sammlung auf Sälen und Buden wird von dem Armencollegio durch zuverläßige Einwohner alle Mittwochen besonders besorgt. Da diese Büchsen vor den Häusern, deren Bewohner sich zu einer bestimmten Gabe anheischig gemacht haben, vorübergehen, so bekommen diese Sammler davon ein besonderes Verzeichniß.

Ausserordentliche Beiträge werden an die Vorsteher, oder an ein Glied des kleinen Armencollegii eingeschickt, oder der Geber kann sie in den vor jeder Kirchthür errichteten Armenstock einlegen. Zu eben diesem Zweck

X. Neue Armenanstalt in Hamburg.

Zweck sind auch in alle Wirthshäuser Armenbüchsen gegeben.

Das grosse Armencollegium führet die Verwaltung des Fonds, und zwei Armenvorsteher müssen jährlich die Administration der Casse besorgen. Diese legen beim Schluß des Jahres dem grossen Armencollegio die Rechnung vor, aus dessen Mittel zwei die Untersuchung derselben übernehmen, und nach gefundener Richtigkeit wird von sämmtlichen anwesenden Mitgliedern über die Rechnung quittiret; worauf alsdenn eine umständliche Bilanz der Einnahme und Ausgabe durch den Druck bekannt gemacht wird.

Vierter Abschnitt. Von der Verbindung der allgemeinen Armenanstalt mit den Hospitälern und anderen frommen Stiftungen.

Die durch Vermächtnisse und andere Anordnungen der Vorfahren bestimmte Einkünfte bei den Kirchen, Hospitälern und Armenhäusern der Stadt, imgleichen die Armencassen der fremden Religionsverwandten bleiben denen überlassen, welchen die Verwaltung nach Vorschrift der Stifter zustehet. Jedoch geben die Vorsteher und Verwalter am Schlusse eines jeden Jahres ein Verzeichniß der bei ihnen eingeschriebenen Armen, mit Bestimmung ihrer erhaltenen Gaben und ihrer Wohnung ein, damit nicht eine

eine und ebendieselbe Person doppelte Unterstützung erhalte.

Die Vorsteher des Waisenhauses, des Pesthofes, des Werk-, Zucht- und Armenhauses, wie auch die Verwalter der Privatstiftungen werden zur Erreichung des allgemeinen Zwecks mitwirken, wohin das grosse Armencollegium mit sehen wird.

Fünfter Abschnitt. Verordnung in Ansehung der fremden Armen, und wider die Bettelei.

Fremde, welche sich bei der Armenanstalt melden, und kein Gewerbe angeben können, womit sie sich nähren wollen, erhalten einen Zehrpfennig, und werden mit der Verwarnung eines härteren Verfahrens gegen sie, auf den Fall, daß sie sich wieder sehen lassen, fortgeschickt.

Die Krüger, Gastwirthe und Herbergierer, welche solche Personen, ohne davon Anzeige zu thun, aufnehmen, sollen mit einer, den Umständen gemäßen Geldstrafe belegt werden, und wenn dadurch der Armenanstalt etwa Kinder zur Last fallen, oder Beerdigungskosten für solche fremde Personen zu bezahlen sind; sollen sie selbige erhalten und übernehmen.

Alles Betteln der Einheimischen und Fremden wird aufs strengste verboten. Zu dem Ende ist den Personen, welche an den Zugängen die Wache und Aufsicht haben, bei ernstlicher Strafe aufgegeben, dergleichen sich zeigendes Gesindel von der Stadt und deren Gebiet zurück zu weisen. Auch soll niemand, bei 10 Rthlr. Strafe, zu Schiffe oder sonst dergleichen Gesindel in das Gebiet der Stadt bringen. Die jezt gegenwärtigen sollen binnen 24 Stunden fortgeschaft, und fernerhin bei 10 Rthlr. Strafe, auch wol härterer Ahndung, von Wirthsleuten keine solche Personen aufgenommen werden *). Die Bettler jedes Standes, sollen von den Armenvoigten in das Zuchthaus gebracht, und zu einer, ihren Kräften angemessenen Arbeit angehalten, auch nach Verhältniß derselben, beköstiget werden. Die Handwerksbursche, welche an ihre Herbergen gewiesen sind, werden, wenn sie betteln, den gemeinen Bettlern gleichgeachtet. Alle von dortiger Obrigkeit nicht auctorisirte Collectanten werden, nachdem ihnen das, was sie bei sich haben, abgenommen, der dritte Theil dem Angeber,, das Uebrige der Armenanstalt zugewandt ist, eben so behandelt.

Die, welche sich den Armenvoigten widersezen, sollen von der Wache arretiret, und ohne Ansehen der Person bestraft werden.

Die Einwohner können jeden Bettler fest machen, und ihn durch die nächste Wache arretiren lassen.

---

*) Der weise Magistrat wird gewiß bei Kranken und andern nothwendig Reisenden eine Ausnahme Statt finden lassen.

laſſen. Den Soldaten, Patrouillen und Nachtwachen werden für jeden arretirten Bettler zur Ermunterung 4 Schillinge ausgezahlt.

Das Almoſengeben wird, zur Verhütung der Bettelei, bei 5 Rthlr. Strafe verboten, welche halb den Denuncianten, halb der Armencaſſe zugewandt werden ſollen.

Es bleibt dennoch jedem unbenommen, gewiſſen bekannten Armen eine Gabe zu reichen, oder ſelbige den Armenvorſtehern mit der Anweiſung, dem ſie zu Theil werden ſoll, zuzuſenden, da denn die Vorſchrift pünctlich befolgt werden ſoll.

(Die Fortſezung im folgenden Heft.)

I.

Kurze Nachricht von der Göttingischen Indůstrieschule.

Da ich in diesem Hefte vorzüglich gute auswärtige Beiträge über Indůstriebildung mittheilen kann, so wollte ich hier von dem Fortgange und der Erweiterung des hiesigen Instituts nichts sagen; allein ich glaube doch, daß die kurze Anzeige des wichtigen Fortschrittes, welchen ich in den lezten Wochen gemacht habe, als Aufmunterung und Trost für die, welche ähnliche Einrichtungen machen wollen, oder schon angefangen haben, gewiß nicht unwichtig sey, und zu der Absicht mag sie hier stehen.

Bisher waren die Zöglinge unseres Instituts, nur einige wenige ausgenommen, Theilnehmer des aus der Armencasse bezahlten Schulunterrichts; und so sehr ich auch in mehreren Rücksichten

ten wünschen mußte, daß von den 309 Kindern, welche in der St. Marien=Pfarrschule durch einen Mann unterrichtet werden, nur eine Classe zur Zeit an den ihnen gemeinschaftlichen Lectionen Theil nähmen, die übrigen zwei Classen aber, anstatt der tödtenden Langenweile im Lehrzimmer, eine nüzliche Beschäftigung im Arbeitssaale bekämen; so ließ sich doch die Ausführung dieses meines Wunsches nicht eher hoffen, bis der sichtbare Nutzen der Indüstriebildung an den armen Kindern, über die Vorurtheile, welche der Bürgerstand gegen diese Einrichtung noch hegte, gesiegt hätte. Ich sezte dieses Ziel noch mehrere Jahre hinaus, und das Einzige was ich thun konnte um demselben näher zu kommen, war, daß ich zur Vervollkommung der Indüstrieanstalt und des Schulunterrichts überhaupt unablässig würkte: denn das fällt in die Augen, daß jeder Zwang zur Theilnahme an solchen auf Volksverbesserung abzielenden Anstalten gerade gegen den Zweck würkt.

Die hiesigen Bürger konnten nach ihrem Gesichtskreise, von der Indüstrieclasse den Nutzen für ihre Kinder nicht erwarten, welcher doch für sie daraus entstand, wenn sie Theil daran nahmen: denn wie sehr war die ganze Form des Unterrichts nicht von dem unterschieden, welchen sie in ihrer Kindheit genossen hatten, und schon aus dem Grunde mußte ohne genauere Zergliederung

ihr

Industrieschule.

ihr Urtheil dagegen seyn, aber auch bei der Entwickelung des Einzelnen in dieser Einrichtung gewann dieselbe in ihren Augen nicht. Sollten denn unsere Kinder in dem Drittel der Zeit das lernen können, wozu uns kaum die ganze Zeit des Unterrichts zureichte, werden sie durch den Aufenthalt im Arbeitszimmer nicht so sehr zerstreuet, daß auch das was sie im Lehrzimmer höreten für sie ganz wieder verlohren ginge, und können denn, das alles nicht gerechnet, die Arbeiten, welche sie dort lernen, ihnen einmal nützen, wenn sie in reiferem Alter zu Arbeiten ganz anderer Art bestimmt sind? solche und ähnliche Fragen thaten fast alle, und die verneinende Antwort war fast so allgemein als die Frage, und daß sie es bei denen selbst seyn mußte, die übrigens auf gesundes Urtheil Anspruch machen, läßt sich leicht übersehen; aber eben so leicht konnte man auch auf die Vermuthung kommen, daß unter dem gemischten Haufen noch immer einige seyn würden, die ihre Kinder deswegen nicht in die Industrieclasse schickten, weil diese nur für arme Kinder angeordnet sey, von denen sie die Ihrigen abzusonderen wünschten.

Mehrere Jahre, das siehet man, mußte ich den Termin hinaussetzen, wo alle diese Vorurtheile besiegt wären, und je länger ich mir den Zeitraum noch gedachte, je mehr mußte es mich überraschen als ich auf einmal am Ziel war.

Schon seit einiger Zeit hatte ich es deutlich bemerken können, daß die Kinder, welche nach geendigten Lectionen in das Arbeitszimmer gingen, von den Zurückbleibenden fast beneidet wurden, und ich wurde dadurch zu der Erklärung veranlasset: daß es jedem Kinde, welches sich aufmerksam bei dem Lehrunterricht beweisen würde, frei stehen sollte, mit Bewilligung seiner Eltern in die Arbeitsclasse zu gehen; und in wenigen Tagen hatte ich 150 Bürgerkinder im Arbeitssaal, welche mit fröhlichem Dank die Wohlthat schäzten von den Fesseln der Unthätigkeit erlöset zu seyn. Die Gründe der jetzigen Bereitwilligkeit der Eltern in den Wunsch ihrer Kinder einzustimmen, lagen in der anschaulichen Wiederlegung der im Anfang angezeigten Vorurtheile, und ich hatte die Freude das aus dem Munde mehrerer Bürger selbst zu hören.

Bei der Confirmation der um Ostern aus der hiesigen Marien=Pfarrschule entlassenen 66 Kinder, hatten sie bemerkt, daß die ⅔ dieser Kinder, welche aus der Armencasse in die Schule gehalten waren, und daher Theil an der Industrieclasse genommen hatten, im Durchschnitt wo nicht bessere, doch eben so gute Religionskenntnisse als die übrigen hatten. Auch war es ihrer Beobachtung nicht entgangen, daß eben diese Kinder durch den Arbeitsunterricht eine würklich bessere moralische Bildung bekommen hatten; und daß also, selbst

die

die Fertigkeiten in gewissen Handarbeiten abgerechnet, immer durch die Theilnahme an der Indüstrieclasse auch ihnen die sittliche Bildung ihrer Kinder erleichtert werden müßte. Dazu kam noch drittens der Anblick der Behandlung der in die Arbeitsschule gehenden Kinder. Man bemerkte da keine Härte, keinen Zwang, und es wurde also selbst die übelverstandene elterliche Liebe durch zu scharfe Zucht so wenig beleidigt, als es vielmehr der wohlgeordneten Liebe für die Ihrigen ganz gemäß war, den Kindern die wahren Vortheile zu schaffen, die sie nun aus dem Indüstrieunterricht entstehen sahen.

II.

Ueber Schulverbesserung in Böhmen, besonders durch Einrichtung der Indüstrieclassen in denselben.

a) Geschichte der Vorbereitung auf Normal- und Indüstrieschulen in Böhmen, bis 1776.

Die mir durch öffentliche Nachrichten bekannt gewordenen grossen Verdienste des Herrn Probst von Schulstein in Prag, um die Verbesserung der Schulen in seinem Vaterlande, und seine mir gerühmte Bereitwilligkeit, auch in entfernten Gegenden, denen die mit ihm zu gleichem Zwecke arbei=

arbeiten wollen, mit seinem Rath an die Hand zu gehen, bestimmten mich im Frühjahr 1788, diesem Stifter und Beförderer so heilsamer Anstalten, meine innige Verehrung zu bezeugen, und ihn zugleich von meiner hier in Göttingen gemachten Schuleinrichtung, und von meinem Vorhaben, durch die Herausgabe eines Magazins für Industrie und Armenpflege, auch auswärts nüzlich zu werden, Nachricht zu geben, und ihn um Belehrungen zur sichersten Ausführung meiner Absicht zu bitten.

Mein Zutrauen, welches ich auf seine Güte sezte, wurde über meine Erwartung belohnt, denn ich erhielt die Nachrichten, welche mich in den Stand setzen, meine Leser mit den wichtigsten Schulverbesserungen eines ganzen Königreichs bekannt zu machen: die so belehrend für mich waren, daß ich durch ihre Bekanntmachung allen denen die zu gleichem Zweck arbeiten einen nicht unwichtigen Dienst zu leisten glaube.

In der historischen Nachricht von der Entstehungsart und der Verbreitung des Normalschulinstituts in Böhmen, von Ignaz Böhm K. K. Hofkaplane und Schuldirector auf der K. K. Kameralherrschaft Zbirow ꝛc. Prag 1784. ist der Anfang und die Ausbildung der Schulverbesserung dieses Königreichs aufgestellet. Das was uns in dieser Schrift in Rücksicht auf Industriebildung besonders interessiret, ist die Beschreibung der Art

Art wie der ehemalige Dechant in Kaplitz, Herr Ferdinand Kindermann, sowohl das Volk zur Empfänglichkeit für eine neue Schulerziehung vorbereitete, als auch die ersten und wichtigsten Schwierigkeiten bei der Ausführung eines solchen Plans, aus dem Wege räumete. Die erste Periode dieser Schulverbesserung reicht bis zur Einführung der Normalschulen in Böhmen, wo denn diese Vorbereitung es allein möglich machte, daß zugleich Indústriebildung ein Stück des Normalunterrichts werden konnte.

Die Erzehlung des Herrn Böhm rücke ich hier mit seinen eigenen Worten ein. "Ich hoffe mich um den pädagogischen Leser, zumal um den auswärtigen, verdient zu machen, sofern ich ihn mit diesen patriotisch gesinnten Männern bekannt mache, um so mehr, als dieselben — zu uneigennützig und sittsam, mit dem gesegneten Erfolge ihrer Unternehmungen sich an irgend eine gelehrte Zeitung zu verwenden — sogar ihren eigenen Landesgenossen unbekannt — im Verborgenen gearbeitet hatten.

Unter diesen würdigen Männern — lasset sie uns Väter nennen — stehet billig oben an, der ehemalige Dechant in Kaplitz Herr Ferdinand Kindermann *), der eigentlich der erste war, der in

Böh=

---

*) Ihro Majestät, die Kaiserinn Maria Theresia, belohnten den rühmlichen Fleiß des um das neue Schulinstitut so sehr verdienten Herrn Oberauffehers

Fer=

Böhmen das beinahe ganz verfallene niedere Schulwesen öffentlich aus seinen alten Ruinen wieder hervorzuziehen, und in ein systematisches Ganzes zu ordnen anfing, und welcher folglich einer von den Wenigen ist, die uns das Licht in diesem Fache angezündet hatten.

Um nicht sehr weit ausholen zu dürfen, werde ich es bloß bei einigen charakterischen Zügen, der durch seine Mühwaltung zu Stande gebrachten Anstalten bewenden lassen. Wer sie näher zu kennen wünscht, den verweise ich an die im Jahre 1774. ans Licht getretene ausführliche Nachricht von der Landschule in Kaplitz.

Beinahe vier Jahr vor der eingeführten Schulreformation in Böhmen wurde Herr Kindermann der Pfründe in Kaplitz vorgestellet. Aus der Summe derjenigen Obliegenheiten, die ihm der neuangetretene Posten auferlegt hatte, fiel ihm jene von der Verbesserung des Unterrichts und der Erziehung der Jugend um so stärker auf, als sich die dasige Schule eben keines vortheilhafteren Zustandes von den übrigen Landschulen rühmen konnte.

Die

Ferdinand Kindermann dadurch, daß sie ihn zum Capitulardechant der Collegialkirche und K. Landcapelle bei Allerheiligen auf dem Prager Schlosse, und zum infulirten Abt zu Petur im Königreiche Ungern allergnädigst ernannten, und zur besonderen Belohnung seiner Verdienste, ihn in den Ritterstand mit Beilegung des Ehrenworts von Schulstein erhoben.

Die Wichtigkeit dieser Pflicht, zumal aber die Ueberzeugung: daß er sich mit dem gewünschten Fortgange seiner Seelsorge vergebens tröstete, so lang die ihm anvertraute Schule eben dieselbe blieb, erweckten in ihm den standhaften Vorsatz, an die Berichtigung derselben auf das schleunigste Hand anzulegen; welches Geschäft er mit einem um so grösseren Muthe und Freude ergrif, als ihm das Bewußtseyn: er habe sich hiezu theils durch das unausgesezte Studium der besten Schul= und Erziehungsschriften, so wie durch die persönliche Bekanntschaft mit verschiedenen Methodisten Deutschlands; theils durch den bei dem Privatunterrichte sowohl bürgerlicher, als adelicher Kinder gesammleten Vorrath von Beobachtungen und pädagogischen Maximen geschickt gemacht, neue Kräfte eingeflößt hatte. Indessen kann man sich die Hindernisse leicht denken, womit derselbe Anfangs zu ringen hatte.

Denn das erste was ihm gleich beim Eintritte in die Augen fiel, war eine baufällige Schule, die ausser der alten Machine, wornach ein Haufen verwöhnter, träger und zügelloser Kinder ohne den geringsten Einfluß auf den Verstand und das Herz unterrichtet wurde, und einem Bißchen Musik, dem ehemaligen Hauptgeschäfte der meisten Landschulen, von allem dem, was zur Aufklärung und Bildung des Menschen eigentlich beitragen soll, gar nichts aufzeigen konnte.

Mancher würde bei so bewandten Umständen entweder dem gefaßten Vorsatze ungetreu geworden, oder aber mit stürmischer Hand zu Werke geschritten seyn. — Allein dies that unser Schulfreund nicht. Er hatte sich überzeugt daß sich bei Neuerungen dieser Art, wenn man sie gradezu aufdringen will, die Hindernisse nur um so häufiger hervorthun, und statt zu weichen, nur hartnäckiger werden. Darum hub er mit dem Werke der Schulverbesserung ganz im Stillen, und ohne sichs merken zu lassen, daß er Schulen verbessern wolle, an. Er lehrte nur, und wagte verschiedene Versuche, jedoch mit der möglichsten Behutsamkeit und mit einer menschenfreundlichen Nachsicht gegen die angetroffene Gebrechen, so daß seine Lehre von aller Ahndung und Vorwurfe, der entweder die Nachlässigkeit des Lehrers, oder die Saumseligkeit der Eltern treffen konnte, bewahret blieb. Vorzüglich ging seine Sorge dahin, wie er die lezteren (das Neue hat gewöhnlich das Schicksal verhaßt zu seyn) für sein Unternehmen gewinnen könnte. Weil dieselben insgemein der Musik, womit sich ihre Kinder in der Kirche hervorthun, und wodurch viele derselben in fromme Stiftungen aufgenommen werden, immer mehr, als irgend einem anderen Unterrichte, dessen Nutzen zu weit über ihren Gesichtskreis hinaus liegt, zugethan sind; und eine schöne Handschrift auch dem gemeinen Manne in die

die Augen fällt: so drang er hauptsächlich auf die Verbesserung dieser zwoen Gattungen des Unterrichts, und brachte es überhaupt durch Anstrengung und Klugheit in den übrigen Lehrfächern im Kurzen so weit: daß die neue Lehre in der ganzen Gegend Aufsehen zu erregen anfing.

Freilich war es in sich selbst und in Rücksicht auf die ganze und wahre Schulverbesserung nur ein vermeinter Fortgang, und man läßt sich gern bescheiden, den geringen Werth desselben einzugestehen; waren aber auch Zeit und Umstände reif genug, eine so wichtige Sache in einigen Wochen zu vollenden? Genug: dieses Benehmen war ein Kunstgrif, welcher der auf das allgemeine Beste abzielenden Absicht des Dechants ungemein aufgeholfen, und viele Kinder die sonst ohne allen Unterricht aufgewachsen wären, in die Schule herbei gelockt hatte.

Nachdem das erste Eis gebrochen war, und die neue Lehrart immer mehr Anhänger fand, hub man an, das Anfangs im Kleinen unternommene Werk im Grossen fortzusetzen, wozu ausser dem ununterbrochenen Eifer, womit der Dechant in der Schule lehrte, und dem rühmlichen Fleiße seines Kaplans Herrn Simon Kubler die Wohlthätigkeit des hasigen, seiner Menschenliebe wegen allenthalben bekannten Grundherrn, Grafen von Buquoy, um so mehr beigetragen hatte, als derselbe nicht nur die Schule mit dem nöthigen

Geräthe und Büchern versehen, sondern auch mit der Bürgerschaft den Gehalt für den zweiten Lehrer, da ein einziger der Ausführung und Erhaltung dieses Werks nicht gewachsen war, gestiftet, und damit vielen Bedürfnissen abgeholfen hatte. Die Kinder nahmen nun immer mehr zu, und die Schule wurde von Tage zu Tage bekannter: ihr Ruf breitete sich fast in ganz Böhmen, ja so gar in den benachbarten Ländern aus. Es fanden sich auch schon Fremde ein, die an derselben in die verbesserte Lehrmethode eingeleitet zu werden verlangten. So gar aus Gallizien kamen auf allerhöchsten Befehl weiland Ihrer Majestät der höchstseligsten Kaiserinn drei Schulcandidaten: nämlich Herr Guerig Clericus Saecularis, Hr. Wohlfeil und Plath an diese Schule, um sich da die Methode des verbesserten Unterrichts einzuholen, und dann selben nach Lemberg übertragen zu können. Welches nachher auch erfolgte.

Bei so bewandten Umständen würde jeder der baldigen Vollendung dieses Geschäfts entgegen gesehen haben. Allein es lagen noch sehr wichtige Hindernisse im Wege, die um so schwerer zu heben waren, als eines Theils die damaligen Zeiten ihre Wegräumung noch überhaupt zu wenig begünstigten, anderen Theils aber viele Eltern, von verschiedenen Scheingründen getäuscht, dieser Lehrart noch immer abgeneigt waren. Man hörte noch

aller

aller Orten das alte Lied singen. Die Eltern schüzten vor: sie könnten ihre Kinder zur Schulzeit nicht entbehren. Im Winter könnten sie der Kälte wegen und aus Mangel der nöthigen Kleidung die Schule nicht besuchen. Viele kamen die Woche nur einige Tage, oder alsdann, wenn sie sonst die Zeit nicht anders zuzubringen wußten; Andere verliessen dieselbe gar aus Ursache des zu entrichtenden Schulgeldes.

Durch das erstere gingen ganz nothwendig die Vortheile des zusammenhangenden Unterrichts verloren, und während der Abwesenheit von der Schule schlichen sich entgegengesezte Lehren ein. Durch das leztere wurde die Nahrung des Schulmannes ungemein geschmälert, und sein Muth niedergeschlagen.

Es wurden zwar in dieser Absicht verschiedene Anschläge gewagt, allein sie waren größtentheils ohne Wirkung. Um also diesen so schädlichen Unordnungen abzuhelfen, und die Eltern von der Nichtigkeit ihrer Einwendungen zu überzeugen, wählete der Dechant nachstehenden Umweg.

Erstens streuete derselbe unter beide, Kinder und Eltern, solche Bücher aus, die von der Nothwendigkeit des Unterrichts handelten, und suchte ihnen zumal im Umgange, die Vortheile der neu eingeführten Lehrart auseinander zu setzen. Dann ließ er auf diese Vorbereitung eine in dem faßlichsten Popularstile eingerichtete Rede folgen, die

er

er am Sonntage Seragef. über den Text: **es ging ein Sämann aus seinen Saamen zu säen** im Gotteshause hielt.

In dieser Predigt machte er die Eltern zum Sämanne, und die Kinder zum Acker, den die Eltern anzubauen hätten. Er bewies ihnen mit den einleuchtendsten Gründen: Gott habe die Kinder, diese seine Lieblingsgeschöpfe, nur deswegen ihren Händen anvertraut, damit sie dieselben dem Urbilde aller Vollkommenheit immer näher zu bringen sich bemühten. Der nach und nach aussterbende Staat hätte die Kinder, diese seine Kleinodien, in welchen er wieder aufleben und fortblühen soll, ihrer Verwahrung und Gewalt blos unter der Bedingung überlassen: daß sie aus ihnen gute Menschen, fromme Christen und rechtschaffene Bürger erziehen sollten. Der Redner vergaß nicht, in diesem Bilde die traurigen Folgen einer verwahrloften Erziehung seinen Zuhörern auf das angelegentlichste ans Herz zu legen, so wie er dann diese Rede mit einer sehr lebhaften Schilderung eines sterbenden Vaters beschloß, der wohlerzogene und tugendhafte Kinder hinterläßt; sie mit einer heiteren Miene ans Sterbebette ruft; mit väterlichen Händen segnet; mit sterbenden Lippen tröstet, und sanft vor ihnen einschläft. Ueberhaupt ist dieses ganze Stück erwähnter Rede eben so unterrichtend als rührend: und es lohnet der Mühe, daß es entweder in der bereits angezeigten

ten Nachricht von der Landschule in Kaplitz, oder in der Anleitung zur geistlichen Beredsamkeit des Herrn Kanonikus Braun in München, wo es als ein Muster des populären Predigerstils angeführt wird, nachgelesen werde.

So wenig nun die ehedem getroffene Vorkehrungen zu verfangen schienen: eben so stark wirkte diese Predigt auf die Herzen der Zuhörer, wovon die Früchte unwiderleglich zeugten. Viele Eltern entschlossen sich, ihren Kindern lieber eine gute Erziehung, als Vermögen zu hinterlassen.

Der Magistrat machte Vorschläge, wodurch den künftigen Unordnungen vorgebeugt werden könnte, und bewog die Bürgerschaft dahin: daß sie das Schulgeld aus der Gemeincasse jährlich zu bezahlen einwilligte, welchen Aufwand der einsichtsvolle Schuzherr um so eher genehm hielt, als dadurch den Saumseligen alle Entschuldigungen, den Armen dagegen alle Hindernisse benommen wurden. Die Schule hatte nun Kinder und hinlängliche Lehrer, die mit den erforderlichen Eigenschaften, und mit dem nöthigen Unterhalte versehen um so eifriger arbeiteten, je mehr sich ihre Geduld und Standhaftigkeit der Belohnung zu nähern schien. Auch die Widerstrebung der Eltern nahm mit dem wachsenden Fortgange der neuen Methode täglich ab; und obschon noch immer einige übrig blieben, die auf die Seite der guten Sache zu treten Bedenken trugen; so waren es wenige, und meist solche Leute, die sich entweder von den Vorzügen der neuen Unterweisungsart nicht überzeugen konnten, oder ihre alte Meinung abzulegen sich schämten.

So wurde diese Anstalt ungeachtet so vieler Schwierigkeiten glücklich durchgesezt, und das Licht ging an dieser Schule, und mittelst derselben in der ganzen Gegend so hell auf, als es für die damaligen Umstände nur möglich war.

Zur Bestätigung dieser Wahrheit will ich statt alles übrigen einen Auszug der an dieser Schule abgehandelten Materien hier einschalten.

Auſſer den Elementarkenntniſſen, als dem Leſen, Schreiben, und Rechnen wurden die Schüler in nachstehende Gegenstände (das ist sowohl an der Schule in Kaplitz, als auch in den übrigen Dorfschulen) unentgeltlich eingeleitet, und zwar:

1) In die Religionslehre und Religionsgeschichte theils mittelst der Bilderbibel, theils durch das Zusammenlesen, Erklären und durch die Versuche im Erzählen.
2) In die Sittenlehre sammt den geprüften Mitteln, die Gesundheit zu erhalten, meistens nach den Vorschriften des Herrn Tiſſot und Zückert.
3) In die Rechtschreibekunst.
4) In die Musik.
5) In die Mittel den Feldbau zu verbessern.

So

So weit ging das Gebiet der Landschule, dessen Grenzen man nicht weiter stecken wollte, einmal um niemanden von der Aufnahme der Schulreform abzuschrecken. Zweitens weil dieser Unterricht für den ländlichen Beruf zuzureichen schien. Indessen wurde für jene, die es weiter bringen, oder einen besonderen Stand wählen wollten, eine Privatschule errichtet.

Die hiesige Geistlichkeit und zwar der Dechant selbst lehrte meistens in Beispielen, und so viel es ihm Zeit und die Lage, in der er war, gestattete:

1) mit der Moral die Erziehungskunst für die Präparanden;
2) hielt er Vorlesungen, oder besser zu sagen: zweckmässige Unterredungen, zur Bildung angehender Catecheten;
3) handelte er die Vaterlandsgeschichte mit der Geographie verbunden ab, und machte mit seinen Schülern verschiedene Reisen auf der Landcharte;
4) erklärete er die Sittenlehre;
5) wandte er, je nachdem es die Jahrszeit erheischte, die besten Vorschriften, Versuche und Erfahrungen mit Zuziehung des weltlichen Lehrers zur Verbesserung und Aufnahme der Agrikultur an.

Die grösseren Schüler wurden durch den Herrn Christoph Fischer, an dem der Dechant einen eben so eifrigen und allgemein beliebten Gehülfen in der Seelsorge, als die dasige Schule einen geschickten und fleissigen Katecheten erhielt, ausser dem nach Grundsätzen erweiterten Religionsunterrichte,

   1) in der Orthographie;
   2) in der Gedankenlehre, und in schriftlichen Aufsätzen;
   3) in den Anfangsgründen der lateinischen und griechischen Sprache unterrichtet; und derjenigen Schüler, welche entweder zu irgend einer Profession, deren Ausübung einen Riß voraussetzt, übergeben, oder in höhere Classen aufgenommen werden wollten, wurde auch nicht vergessen. Sie bekamen von dem oben angerühmten Kaplane Herrn Simon Kubler sowohl in den höheren Rechnungsarten, als auch in den Anfangsgründen der Geometrie Unterricht.

Alle diese Gegenstände waren, ungeachtet man wohl wußte, daß dieser Unterricht in der Folge aus Mangel eines besonderen Lehrpersonals nicht leicht bestehen dürfte, dennoch in Nebenstunden gelehrt, weil man dadurch den geistlichen und weltlichen Schulleuten zeigen wollte, auch bei diesen Umständen zeigen mußte, wie viel es noch vortrefliche Kenntnisse und Wissenschaften gäbe, von denen sie in ihren Schuljahren wenig, oder gar nichts gehört hatten, die aber dennoch einem Seelsorger, einem Katecheten und Schullehrer unumgänglich nöthig wären. Dieser Unterricht aus erwähnten Gegenständen gehörte also vielmehr für die Lehrer selbst, als für die Kinder; man trug sie aber darum in der Schülerclasse vor, daß die grössern unvermerkt mit den kleinen lernen mögten; die Erstern wollten nicht mehr lernen, sondern andere lehren. Mancher Geistliche konnte es bald hernach nicht weiter mehr ertragen, daß die angehenden Schulleute und die grösseren Schüler aus vielem mehr wußten, als er; Manchen hielt man auch zum Lehren an, um ihn dadurch in die Nothwendigkeit zum Lernen zu versetzen, und so kamen bessere Kenntnisse unter die Landschulleute. In der Methode machte der Dechant sowohl bei den Präparanden als bei den Kindern mancherlei Versuche. Er nützte die Stuttgardischen Wochenschriften, und die Schulleute seiner Gegend brauchten des Herrn Abten von Felbiger Eigenschaften der Schulleute mit gutem Erfolge.

Dies war der Zustand der Landschule in Kaplitz zu Ende des Jahrs 1773, welche, ungeachtet sie dadurch, daß der Vorsteher und die geistlichen Lehrer, deren patriotischen Eifer sie ihr Daseyn hauptsächlich zu verdanken hat, anderswohin befördert wurden, viele Abänderung erlitt, noch immer als eine wohlbestellte, und dem Orte angemessene Stadtschule bestehet, und den Namen ihres Stifters und Beförderers, des angepriesenen Herrn Kindermanns, um so gewisser unvergeßgeßlich macht, als derselbe durch sein Beispiel mehrere Oerter in Böhmen zu gleichem Unternehmen bewogen hatte, wovon die durch die großmüthige Besorgung des würdigen Herrn Prälaten in Krummau und Hohenfurth, des Freiherrn von Kfeller, und des Herrn Hermann Kurz nach dem Muster der in Kaplitz am ersten durchgesezten Lehrart eingerichtete Schulen einen unläugbaren Beweis abgeben.

Es wäre ein leichtes, noch mehrere Oerter, und edelgesinnte Menschenfreunde, die sich einer bessern Erziehung einige Jahre früher, als die Normalschule in Böhmen eingeführt wurde, werkthätig angenommen hatten, worunter der ehemalige, um die Beförderung des deutschen Schulwesens best verdiente Schulbirector in Reichenberg, Herr Franz Schulz einer der erstern war, hier aufzustellen, wenn eine Geschichte der vor dem im Lande angelegten Schulverbesserungssysteme gut eingerichteten Schulen, der Absicht gegenwärtiger Abhandlung angemessen wäre; und so dürfte man einigermassen gegen den beliebten Vorwurf: unsere Nation sey um die Aufklärung gar nicht besorgt gewesen, um so mehr gesichert seyn, als zu gleicher Zeit (dies sei zum Ueberflusse gesagt) ausser den öffentlichen Schulen auch der Privatunterricht hie und dort besser beschaffen war, als man es gern zugiebt — Herr Director Karl Heinrich Seib trug zu beiden, ungemein viel bei; diejenigen die seine Vorlesungen über die Moral, über die Erziehungskunst und Schreibart gehört hatten, nahmen immer den wärmesten Antheil an der Verbreitung der allgemeinen Schulverbesserung, und mancher aus ihnen zeichnete sich in Anwendung des normalmässigen Unterrichts aus.

Indessen läßt sich von selbst schliessen, daß diese meist von der Menschenliebe und den Einsichten einzelner Patrioten abhängende Anstalten die nothwendige Veränderung in der Denkungsart und den Sitten der ganzen Nation um so weniger bewirken konnten, als 5 - 10 gute Schulen ohnmöglich das wieder gut zu machen im Stande sind, was 100 andere schlecht bestellte verderben, und ein so weit ausgebreiteter Erfolg ausser Zeit, Mühe und Aufwande eine höhere Unterstützung voraussezt, als diejenige ist, die sich von einzelnen Gliedern, oder Privatgesellschaften eines Landes erwarten läßt.

Die Wahrheit des Gesagten sehen diejenigen am besten ein, die sich mit dem mühsamen Geschäfte des Unterrichts und der Erziehung abgeben. Sie empfinden es nur gar zu lebhaft wie viel Mühe und Ueberwindung es erheische, den verwilderten Verstand eines einzelnen Menschen aufzuklären. Sie fühlen es, wie viel Arbeit und Kummer es koste, die schon halb erloschenen Funken der Religion und Tugend in einem einzigen Herzen anzufachen. Sie wissen es wie viel Schwierigkeiten man zu besiegen habe, um die ausgearteten Sitten eines einzigen Wildlings zurechte zu bringen. Um wie viel schwerer muß es alsdenn nicht halten, den Eigensinn eines ganzen Volks zu lenken; so viele durch das alte Herkommen begünstigte Gewohnheiten auszurotten; eine ganze Nation zu dem wahren Gefühle des Schönen und Erhabenen zurückzuführen, Herz und Sinn gegen Eindrücke des Guten und Wahren zu öffnen, und dem verstimmten Charakter derselben die zweckmässige Richtung zu geben.

In dieser Absicht nahm die gegen ihre Staaten mütterlich gesinnte Kaiserinn Königinn dieses allgemeinnützige Geschäft in ihren höchst eigenen Schutz, und gab demselben vermittelst einer gründlichen, alle Schulen ihrer Monarchie umfassenden Reform sein ganzes Gewicht, indem allerhöchst dieselben es für den geschäftigen und erwerbenden Theil ihrer Unterthanen, als welcher hauptsächlich einem berufsmässigen Unterrichte entgegen seufzte, anwendbar zu machen befohlen.

b) Geschichte der Ausbildung der Indüstrieschulen in Böhmen bis 1789.

Die Stuffenweise Erweiterung, Ausbildung und Anwendung für das Einzelne, jener auf Indüstriebildung abzweckenden wohlthätigen Plane, des H. von Schulstein von dem Jahre 1776. als

dem

dem Anfange der Ausführung derselben bis zu dem Jahre 1786, ist aus einem Aufsatze in den Schlözerschen Staatsanzeigen 40tes Heft zu ersehen; welcher Aufsatz seinem Inhalte nach, aus den halbjährigen Einladungsschriften zur Prüfung der K. K. Normalschule genommen ist.

Diese edlen und sanften Absichten des H. von Schulstein konnten sich in diesem Zeitraum von 10 Jahren, unterstüzt durch die höchste Landesobrigkeit, und durch den thätigen Beitritt, sowohl der einzelnen Grundherrn, als auch mehrerer geistlichen und weltlichen Gesellschaften, ihrer völligen Ausführung, zur Freude des theilnehmenden Beobachters, schon so weit nähern, daß mit dem Schlusse dieser 10 Jahre in mehr als 100 Stadt= und Landschulen viele tausend Kinder zur nüzlichen Uebung und Anwendung ihrer Kräfte angeführt wurden; ja daß schon eine beträchtliche Anzahl junger Staatsbürger, bereichert mit Kenntnissen der Landwirthschaft und ius besondere des Feld= und Gartenbaus, der Bienenzucht, des Seidenbaus u. s. w. und geübt zu Fertigkeiten in vielen fürs thätige Leben unentbehrlichen Arbeiten, aus den Schulen zu ihrer Bestimmung übergegangen waren.

Jemehr nun der Anblick des so merklichen Fortschrittes der wahren Aufklärung dieser zahlreichsten Classen der Staatsbürger in einem ganzen Königreiche, mir wahre herzliche Freude gemacht hat,

hat, und je zuversichtlicher ich erwarten kann, daß jeder dem das Wohl der Menschheit am Herzen liegt, die immer weitere Ausbreitung und Vervollkommung dieser heilsamen Anstalten mit herzlicher Theilnahme wünscht; um so weniger kann ich mir das Vergnügen versagen, diesen Menschenfreunden die Gewährung ihres Wunsches durch die Darstellung des Fortganges der Industriebildung in Böhmen, von den Jahren 1786 bis hieher 1789 aus den authentischen Quellen zuzusichern.

Die K. K. Verordnung daß die Judenkinder in Gallizien an dem Normalunterrichte Theil nehmen sollten, wurde vermöge eines Hofdecrets, dahin auf Böhmen angewandt: daß jene Judenkinder, die dermahl noch nicht das 13te Jahr überschritten haben, zur Theilnahme an dem Normalunterricht unter der Bedingung verbunden seyn sollen: daß man ihnen widrigen Falls bereinst den Heirathsconsens versagen würde. — Für die Judenmädchen sollte sich der theoretische Unterricht auf das deutsche Lesen, Schreiben und Rechnen bis zur Regula be tri, und die Kenntnisse der Hauptstücke des Lesebuchs einschränken; dagegen aber auf die Fertigkeit im Spinnen, Nehen, Strikken, Doppeln u. s. w. desto strenger gehalten werden. In eben diesem Jahre 1786 wurden von Wien Musterrisse, wornach künftig die Schulgebäude eingerichtet werden sollten, und die zum Grun-

in Böhmen.

Grunde der künftigen jedesmaligen Kostenanschläge gelegt werden müssen, nach Böhmen geschickt.

Auch zeichnet sich das Schuljahr durch die weise Verlegung der Ferien vom September und October auf Julius und August aus, und fängt daher das künftige Schuljahr mit Anfang des Octobers 1786 an, und reicht bis Ende des Junius 1787. Das Folgende aber gehet vom Anfange des Septembers und hat seine völlige Länge der 10 Monathe.

Um das Schulgehen noch zu befördern, machte das Landesgubernium bekannt, daß man demjenigen Schulaufseher, oder Lehrer, der die Zahl seiner Schüler im kommenden Jahre auf $\frac{1}{7}$ vermehren werde, es als ein belohnungswürdiges Verdienst anrechnen würde.

Man siehet die Nothwendigkeit dieser Aufmunterung ein, wenn man das Verhältniß der Schulfähigen zu den Schulgehenden Kindern in eben dem Sommercurse so angegeben siehet: Schulfähige 239424. Schulgehende 142145. Die Zahl der Schulen war 2219.

In dem Wintercurse 1787. wurde die K. K. Verordnung gegen das einzelne Viehhüten besonders der Kinder ernstlich geschärft. Wie sehr muß nicht jedem Kinderfreunde der Wunsch am Herzen liegen; daß jede Landesobrigkeit eifrig gegen dieses so äusserst verbildende Geschäft der jungen Landbewohner wachen mögte. —

Die vorzügliche Aufmerksamkeit, welche man auf die Verbesserung der Schulen in Böhmen, auch von Seiten der höchsten Landesregierung verwendet, läßt sich sowohl aus der Art, womit den fleissigsten Schullehrern oft kleine Remunerationen gereicht werden, als auch besonders aus der Gnade womit man diese Art des Verdienstes um den Staat schätzet und auszeichnet mit Vergnügen erkennen. — Einen angenehmen Beweis davon giebt die im Sommer 1787 ergangene Verordnung „daß bey dem Vorschlage zu den für Normal=„schüler bestimmten Stipendien, unter den An=„werbern vorzüglich (wenn ihre übrigen Eigen=„schaften gleich sind) auf die Söhne geschickter „und eifriger Schullehrer Bedacht genommen „werden soll, damit diesen nützlichen Beamten, „wo es immer thunlich ist, Erleichterung und „Ermunterung zugehe.

Die Zahl der Schulen hatte sich in diesem Jahre bis auf 2253 vermehret, und das Verhältniß der Schulfähigen zu den Schulgehenden verräth auch hier den merklichen Fortschritt der Volksbildung; denn jezt sind unter 250991 Schulfähigen 158767 Schulgehende.

Als einen Beitrag zum Beweise daß alle Stände ohne Unterschied zur Beförderung der Industriebildung in Böhmen willig die Hand gereicht haben, und mithin auch zum Beweise für die Wohlthätigkeit und innere Güte der Unternehmungen

zu

zu dem Zweck, setze ich hier einen Schenkungs=
brief des Herrn Prior der barfüsser Karmeliten
in Solnitz, über ein Stück Gartenland, welches
zur Baumcultur an die dortige Schule gegeben
wurde, her.

"Mit Freuden schenken wir der solnizer
Schule ein Strich Acker, und dies um so
mehr, als wir das Zutrauen in den dortigen
immer fleissig und geschickten Lehrer Johann
Kalaus setzen, daß er gewiß diesen Platz ge=
meinnützig machen, und die ihm anvertrau=
ten Zöglinge in Pflanzung der Bäume, und
Beförderung des Obstbaues unterrichten wer=
de. Jedoch müssen immer nachstehende Ver=
ordnungen beobachtet werden: a) Da auf der
Stelle nicht gleich junge Bäumchen da stehen
und gepfropft oder okulirt werden können:
so kann bis zur gänzlichen Erreichung des
bei der Schenkung vorgesezten Hauptendzwek=
kes freilich wohl in den Zwischenräumen, wo
nicht gleich jezt Bäumchen ausgesezt und ge=
säet werden, etwas anderes Gemeinnütziges
angebauet, wieder veräussert, und der Geld=
betrag hievon entweder als Schulkreuzer für
gar arme Kinder eingezogen, oder aber auf
Bücher für dieselben sogleich verwendet wer=
den. Nur hat b) der Schullehrer alljährig
dem Wirthschaftsamte anzuzeigen, welchen
Nutzen dieser Acker abgeworfen, und wie
sel=

selber verwendet worden. c) Soll der Schullehrer, um mehr Aneiferung zur Erlernung der so vortheilhaften Pflanzung der Obstbäume zu bewirken, zum diesfälligen praktischen Unterrichte nur immer die geschicktesten und fleissigsten Schüler nehmen; nachläßige und ausschweifende Knaben hingegen so lange hievon ausschliessen, bis sie überzeugende Besserung äussern. d) Um für die Zukunft allen Mißbrauch von dieser Schenkung zu verhüten, wird hiemit ferner anbefohlen, daß nicht auf dem ganzen Acker hochstämmige Bäume eingesezt werden; denn sonst wäre der Zweck für die Zukunft dadurch vereitelt, weil die künftige Jugend, den praktischen Unterricht in Anpflanzung und Okulirung der Bäumchen vermissen würde. Alles was geschehen kann, ist: daß höchstens an dem Zaune hochstämmige Bäume gepflanzt, der übrige Acker aber in Quadrattafeln eingetheilet, umher mit Zwergelbäumchen besezt, und die Tafeln immerhin mit jungen Bäumchen versehen werden. e) Zur Einschränkung dieses Ackers werden aus den Obrigkeitlichen Wäldern das erstemahl Zaunstangen und Pfähle unentgeltlich hergegeben; da aber in Zukunft eine ähnliche Einschränkung der Schule selbst grossen Aufwand verursachen, und auf etliche Jahre lang den zu hoffenden Nutzen verzehren würde:

so

so wird hiemit verordnet, daß an dem hölzernen Zaune ein lebendiger*) angelegt werde. Dadurch werden die Zöglinge gleich in der Jugend geschickt gemacht, sich dieses ökonomischen Vortheils auch für die Zukunft bei ihren Gründen zu gebrauchen, und die Pflanzung des lebendigen Zauns zu benutzen. Da ferner f) schon das Bewußtseyn, eine Menge junger Zöglinge zu nützlichen Staatsgliedern gebildet zu haben, eine Art von Belohnung für den Lehrer seyn muß, auch ohnehin von der rechtschaffenen Denkungsart des Lehrers nicht zu vermuthen ist, daß er etwa auf eine anderweitige Belohnung dieses Gartenbaues

---

*) Die Anlegung lebendiger Hecken zur Befriedigung der Gärten, Wiesen und Felder, ist unter der Voraussetzung, daß dieselben gehörig unterhalten d. i. zu rechter Zeit eingebunden und geschoren werden, ein sehr wichtiger Gegenstand der ökonomischen Industrie, da, verglichen mit todten Holzbefriedigungen, der Kostenaufwand für jene um ein beträgtliches geringer, und die Würkung von diesen, in sehr vielen Rücksichten eingeschränkter ist. Denn wie sehr gewinnt nicht schon eine Gegend an Schönheit durch die Begränzung der einzelnen Partien mit regelmäßigen Hecken, und wie mannichfaltig kann nicht durch industriöse Betreibung des Heckenbaues der Nutzen von denselben für den Eigenthümer werden. Das abgeschnittene Laub getrocknet gäbe eine Viehfütterung, oder wenn man einzelne derselben von Maulbeeren anlegte, Nahrung für Seidenraupen, und die Früchte der Berberis- und anderer sehr gut schützenden Heckenstauden würden den Fleiß des Eigenthümers reichlich belohnen.

W.

baues wegen Anspruch machen sollte; so wird die ganze Leitung und Bestellung dieses Ackers seiner Einsicht und thätigen Eifer ganz allein überlassen. Kann ich übrigens etwas zur Vervollkommung dieser neuen Pflanzschule selbst beitragen, so soll mir nichts angenehmer als diese Theilnehmung seyn. Freudig will ich selbst dazu mit Hand anlegen; denn ich wünsche von Herzen, daß Religions= und zum Besten des Staats abzweckende Kenntnisse verbreitet werden".

Zu Folge der Einladung zur 25ten öffentlichen Prüfung ist das Industriale an der K. K. Normalschule während des Wintercurses 1788. abermal sehenswürdig in Aufnahme gekommen.

Die Mädgenschule allein, der kurzen Wintertage ungeachtet, verspann 30 Pfd Flachs 10 Pfd Baumwolle, strickte 126 Paar Strümpfe, und nähete 51 leinene theils zur Kleidung, theils zum Tisch= und Bettzeuge gehörige Stücke. Wenn man in Betracht ziehet, daß der Schülerinnen nicht mehr denn 50, die meisten dazu sehr jung und klein, viele derselben auch mehrere Wochen der Krankheit wegen abwesend, und für die erste Classe nur 12, für die zweite aber 10 wöchentliche Arbeitsstunden ausgesezt gewesen sind: so verdient die Zahl oben angezeigter Fleisproducte noch immer das Zeugniß einer besonderen Aemsigkeit.

In eben dieser Einladung zur 25ten öffentlichen Prüfung ist eine Darstellung der Entstehungs- und Verbreitungsart der Indüstrieclassen in Böhmen, von Herrn P. von Schulstein enthalten, die gewiß auch hauptsächlich mit aus der weisen Absicht hier steht, daß ein jeder der zur mehreren Ausbildung und Verbreitung dieser Schuleinrichtungen zu würken im Stande ist, aufs neue an die Grundsätze wornach in diesem Geschäft gehandelt worden ist, und zur Rechtfertigung dieser Grundsätze auch an den Erfolg, den das durch sie geleitete Benehmen gehabt habe, erinnert werde.

Ich folge nun den von Zeit zu Zeit herausgekommenen Anzeigen in der Absicht, um die Würkung auch dieser vorzüglich guten Schrift des Herrn Probst zu beobachten, und werde am Schlusse dieses chronologischen Auszugs den Aufsatz selbst abdrucken lassen.

Die so auffallende Vermehrung der Schulbesuchenden Kinder auch in dem Curse des Sommers 1788, ist ein neuer Beweis, daß die Schulverbesserungen und besonders die Einführungen der Indüstrieclassen in Böhmen, dem gemeinen Mann immer mehr als wohlthätig einzuleuchten anfangen, und es wäre auch wahrlich eine der sonderbarsten Erscheinungen, wenn bei der so unausgesezten Würksamkeit so vieler Personen aus allen cultivirteren Ständen nicht nach mehreren Jahren die Aufmerksamkeit des ganzen Volks auf den Punct

Punct hingezogen werden sollte, auf welchen diese alle mit vereinigter Kraft hin arbeiten, besonders, da es ja nur auf der Seite des Volks die Annahme einer Wohlthat gilt, die ihnen durch so sichtbare Anstrengung und Aufopferung der höheren Stände zubereitet wird. Die sichtbarste Schätzung dieser Wohlthat kann man zwar immer erst (das muß sich jeder sagen, welcher an solchen zur Volksbildung gehörigen Geschäften arbeitet) von der jungen Generation erwarten, auf die man unmittelbar würkt, wenn sie zu selbstständig handelnden Menschen erwachsen seyn werden: ein Glück ist es aber doch, wenn die Lehrer durch den Anblick der mehr und mehr keimenden und wachsenden Saat schon vor der Zeit dieser Ernte, für ihre viele Anstrengung mit froher Hoffnung gelohnt werden, und das war der Fall im Sommercurse 1788 in Prag bei der Industrieclasse der Normalschule. Die Nachricht, daß bei der Prüfung, die man diesmal auch über die Industrieclasse ausdehnte, allenthalben der Erfolg dem fleißigen Bestreben der Lehrer und Lehrlinge entsprach, und die Arbeitsamkeit jezt schon durch die unmittelbare Belohnung die sie gewährt, sich selbst ohne äussere Aufmunterungen erhielt, ja daß oft die Klugheit schon rieth, dem Eifer Einhalt zu thun, um den übeln Würkungen der Sättigung so wie jeder Begierde so auch des leidenschaftlich gewordenen Arbeitstriebes auszuweichen. Diese Nachricht

richt ist für jeden der dazu beitrug, daß der Thätigkeitsgeist bis zu dem Grabe aufgeregt wurde, schon eine reichliche Belohnung seiner Bemühungen, giebt jedem Menschenfreunde die herrlichste Aussicht für die Zukunft. Noch angenehmer aber ist es, wenn durch diese Bearbeitung der Jugend auch noch auf den besseren Theil der schon Erwachsenen gewürkt wird, und auch hiervon sind in dieser Anzeige die schäzbarsten Beispiele. Durch den Anbau eines wüsten Plazes, welchen der Lehrer zu Mies, mit seinen Schülern von Dornen und Steinen reinigte, mit nüzlichen Stauden einfaßte, und theils zu Küchengewächsen, theils zu Futterkräutern benuzte, auch mit Maulbeer- und Obstbäumen besezte, wurden mehrere Bürger bewegt, eben solche wüste Pläze anzukaufen und in Cultur zu setzen, so daß manche schon von Plätzen die vorher gar nichts eintrugen 25 Fl. Zinse ziehen. Eben so hat das Beispiel der Brandeiser Arbeitsschülerinnen auch erwachsene Mädchen gereizt, an dem Unterrichte in nüzlichen Arbeiten Theil zu nehmen.

Vorzüglich verdienet die Ausdehnung des Unterrichts der Mädchen, über die Beschäftigungen in der Küche, wozu der Herr Pfarrer in Schättenitz einigen seiner Schülerinnen Anweisung in seinem Hause geben läßt, sehr geschäzt zu werden. Der Herr Pfarrer ließ am Tage der Schulprüfung diese Schülerinnen eine Probe von den

Fortschritten die sie in dem Geschäfte gemacht hatten, durch Zubereitung eines ländlichen Mittagsmahls ablegen: Zehn der besten Schüler mußten im Pfarrhause am Tage der Prüfung speisen, und wurden von den Prüfungsgästen bedient.

Die Hofnung daß es in Böhmen an Mitteln alle die vortreflichen Schulanstalten auch für die Zukunft erhalten, und noch mehr erweitern zu können nicht fehlen werde, wird durch ein K. K. Hofbecret vom 8ten Jun. 1788. gesichert, worinn die schon in den K. K. teutschen Erbländern geltende Verordnung auch über Böhmen ausgedehnt wird, daß nemlich von jeder Verlassenschaft, deren reines Vermögen 300 Fl. erreicht, oder übersteigt, an den Normalschulfond, wenn der Erblasser von Adel war, vier, wenn er unter die so genannten Honoratioren gehörte, zwei, wenn er aber Bürger oder Bauer war, ein Gulden*) abzugeben sey. Auch ist diese Verordnung vermittelst Hofbecrets vom 29ten October 1788 so allgemein gemacht, daß sie das jüdische Volk mit angehn: Die Allgemeinheit der Beiträge solle aber auch eine eben so allgemeine Verwendung zum Besten aller Religionsparteien zur Folge haben.

Während dieses lezten Wintercurses, welcher sich mit dem Jänner 1789 schloß, war die Zahl der Unterrichteten um 18627 grösser als im Sommercurse 1787.

c) Kur=

―――――――――
*) wahrscheinlich von 100.

c) Kurze Beschreibung des Herrn Probsten von Schulstein, von der Entstehungs- und Verbreitungsart der Industrialclassen in den Volksschulen des Königreichs Böhmen, als Beilage zum vorhergehenden.

Bei näherer Betrachtung der Volksschulen nahm ich wahr, daß man in selben die Jugend grade mit dem, was sie Zeitlebens am meisten bedurfte und brauchte, am wenigsten beschäftigte, daß man darin viel unnützes, und beinahe alles auf eine verkehrte Art lernte. Ich sah hierin die Quelle des Müssiggangs, der Armuth, der Bettelei, der seichten Religionskenntnisse, der Laulichkeit in der Ausübung ihrer Gebote, und mehrere Untugenden.

Viele andere beobachteten mit mir diese so ungeheure Lücke, und die daraus für den Staat und für die Religion entstehenden Folgen. Sie sannen deswegen auf Mittel, um diese so verderblichen Ausflüsse zu verstopfen. Sie bestrebten sich nebst der verbesserten Lehrmethode ihren Untergebenen die Liebe zur Arbeitsamkeit einzuflössen, und unter dieselben Industrie zu verbreiten; allein, sie fingen es im Grossen, und mit Verordnungen an. An vielen Orten wollte man auch gleich seinen Nutzen beziehen. Man hob deswegen die Sache mit den Erwachsenen an: man machte damit verschiedene Versuche, aber vergebens. Es wurde auch erfüllt, was die Schrift von dem Jünglinge sagt, daß er von dem Wege auch dann, wenn er alt wird, nicht abweiche, und den Weg fortgehe, den er in der Jugend betreten hat. Ich benuzte die erwähnten Fehler, und dachte daher die Industrieschulen gleich mit der Normalschule anzulegen, und sie dadurch aufs Land zu verbreiten; allein der Gedanke daß ich auf einmal zu viel übernommen haben würde, stand mir entgegen. Auf dem Lande war es auch ausserdem noch zu finster.

Der Industrie muß unstreitig ein verhältnißmässiges Licht vorausgehen, in der Finsterniß hat sie sich entweder nirgends niedergelassen, oder wenn sie doch durch einen Zufall gleichsam hinverschlagen wurde, hat selbe dort sich nicht lange erhalten. Jeden gemeinen Mann konnte man auch nicht gleich von der Nuzbarkeit der Industrieanstalten unterrichten, auch nicht überall dafür Beispiele aufstellen. Und wenn der gemeine Mann dann auch nichts zu seinem Vortheile lesen kann, so kömmt in seinen Verstand kein Licht, und in sein Herz keine Lust, etwas anders, als seine Voreltern zu unternehmen. Verordnungen sind ihm in diesem Falle verhaßt, und einer anderen mündlichen oder systematischen Ueberzeugung ist er nicht fähig.

Ich

Ich richtete deswegen mein ganzes Augenmerk auf die Jugendjahre, ja auf Kinder richtete ich es hin. Die Meinung daß man aus der Jugend alles machen kann, stärkte mich in meinem Vorsatze, und unterstützte alle meine Gründe. Ich war einmal überzeugt daß unsere Volksschulen, wenn sie auch normalmässig eingerichtet wären, ihrer Erwartung nicht ganz entsprechen, und ihren Endzweck im gemeinen Leben gar nicht erreichen können; man müsse deswegen der Jugend in denselben nebst den gewöhnlichen Lehrgegenständen, Arbeitsamkeit beibringen, man müsse darin Arbeitsclassen anlegen, sie mit den litterärischen Gegenständen verbinden, und die Schüler zur Arbeit leiten, um sie ihnen von Kindheit her anzugewöhnen. Nur dadurch dürfte Arbeitsamkeit und Industrie national werden.

Dazu eiferte mich noch mehr das Bewußtseyn an, daß die arbeitsamsten und industriösesten Leute verhältnißmässig auch immer bei allen Nationen die besten moralischen Menschen sind. Und die Ueberzeugung daß es im gemeinen Leben meistens aufs Thun ankomme, und die wenigsten, welche schreiben, lesen und rechnen lernen, in selben Schreiber, Leser und Rechenmeister von Profession werden, machte meine Aufmerksamkeit noch mehr rege. Ich sah nebst dem, daß auch die Moral und die Religion, wie ich oben bemerkte, in den Volksschulen ihre Würkung nicht thaten;

man trug sie nicht in Begebenheiten vor, man docirte zu viel, und erzählte zu wenig. Es kamen bei diesem Unterrichte zu viele Worte und so wenig Thaten vor. Dies alles lag mir nun am Herzen.

Allein der Ausführung dieses Gedankens, so wichtig und wohlthätig er auch in der Folge für das menschliche Geschlecht werden dürfte, stellten sich eine ungeheure Zahl Hindernisse entgegen. Hier gebrach es der Gemeinschule an Mitteln, die Anlagskosten zu bestreiten, dort an den erforderlichen Behältnissen oder Zimmern, die Indüstrialclassen anzulegen, hier dem Schulmanne an einer Gattinn, welche die Schüler in der Handarbeit unterrichtete, dort an einem Grunde, worin man die Jugend zur Baumzucht und Gartencultur einleiten könnte. An manchen Orten war die Menge der Kinder viel zu groß, als daß man auf andere, als auf die vorgeschriebene Lehrgegenstände auch nur hätte denken können; es mangelte an solchen Musterschulen, und an solchen Schulaufsehern, die die Jugend zur Arbeitsamkeit hätten führen können, oder führen wollen.

Den Geistlichen, oder den Seelsorgern wollte und konnte man vom Anfange nicht so etwas zumuthen, noch weniger auftragen. Ueberall sträubte sich die Abneigung zu mehrerer, oder anderer Arbeit, als man vorher gewöhnt war, dawider. Alle die Schwierigkeiten und Hindernisse standen

mei=

meiner Absicht entgegen. Indeſſen ließ ich meinen
Muth nicht ſinken, ich war einmal ſicher, daß
Arbeitſamkeit jedem Menſchen müzlich, und daß
die Jugend jeder Richtung fähig iſt. Ich hatte
es nur dahin zu bringen, daß es die Jugend vergnügte, und die Eltern intereſſirte, frühzeitig
arbeitſam zu ſeyn.

Das Vergnügen entſtand aber für die Jugend a) aus der Abwechſelung der Lehr- mit den
Arbeitsſtunden b) aus der Geſellſchaft in welcher
ſie, ſich ſelbſt zur Arbeitszeit überlaſſen, ſich auch
nach ihrer Bequemlichkeit mit Geſprächen und an-
muthigen Geſängen unterhalten, c) aus dem Gewinn, den ſie wöchentlich aus ihrer Arbeit ziehen,
d) aus der Beſchenkung der wohlmeinenden Eltern
und patriotiſchen Vorgeſezten. Dies machte daß
die Kinder lieber in der Schule als zu Hauſe der
Arbeit obliegen wollten. Hier waren ſie nebſt dem
in ihrer Geſellſchaft, und mit Geſpielen ihres
Gleichen.

Ich hatte nun meinen Vorſaz nur noch inter-
eſſant für die Lehrer und Eltern zu machen.
Die Wahrheit daß die belohnte oder beſtrafte Eigenliebe die ganze Maſchine der Nation in Bewegung ſezt; gab mir viel Licht und leiſtete mir vortrefliche Dienſte. Die Dürftigkeit des Schul-
manns, die mich ſonſt überall aufhielt, wendete
ich hier (ſo, wie ich den glücklichen Umſtand des
dermaligen vielen Anwerths auf Tuch und Lein-

stand benüzte) zu meinem Vortheile; ich zeigte dem dürftigen Schulmanne, wie er sich seine Nahrungsumstände durch Industrialclassen zu verbessern vermöchte; seine Ehegattinn mit Stricken, Nähen, Spinnen, Wollekrämpeln u. s. w. er aber mit der Baumzucht, mit der Cultur des Küchengartens, Seidenbaues u. d. gl. sich einen Verdienst verschaffen, und damit seine Nebenstunden so nüzlich als angenehm ausfüllen könnte. Die Vorsteher der Schulanstalt würden ihre Bemühungen entweder mit einer Remuneration, oder einer Gehaltszulage bedenken, wie auch wirklich schon viele deswegen mit beiden in Böhmen bedacht worden sind.

Man bediente sich aber noch ferner anderer **Klugheitsregeln**, und zwar 1tens: daß man den Menschen immer nahm, wie er nun einmal ist, und doch immer durch Vorstellungen besserer Beispiele ihn dahin zu bringen trachtete, wo, und wie er seyn soll; 2tens: man es auch überall nur im Kleinen anfing; 3tens: daß man dafür die Geistlichen gewann, die bei dem Volke Zutrauen hatten, und bei selbem in Ansehen stunden. 4tens: man sich bestrebte dafür auch die Vorsteher der Armenversorgung zu interessiren, und einzunehmen, die ohne Arbeitsanstalten das Armeninstitut nicht nüzlich errichten, noch weniger aufrecht halten konnten; endlich 5tens: daß man niemand mit Zwange zur Einführung der Arbeitsclassen, auch
nicht

nicht zu dieser oder jener Gattung der Arbeit, oder grade zu diesem oder jenem Zweige der Industrie verhielt. Man befriedigte sich, wenn nur Arbeitsstunden in der Schule gehalten wurden; dies mochte nun mit dieser oder jener Gattung der Handarbeit; blos mit Mädchen, oder zugleich mit Knaben, nach den litterärischen Stunden, oder mit Abwechselung der Arbeits- und Lehrstunden geschehen. Der Zwang ist bei jeder Reformation, besonders wenn sie den Menschen umschaffen, und bessern soll schädlich. Diese Nachgiebigkeit, oder die Zulassung dieser Freiheit schien mir besonders im Anfange nöthig zu seyn; dermal, weil die Sache, oder die Bildung der Jugend zur Industrie schon mehr beliebt, auch mehr im Gang und in Aufnahme gekommen ist, richtet sich die Sache von sich selbst nach dem Ortsbedürfnisse in eine bestimmtere Ordnung. Man könnte (im Fall man die Industrie im ganzen Lande geschwinder zu verbreiten wünschte) auf eine andere Art alle diejenigen die nicht mehr in die Schule kommen, zur Erlernung einer nüzlichen Arbeit verhalten, z. B. keine Mädchen aus dem Lande verheirathen lassen, sie wiesen sich denn bei den Gerichten oder im Amte aus, daß sie eine Handarbeit nebst den gewöhnlichen Haus- und Feldverrichtungen erlernet haben. Weil aber dieser Gedanke die Arbeit und Industrie viel mehr verhaßt als beliebt machen dürfte, so möchte ich zu einer solchen Verordnung doch nicht rathen, ob ich schon dergleichen einzelne Versuche nicht hindern würde.

In einigen Jahren könnte man hierlandes ohne dies in Schulen die Industrialgegenstände mit den litterärischen gesezmässig verbinden; dies würde das Volk eben so wenig befremden, als es sich jezt über das vorgeschriebene Lesen, Schreiben und Rechnen aufhält; es läßt sich vielmehr vermuthen, daß es den ersten mehr, als den lezten gemeinnüzigen Kenntnissen nachhängen werde, weil die Eltern davon gleich Vortheile ziehen.

Die Vortheile, welche aus diesen Industrieschulen herfliessen, sind groß, sie sind sehr beträgtlich. Sünde und Laster wird verhütet, und der Wohlstand der menschlichen Gesellschaft befördert; denn die Jugend wird dadurch a) von dem schädlichen und sträflichen Müssiggange abgehalten, zur Arbeit frühzeitig gewöhnt, durch moralische Erzählungen und lehrreiche Lieder zur Tugend gebildet, die Armuth der Kinder und Eltern vermieden, das Armeninstitut unterstützet, die Bettelei aus der Wurzel gehoben, und mancher Nothleidende für den Staat sowohl als für die Religion erhalten. Daher wenden b) die Eltern bei diesen Anstalten nicht mehr vor, daß sie ihre Kinder zur Haus= und Feldarbeit brauchen. Sie schicken sie jezt, weil sie in der Schule mehr als zu Hause verdienen, und einigen Gewinst mit
nach

nach Hause bringen, gern und fleissiger in die Schule. c) Die Kinder lernen jezt um einige Jahre eher ihr Brod verdienen. Sie werden eher dazu geschickt gemacht. Es scheinet dies auf den ersten Anblick unbeträgtlich zu seyn, allein, wenn man z. B. berechnet, daß 152.000 Schüler die wir im lezten Winter zählten, jährlich nach Abzuge der Sonn= und 17 Feiertagen 749.866 Fl. 40 Xr. mit dem täglichen Gewinne eines Kreuzers verdienen können, und daß ein Schüler, so bald er die Schule verläßt, doch gewiß 3 Xr. zu Hause verdienen werde; folglich dies jährlich 2.249.600 Fl. und in zwei Jahren, um welche die zur Arbeit eingeleiteten Schüler sich früher das Brod verdienen, eine Summe von 4.499.200 Fl. ausmache; so siehet man es im Gegentheile.

Diese Vortheile konnte man in einem Staate, wo der Landesfürst zugleich die geistliche Gewalt oder die Patronatsrechte in Händen hat um viel leichter erhalten; er hat unendlich viele Mittel die Geistlichkeit für die Beförderung der milden Anstalten zu interessiren, auch die Verbesserung der frommen Schul= Armen= und Arbeitsanstalten mit der Seelsorge zu verbinden. Ich finde nicht so leicht etwas, welches dem Seelsorger ausser seinem Predigtamte und der Ausspendung der h. Sacramente mehr zustünde, als der gottselige und gemeinnützige Unterricht der Jugend, und die Versorgung der Armen, sie mag hernach mit All=
mo=

mosen, oder mit Verschaffung der Arbeit geschehen; die Wohlthat ist für die Armen schon sehr groß, wenn der Seelsorger sich bestrebt, daß aus der Jugend keine Bettler entstehen.

Deswegen haben sich viele Lehrer der Landschulen, und die Candidaten zu selben aus beiden Classen, nämlich: der Mägblein und der Knaben, hier an der Normalschule ein Modell genommen, und im Orte ihrer Bestimmung für die Schuljugend den Industrialunterricht eingeführt, nur mit dem Unterschiede, daß auf dem Lande, gleich wie da die Knaben des gemeinen Mannes sich auch mit dem Spinnen, Stricken, Klöppeln u. s. f. in der Schule abgeben, die Mägblein auch die Gartenarbeit mittreiben, und besonders die Anpflanzung der Küchengewächse erlernen.

Diese Anstalt verbreitet sich nun seit acht Jahren an sehr vielen Orten auch ohne sonderlichen Fond von sich selbst *). Wo sich an der Schule nicht zwei Lehrzimmer vorfinden, da giebt die Gattinn des Lehrers indessen in ihrem Wohnzimmer den Industrialunterricht; und wo der Schulmann kein Feld, auch kein Gärtchen hat, und die Gemeine dazu kein Stück Grund widmet; da miethet der Schulmann oder der Aufseher derselben

---

*) Man kann dermalen in Böhmen mit Gewißheit, bis 200 solche Schulen angeben, welche den Industrialunterricht mit dem litterárischen blos der angeführten Vortheile wegen verbinden und mit gutem Fortgange ertheilen.

ben gegen Zins ein Stück; welchen Zins man ganz leicht von der unternommenen Gartencultur entrichten kann.

Wollte man wider die Anlegung der Indústrieclaſſen, oder wider die Verbindung derſelben mit den übrigen gemeinnützigen Lehrgegenſtänden einwenden, daß die Jugend des gemeinen Mannes die Indúſtrialarbeiten leichter zu Hauſe bei ihren Eltern erlerne, und daß das viele Sitzen in den Arbeitsſtunden dem Wachsthume derſelben ſchade; ſo müßte ich freilich erwiedern, daß die Kinder des Bauers oder des gemeinen Mannes, im Durchſchnitte genommen, viele der Indúſtrialarbeiten 1tens: zu Hauſe nicht erlernen können, weil die Eltern ſelbſt in manchem Kreiſe ſie nicht betreiben, auch nicht zu betreiben wiſſen; 2tens: hier auch in Betrachtung komme, daß die Kinder in der Mitte ihrer Geſpielen alles gern thun, alles lieber lernen, und in ihrer Geſellſchaft auch mit Vergnügen der Arbeit obliegen; da ſie unter den Augen ihrer Vorgeſezten, oder älteren Leute alles ungern, auch mit Widerwillen verrichten, und ſich gemeiniglich wider die Arbeit ſträuben.

Zu Hauſe haben ſie auch nicht in den Arbeitsſtunden die Unterhaltung, die man ihnen in der Schule durch Erzählung moraliſcher Begebenheiten, und durch Anſtimmung anmuthiger Lieder verſchafft; welches alles zugleich auch zur Bildung ihres Herzens beiträgt.

Her-

Hernach lernet die Jugend in dergleichen Schulen ja aus dem litterärischen Fache noch andere gemeinnützige Kenntnisse, von welchen sie zu Hause oft wenig oder gar nichts höret.

Dem Wachsthume der Kinder können die Industrialclassen auch nicht nachtheilig seyn, wenn sie auch viel sitzen müssen; sie sitzen ja nicht immer, sie machen auch Bewegung, die bei ihnen noch durch die Handarbeit befördert wird. In dem Böhmischen Riesengebirge, wo alles von Kindesbeinen an spinnt, und folglich den größten Theil des Tages hindurch sizt, hat man den größten Schlag von Menschen, die gesund, frisch und stark sind. Nichts schadet dem Wachsthume mehr, als der Müssiggang und die Unthätigkeit.

Ferner ist es gewiß, daß die Eltern ihre Kinder jezt bei den bestehenden Industrialclassen fleißiger in die Schule schicken; es läßt sich daher auch mit gutem Grunde hoffen, daß sie selbe, weil sie darin ihr Brod zu verdienen angehalten werden, und auch wirklich daraus den erworbenen Gewinst mit nach Hause bringen, länger, wenn es nöthig wäre, in der Schule lassen, und sie ihrer Hausarbeit wegen derselben nicht entziehen werden.

Ich erwähne über die Industrialclassen, und über die Verbindung derselben mit der Seelsorge, Schul= und Armenanstalt hier deswegen nichts mehr, weil dies alles, und noch viel mehr in den

ge=

gedruckten Schriften der hierländischen Normalschulen enthalten ist.

Um aber noch näher zu ersehen, was und wie
es mit dem Industrialunterrichte geschiehet; so
habe ich eine Beschreibung alles dessen, was in
dem Industrialfache an der Prager Normalschule
vorgenommen wird, von der Direction dieser
Schule abgefordert, und dieser Anzeige beirücken
lassen, an welcher a) die Mädchenclasse, b) die
4te als eine zur Ausbildung des Bürgerstandes
bestimmte Knabenclasse, und c) die Candidaten
zu Landschulen den Industrialunterricht erhalten,
und damit nach der im Lande getroffenen Einrich=
tung einen sehenswürdigen Fortgang machen.

**Verfassung und Lehrmethode der Indů=
strialclasse an der Prager Normalschule,
beschrieben vom Canonicus Lenhard,
Director dieser Schule.**

Die Industrialanstalt an der K. K. Prager
Normalschule hat zwo Abtheilungen; in der er=
sten werden 45 bis 50 Mädchen bürgerlichen Stan=
des im Stricken, Nähen und Spinnen unterrich=
tet; in der zweiten aber lernen Knaben der 4ten
Classe, die auf das Studiren Verzicht thun, und
sich ganz dem Nahrungsstande zu widmen gesin=
net sind, den Kräuter= Obst= und Weinbau ꝛc.

Die Candidaten zu Schuldiensten, welche
hier die Bildung für ihren Beruf einholen, fin=

den

den sich in beiden Abtheilungen mit ein, sehen, hören, wie eines oder das andere eingeleitet, betrieben und benutzet wird; legen wol auch, besonders in der zwoten Abtheilung, selbst mit Hand an; alles in der Absicht, einstens als wirkliche Lehrer am Orte ihrer Bestimmung, so viel davon in Gang zu bringen, als nach den Verhältnissen des Orts, der Gegend, und der Bewohner derselben möglich, oder überhaupt für den gemeinen Mann nüzlich seyn dürfte.

Die Vermeidung des Müssiggangs, die Bildung zur Industrie, die Verbesserung des Nahrungsstandes, und der Sitten sind bekanntermassen der Zweck dieser Anstalt. Diesen (besonders bei dem gemeinen Manne) zu erreichen, bestrebt sich die Normalschule folgendermassen.

In der ersten Abtheilung

1). die Zeit des Unterrichts. Die Mädchen kommen täglich (Sonn= Feier= und Recreationstage ausgenommen) früh um 7 Uhr zur Schule; nur in den wenigen Wintermonaten, in welchen es später taget, geschiehet dies um 8 Uhr. Sie bleiben alsdenn durch 3 auf einander folgende Stunden; gehen nach gehörter heil. Messe nach Hause; kommen um 2 Uhr des Nachmittags wieder, und verbleiben da bis 4; in den längeren Sommertagen aber bis 5 Uhr. Die Fleissigern sind

sind aus eigenem Antriebe auch wol bis 7 oder 8 Uhr noch zugegen.

2) Eintheilung der Klassen und der Gegenstände ut Tab. Lit. A.

Sie sind in zwo Litterär = und auch in zwo Arbeitsclassen abgetheilet. In jenen werden die Anfängerinnen in die ersten Gründe des Lesens, Schreibens, Rechnens und der Religion eingeleitet; die Grösseren aber rücken in gesagten Gegenständen fort, bis sie davon so viel erlernet haben, als für ihre Bestimmung genug ist. Ein Geistlicher trägt hier die biblische Geschichte, und den Katechismus vor; der weltliche Lehrer aber betreibt das Uebrige, und unterweiset zugleich die Grösseren in den gesellschaftlichen Pflichten, wie auch in der Art nüzlich hauszuhalten. In der Arbeitsclasse lernt und übt jede Schülerinn aus, was ihr in Anschung ihrer Kräfte, und der bereits erworbenen Geschicklichkeit angemessen ist; doch so, daß jede nach und nach alle oben genannte Handarbeitszweige, Stricken, Spinnen und Nähen, zu erlernen und zu betreiben bekömmt.

Hierzu ist eine eigene Lehrerin angestellt, und zwar dermals die Gattin des Lehrers; welche beide zwischen der Litterär = und Arbeitsschule ihre Wohnung haben. Bringen es Schülerinnen in Arbeiten zu einer ziemlichen Fertigkeit, und nimmt man an ihnen die Anlage wahr, mit der Zeit darin mehr als das Gewöhnliche zu leisten; so unter-

I, 3.   U

terweiset man sie in Freistunden auch (zu Prag) im Zeichnen; doch nur in so weit, als diese Kunst ihnen zur nothwendigen Geschmacksbildung, zur Verfeinerung einiger von ihren Handarbeiten, z. B. beim Ausnähen, Sticken und Spitzenmachen, oder in Fabriken verhülflich seyn kann.

3) Beschaffenheit und Besuch der Lehrzimmer. Es sind zwei Lehrzimmer, in dem ersten erhalten die Schülerinnen litterärischen Unterricht *); im zweiten dessen Riß diesem Heft beigelegt ist, werden nur Handarbeiten und das Zeichnen getrieben. Damit aber sowol in der Litterär= als Arbeitsclasse die nöthige Geistesversammlung der Kinder bewirkt, erhalten, und eine durch die Beschäftigungen der anderen nicht irre gemacht werde; so ist jedesmal die erste Classe so lange in der Arbeitsstube, als die zweite im Lehrzimmer mit einem litterärischen Gegenstande beschäftiget wird. Nur alsdenn sind beide Classen beisammen, wenn sie einerlei vorhaben, oder wenigstens in Gegenständen vorgenommen werden, die nicht der Wesenheit, sondern nur den Graden nach unterschieden sind; z. B. wenn die erste Classe buchstabirt, und die zweite ließt; oder wenn die erste Classe im Stricken unterwiesen wird, und die zweite das Stricken, welches sie schon erlernet hat, treibt. Ausserdem wechseln die Classen mit

Zim=

---

*) Im Abgange des 2ten langte auch in diesem ersten Zimmer der Raum zur Handarbeit aus.

Zimmern und Gegenständen ab; so, daß sie vom litterärischen Fache zur Handarbeit, und von dieser zu jenem übergehen. Nebst dem Vortheile, daß durch diese Abwechselung viele sonst unvermeidliche Zerstreuungen beseitiget werden; so scheint sie auch in dieser Rücksicht nothwendig, daß die Mädchen sich durch mehrere Stunden mit einander beim litterärischen Unterrichte nicht anstrengen, und was gewöhnlichermassen daraus entsteht, dabei nicht ermüden; sondern mit der Spannung ihrer Geisteskräfte bei der Handarbeit auf eine Zeit inne halten, und alsdenn zu dem vorigen mit mehr Muth und Lust wieder zurückkehren. Von dem guten Erfolge dieser Verfügung zeugt nicht nur unsere Mädchenschule; sondern man hat es auch an den übrigen in Prag mit Ueberzugung wahrgenommen, daß, seit dem mit dem litterärischen und der Handarbeit abgewechselt wird, auch der Fortgang im Lesen, Schreiben, Rechnen ꝛc. insgemein beträgtlicher sey; ungeachtet dadurch dem Unterrichte in diesen Gegenständen täglich eine und die andere Stunde entzogen wird. Man kömmt nämlich weiter, wenn man wenigere Stunden mit frohem Muthe; als mehrere mit Mißmuth oder schlaffen Kräften auf etwas verwendet.

4) Ordnung und Weise der Beschäftigung in den Lehrzimmern.

II. Ueber Schulverbesserung

Die Ordnung der Handlungen, welche sämmtliche Schülerinnen von Stunde zu Stunde in der Litterär- und Handarbeitsclasse vorzunehmen haben, wird mit dem Eingange des Curses festgesetzt und die Tabelle lit. A. in der Schule öffentlich aufgestellet. Daraus sehen die Kinder was sie jeden Tag thun und in die Schule mitbringen sollen. Sie lassen demnach diejenigen Geräthschaften, die zur bestimmten Beschäftigung nicht gehören, zu Hause, und haben weniger Gegenstände der Zerstreuung in der Schule. Die wirkliche Einleitung aber, und die Manipulation des Industrialunterrichts ist folgende:

a) Diejenige Classe, welche die Arbeitsschule zu besuchen hat, verfügt sich gerade dahin, wo sie von der Lehrerin erwartet und aufgenommen wird.

b) Jedes Mädchen bringt in einem sauberen Säckel oder Arbeitsbeutel den Stoff entweder noch roh, und unbearbeitet, als: Flachs, Baumwolle, Zwirn, Leinwand, Seidenfleckchen, gezupfte Seide, oder auch andere schon angefangene oder noch nicht vollendete Arbeiten mit sich. Sind die Eltern nicht vermögend ihren Töchtern das Materiale mitzugeben: so erhalten sie es von der Lehrerin, die es theils zu ihren Händen theils für andere, die es verlangen, gegen verhältnißmäßige Bezahlung verarbeiten läßt. In anderen

deren Schulen schiessen die Fabrikendirectoren den Stoff sehr gern vor, und übernehmen gegen Bezahlung das Gespinst.

c) Gleich beim Eintritte verfügt sich jedes Mädchen nach begrüßter Lehrerin auf den Ort, der ihr zur vorhabenden Beschäftigung angewiesen ist; strickt oder nähet sie, so geht sie an den Arbeitstisch; spinnt sie Baumwolle oder Flachs, so begiebt sie sich zu ihrem Spinnrade. Die allerkleinsten nehmen aus ihrem Säckel oder erhalten von der Lehrerin einige seidene oder leinene Abschnizchen zum Zupfen. Nichtsthun, auch nur einige Augenblicke Nichtsthun, ist in dieser Schule schon Vergehung; denn wo die Arbeitsamkeit aufgeregt, allmählich national, welches hier der Fall ist, werden soll; da muß auch das kleinste Theilchen der Zeit ohne einigen Vortheil nicht vorbei gelassen werden. Hat ein Mädchen gar keine Arbeit, entweder weil sie die mitgebrachte oder aufgegebene während der Schule verfertiget hat, oder weil ihr auf der Stelle von der beschäftigten Lehrerin nichts Neues gegeben werden kann: so wird sie doch angehalten, die anderen Schülerinnen zu beobachten und zu sehen, ob sie reinlich im Anzuge sind, der Lehrerin zu hinterbringen*), ob

---

*) Sollte das dem Character der Kinder nicht gefährlich werden können?

jemand ein zerrissenes und ungeflicktes Kleidungsstück anhabe: ob jede anständig, und so bei der Arbeit sitze, damit sie ihre Gesundheit dabei zu verderben nicht Gefahr laufe; die hie und da unvermerkt herabfallenden Fäden, Zwirnkneilchen und Papiere aufzuheben, oder, wenn sie es sonst zu thun geschickt ist, einer Anfängerin fortzuhelfen.

d) Sind alle beisammen, so sezt sich die Lehrerin auf ihren Plaz an den Arbeitstisch, wovon sie alle Schülerinnen bei jeder Beschäftigungsart übersehen und beobachten kann. Alsdenn wird das Schulgebet verrichtet; und nachdem die Mädchen ihre von der Lehrerin bestimmte Arbeit ordentlich zur Hand genommen haben, wird der Morgengesang angestimmt; und während dessen die Arbeit so, wie es in den übrigen Arbeitsstunden geschieht, immer fortgetrieben.

e) Sieht die Lehrerin daß ein Mädchen entweder würklich gefehlt habe, oder daß sie wenigstens in etwas anstehe, so winkt sie ihr, oder geht auch selbst hin, um ihr mit Rath und That Hülfe zu leisten.

f) Kann der Lehrer zur Werk= oder Arbeitsschule kommen (und das kann er jedesmal, wenn der Katechet im Lehrzimmer ist) so liest er den Arbeiterinnen manchmal ein gefälliges Geschichtchen, ein kurzes lehrreiches

ches Gespräch, ein Lied, eine Fabel aus den besten Kinderschriften vor, die in der kleinen Normalschulbibliothek vorhanden sind, oder die er selbst besitzet; macht über das Gelesene seine Anmerkungen, läßt die Schülerinnen selbst ihre Urtheile und Empfindungen darüber an den Tag legen; stimmt die Melodie des vorgelesenen oder schon chehin erlerneten Liedes an, und läßt es nachsingen; wiederholt etwas, das in der litterärischen Classe abgehandelt, und noch nicht hinlänglich gefaßt worden, u. s. f. Zu dieser Unterhaltung der Schülerinnen werden nach und nach auch die geschickteren Präparanden gebraucht.

Indessen läßt die Lehrerin die Arbeiten nicht ausser Acht, und ist immer bei der Hand wo es nöthig ist. So nützen die Kinder die Zeit auf mehr als eine Art; denn sie arbeiten mit den Händen und mit der Seele; verdienen sich Geld, oder machen sich wenigstens geschickt es zu verdienen, und erhalten zugleich Gelegenheit ihren Geist zugleich auszubilden.

Die meisten Mädchen haben es durch diese Uebung schon wirklich dahin gebracht, daß sie beim litterärischen Unterrichte nähen, stricken, Seide zupfen, ohne daß die Beschäftigung der Hände sie hindert, dem Lehrer ihre Aufmerksam=

keit zugleich zu schenken, und seinen Vortrag glück=
lich zu fassen.

g) Hat eine Schülerin die ihr aufgegebene Ar=
beit zu Ende gebracht: so übergiebt sie selbe
der Lehrerin; die auf das Eingereichte einen
Zeddel mit dem Namen der Arbeiterin hef=
tet, und in das Arbeitsprotocoll vom Lehrer
eintragen läßt; wo auch angemerkt worden
ist, unter welchem Tage sie die Arbeit ange=
fangen habe, damit man den Fleiß und die
Fertigkeit der Schülerinnen aus der auf die
Arbeit verwandten Zeit abnehmen, und wenn
es nöthig seyn sollte, das Bessere für die Zu=
kunft veranlassen könne. Die Arbeiten wer=
den bei jeder monathlichen Prüfung dem Di=
rector vorgelegt.

Braucht ein Mädchen ihre fertige Arbeit
entweder für sich, oder will der, welcher
sie bei ihr machen ließ, nicht länger warten,
so wird sie ohne Anstand heraus gegeben,
und die dringende Ursach dieser Auslieferung
im Protocolle angemerkt. Sonst bleiben al=
le Fleißproducte bis zur halbjährigen Prü=
fung beisammen; wo jedes Mädchen die Ih=
rigen entweder in Natura, oder in einem
Protocollauszuge vor sich liegen hat, dem
Publicum zur Beurtheilung darzeigt, und
alsdann entweder zu eigenem Gebrauche, oder
zum Verkauf davon trägt.

In

In der zwoten Abtheilung

1) Zeit des Unterrichts.

Da sich keine gewisse Stunden und Tage lange vorher festsetzen lassen, in welchen etwas unternommen werden kann, was zum Unterricht der Schüler und Präparanden beim Kräuter= Obst= und Weinbau erforderlich ist; und der Gärtner sich nach der einfallenden günstigen Witterung dazu bestimmen und anschicken muß; so kann auch für diese Beschäftigung kein ordentlicher Lectionscatalog gemacht werden; sondern der Gärtner meldet es jedesmal einige Stunden oder auch Tage vorher, daß er zuverläßig etwas belehrendes vornehmen, und vorzeigen wird. Alsdenn trift der Director die nöthige Verfügung, daß die Schüler der 4ten Classe und die Lehramtscandidaten dabei erscheinen können, ohne daß die festgesezte Schulordnung dadurch gestört werde.

2) Beschäftigung dieser Classe.

Hier werden

a) die gemeinnützigsten Arten von Wurzelfrüchten, und Küchenkräutern theils von Samen gezogen, theils schon in Pflänzchen aus und übersetzt;

b) Futterkräuter, als: die bekannten Arten des Klees, das Reygras u. s. f. entweder ganz allein, oder auch unter verschiedenen Getreidesorten gesäet.

c) Zur Unterhaltung der Schüler, und um ihnen auch für die Zukunft Stoff zu einer angenehmen Beschäftigung zu verschaffen, werden in einem kleinen Ziergärtchen Blumen gepflanzt.

d) Es werden ferner Aepfel = Birn = Pflaumenkerne, Kastanien, Nüsse, Mandeln in die Erde gelegt.

e) Wildlinge gesezt und okulirt.

f) Grössere Stämmchen gepfropft.

g) Feigen = Marillen = und Pfirsigbäume unterhalten.

h) Hecken und Stauden zu lebendigen Zäunen und Gartenspaliren gezogen, wozu auch die tauglichsten ausländischen Bäumchen vorhanden sind.

i) Endlich wird der Weinberg gebauet, und von Jahr zu Jahr mit edleren sowol in = als ausländischen Sorten verbessert.

3) Die Art der Einleitung und Uebung.

a) Die Schüler in Begleitung ihres Lehrers oder Directors, und die Präparanden gehen zur bestimmten Zeit ordentlich in den Garten, wo sie der Gärtner auf dem Platze, auf welchem jedesmal etwas zu thun ist, erwartet, ihnen den Ort, von dem jeder alles sehen und hören kann, anweiset, und sie zur Aufmerksamkeit ermuntert.

b)

b) Der Gärtner sagt nun was er thun wolle, und thut es auch gleich auf der Stelle vor den Augen aller Gegenwärtigen; entweder sticht er das Erdreich um, mischt die Erde, legt Körner, sezt Pflanzen, oder thut etwas anders.

c) Alsdann bestimmt er einen Schüler und Präparanden, der es ihm nachmache; zeigt ihm die nöthigen Hand = und Kunstgriffe, oder wann und wie dieselben anzuwenden sind.

d) Ist dieses gelungen; so giebt er die Ursach seines Verfahrens an, zeigt den schon mehrmahligen glücklichen Erfolg davon, und beweist dadurch die Zweckmässigkeit seiner Arbeit.

e) Er sagt den Schülern, wie viel Geld dasjenige koste, oder gekostet habe, was er in die Erde bringt oder gebracht hat; und zeigt alsdann, wie theuer er das erzeugte Product verkaufen kann; ein Umstand, der bei Kindern und Präparanden zum fleissigen Betriebe der Industrie viele Neigung erwecken kann.

f) Diejenigen Präparanden, welche sich die Gartenarbeit vorzüglich angelegen seyn lassen, haben einige Vorzüge; z. B. sie werden vor anderen hier in freie Wohnung und Kost genommen, bekommen im Concurse um Lehrstellen, wenn sie sonst im Litterärischen den Mitwerbern gleich sind, die Empfelung zu einträglicheren Diensten.

g)

g) Den fleissigern Schülern wird auch erlaubt, auf einem und dem anderen Betchen eine Blume, ein Kraut, ein Bäumchen zu setzen, selbes als ihr Eigenthum zu pflegen und zu geniessen.

h) Was Schüler beim Unterrichte in der Naturgeschichte aus dem Pflanzenreiche gehört haben, und im Garten aufsuchen können; das wird ihnen zu suchen, und zu betrachten, wenn es von keinem grossen Werthe, oder in Ueberflusse da ist, auch mitzunehmen gestattet.

i) Endlich ist man auch daran, ein kleines Gärtchen von den nothwendigsten Arzeneikräutern und Gewächsen zum Unterrichte der Zöglinge anzulegen; worin man nicht vergessen wird, diejenigen giftigen Pflanzen, welche mit den heilsamen eine ähnliche Gestalt haben, und deswegen schon oft zum grössten Unglücke für genußbar gehalten worden sind, zur Warnung der Kinder sowol als der Präparanden bekannt zu machen.

Lit. A.

in Böhmen. Lit. A.

Lectionscatalog für die zwo Classen der Mädchenschule an der K. K. Prager Normalschule durch den Wintercurs.

		Vormittags			Nachmittags	
		von 8 bis 9	9 – 10	10 – 11	2 – 3	3 – 4 Uhr.
Montags	1	Catechismus	Arbeiten	Lesen	Schreiben	Arbeiten
	2	Catechismus	Schreiben	Arbeiten	Arbeiten	Rechnen
Dienstags	1	Arbeiten	Arbeiten	Lesen	Schreiben	Arbeiten
	2	Religionsgeschichte	Rechtschreibung	Arbeiten	Arbeiten	Rechnen
Mittwochs	1	Catechismus	Arbeiten	Lesen	Arbeiten	Arbeiten
	2	Catechismus	Lesen	Arbeiten	Sittenlehre	Sittenlehre
Freitags	1	Arbeiten	Arbeiten	Lesen	Schreiben	Arbeiten
	2	Religionsgeschichte	Schreiben	Arbeiten	Arbeiten	Rechnen
Samstags	1	Catechismus	Arbeiten	Lesen	Rechnen	Arbeiten
	2	Catechismus	Rechtschreibung	Arbeiten	Arbeiten	Evangelium.

durch

durch den Sommercurs.

		Vormittage			Nachmittage		
		von 7–8	8–9	9–10	2–3	3–4	4–5 Uhr.
Montags	1	Catechismus	Arbeiten	Lesen	Schreiben	Arbeiten	Arbeiten
	2	Catechismus	Rechnen	Arbeiten	Schreiben	Schreiben	Arbeiten
Dienstags	1	Sittenlehre	Arbeiten	Rechnen	Schreiben	Arbeiten	Arbeiten
	2	Catechismus	Rechtschreibung	Arbeiten	Arbeiten	Lesen	Arbeiten
Mittwochs	1	Catechismus	Arbeiten	Lesen	Schreiben	Arbeiten	Arbeiten
	2	Catechismus	Rechnen	Arbeiten	Arbeiten	Schreiben	Arbeiten
Freitags	1	Sittenlehre	Arbeiten	Rechnen	Schreiben	Lesen	Arbeiten
	2	Catechismus	Rechtschreibung	Arbeiten	Arbeiten	Arbeiten	Arbeiten
Samstags	1	Catechismus	Arbeiten	Lesen	Rechnen	Arbeiten	Arbeiten
	2	Catechismus	Rechnen	Arbeiten	Arbeiten	Evangelium	Arbeiten.

Kurzer Auszug aus des Herrn Ignaz Böhm Geschichte der Normalschulen in Böhmen.

Nachdem ich durch diese Fragmente aus der Geschichte des Entstehens und der Fortbildung der Indüstrieanstalten in Böhmen meine Leser aufmerksam auf die dort getroffene Einrichtung gemacht habe; so bin ich ihnen wenigstens die Befriedigung schuldig, welche mir die engen Grenzen dieser Blätter erlauben; ich verweise also jeden, welcher über die Schulverbesserung Böhmens, und die dortigen Indüstrieschulen insbesondere ausführliche, und gründliche Nachricht zu lesen wünscht, auf die oben angeführte Historische Nachricht von der Entstehungsart und Verbreitung des Normalschulinstituts in Böhmen. Prag 1784. und die zwei Fortsetzungen dieses Werks von 1785 u nb 1786. von dem Herrn Ignaz Böhm.

Eine ausgebreitete Kenntniß der Erfordernisse zu guten Volksschulen, die practische Bekanntschaft mit den würksamsten Mitteln wahre Aufklärung unter das Volk zu bringen; das ist nach den eigenen Worten des Verfassers, eine helle anschauende Erkenntniß dessen, was zur Verbesserung des sittlichen und physischen Zustandes eines jeden in seiner Lage gehört. Der über alles lebhafte Wunsch in diesem für die Menschheit so wichtigen Geschäfte fortzurücken, die daher entstehende Hochschätzung jedes Kraftaufwandes zu dem

dem Zwecke, und dann das bescheidene Anerkennen des noch nicht erreichten Ziels characterisiren den Mann, der in diesem Buch die Geschichte der Schulverbesserungen Böhmens so beschreibt, daß sie zugleich unterrichtend und angenehm ist.

Der Vortrag theilt sich in dem Buch welches die Geschichte der Schulen von 1775 bis 1783 umfaßt in die drei Haupt=Abschnitte.

1) Anfang der Schulverbesserung überhaupt.
2) Anlegung der Mädchenschulen, und Verbreitung der teutschen Sprache in den ehemals Böhmischen Schulen.
3) Einrichtung der Haupt= und Industrialschulen, wie auch Anstalten zur Aufklärung der Jüdischen Nation.

In dem ersten Abschnitte muste nothwendig von den Grundlagen jeder Schulverbesserung, von Vermehrung des Schulfond, von Herstellung und Verbesserung der Gebäude, von Bestellung der Aufseher und Unterricht der Lehrer geredet werden. Erst nachdem diese Bedürfnisse in so fern gestillet waren, als man es in so kurzer Zeit konnte (und es geschahe wahrlich über alle Erwartung viel) so konnte man wohlthätige Würkungen zur Verbesserung des Schulunterrichts erwarten. Diese Verbesserung des Schulunterrichts, wovon im zweiten Abschnitt geredet wird, hoben sich denn wieder mit der Verbreitung der teutschen Sprache, als einen besseren Vehikel der Mittheilung

lung mancher Kenntniſſe an. Schwer muſte es gewiß halten bis die teutſche Sprache allgemein wurde, denn die Schwierigkeiten welche das Erlernen einer fremden Sprache bei den Kindern ſelbſt hat abgerechnet, ſo ſtand der Ausführung dieſes Projects die Volksmeinung entgegen, welches glaubte, daß die Landesſprache durch die teutſche verdrängt werden ſolle. Ueber alle dieſe Hinderniſſe aber ſiegte die Klugheit und der anhaltende Fleiß der Obern und Lehrer.

Ueber die Anlage der Mädchenſchule und ihre Zwecke, muß man des Herrn Verfaſſers Vortrag ſelbſt leſen, worin die Gründe zur mehreren Cultur des weiblichen Geſchlechts, und die Grenzlinien derſelben vorzüglich gut angegeben ſind. Die Fortſchritte welche man von Zeit zu Zeit in dieſem Geſchäfte machte, werden, ſo wie alles was der Herr Verfaſſer ſagt, durch unverwerfliche Beiſpiele belegt; wobei dann die würkſame Theilnahme faſt aller Stände an dieſem ſo wichtigen Unternehmen zur Ehre der Menſchheit in das Licht geſtellet werden.

Der Rückblick welchen der Herr Verfaſſer am Schluß dieſes Abſchnitts über das was geſchehen iſt thut, und die dadurch mit Wahrſcheinlichkeit beſtimmte Progreſſion des Geſchäftes für die Zukunft erhebt und ſtärkt den Muth jedes zu gleichem Zweck würkenden Mannes.

Jezt

II. Ueber Schulverbesserung

Jezt da das Allgemeinere der Volksbildung sich seiner Vollendung mehr und mehr zu nähern anfängt, so kann der Herr Verfasser zu dem dritten Abschnitt übergehen, und die Ausbildung der einzelnen Zweige des Schulunterrichts darstellen.

Mit der Indüstrie fängt er an, und auch hier werden nach dem Geist der Ordnung welcher hier herscht, die vorbereitenden Mittel zur Indüstriebildung zuerst, und dann die Würkung, wobei sowol die vorzüglichsten Beispiele des Antheils aller Stände auch an diesem Geschäfte, als die Früchte des allgemeinen Bestrebens aufgestellet, und angegeben werden. — Die Geschichte der Vorbereitung des besseren Schulunterrichts auch über die Jüdische Nation, ist sowol an sich, als auch in der Art wie sie hier mit allen den babei würkenden Kräften, und angewendeten Klugheitsregeln aufgestellet ist, sehr lesenswerth.

Am Ende dieses Abschnitts läßt uns der Herr Verfasser noch einen allgemeinen Blick auf die Veränderungen werfen, welche nun im Schulgeschäfte, während der 10 Jahre die sein Buch umfaßt vorgegangen sind, und ich kann mich nicht enthalten diese Seiten, zur Ehre des Instituts und aller daran arbeitenden Männer, abzuschreiben.

"Vor ohngefähr 10 Jahren war das ganze niedere Schulgeschäft ein blosses Spiel des Zufalls; heut zu Tage ist es ein wichtiger Gegenstand der

Auf=

Aufſicht hoher Landescollegien, eine erhebliche Angelegenheit des Cabinets und des höchſten Throns. An der Spitze der Beförderer und Wohlthäter ſind die erſten vom Adel; durfte ſich wol jemals der beſtaubte Schulmann in die Palläſte der Groſſen wagen? — Ein allgemeiner Wetteifer entſteht dermalen unter der hohen Geiſtlichkeit für das Aufblühen und glückliche Fortkommen der guten Sache, daß die niebern, von dem Beiſpiele ihrer Vorſteher unterrichtet und belebt, auf der bezeichneten Bahne mit frohem Muthe fortwandeln. Der Prieſter, der Seelſorger iſt nicht mehr ein Redner vor Zuhörern, die er nicht kannte; ein Säemann auf einem fremden, unzubereiteten Alker, ſondern ein Hirt mitten unter ſeinen Schafen, die auf ſeine Stimme horchen, weil ſie ſie kennen, und deren er jedes kennt, liebt, weidet mit Worten und Thaten. Man berechne, wenn man kann, die Menge des guten Samens, der durch die wohlthätigen Hände der Seelſorger auf ſo viele tauſend zarte Herzen bei dem verbeſſerten Religionsunterrichte in der Schule täglich ausgeſtreuet wird; die Millionen und Millionen gottſeliger Empfindungen, rechtſchaffener Geſinnungen, die daraus aufgehen; eben ſo viele Wahrheiten ſamt der Fähigkeit und Begierde, zu leſen, nützlich zu leſen, ſich daraus aufzuklären und zu erbauen, die auf dieſe Art ſelbſt unter die Erwachſenen kommen. Daher nicht mehr

mehr der übertriebene Religionseifer, der unselige Verfolgungsgeist; denn der junge Katholik, Protestant und Israelit kommen täglich bei der nähmlichen Quelle zusammen, woraus für sie gleich wohlthätig das Gute fließt, und wo sie den Unterricht und die Besserung mit gleichem Maaße schöpfen und lernen frühzeitig die Verträglichkeit, ohne welche kein Staat bestehen und blühen kann; und wo endlich diese verherende Fackel der Zwietracht noch bisher wütet, so ersticke man doch ihre Flammen in den noch zarten Herzen der Jugend. Die Art, die Religion und die Moral an den gemeinen Mann zu bringen, wie unterschieden ist sie nicht von der ehemaligen, die höchstens überraschte, da diese bis in das Herz bringt, und es bessert, des täglichen erbaulichen Gesangs nicht mal zu erwähnen, wodurch das unschuldige Herz der Kleinen täglich erwärmt und zu Gott erhoben wird. Sonst 14000 schulgehende Kinder — in einem Königreiche, das weit über 2000000 Menschen ernährt — und wo waren die Uebrigen? An dem Rande des Verderbens; auf offenen Straßen, Gäßen und Plätzen, sich zum Nachtheile, und den Ihrigen zur Schande, halfen sie das in Müßiggange und unter Ausschweifungen durchbringen, was die Eltern im Schweiße ihres Angesichts erworben hatten, könnte man vielleicht von vielen behaupten. Dermalen über 100000 wirkliche Schüler den größten Theil des

Tags

Tags, und des Jahrs beschäftigt, um sich mittelst gemeinnütziger Kenntnisse zu rechtschaffenen Menschen, wahren Christen und brauchbaren Bürgern des Staats auszubilden. In eben dem Verhältnisse ist die sonstige Zahl der Schulen gegen die dermalige, die sich auf 2000 und darüber beläuft; und wie waren diese ehedem bestellt? Fraget diejenigen, die das Loos getroffen hatte, Zöglinge derselben zur Verwaltung irgend eines Geschäfts zu übernehmen, ob sie wol im Stande waren demselben vorzustehen? Fraget aber auch die heutigen Gymnasien, die Canzeleien, Künstler- und Handwerksstätte, ob die Eleven des neuen Schulinstituts brauchbarer sind, nachdem sie im Lesen, Schreiben, Rechnen, in der Religion, Moral, in der Haushaltungskunst, der Naturlehre, Naturgeschichte, Geographie, Geschichte, dem Briefstyle, der Zeichenkunst, der Mechanic, Geometrie, der teutschen Sprache ꝛc. gründlich unterrichtet, und von Jugend auf zur Arbeitsamkeit und Verbreitung vaterländischer Industrie der Gestalt angeführt werden, daß sie beim Austritte aus der Schule im Stande sind, sich das Brod zu verdienen, und die Armuth ihrer Eltern zu unterstützen, dem Vaterlande aber für den geleisteten Vorschub, und für die gemachten milden Beiträge sich erkenntlich und dankbar zu beweisen, und ihn hundertfach zu vergelten. So hat das Normalschulinstitut jene wohlthätigen

Außflüsse auf unseren Erdstrich verbreitet, und so ist das Senfkörnlein zu einem viel- und breitästigen Baume geworden!" Die Fortsetzungen sind nach eben dem Plan, und eben so schön bearbeitet, und werden jährlich mit einem Heft vermehrt, wodurch man mit den Fortschritten der Schulverbesserung in Böhmen in beständiger Bekanntschaft erhalten wird.

W.

III.

Wagemann über vorzügliche Ursachen des Verarmens ꝛc. (Fortsetzung.)

Durch die im Jahre 1780 gemachten Einrichtungen, wurde das hiesige Publicum zur Vermehrung der Beiträge für die Armen in der Maasse aufgemuntert, als die folgenden Auszüge aus den Rechnungen von 1780 bis 1785 beweisen. Im Jahre

Jahr	thl.	gr.	pf.
1779 war die ganze Einnahme 1079	34	1	
1780	1328	20	2
1781	2997	9	4
1782	2589	–	6
1783	2384	31	6
1784	2182	–	7
1785	2305	25	2

Da

Da mit diesem Jahre die spécial Verwaltung der Armenpflege in Göttingen mir übertragen wurde; so war mein erstes Geschäft in dieser Rücksicht, die Anlage der Industrieschule, damit ich wenigstens der künftigen Generation in unserer Stadt einen Theil der Last erleichtern mögte, welcher die jetzige gewiß sehr drückte. Es mußte aber auch auf die beträgtliche Anzahl der jetzt erwachsenen Armen, unter welchen sich noch sehr viele Bettler fanden, gewürkt werden, und das konnte nicht eher mit einiger Vollkommenheit geschehen, bis ich mir eine genaue Kenntniß der einzelnen Armen erworben hatte. Ich enthalte mich der Aufzählung der Schwierigkeiten die dieses Geschäft hat, denn sie liegen theils zu sehr am Tage, theils würde auch ihre Erzählung den Muth zur Unternehmung dieser Arbeit schon zum voraus schwächen, den man so höchst nöthig hat dieselbe auszuführen.

Die Verfahrungsart welche mir am besten glückte war die, daß ich aus allen Theilen der Stadt, zuverlässige Bürger zu mir kommen ließ, und mich vorläufig bei ihnen nach den Umständen der Armen welche sie kannten erkundigte, nachdem ich hiedurch schon einige Kenntniß des Personals unserer Armen erlangt hatte, wurden die ordentlichen Theilnehmer der wöchentlichen Allmosen einzeln in Gegenwart der Bürger über folgende Puncte abgehört 1) Wohnung 2) Alter 3) häusliche Verhältnisse d. i. Eheloser oder verehlichter Stand, mit oder ohne Kinder ꝛc. 4) Gesundheit 5) Arbeitsfähigkeit und bisherige Arbeit nebst dem ohngefähren Verdienst ꝛc.

Diese Aussagen wurden dann mit den vorher von zehn Männern aus der Bürgerschaft über die einzelnen Individuen gefälleten Urtheilen verglichen, und daraus eine Armenliste entworfen, welche zur Grundlage bei der einzelnen Behandlung dieser Armen angenommen, und durch fortdaurende Beobachtung immer vervollkommet wurde. — Damit man bei vorkommenden Fällen nach der dort entworfenen Characteristik der Armen sowol das Maaß der ausserordentlichen Gaben mit bestimmen auch die Anfragen und Zweifel hiesiger Einwohner über Behandlung einzelner Armen beantworten, und gründlich heben könnte.

Im Jahre 1786 sahe ich mich im Stande dem hiesigen Publicum die auf genauere Kenntniß des Personals der Armen sich gründende Einrichtung bei dem Geschäfte der Armenversorgung vorzulegen. Sie bestanden in folgenden.

1) **Die Aufnahme und Unterstützung der enrollirten Armen betreffend.**

In der Rolle der wöchentlichen Theilnehmer eines bestimmten Allmosens waren damals 244 Personen, theils männlichen theils weiblichen Geschlechts, worunter aber, so wie auch jetzt noch, das weib-

weibliche Geschlecht die grössere Zahl ausmachte. Diese erhielten nach Verhältniß ihres würklichen Bedürfnisses eine wöchentliche Unterstützung von 9 Pf. bis zu 13 Gr. wozu in dem Jahre 1448 Rthlr. 14 Gr. 4 Pf. erforderlich waren.

Diese in die Armenrolle aufzunehmenden Personen musten von izt an ihre Hülfsbedürftigkeit, durch das Zeugniß zweier zuverläßiger Bürger dieser Stadt documentiren, und eine genaue Prüfung von Seiten der Administration, ging der Bestimmung der wöchentlichen Portion vorher. Dieses Verfahren dauret noch izt fort, und man hat bei der Administration schon mehrmale den Fall gehabt, daß die schriftlich niedergelegten Zeugnisse der Bürger zum Beweise gegen Einwürfe haben gebraucht werden müssen, daß solche in die Armenrolle aufgenommen wären, die dieser Beihülfe entrathen könnten. In dem Fall nun, darf die Armenadministration nur das Zeugniß der Bürger an das Gericht schicken, und die Untersuchung demselben überlassen, wo dann sehr oft aus denen darüber abgehaltenen Protocollen wigtige Entdeckungen für die Administration hervorgehen.

2) In Absicht der Krankenpflege.

Da die Krankheiten die Zahl der Dürftigen so sehr mehren, weil solche, die in gesunden Tagen sich noch nothbürftigen Unterhalt schaffen können, in die Classe der Hülfsbedürftigen treten, so ist schon deswegen die Krankenpflege ein Hauptgegenstand der Armenversorgung, sie wird es aber noch mehr, wenn man den peinlichen Druck erwegt, welchen Armuth und Krankheit vereinigt auf die einzelnen Personen bewürken. Bisher fand sich die hiesige Armenadministration nur im Stande folgende Einrichtungen zum Besten dieser Nothleidenden zu machen.

a) Werden denen ganz verlassenen Kranken, Wärter oder Wärterinnen aus der Zahl der enrollirten Armen nach der Reihe beigegeben, denen die Armencasse, den durch dieses Geschäft entstehenden Abgang ihres Verdienstes, auf welchen bei der Bestimmung ihrer Allmosenportion gerechnet wurde, ersezt.

b) Sorgt man dafür, daß solchen Kranken, die kein eigenes Bette haben, ein erträgliches Lager, und Bedeckung geschaft werde, wozu die einzelnen Bedürfnisse numerirt im hiesigen Werkhause aufbewahret werden, woselbst man auch über das Ausleihen derselben ein Buch hält.

c) Für die übrige Pflege wird ein verhältnißmässiger Zuschuß an baaren Gelde aus der Casse wöchentlich gegeben. Diese Ausgabe betrug in dem Jahre, gegen 500 Thlr.

d) Die Arzenei wird für ansässige Personen, verarmte Bürger 2c. aus öffentlichen Stadtcassen,

caſſen, für andere aber aus dem Collegio Clinico beſorgt, und unſere hieſigen Herrn Aerzte ſind in dem unentgeltlichen Beſuch der armen Kranken unermüdet, ſo wie ſie auch von Zeit zu Zeit über den Zuſtand der Patienten, und den damit ſteigenden und fallenden Bedürfniß, der Adminiſtration Nachricht geben.

3) Was die Verſorgung und Erziehung armer Kinder betrift, ſo habe ich ſie von Anfange meiner Adminiſtration als den allerwigtigſten Theil der Armenverſorgung meiner ganzen Anſtrengung werth geachtet, und mein Wunſch ſie zu nüzlichen Menſchen zu bilden muſte um deſto mehr belebt werden, da ich einzelne entdeckte, welche bei einem Alter zwiſchen 10 und 18 Jahren noch ganz roh waren. —— Dieſe Kinder ſind entweder

a) ganz verlaſſene, deren völlige Verſorgung und Bildung der Armenadminiſtration anheim fällt, und dieſe ſucht man dann bei redlichen arbeitſamen Einwohnern der Stadt gegen ein Koſtgeld von 10 bis 12 Thlr. jährlich unterzubringen, hält ſie zur Beſuchung der Lehr- und Arbeitſchule, welche für ſie bezahlt wird, an, und ſchaft ihnen Kleidung, Bücher und was ſie ſonſt unentbehrlich bedürfen. Dahin gehören nun nicht blos Waiſen im eigentlichen Wortverſtande, ſondern auch ſolche deren Eltern durch Armuth zu

ihrer

ihrer Ernährung, und durch böse Sitten zu ihrer Erziehung untüchtig sind.

Oder es sind

b) **Kinder der Wittwen** welche ohne öffentliche Beihülfe zu ihrer Ernährung nicht im Stande wären, ob sie gleich nicht zur Verbildung derselben würken. Diesen wird aus der Casse die Alimentation für eins, zwei, oder mehrere Kinder nach der Stärke und Hülfsbedürftigkeit ihrer Familie bezahlet, und die Aufsicht der Armenadministration erstreckt sich auf ihre Ausbildung in eben der Maasse wie über die vorigen.

Für

4) *die auswärtigen Armen* welche dem Aufseher der Armenanstalt, sehr viele Arbeit, und gewiß den meisten Verdruß machen, wurde folgende Behandlungsart festgesezt. Sie sind

a) **Handwerker**, und unter diesen befinden sich solche die hier bei ihren Gilden und Zünften ein Zehrgeld erhalten, oder andere welche keine Gildenbrüder hier haben, oder doch von ihnen nichts bekommen. Den Lezteren wird aus der Armencasse, nach befinden der Umstände ein Zehrgeld von 2 bis 6 Mgr. ertheilt.

Auffer dem

b) findet sich täglich eine beträgtliche Zahl fremder Bettler aus allen Ständen zur Casse ein, und verlangt Unterstützung, diesen wird nach vorheriger Prüfung ihrer Zeugniſſe u. ſ. w. welche aber in den meiſten Fällen nicht zur Wahrheit führet, eine Beihülfe mit der Warnung gegeben, daß ſie ſich bei namhafter Strafe des Bettelns enthalten ſollen.

5) **Anſtalten gegen die Bettelei.**

Es werden zwei Armenvoigte gehalten welche, ſo wie ſie einen Bettler antreffen, ihn in die Policeiwache zu bringen, und dem Oberpoliceicommiſſarius davon Anzeige zu thun ſchuldig ſind. Dieſer beſtimmt es, ob die auswärtigen Bettler aus der Stadt verwieſen, oder zur Arbeit in das Werkhaus geführt werden ſollen, ſollten ſie ſich auſſer der Bettelei noch anderer Vergehungen verdächtig machen; ſo werden ſie bis zum Verhör in gefängliche Haft gebracht. Die einheimiſchen erwachſenen Armen werden wenn ſie ſich der Bettelei ſchuldig machen, durch Abzüge von ihren Allmoſen, verbunden mit dem Zwange zu harter Arbeit im Werkhauſe, und Kinder durch Züchtigungen die ihrem Alter angemeſſen ſind, beſtraft. Schade, daß die Erfahrung uns in dieſem Jahre 1786 ſchon zur Gnüge belehrt hatte, daß durch alle dieſe Verfügungen der Bettelei nicht völlig zu wehren ſey, und noch mehr Schade, daß die frommen Wünſche, welche wir ſchon damals hegten auch ſelbſt durch den ernſtlichen Beiſtand der hieſigen Stadtobrigkeiten noch nicht ausgeführt werden konnten; wie weit ſie ſich nach und

und nach ihrer Erfüllung genähert haben, werde ich in der Geschichte der folgenden Jahre zeigen.

6) Vorkehrungen zur Beschäftigung der Armen.

Zur Verminderung der Bettelei, welche entweder aus dem Mangel an Arbeitstrieb, oder an Gelegenheit zum Verdienst, oder oft auch (besonders bei jungen Leuten) aus Ungeschicklichkeit in Arbeiten entsteht, ist in einer jeden wohl eingerichteten Armenanstalt ein Arbeitshaus nothwendiges Bedürfniß; es ist daher auch hier ein solches Haus, worin alle hier gewöhnliche Arten der Spinnerei von Wolle, Baumwolle, Flachs und Hede betrieben werden. Die rohen Materialien werden den Arbeitern im Hause zugewogen, und von ihnen theils in ihren eigenen Wohnungen, theils im Werkhause selbst verarbeitet. Zu der Absicht ist ein geräumiges Zimmer für die Erwachsenen eingerichtet, und mit den nöthigen Arbeitsgeräthen versehn, wo so viel der Raum erlaubt sich die Armen zur Arbeit einfinden können, wenn sie sich deshalb entweder bei der Administration melden, oder diese es für gut findet es ihnen aufzugeben. Im Winter schaft diese Einrichtung manchen eine merkliche Erleichterung der Ausgaben für Feurung und Licht, und es nehmen daran besonders einzeln lebende Personen Theil. — Ein anderes Zimmer ist für die armen Kinder, wel=

welche sonst gewöhnlich auf der Gasse müssig herum liefen, oder weil Kinder nicht leicht müssig sind, ihre Kraft auf eine ihnen selbst und der Gesellschaft nachtheilige Art übten, eingerichtet. Man führt sie aus der Arbeitsschule welche um 4 Uhr nachmittags geschlossen wird, in dieses Zimmer, und weiset sie zu der Arbeit zu welcher sie die meiste Anlage zu haben scheinen an. Hier sind sie unter genauer Aufsicht bis Abends 8 oder 9 Uhr. Sobald sie brauchbare Producte liefern, bekommen sie den Lohn nach der Zahl ihrer Arbeit, wie die Erwachsenen, ist das aber noch nicht, so bekommen sie bei gehöriger Aufmerksamkeit auf den Unterricht, und einem ihren Fähigkeiten entsprechenden Fortschritt in der Fertigkeit wöchentlich 4 Gr. 4 Pf. Dieser Verdienst wird Sonnabend nach Mittag den Eltern der Kinder im Werkhause unter der Bedingung ausgezahlt, daß das Kind in der verflossenen Woche unausgesezt die Schule und das Werkhaus besucht hat, ist aber ohne Erlaubniß und statthaften Grund nur ein Tag versäumt, so bekommt das Kind für die ganze Woche nichts. Auf diese Weise hat man bewürkt, daß die Eltern selbst die Kinder zur Besuchung der Schule und des Werkhauses anhalten; und ich achte den Aufwand, welchen die Casse etwa dabei macht, wenn die Kinder das Geld welches man ihren Eltern am Schluß der Woche auszahlet, nicht völlig verdient haben sollten,

ten, für wahren Gewinn, weil doch dafür gegenwärtig Ruhe auf der Gasse erkauft, und künftig zur Bildung der sonst gewiß ganz verwilderten Menschen ein Grosses beigetragen wird. In diesem Jahre 1786 gelang es mir auch den Wunsch daß das Werkhaus so wenig es immer möglich wäre, die Arbeiten für seine Rechnung verfertigen lassen, seiner Erfüllung näher kommen zu sehen. Verschiedene Auswärtige lieferten Flachs und Hede zum Verspinnen, und bezahlten den gewöhnlichen Lohn in die Casse. Besonders wichtig war mir aber in dieser Rücksicht der Contract welchen ich mit dem Herrn Grätzel machte, wornach mir aus dessen Fabrik die erforderliche Tuch- und Camelott-Wolle zum Verspinnen geliefert wird. Die Abkürzung aller der sonst bei einem solchen Arbeitsinstitut vorfallenden Geschäfte ist wie man leicht übersiehet ein Vortheil welcher jenem gleich ist, daß bei einem solchen Contract die Gefahr des Verlustes bei Einkauf und Absatz wegfällt.

7) **Cassenführung.**

a) Die Eintheilung der Stadt in 45 Sammlungsdistrikte jeden zu 20 Häuser so wie die Art der Sammlung der wöchentlichen Allmosen bestehet bis hieher noch in der Maasse wie sie im Jahr 1780 eingerichtet wurde.

b) Die Geschäfte bei der Einnahme- und Ausgaberechnung so viel es möglich war abzukürzen,

zen, und eben durch die Einfachheit den Irrungen desto sicherer vorzubeugen, wurde dem Rechnungsgeschäft folgender Gang gegeben.

Die in den ersten Tagen jeder Woche gesammleten Allmosen, werden in der Wohnung des Administrators in Gegenwart des Rechnungsführers, und zweier zuverlässiger Bürger der Stadt, die sich mit lobenswürdiger Uneigennützigkeit diesem Geschäft gewittmet haben, aus den Sammlungsbüchsen genommen, gezählt und zur Einnahme gebracht. Darauf zählt man die einzelnen Portionen der wöchentlichen Allmosen für die in der Armenrolle stehenden Theilnehmer ab, wickelt jede besonders ein, legt sie Classenweise zusammen, und übergiebt sie dem Rechnungsführer, welcher die Vertheilung am folgenden Tage öffentlich in der Kirche vornimmt, nachdem vorher ein Lied mit den Armen gesungen, und ein Gebet gesprochen ist.

Auch muß der Rechnungsführer in dieser Mittwochenszusammenkunft die Assignationen, welche in der verflossenen Woche auf die ihm geleisteten Vorschüsse, zur ausserordentlichen Ausgabe an Kranke, Reisende u. s. w. vom Administrator zugeschickt sind aufzählen, und seine wöchentliche Ausgabe damit belegen, da denn diese Anweisungen cassirt werden, und seine Ausgabe durch die Unterschrift

schrift des Administrators ihre Beglaubigung erhält.

Der Rechnungsführer erhält nun einen neuen wöchentlichen Vorschuß für die künftigen acht Tage, und der Cassenbestand wird gemacht, das vorräthige Geld nebst den Rechnungen legt man in die Lade, wozu vorerwehnte Bürger jeder einen Schlüssel haben, und die in des Administrators Hause verwahret wird. Aus diesen wöchentlichen Rechnungsbestanden wird mit Schluß jedes Jahrs die Hauptrechnung entworfen, die der Deputirte des Stadtmagistrats im Armencollegio monirt, und das ganze Collegium dem Rechnungsführer abnimmt. In sehr vielfacher Rücksicht hat diese Verfahrungsart als zweckmässig sich durch den Erfolg gerechtfertiget.

Der wöchentliche Cassenbestand sezt das Armencollegium in den Stand, jeden Tag über die Lage der Sachen richtig zu urtheilen, und die Vertheilung der Geschäfte macht daß jeder unabhängig von dem Andern handelt, und die übereintreffende Resultate der wöchentlichen Geschäfte der sicherste Beweis für die Ordnung in denselben werden. Die Theilnahme der zwei Bürger an diesen Arbeiten, bewürkt eine stete Bekanntschaft des ganzen hiesigen Publicums mit dem Gange der

Geschäfte der Armenversorgung, und beugt allem Mißtrauen vor, welches eine weniger offene Verwaltung der Allmosen bei der Bürgerschaft leicht erregen könnte.

Endlich wird auch das Archiv der Armenpflege nicht mit einem Wust von Belegen erfüllet, die doch keinen weiteren Zweck haben, so bald die Rechnung ohne sie ihre zureichende Beglaubigung erhalten kann. — Wie viel Arbeit kann nicht durch solche Vereinfachung jedes Geschäfts gespart werden, und zu welcher unübersehbaren Masse schwillen die Registraturen durch das entgegengesezte Verfahren an.

Nachdem meine Leser nun mit dem Gange der Geschäfte unserer Armenversorgungsanstalt bekannt sind, so darf ich in den folgenden Jahren nur die einzelnen Abänderungen und Zusätze, welche man zu machen für gut fand hersetzen. Die Ursachen warum ich nicht mit Uebergehung des ehemaligen Entstehens, der jetzigen Einrichtungen gerade zu den Plan hinzeichnete, welchen wir jezt befolgen liegen darin, daß ich denen, welche an anderen Orten mit mir zu gleichem Zweck arbeiten, zeigen wollte, wie man bei diesem Geschäft, welches so unmittelbar nach den Localumständen betrieben werden muß, erst durch die tägliche Erfahrung belehret nach und nach zu mehrerer Vollkommenheit gelangen kann, und daher sich, nie eine Bahn vorzeichnen darf der man unabänderlich folgen will; daß es vielmehr für den ganzen Betrieb des Geschäftes vortheilhaft ist von Zeit zu Zeit kleine Abänderungen zu machen, um der unglücklichen Würkung vorzubeugen, welche die gar zu planmässige Verfahrungsart besonders in dieser Arbeit hat. Das Publicum muß es sehen, daß die Abministration auf jede Veränderung des Bedürfnisses der Armen u. s. w. würksame Aufmerksamkeit verwendet, denn dadurch allein kann die Armenversorgung beständig das bleiben, was sie seyn muß, Angelegenheit der ganzen Gesellschaft. Die Officianten erhält man nur durch diese successiven kleinen Veränderungen, die sich ganz auf das Zeitbedürfniß beziehen müssen, in Thätigkeit, da sie sonst so leicht durch den sich immer gleichbleibenden Gang der ganzen Dienstarbeit, in einen Schlummer gewiegt werden, der den Theilnehmern an den öffentlichen Wohlthaten, welche sie beobachten und auf die sie würken sollten, zur Ausführung ihrer Absichten freien Spielraum giebt.

Im Jahr 1787. blieb die Verwaltung der Armencasse in den Händen eben der Männer, welche sie das Jahr vorher geführet hatten, und es fanden in der Einhebung, Berechnung und Ausspendung der Gelder keine Hauptveränderungen statt.

Die Zahl der Kinder, welche von der Armencasse zum Theil ganz erhalten, theils doch gekleidet

des Verarmens ꝛc.

det werden musten, wuchs in eben dem Verhältniß als es meiner Aufmerksamkeit gelang, die, welche ein regelloses Leben führten, nach und nach zu entdecken und in Thätigkeit zu setzen. Eben diese Vermehrung der Zöglinge der Armenpflege gab mir aber auch Gelegenheit solchen Handwerkern, deren Gewerbe stockte, Arbeit zu verschaffen, da ich bei ihnen Kleidung, Schuh und andere Bedürfnisse dieser Kinder verfertigen ließ, und ihre Arbeit theils von dem Verdienst der Kinder in der Industrieschule, theils aus der Armencasse bezahlte.

Zu der Ausführung eines mir angelegentlichen Wunsches, den Armen ihre Unterstützung so viel möglich, und wo es nöthig in Naturalien zu reichen, wurde ich durch den uneigennützigen Fleiß eines hiesigen Bürgers in den Stand gesetzt: dieser Mann nemlich übernahm es die armen Kinder zur Bearbeitung des zu dieser Absicht gepachteten Gartenlandes anzuweisen, und die gute Erndte verschiedener Küchengewächse wurde im Winter auf meine Anweisung den Armen nach und nach vertheilt. Ferner wurde mit einem hiesigen Bekker die Verabredung getroffen, daß er auf meine Anweisung den Armen Brod verabfolgen ließ, die Assignationen lieferte er am Schluß der Woche ein, und erhielt seine Bezahlung.

Auch Feurung ist den Armen in diesem Winter aus dem Holzvorrath, welchen die Armenabministration hatte anfahren laſſen entweder geſchenkt, und dieſe Ausgabe von auſſerordentlich zu der Abſicht eingeſchickten Geldern beſtritten; oder doch um einen ſehr geringen Preis verkauft worden.

Dieſe Operation hat ſichtbare Würkung zur Armenerziehung; denn ſo gut das Austheilen der Naturalien auch iſt, ſo muß man den Armen doch nicht ganz vom Gelde entwöhnen, um ihm den Werth der Naturalien dadurch gegenwärtig zu erhalten, daß er ſie ſich für das verdiente oder geſchenkte Geld kaufen muß, man hält ihn aber zur Anwendung des Geldes für die nothwendigſten Bedürfniſſe am ſicherſten an, wenn man ihm Gelegenheit zum wohlfeilen Einkauf derſelben verſchaft. — Die genaue Aufmerkſamkeit der Armenadminiſtration auf die Hemmung der Bettelei ſowohl als auf die Stillung des wahren Bedürfniſſes, und die Erziehung der Armen, muſte zu einer Erhöhung der Ausgaben führen, und da die Einnahme nicht in gleichem Verhältniß ſtieg, ſo war jährlicher Zuſchuß aus dem Capitalvorrath unvermeidlich, ſo lang bis das Publicum zur Vermehrung der Gaben bewogen werden konnte.

Gegen das Ende des Jahrs 1788. war der günſtige Zeitpunct, wo mehrere Mitglieder der hieſigen Bürgerſchaft es anerkannten, daß ohne Erhöhung der Beiträge zur Caſſe, unſere Armenanſtalt nicht ausbauren werde, und wo alſo eine

des Verarmens ꝛc.

Verordnung, welche die Form des Sammlungs-
geschäfts abänderte, und das Almosengeben an
Bettler bei Strafe verbot, den Nutzen haben
konnte, den sie ohne diese Zustimmung des Publicums nicht gehabt haben würde, denn in der Armenversorgung muß man sich sehr sorgfältig hüten
das Urtheil des Publicums auch denn nicht gegen
sich zu haben, wenn es dem Beobachter nicht entgehet, daß die Stimme des Volks nicht die Stimme der Wahrheit ist. Bei blossen Armenernäh-
rungsanstalten möchte das noch nicht so viel schaden, weil man allenfalls durch eine Taxe das
Geld herbeibringen könnte was erfordert würde;
aber wo man es auf die Verbesserung des Theils
der Gesellschaft angesehn hat, der entweder schon
jezt Almosen genießt, oder doch sehr leicht dazu
kommen kann, Anspruch auf die Armencasse zu
machen, wo also Armenerziehung Hauptzweck ist,
da muß man nothwendig in jeder Classe der Einwohner den vernünftigern, ja wenn es möglich
ist, den grösseren Theil auf seine Seite zu bringen suchen, um aus allen Puncten her auf die zu
würken, die nach Grundsätzen zu leiten in den
meisten Fällen unmöglich ist.

Die Veränderung in dem Geschäfte der Sammlung bestand darin: daß jeder der 45 Sammlungsbüchsen ein Buch beigegeben wurde, worin die
Namen der Bürger und Inquilinen, nach der
Reihe der Häuser verzeichnet sind, und wo nun

Y 4 jedes

jedes wöchentliche Allmosen hinter den Namen des Gebers in die Columne der gegenwärtigen Woche vom Sammler, nachdem er die Gabe selbst gesehen hat, eingetragen wird.

Die Vermehrung der Einnahme durch diese neue Einrichtung war so merklich, daß sich das jetzige wöchentliche Allmosen gegen vorhin manchmal wie zwei zu eins, beständig aber wie drei zu zwei verhält. Die Administration wurde dadurch allerdings in den Stand gesezt viele ihrer guten Zwecke vollkommener zu erreichen, aber bei allem dem blieb mir doch noch sehr viel zu wünschen übrig, darunter war denn auch besonders der in jener Verordnung berührte Punct, die Abstellung der Bettelei betreffend, und ich nahm Gelegenheit in der Rechenschaft, welche ich dem hiesigen Publicum von der Armenversorgung, durch das Jahr 1788. in der gewöhnlichen gedruckten Nachricht gab, die Einwohner der Stadt zu erinneren, daß nicht blos ihre Freigebigkeit zureiche unserer Armenanstalt von Zeit zu Zeit mehrere Vollkommenheit zu geben, ja daß diese sogar wider den Zweck würken könne, wenn nicht jeder mit dazu beitrüge, daß Einheit des Plans in unserer Armenanstalt hersche, und das könne nicht bewürket werden, so lang noch durch das einzelne Allmosengeben in den Häusern und auf den Gassen mehr Bettler gebildet werden, als die genaueste Aufsicht der Armenadministratoren wieder zu bessern vermögte.

te. Eine Parallel zwischen dem was unsere Versorgungsanstalt in den Jahren 1770 bis 1780 war, und was sie doch nun durch die mehrere Uebereinstimmung geworden ist, könnte wie ich glaubte sicherer zum Siege über das Vorurtheil, daß es Segen bringe Bettlern einzelne Gaben zu reichen helfen, als die Strafen die man auf die Uebertretung der Verordnung sezte, obgleich diese auch mit zu Hülfe genommen werden müssen, wo man durch Gründe nichts ausrichten kann.

Meine Behauptung, daß ohne Einheit des Plans in der Armenversorgung, in welchen jedes Glied der Gesellschaft thätig einstimmt, mit vielem Aufwande wenig Gutes gewürkt wird, da hingegen mit geringeren Kosten größere Zwecke erreicht werden können, so bald nur jeder dazu beiträgt die Verfügungen der Armenadministration, zur Armenerziehung durch seine Mitwürkung in Kraft zu setzen, konnte ich nicht anschaulicher als aus der Geschichte unserer eigenen Armenanstalt in den angegebenen 10 Jahren beweisen; ich sagte daher in jener Nachricht:

"damahls fand man von den 600 armen Perso„nen täglich 150 auf der Gasse bettelnd und „um gewiß nichts zu übertreiben, können wir „annehmen, daß unter diesen, 50 unverschäm„te Bettler waren, die in jeder Woche in dem „3ten Hause der Stadt nur einen Pf. erpreß„ten; so giebt dies für jeden dieser unverschäm„ten

„ten Bettler, wöchentlich 1 Thlr. 5 Gr. 5 Pf.
„50 von ihnen sollen, minder erfahren in der
„Kunst, in dem 5ten Hause nur 1 Pf. erhalten,
„so wird jeder unter ihnen 25 Gr. bekommen,
„und andere 50, welche wir in der Zudringlich=
„keit auch diesen noch nachsetzen wollen, erhal=
„ten nur in dem 10ten Hause 1 Pf., so würde
„für diese eine wöchentliche Sammlung anzu=
„nehmen seyn von 12 Gr. 4 Pf.

„So sehr uns und alle unsere Mitbürger die
„Erfahrung überzeugen muß, daß diese Anga=
„ben eher zu gering, als zu groß sind, so wird
„doch jeder unter uns erstaunen, wenn er die
„Summe der jährlichen Ausgabe in hiesiger
„Stadt an solche einheimische Bettler auf 5714
„Rthlr. angewachsen siehet.

„Es darf uns hier keiner den Einwurf ma=
„chen, daß er seine Gaben an die umhergehen=
„den Bettler nicht in barem Gelde, sondern in
„Brod und andern im Haushalt vorfallenden
„Lebensmitteln habe geben können, denn, dem
„dürften wir antworten: daß es wohl sehr
„schwehr seyn mögte eine so kleine Gabe von
„1 Pf. in Naturalien geben zu können.

„Von diesen 150 zudringlichen Personen
„konnten doch leicht mehrere aus einer Familie
„seyn. Gab es unter ihnen nur drei, z. B.
„einen Vater oder Mutter mit zwei Kindern
„die die Bettelei so trieben so erhielten diese drei

„Per=

„Personen, jede Woche 3 Rthlr. 17 Gr. 1 Pf.
„und jährlich 171 Thlr. 33 Gr. Und wären
„diese denn nun auch die Elendesten unter al=
„len 600 gewesen, so konnte das Publicum auf
„ihre Versorgung bei einer ordentlichen Armen=
„anstalt ohnmöglich ein solches Capital verwen=
„den. Aber um desto mehr ist es zu bedauren,
„daß sie dieses Geld erpreßten, da sie gerade
„am wenigsten Allmosen bedurften, denn unter
„allen 150 Bettelnden befanden sich von den
„Elendesten der Stadt höchstens 25 gegen 100
„und unter den Zubringlichen gewiß nur 5 ge=
„gen 100. Wenn man also annimmt, wie man
„annehmen muß, daß die Hülfsbedürftigsten,
„als Kranke auf ihrem Lager seufzten, und
„nicht zum Allmosenheischen ausgehen konnten,
„so kam dieser grosse Geldaufwand aus gutem
„Herzen gegeben in die Hände derer, die kaum
„den 10ten Theil bei genauerer Prüfung erhal=
„ten haben würden. Zu diesen von jenen 150
„Bettlern in der Stadt zusammengebrachten
„Geldern können wir auf das, was auswärtige
„Handwerksgesellen und dergleichen, davon ge=
„wiß im Durchschnitt wöchentlich 20 und darü=
„ber betteln, eine beträgtliche Summe rechnen,
„die sich, wenn wir nur annehmen, daß jeder
„derselben in dem 10ten Hause 1 Pf. oder des=
„sen Werth erhielt, auf 7 Rthlr. wöchentlich
„belief, und denn dürfen wir nicht einmal mit=
„rech=

„rechnen, welche unter mancherlei Vorwande
„sich in die Häuser vornehmer Einwohner der
„Stadt einschlichen und von selbigen Gaben
„erhielten, die sich nicht sowohl auf das Be=
„dürfniß der Bittenden, als auf den Stand
„des Gebenden in ihrer Grösse bezogen. Aber
„wäre auch nicht ohne dies schon die Summe
„von mehr als 360 Thlr. jährlich für auswär=
„tige Bettler zu viel? worunter doch, wie un=
„ter allen Bettlern ohne Ausnahme die Hälfte,
„das, was sie erhielten, nicht würklich be=
„dürfen.

„Bei allem diesem grossen Aufwande, der
„mit Sicherheit angenommenen respect. 5714
„Rthlr. und 360 Rthlr. zusammen 6074 Rthlr.
„waren doch nur 150 unserer einheimischen Ar=
„men versorgt, schlimm genug, daß diese zu
„reichlich versorgt waren! Aber was blieb nun
„für die Uebrigen, im reineren Sinn, Arme,
„deren Zahl noch 450 ausmacht? Man könnte
„antworten, 1770 bis 1775, wo die Bettelei am
„stärksten im Gange war, wurden noch 1000
„Rthlr. und darüber, unter die Armen verthei=
„let, und man muß allerdings wenn man dieß
„alles übersiehet, die Wohlthätigkeit des Göt=
„tingischen Publicums mit Rührung erkennen,
„aber auch mit eben der innigen Rührung muß
„man die Richtung, welche dieselbe nahm, be●
„dauren. Denn war nicht ein grosser Theil der
„vor=

„vorhin angegebenen 150 Bettler mit unter den
„Theilnehmern an jenen Allmosen? und was
„blieb nun alles Gebens ungeachtet, für die
„würklich Armen, übrig? der Anspruch auf
„gröſſere Gaben von Einzelnen geſpendet, und
„auch nur von Einzelnen empfangen, wodurch
„die Ausgaben des Publicums immer zunahmen,
„und der Zweck nimmer erreicht wurde.

„Wir hätten alſo unſere vom Anfange ge=
„machte Behauptung, daß ohne völlige Ueber=
„einſtimmung der Einwohner der Stadt, zur
„Verhütung der Bettelei, und zur Verſorgung
„der würklich Armen, viel Geld aufgewendet
„wird, ohne den Nutzen davon zu haben, wel=
„chen man mit Wenigern erhalten könnte, er=
„wieſen, wenn wir unſere Mitbürger noch ein=
„mal an jene Zeiten erinnerten, wo 1lich) eine
„Summe von 5714 Thlr. durch einen geringen
„Theil der einheimiſchen Armen 2tens 360 Thl.
„und darüber, durch Auswärtige zuſammen=
„gebettelt, und endlich 3tens von Seiten der
„Armencaſſe noch mehr als 1000 Thlr. jährlich
„an Allmoſen vertheilt wurde, ſo daß die Sum=
„me, welche man erweislich auf hieſige und
„durchreiſende Arme in Göttingen verwendete,
„ſich auf 7074 Thlr. und darüber, belief. Wir
„haben hiebei nicht einmal in Erwegung gezo=
„gen, welche beträgtliche Summen von hieſigen
„Einwohnern und hier ſtubirenden an Bettler
„auf

„auf der Gaſſe und öffentlichen Spaziergängen
„nothgedrungen gereicht werden muſten.

Aus mehreren Familien, welche bisher einzel=
nen Armen in ihren Häuſern wöchentliche oder
monathliche Unterſtützung hatten angedeihen laſ=
ſen, wurde mir nun das Geld, welches zu ſolchen
Gaben an Hausarme beſtimmt war zugeſchickt,
und die Armen denen es zu Theil werden ſollte
dabei angezeigt, das hatte den doppelten Vor=
theil, daß ich nun die Allmoſenportion aus der
Caſſe um welche mich eben dieſe Armen anſprechen
nach dem Maaß des Bedürfniſſes einrichten konn=
te, das ihnen noch übrig blieb nachdem ſie jene
Privatwohlthaten erhalten hatten, und daher die
Täuſchung wegfiel womit mancher Arme bisher
bei Verſchweigung jener einzelnen Gaben, aus
der Caſſe ſo viel verlangt hatte, als zu ſeinem
Unterhalt auſſer der Arbeit zu der er noch fähig
war erfordert wurde. Auſſerdem fiel nun auch
der Vorwand weg, unter dem noch mancher Bett=
ler in der Stadt herumſchlich; daß er nemlich zur
Abholung eines beſtimmten Allmoſens in dieſes
oder jenes Haus gehen müſſe.

Die Allgemeinheit dieſes Verfahrens iſt es faſt
noch einzig, was ich von Seiten des hieſigen Pu=
blicums zur Verbeſſerung unſerer Armenanſtalt
zu wünſchen habe, denn an Bereitwilligkeit zum
Allmoſengeben fehlt es nur wenigen. Ein Beweis
von der ſo lobenswürdigen Wohlthätigkeit der hie=
ſigen

ſigen begüterten Einwohner aus allen Ständen liegt in den so reichlichen Beiträgen, welche mir im vorigen strengen Winter zur Feurung für die Armuth zugeschickt wurden, und die mich in den Stand sezten, das Elend der Armen, durch tägliches Austheilen des nothwendigen Holzes zu lindern, und auch den dürftigen Handwerkern u. s. w. durch wohlfeilen Verkauf der Feurung eine grosse Erleichterung zu schaffen.

Zu diesem Zweck erhielt ich, ohne eine Sammlung anzustellen, binnen wenigen Wochen eine Summe von 261 Rthlr. Die Austheilung des Holzes geschahe auf folgende Weise.

1) Den Kranken wurde ihre Feurung durch einen dazu angenommenen Tagelöhner in das Haus gebracht, und ob sie solches richtig empfangen hätten, davon überzeugte man sich bei dem eigenen Besuch der Kranken.

2) Die gesunden Armen erhielten in meiner Wohnung täglich zu gewissen Stunden Anweisungszettel auf Holz, und empfingen das darauf bezeichnete Quantum im Magazin aus der Hand der Armenvoigte im Beiseyn des Rechnungsführers. Daß dieses Geschäft äusserst mühsam war, da doch einen Tag in den andern etwa 100 Personen in dieser Absicht zu mir kamen, bedarf ich nicht zu sagen, aber daß ich bei dieser Gelegenheit manche belehrende Entdeckung über den Character und

das

das Bedürfniß einzelner Armen machen konnte, war mir ausser der Linderung des Elendes so vieler Menschen reicher Ersatz für alle diese Beschwehrde.

3) Dürftigen, welche sich keinen Holzvorrath anderweit zu kaufen vermogten, wurde für den Einkaufspreis aus dem Magazin so viel überlassen, als der jedesmalige Vorrath erlaubte. Das daraus gelösete Geld verwahrte der Rechnungsführer in einer verschlossenen Büchse wozu der Schlüssel in meinen Händen war, dieses Geld wurde im vorigen Winter mehrere male umgesezt, da man von Zeit zu Zeit wieder Holz anfahren ließ und auf vorbeschriebene Art verkaufte.

Mit der Austheilung und Verkaufung der Gartengewächse konnten wir unseren Armen in dem Winter ganz besonders aufhelfen, da diese Gewächse in einem guten Gewölbe vor dem Frost gesichert waren, welcher so viele Gemüse in Privatkellern verdarb, wodurch der Preis dieser Producte sehr in die Höhe ging.

Zum Schluß dieser Nachricht setze ich hier noch einen Auszug aus der Armen=Rechnung vom Januar 1788 bis dahin 1789 her.

Einnahme.

	rthlr.	gr.	pf.
Zinsen von Capitalien — —	184	1	6
Aus der wöchentlichen Sammlung	1457	8	5
Von den Kirchen, der Cämmerei und den Gilden — — —	51	15	3
Aus den Becken vor den Kirchthüren an Bethtagen — — —	18	16	
Aus dem Klingbeutel der St. Joh. Kirche — — — —	17	29	1
An Jahrmärkten — — —	2	12	1
Bei Hochzeiten — — —	6	19	6
Aus der Quartal-Sammlung			
1) bei der Academie — —	505	14	2
2) bei der Bürgerschaft —	154	35	2
Aus den Büchsen bei den Gastwirthen	3	6	3
Von mitleidigen Geschenken an die Armen — — — —	158	11	2
Vom Beiwohnungsgelbe — —	29	7	1
Extraordinair			
1) in Gesellschaften ist für die Armen gesammelt — —	39	21	—
2) vom hiesigen Rathhause —	135	33	
3) aus dem Nachlaß verstorbener Armen — — —	46	24	—
4) von verschiedenen einzelnen Gaben — — —	117	34	5
Strafen aus den Gerichten —	9	33	6
Summa —	2946	31	7

Ausgabe.

	rthlr.	gr.	pf.
Wöchentliche Ausgabe an die Armen welche in der Liste stehen — —	1574	5	3
Extraordinair			
1) an Kranke und Hausarme	669	—	—

Ausgabe.

	rthlr.	gr.	pf.
2) an Reisende und Handwerks-Gesellen	200	35	—
3) an Wittwen zur Beihülfe für ihre Kinder	180	14	—
4) Alimentation verlassener Kinder	286	20	—
Beerdigung verstorbener Armen	32	12	—
Bücher	10	27	4
Information armer Kinder	160	18	4
Besoldungen			
1) dem Registrator	50	—	—
2) den Armenvögten	94	8	—
Feurung so theils an Kranke und ganz Arme umsonst gegeben, theils um und unter den Einkaufspreis verkauft ist	70	16	—
Kleidungsstücke für 37 Waisen so ganz unterhalten werden	185	13	—
Desgleichen für andere arme Kinder und Erwachsene	68	24	—
An besonders Nothleidende	30	3	2
Summa	3613	18	5
verglichen mit der Einnahme	2946	31	7
Ist mehr ausgegeben als eingenommen	666	22	6

Dieser Zuschuß hat von der Capital-Summe genommen werden müssen.

w.

IV.

IV.
Anzeige der neuen Armenanstalt in Hamburg, Fortsetzung.

Im zweiten Heft dieses Magazins habe ich angefangen den Iten Band einer vollständigen Einrichtung der neuen Hamburgischen Armenanstalt im Auszuge zu liefern, und bemerkt, daß in der neuen Armenordnung, beliebt durch Rath- und Bürgerschluß vom 18ten Febr. und 7ten Jul. 1788 unter Nro. I. die Stadt in fünf Haupt-Armenbezirke, und jedes derselben in 12 Armenquartire, eingetheilt sey.

In eben diesem Iten Bande einer vollständigen Einrichtung der neuen Hamburgischen Armenanstalt werden unter Nro. II. die zu einem jeden Armenquartir gehörigen Gassen, Plätze, Twieten und Gänge angegeben, und in einem angehängten Register siehet man zu welchem Bezirk und Quartir diese Gassen, Plätze ꝛc. gehören.

Nro. III enthält des grossen Armencollegii vorläufige Nachricht an die Herrn Armenpfleger, April 1788, mit beigefügten Fragestücken zur Abhörung der Armen, und der Tabelle zur Armenliste.

Die Personen auf welche die Armenpflege ihre Aufmerksamkeit zu richten habe, werden in drei ver=

verschiedene Classen, in Arme, Hülfsbedürftige und Bettler eingetheilet.

Arme sind, die sich durch ihren täglichen Erwerb nur die tägliche Nothdurft schaffen können.

Hülfsbedürftige, die mit allen ihren Kräften dies nicht können und

Bettler, die ihre Kräfte dazu gar nicht oder nicht gehörig anwenden, und sich durch öffentliche oder privat Wohlthätigkeit ernähren. Hiebei wird eine Grenzlinie gezogen, wennehr der Arme zur Classe der Hülfsbedürftigen herabsinkt, und dahin bestimmt: wenn ihn Krankheit, Mangel an Arbeit, oder irgend ein anderes Unglück um seinen täglichen Verdienst bringt.

1) Die erste Beschäftigung der Herrn Armenpfleger ist vorläufige Untersuchung der in ihrem Quartir befindlichen Hülfsbedürftigen und Bettler. Zweitens thun sie Vorschläge über die solchen Personen gleich Anfangs und auf einmal zu leistende Hülfe und drittens sowol über die Anwendung der Kräfte dieser Leute, als was sie fortdaurend für Unterstützung bedürfen.

Wenn bei der Umschreibung der Herrn Bürgercapitaine auf jedes Quartier (deren wie schon erinnert ist 60 sind) auch 100 Hülfsbedürftige fallen sollten, so würden dennoch auf jeden Pfleger nicht mehr als etwa 30 Familien, deren Bedürfnisse sie vorläufig zu beurtheilen hätten, kommen, welche 1) durch die von den Herrn Bürgercapitainen

IV. Neue Armenanstalt in Hamburg.

tainen vorgängig aufgenommenen Listen, und die Auszüge aus denselben 2) durch die Angaben der Hauswirthe und anderer Personen welche Hülfsbedürftige der Armenpflege bekannt machen wollen, wie auch 3) durch die Anmeldung der Armen selbst bestimmt werden.

Sind diese Data gesammlet, so werden die zu verhörenden Armen an einen Ort der dazu verabredet wird, und wo die drei Pfleger zusammen erscheinen hinbestellt; hier werden jedem Armen besonders die in den ihnen mitgetheilten Fragestücken enthaltenen Fragen vorgelegt, und die Antworten der Armen beinotirt.

Die Fragestücke gehören
1) für ganze Familien, 2) für Wittwen mit Kindern, 3) für einzeln lebende Arme.

Nachdem dieses Verhör geschlossen ist, untersuchen die Herrn Pfleger gemeinschaftlich die Wahrheit dieser Aussagen durch eine von ihnen persönlich anzustellende Visitation in den Wohnungen der Armen. Bei Kranken die eine Ansteckung besorglich machen, lassen die Pfleger durch den Boten vorläufige Nachricht einziehen.

Bei dieser Visitation wird untersucht und bemerkt: ob der Dürftige ein Bett, nothwendige Kleider und Leinenzeug auch noch einige gute Möbeln habe? und ob er den Umständen nach sich reinlich halte?

Diese Visitation kann ausserdem noch sehr nüzlich werden, daß die Herrn Pfleger erfahren: ob diese oder jene arme Familie wol zu empfelen sey, daß man Alte, Kranke oder Kinder bei ihnen in die Kost thäte; ob sich einzelne Arme zu gewissen Beschäftigungen beim Armenwesen qualificiren, da sie entweder als Boten des Quartirs oder als Lehrer und Lehrerinnen nüzlicher Arbeiten in Spinn- oder anderen Indüstrieschulen angestellet werden können. Vielleicht finden sich auch Handwerker, denen durch Arbeit für die Armenanstalt wieder aufgeholfen werden kann.

Was bei dieser Untersuchung bemerkt ist, und die vorhin niedergeschriebene Beantwortung der Fragestücke werden sodann bei den anzustellenden Berathschlagungen zum Grunde gelegt.

2) Was diese Dürftigen gleich Anfangs für eine nöthige Hülfe haben.

Dazu rechnet man

1) ein Bette für die, so keines haben; 2) die nothwendigsten Leinen und Kleidungsstücke; 3) Aufnahme der Kranken in ein Hospital, die niemand haben der ihre Pflege übernehmen kann; 4) Einlösung der zum Fortkommen nothwendigen Stücke und 5) Abmachung drückender Schulden, besonders rückständiger Hausmiethe. Ueber dieses alles fügen die Herrn Pfleger ihre Meinung den besonderen Fra=

Fragen, welche den Fragestücken angehängt sind, schriftlich bei.

Diesem folgt:

3) die Untersuchung: wozu diese Dürftigen nun zu gebrauchen sind; welchen Unterhalt die Alten und Kranken, und welche Unterstützung die Gesunden neben ihrem Verdienst haben müssen?

    a) In Absicht des Unterhalts der Alten und Kranken, kommen hier die Fragen vor: wie viel an täglichen oder wöchentlichen Allmosen zur Versorgung und Verpflegung der Kranken (Arzt und Arzenei ungerechnet) wo die Kranken von ihrer eignen Familie verpflegt werden, gerechnet werden müsse, und wie viel das Kost= und Pflegegeld bei Anderen im Durchschnitt kosten würde?

    b) In Betracht der Unterstützung schwächlicher Personen, und derjenigen unter den gesunden Armen die sich nicht selbst ernähren können, ist zu untersuchen:

        1) Was für Arbeit dieser Dürftige wisse, oder falls er keine anwendbare weiß, wozu er geschickt sey?

        2) Wie viel er seinem Gewerbe und den übrigen Umständen nach verdienen könne?

Daraus ergiebt sich dann, was der Dürftige in seinem Gewerbe sich erarbeiten kann:

a) in Rücksicht auf seine Gesundheit

b) auf die Zahl der einzelnen Personen einerlei Geschlechts, die zur Ersparung und Vermehrung ihrer Arbeit bei einander wohnen können.

c) Ob und in welchem Maaß, der Arme wenn er beweibt ist, von seiner Frau Hülfe haben kann.

d) Wenn er Kinder hat, ob die Sorge der Mutter für dieselben dem Erwerbe hinderlich ist, oder ob ihr die grösseren dabei zu Hülfe kommen können.

Das grosse Armencollegium erkennet es an, daß es bei allen diesen Nachforschungen doch schwer seyn würde, über das was der Arme um nothdürftig zu leben, gebrauche, genaue Data zu geben. Was jedoch nach einen gemachten Ueberschlage sowol denen die allein, als denen welche beisammen wohnen, zuzubilligen sey, wird in der näheren Erleuterung dieser vorläufigen Nachricht für die Herrn Armenpfleger genauer bestimmt und welches ich unten an seinem Orte anzeigen werde.

Die hier beigefügten Fragestücke sind ein Beweis wie sehr es dem grossen Armencollegio am Herzen liegt, den Armen nicht nur nach seinen jetzigen Bedürfnissen kennen zu lernen, sondern auch über die Ursachen seines Verarmens urtheilen zu können, und die richtige Beantwortung der-

derselben kann dem Armenpfleger, sowol bei einer zweckmäſſigen Versorgung der Armen, als bei der Verstopfung der Quellen woraus Armuth und Bettelei entspringt, sehr vortheilhaft seyn

A) wird der Zustand armer Familien die aus einem Hausvater mit Frau und Kindern bestehen untersucht; wobei

   1) Die Personalien — des Mannes, der Frau und der übrigen Familie in Betracht kommen;

   2) erstrecken sie sich auf das Gewerbe und die Nahrung; — ob und in wie fern er an Hausmiethe oder sonst schuldig sey; — woher seine Armuth rühre, und wie ihm seiner Meinung nach geholfen werden könne? Alles dieses wird genau zergliedert.

Nach der vorgenommenen Visitation beantworten die Herrn Pfleger noch andere Fragen, die theils auf die mehrere Berichtigung der von den Armen selbst gegebenen Antworten, theils auf die Klarmachung ihrer häuslichen Umstände und auf die Bestimmung der ihnen zu verabreichenden Gaben und zu leistenden Unterstützung abzielen.

B) folgen die Fragen für eine Wittwe mit Kindern,

C) für einzeln lebende Arme beiderlei Geschlechts, in eben der Ordnung wie bei dem Ersten.

Nro. IV. enthält die nähere Erleuterung des grossen Armencollegii für die Herrn Armenpfleger, über die Grundsätze und Einrichtung der neuen Armenanstalt, und die nach Maaßgabe der neuen Armenordnung von ihnen zu übernehmenden Geschäfte. Hamburg im August 1788.

Der 1te Abschnitt handelt von der Ausfündigmachung der in einem jeden Quartier befindlichen Armen, und der über ihren Zustand anzustellenden Untersuchung.

§. 1. zeigt die Absicht dieser näheren Erleuterung, nemlich: den Herrn Armenpflegern die Einrichtung, und die Grundsätze der ganzen Armenfürsorge bekannt zu machen, und unter eine möglichst allgemeine und deutliche Uebersicht zu bringen.

§. 2. bestimmt wer künftighin unter die dasige Armenpflege aufgenommen werden könne. Auſſer den bisher aus der alten Armenordnung Versorgten, sind alle diejenigen welche sich bei dem Pfleger ihres Quartiers als hülfsbedürftig angeben, und der christlichen Religion zugethan sind, einzuzeichnen.

§. 3. handelt von der Abhörung der Armen und von den Fragestücken. Die Abhörung geschiehet von den drei Pflegern des Quartirs gemeinschaftlich, und jedes Glied einer Familie wird besonders vernommen.

§. 4. redet von der Hausvisitation, den Nachfragen, den Gutachten der Pfleger und der Aufbewahrung der Abhörungsbogen. Die Visitation ge=

geschieht so bald als möglich nach aufgenommenem Verhör, und wird den Armen durch den Quartiersboten zuvor angesagt. *)

Die nähere Erkundigung wird bei den Hauswirthen und Arbeitsherrn der Armen eingezogen **). Der Abhörungsbogen wird alsdenn nebst den Gutachten der Herrn Pfleger von dem Vorsteher des Bezirks an das grosse Armencollegium zur Relation behändiget, und Ersterer mit beigefügter Resolution des Collegii dem Pfleger zurückgegeben, wo er, so lang der Arme unter der Armenversorgung steht aufbewahrt, nachmals aber an den Vorsteher des Bezirks eingeliefert wird.

§. 5. Die Abhörung der Unvermögenden und Kranken wird zugleich mit der Visitation in den Wohnungen vorgenommen.

§. 6. Um über den Gesundheitszustand aller Armen richtig urtheilen zu können, muß jeder

---

*) Sollte diese vorherige Anzeige der vorzunehmenden Visitation nicht mehr nachtheilig als vortheilhaft seyn? Der welcher als kränklich angegeben ist, wird sich alsdenn wahrscheinlich ins Bette legen; der Faule wird sich in dieser Stunde gewiß beschäftigen; und der Unreinliche wird seine Wohnung auskehren.

**) Das Urtheil des einen Armen über den Anderen, ist oft, wenn es auch aus trüben Quellen fließt, sehr belehrend für den Armenpfleger; es leitet auf Untersuchungen die sonst vielleicht gar nicht angestellet würden, und wodurch man allein mit dem sittlichen Betragen und den wahren Bedürfnissen der Armen bekannt wird.

W.

gleich nach vorgenommenem Verhör durch den Arzt und Wundarzt des Bezirks visitirt werden, er mag sich als krank oder gesund angegeben haben.

§. 7. Was die Uebernehmung der aus dem Zuchthause und Hospitälern zu entlassenden Armen betrift; so hoft man in Absicht dieser Personen mit den Vorstehern gedachter Häuser die Vereinigung zu treffen daß nach würklicher Eröfnung der neuen Armenanstalt kein in der Stadt bleibender Arme eher auf freien Fuß gesezt werde, bis derselbe zuvor von der Armenanstalt unter die Aufsicht seines künftigen Pflegers gesezt, und ihm seine künftige Art der Beschäftigung oder Versorgung angewiesen worden.

In dem 2ten Abschnitt wird von den durch die Armenpfleger eines jeden Quartiers theils gemeinschaftlich theils besonders zu übernehmenden Geschäften gehandelt.

§. 8. Bei dem zu gebenden Gutachten über den Zustand, die Arbeitsfähigkeit und Hülfsbedürftigkeit eines jeden Armen, treten die Herrn Pfleger des Quartiers zusammen, jedoch liegt die vorzüglichste Leitung dieser Geschäfte einem jeden für seine besondere Inspection ob.

§. 9. Die sämmtlichen Armen des Quartiers werden unter die Herrn Pfleger vertheilt, und zwar so, daß jeder so viel möglich die specielle Aufsicht über diejenigen Armen seines Quartiers übernimt die ihm am nächsten wohnen.

§. 10. In Krankheit oder Abwesenheit eines Armenpflegers übernehmen die anderen beiden mit Vorwissen des Vorstehers seine Geschäfte. Sind aber zwei Pfleger krank oder abwesend und der dritte will die Besorgung des ganzen Quartiers nicht allein übernehmen; so ersucht der Vorsteher einen anderen dazu qualificirten Mann um die interimistische Verwaltung der Armenpflege.

Der 3te Abschnitt handelt von den den Armen zu Anfang zuzuwendenden Hülfleistungen.

§. 11. Gesundheit, Kleidung, Arbeitsgeräthe und Rettung aus drückenden Schulden sind die hier festgesezten Haupt-Gesichtspuncte.

§. 12. werden die Kranken eingetheilt 1tens in unheilbare Kranke und Unvermögende, welche wenn sie nicht bei ihren Verwandten verpflegt werden können, entweder in ein Hospital oder bei andern dazu eingerichteten armen Familien nach Beurtheilung des Pflegers untergebracht werden. 2tens ansteckende Kranke sollen zuvor im Pockenhause, oder im Curhause der Krätzigen geheilet werden. 3tens gewöhnliche Kranke deren Wiederherstellung bald zu hoffen ist, werden der Cur des Armenarztes nach Maaßgabe des 11ten Abschnitts überlassen.

§. 13. Bei denen den Armen ertheilten Kleidungsstücken und Geräthschaften wird auf die

Verſetzung und Verkaufung derſelben namhafte Strafe angedrohet.

§. 14. In wiefern den Armen durch Abmachung ihrer rückſtändigen Miethe und anderen Schulden geholfen werden könne, ſoll eine genaue Unterſuchung und Berathſchlagung der Herrn Pfleger erſt lehren.

§. 15. bezieht ſich auf die beſtmöglichſte Erſparung der Hausmiethe.

4ter Abſchnitt, von den ordentlichen Bedürfniſſen der Armen in geſunden Tagen.

§. 16. enthält allerdings das ſchwerſte Problem: was bedarf eine Familie oder eine einzelne Perſon ohne Rückſicht auf ihren Arbeitsverdienſt im Ganzen?

§. 17 bis 19. werden die Bedürfniſſe der dortigen Armen auf folgende Art angegeben.

a) Eine einzelne allein wohnende Perſon ſoll im Winter täglich 5 Schilling 9 Pf. im Sommer 4 Schilling 9 Pf. bedürfen.

b) Eine jede Perſon über 12 Jahren die bei einer anderen wohnet, im Winter 3 Schilling 4 Pf. im Sommer 3 Schilling 3 Pf. Der Unterſchied des Bedürfniſſes von 2 bis 6 Perſonen, die jede einzeln leben, und von eben ſo viel beiſammenlebenden Perſonen wird in einer Tabelle angegeben.

Die Erfahrung daß man das Bedürfniß der Armen, ſo gering man es auch angenommen hat, dennoch auf ein Viertheil herabſetzen müſſe, ſowol

IV. Neue Armenanstalt in Hamburg.

wol wegen der Fertigkeit zu entbehren, die solche Arme sich erworben haben, welche noch nicht zu Gassenbettlern herabgesunken sind, als auch wegen der manchen kleinen Zuflüsse, die man den Armen ohnmöglich nachrechnen kann, giebt daher den Maaßstab des Bedürfnisses auf folgende Art an.

	im Winter		im Sommer	
	Schl.	Pf.	Schl.	Pf.
Für einen einzelnen Armen, wenn er allein wohnet, und aus gegründeten Ursachen nicht bei andern einziehen kann, auf	4	4 =	3	7
Für die Frau und jedes erwachsene Kind wird zugelegt	2	6 =	3	7
Für ein jedes Kind von 5 bis 12 Jahren — —	1	10 =	1	9
— — von 1 bis 5 Jahren — — — —	1	3 =	1	2
— — unter 1 Jahr	-	9 =	-	9
Bei zwei zusammenwohnenden einzelnen Armen wird für jeden gerechnet — — —	-	3 5 =	3	-
Bei drei zusammenwohnenden Armen, für jeden —	3	1 =	2	10
Der einzeln wohnende Arme, welcher ohne gegründete Ursach nicht bei andern einziehen will, ist, da es ungerecht wäre, ihn vor denjenigen, die sich zum Beisammenleben bequemen, einen Vorzug zu geben, gleichfalls nicht höher anzusetzen, als — —	3	5 =	3	-

5ter Abschnitt von der Arbeitsfähigkeit der Armen, und den ihnen zu verschaffenden Arbeiten.

§. 20 und 21. wird bestimmt in wiefern sich der Arme durch Arbeiten ernähren könne, und angenommen daß der Gesunde dem es nicht an Gelegenheit, Geschicklichkeit und Fleiß fehlet nach Maaßgabe seiner Jahre sich ganz oder zum Theile ernähren kann. Von Erwachsenen wird bei dem dortigen hohen Arbeitslohn mit Recht behauptet daß er sich reichlich zu ernähren im Stande sey. Kinder von 5 bis 12 Jahren, sollen bei gehöriger Auswahl der Arbeiten die Hälfte ihres Auskommens verdienen. Kinder über 12 Jahren, sich völlig ernähren, und was an Erwerb der jüngeren Kinder fehlet, soll der reichlichere Verdienst der Eltern ersetzen. Das ist der grosse Gesichtspunct worauf die dortige Industriebildung hinarbeitet.

Die Arbeitslohne welche §. 22 angegeben werden, sind wirklich ganz ausserordentlich stark, zum Beweise mag hier nur der eine Articul des weiblichen Verdienstes, das Einhüten stehen, wofür nebst freiem Essen und Freiheit für sich zu arbeiten in 24 Stunden 4 Schilling bezahlet werden.

Nachdem man sich nun bemüht hat das Bedürfniß der Armen, so viel es möglich ist aufs Reine zu bringen, so folgt die Untersuchung der bisherigen Beschäftigung und des damit erworbenen

benen Verdienstes, dann die Bestimmung der möglichen Wege zur Erhöhung des Erwerbs, zu welchem Zweck bei den Armenvorstehern ein Verzeichniß aller in ihren Bezirken wohnenden Armen mit Angabe der Arbeiten zu welchen sie Geschick haben und die sie wünschen befindlich ist, um denen welche Arbeiter verlangen die tügtigen vorschlagen zu können.

Für die Armen welche eine Arbeit treiben, die zu gewissen Zeiten ruhet, oder die auch zu keiner gangbaren Arbeit Geschicklichkeit haben, ist das Wollen-, Baumwollen- und Flachsspinnen, auch Strumpfstricken bestimmt, wozu die Armenanstalt entweder unmittelbar Materialien hergiebt, oder die Arbeiter gewissen Fabricanten empfielet.

§. 24-25. Zur Flachsspinnerei sind von Seiten der Armenanstalt eigene Arbeits- und Lehrsäle angelegt, deren wesentliche Einrichtung folgende ist:

1) die Armen welche zu der Arbeit bestimmt sind, müssen erst einige Tage zur Probe spinnen und haspeln; da sie denn wenn es ihnen an Fertigkeit fehlt, Unterricht, bis zur Fertigkeit erhalten.

2) Ein jeder aus dem Lehrsal Entlassener bekommt ein Pfund Flachs zum Geschenk, wenn er das daraus gesponnene Garn liefert, so wird es ihm das Stück mit 5 Schilling bezahlet,

zahlet, jedoch davon der Werth des ihm wieder mitzugebenden Flachses abgezogen u. s. w.

3) Wer kein Spinnrad hat, erhält eins von der Armenanstalt, und muß den Werth nach und nach abverdienen.

4) Die Aufnahme in die Lehrsäle geschiehet vermittelst eines von dem Vorsteher unterschriebenen Zettels, womit sich der Arme bei dem Aufseher der Spinnanstalt meldet.

5) Zuerst hat man grossentheils solche aufgenommen, die schon einige Fertigkeit, und guten Willen hatten, um so nach und nach die Arbeit einzuführen.

6) Der Aufseher der Spinnanstalt schickt an die Pfleger wöchentliche Conduitenlisten der arbeitenden Armen.

7) Die Zuschüsse zur Ernährung der Armen während des Unterrichts geschehen nach Maaßgabe der Grundsätze des folgenden Abschnitts; nach vollendetem Unterricht aber wird angenommen, daß der Arme so lang er gesund ist sich für seine Person ernähren könne.

8) Der Regel nach spinnet jeder in seiner Wohnung, die aber denen es der Raum oder der Mangel der Feurung und des Lichts nicht erlaubt, oder welche in ihrer Wohnung unfleissig sind, arbeiten in den dazu eingerichteten Arbeitssälen.

9) Bei

IV. Neue Armenanstalt in Hamburg.

9) Bei den Klagen des Aufsehers der Spinnanstalt über einzelne Arme, werden die Be-
klagten von den Pflegern ermahnt, in wichtigen Fällen dem Vorsteher des Bezirks angezeigt und über ihre Bestrafung mit dem
Zuchthause ꝛc. beschlossen.

10) Kinder beiderlei Geschlechts werden wenn
sie das 18te Jahr noch nicht erreicht haben
in besonderen Indüstrieschulen unterrichtet,
davon im 10ten Abschnitt gehandelt wird.

§. 26. Alte zu Arbeiten fast untügtige Personen müssen wenigstens so viel als ihre Kräfte
erlauben arbeiten, und daß sie dieses thun, durch
die wöchentliche Einlieferung der ihnen gesezten
Arbeitszahl, bei dem Empfange des Wochengel-
des beweisen, da ihnen dann das Wochengeld als
Bezahlung gegeben, die Arbeit notirt und bis
zur Ablieferung an die Fabrikdirection vom Pfleger aufgehoben wird.

**6ter Abschnitt. Von der den hülfsbedürf-
tigen Armen in gesunden Tagen zu leistenden Unterstützung.**

§. 27. Wenn der Arme sich mit seiner Arbeit nicht nähren kann, so muß er Allmosen haben, und dieses muß (§. 28) so viel betragen
daß er nothdürftig leben kann. Das Wachsen
und Abnehmen dieser Beihülfe richtet sich sowol
nach dem Steigen und Fallen des Verdienstes, als
nach der Vermehrung und Verminderung der noth-

wendigen Bedürfnisse, und hier haben die Jahrszeiten einen merklichen Einfluß. (§. 29) Der Winter erhöhet die Zuschüsse aus der Armencasse in beiden Rücksichten, sowol weil da manche Erwerbsarten ruhen, als auch weil Feurung und Licht die Ausgaben vermehren. Dazu können nun noch ausserordentliche Vorfälle eintreten, die eine Erhöhung der Beihülfe für eine Zeit nothwendig machen. Wie hoch sich die Winterunterstützung für jeden einzelnen Armen belaufe, wird zu Ende des Sommers nach genauer Untersuchung bestimmt. Eben so auch die Sommertaxe im Frühjahr. Auf ausserordentliche Fälle kann nur so weit Bedacht genommen werden, als der Ersatz des Schadens, der durch das Stillstehen der ordentlichen Arbeit, oder die Nothwendigkeit wohlfeilere Arbeit zu übernehmen entstehet, für Tage und Wochen festgesezt wird (über Krankenpflege und dazu erforderliche Ausgaben unten im 10ten und 14ten Abschnitt). Ueberhaupt muß das was der hülfsbedürftige Arme als Allmosen empfängt mit möglichster Sparsamkeit abgemessen werden, damit nicht der Keim der Arbeitsamkeit, der durch Dürftigkeit entwickelt werden kann, durch zu reichliche Gaben erstickt werde. (§. 30) Bei der Bestimmung der Geldunterstützung wird aber auch auf die milden Gaben, welche der Arme schon bereits anderweit genießt Rücksicht genommen. (§. 31) Nun erst kann es bestimmt

stimmt wie viel einem jeden aus der Caſſe zu Theil werden muß, und jezt erſt entſteht die Frage: in welcher Form es ihm zu geben am rathſamſten ſey, ob in Hausmiethe, Naturalien oder baarem Gelde.

7ter Abſchnitt. Unterſtützung der Armen in Abſicht der Hausmiethe.

§. 32. Alles dem Armen nothwendige Allmoſen, muß ihm ſo viel möglich in der Hausmiethe zugewendet werden; denn zu den 6 bis 8 Thaler jährlich von dem Erwerbe jedes Tages 9 Pf. bis 1 Schilling zurückzulegen, das iſt eine Kunſt welche die Menſchen dieſer Claſſe ſehr ſelten in ihrer Gewalt haben, und hier liegt eine Hauptquelle des völligen Verarmens und Bettelſinns. (§. 33) Die Miethe iſt einigen ganz anderen nur zum Theil, einigen das ganze Jahr, anderen nur des Winters frei gegeben, nach der Maaſſe wie ſie Allmoſen bedürftig ſind. (§. 34) Selbſt das was die Armen aus anderen wohlthätigen Caſſen bekommen iſt wo möglich in Miethe zu verwandeln, und ſollte es mehr betragen und ſie bedürften es, ſo wird es ihnen an Gelde ertheilt. (§. 35) Die Form wie das für die Armen verwilligte Hausmiethengeld bezahlt wird iſt folgende. Wenn vom Collegio beſtimmt iſt, wie viel ein Armer zur Miethe beigeſteuret erhalten ſoll, wird dem Hauswirth durch die Vorſteher des Bezirks ein nach gedrucktem Formular auszufüllender, und von diesen Vorstehern unterschriebener Versicherungsschein über das Miethe=Quantum zugeschickt. Ueber den Empfang des Versicherungsscheins quitirt der Wirth in ein ihm zugleich vorzulegendes Quitungsbuch, und läßt dann zur Verfallzeit das Geld gegen Einlieferung des Scheins bei der Hauptcasse abholen. Eben so wird es mit den einzelnen Personen gehalten, welche bei anderen ihre Schlafstelle haben, wofür ebenfalls besondere Formulare gedruckt sind. Um die Irrungen zu verhüten, erhält der Arme selbst auch einen Zettel worauf die Zeit und das Miethe=Quantum angezeigt ist, mit der Bedeutung, daß diese Wohlthat nicht für beständig fortdaure. (§. 36) Bei dieser Fürsorge für die Sicherheit der Bezahlung der Hausmiethe hat aber auch die Armenadministration ein wachsames Auge auf die Erhaltung und den baulichen Stand der Wohnungen der Armen, so wie auch das Verändern der Wohnungen der Armen ohne Vorwissen der Pfleger und ihre Zustimmung den Armen nicht erlaubt ist.

8ter Abschnitt. **Unterstützung der Armen mit Nahrungsmitteln und Feurung.**

§. 37. Bedarf der Arme ausser der freien Wohnung noch fernere Beihülfe, so ist es nicht rathsam ihm diese in unentgeldlichen Nahrungsmitteln und anderen Naturalien zu geben, und ihn dadurch von der Geldwirthschaft ganz zu entwöhwohnen. (§. 38) Da aber der Arme seine Bedürfnisse nicht anders als im Kleinen ankaufen kann, und sie daher viel theurer bezahlen muß als der Wohlhabende; so ist es das beste Allmosen, durch Anlegung mehrerer Magazine den wohlfeileren Ankauf ihnen möglich zu machen. (§. 39) Die Austheilung solcher wohlfeileren Producte wird durch Anweisungen auf die Magazine, die man nach dem Bedürfniß der Armen, und nach dem Vorrath abmißt, beschaft.

9ter Abschnitt. Unterstützung der Armen mit wöchentlichem Geldzuschuß.

(§. 40) Das Quantum des Geldes was außer der Hausmiethe und den Naturalien einem jeden wöchentlich noch zufallen muß ergiebt sich nach den vorhergehenden Bestimmungen leicht, und es muß hierbei (§. 41) wie oben bemerkt ist die Jahrszeit in Betracht gezogen werden. (§. 42) Die Austheilung geschiehet folgender maßen.

1) Alle Vertheilungen geschehen wöchentlich.
2) Jeder Pfleger läßt zu der bestimmten Zeit die Theilnehmer in seinem Hause vor sich kommen, Kranke und Unvermögende können zwar einen Verwandten ꝛc. schicken, den sie aber dem Pfleger eins für allemal namhaft machen müssen. Sollte es an einem solchen fehlen, so wird dazu eine sichere Person aus der Zahl der Armen, nie aber ein Officiant genommen.

3) Die Austheilung geschiehet immer an einem bestimmten Tage zu bestimmten Stunden; die Ursachen sind leicht zu übersehen.

4) Wo möglich wählet man dazu einen der ersten Wochentage damit dem Armen die Gelegenheit genommen werde das Geld am Sonntage zu verschleudern, welches an den Arbeitstagen weniger Gefahr hat.

10ter Abschnitt. Fürsorge für die Kinder der Armen, und für deren Unterricht und Erziehung.

(§. 43) Die bessere Bildung der Jugend ist Hauptaugenmerk der Armenversorgung, und dieses Geschäft umfaßt dreierlei (§. 44) nemlich die Sorge für ihren Unterricht und Bildung ihres Characters, dann für ihre Verpflegung und endlich für ihr künftiges Fortkommen. (§. 45) Bei dem Unterricht der armen Kinder, ist darauf zu sehen, daß sie schon von frühester Jugend an zur Arbeit angeführt werden. Für den Lehrunterricht in der Religion, im Schreiben und Rechnen, u. s. w. wird sowol in den vorhandenen Armen= und Freischulen, als auch in den neuen Industrieschulen gesorgt; den Arbeitsunterricht und die Gelegenheit zum Verdienst finden die Kinder in verschiedenen Arbeitsanstalten bei Fabricanten, wo man sie unterzubringen sucht, besonders aber in den Industrieschulen der Armenanstalt. (§. 46) Diese neuen Industrieschulen haben eine doppelte Absicht.

IV. Neue Armenanstalt in Hamburg.

Absicht. Erstlich die Unterweisung im Spinnen, zweitens die Verschaffung eines Unterrichts in den Kenntnissen, welche den Kindern in ihrem künftigen Stande als Christen, und als Bürgern nöthig sind. Das Einzelne dieser Anstalten kann hier noch nicht angegeben werden. Die Einrichtung der Spinnschulen für arme Kinder ist folgende.

1) Die Unterweisung kann sich vor der Hand nur auf Flachsspinnen erstrecken.

2) Kinder von der frühesten Jugend an bis zum 18ten Jahre können aufgenommen werden, die so über das Alter hinaus sind gehören in die Arbeitssäle für Erwachsene.

3) Zur Zeit werden aus jedem Quartier 7 Kinder in den Unterricht aufgenommen, und zur Unterweisung der jüngeren Kinder werden drei Monathe, zum Unterricht der mehr erwachsenen kürzere Zeit erfordert, und so wie diese entlassen werden, wird die Zahl durch andere ersezt.

4) Die Hinweisung an die Spinnschule geschiehet von den Pflegern vermittelst eines gedruckten und unterschriebenen Zettels, womit sich die Eltern in Begleitung des Kindes bei dem Aufseher der Industrieschule melden.

5) Bei den am meisten erwachsenen und noch gänzlich unbeschäftigten Kindern fing man an.

6) Auch die Kinder welche in den Winkeln (Privat-Arbeitsanstalten) beschäftiget sind, sollen nach und nach an diesem Unterricht Theil nehmen.

7) Was die Kinder mit der Arbeit verdienen wird den Eltern als ein ausserordentliches Geschenk an Geld oder Geldeswerth gegeben, und die Kinder werden durch Prämien, hauptsächlich Kleidungsstücke, zum Fleiß ermuntert.

8) Nach der Entlassung der Kinder wird es in Absicht des ihnen mitzugebenden Flachses u. s. w. eben so gehalten wie §. 26 mit den Erwachsenen.

9) Für ein jedes aus der Spinnschule entlassenes Kind, wird den Eltern so lang es gesund ist, da es seinen Unterhalt nun selbst verdienen kann nichts mehr gut gethan.

10) Kinder welche bei Fremden in die Pflege gethan sind arbeiten im Arbeitssal wenn sie aus der Schule entlassen sind, und ihr Verdienst wird nach Abzug der Alimentationskosten ihnen zu ihrem künftigen Fortkommen aufgehoben.

11) Die Eltern welche für ihre Kinder eine Anweisung auf die Spinnschule erhalten, sollen bei Verlust der Unterstützung aus der Armencasse, oder anderer Strafe angehalten werden

IV. Neue Armenanstalt in Hamburg.

werden die Kinder ordentlich zur Schule zu schicken.

(§. 47) Die Aufsicht über die häusliche Erziehung und Pflege der Kinder ist ein Hauptgegenstand der Aufmerksamkeit, selbst bei denen Kindern welche bei ihren Eltern sich aufhalten, und man siehet sich oft genöthigt wegen der bösen Sitten der Eltern, ihnen ihre Kinder zu nehmen und bei andern unterzubringen.

(§. 48) Wo Kinder ihrer Eltern oder sonstigen Versorger durch den Tod beraubt werden, haben die Pfleger solches dem Vorsteher des Bezirks anzuzeigen, da man sie denn entweder im Waisenhause, oder anderweit unterbringt, und die Bedingungen unter welchen man solche Kinder in Kost und Schlafstelle bringt sind folgende.

1) Die Pflegeltern müssen die Kinder ordentlich und reinlich halten.
2) Für die Kleidung sorgt die Armenanstalt, den Pflegeltern aber liegt das Waschen und Flicken derselben ob.
3) Für Unterricht und Beschäftigung wird von Seiten der Armenpflege gesorgt, doch müssen die Kinder ordentlich zur Schule geschickt werden.
4) Ausser den Schul= und Arbeitsstunden können die Pflegeltern die Kinder zu häuslichen Arbeiten gebrauchen, doch bleibt der Arbeitsverdienst, das Eigenthum der Kinder, und wird

wird ihnen nach Abzug des Kostgeldes aufgehoben.

5) Das Kostgeld wird nach Verhältniß des Alters der Kinder verabredet.

6) Die Armenanstalt kann die Kinder ohne Loskündigung zurücknehmen, die Pflegeeltern sind aber zu einer Loskündigung 14 Tage zuvor verbunden. (§. 49) Die Sorge für das fernere Fortkommen der Kinder übernimmt die Armenanstalt in der Maaße, daß sie selbige zu Dienstboten, Lehrburschen u. s. w. unterzubringen sucht. (§. 50) Die Herrn Pfleger liefern mit Ablauf eines jeden halben Jahrs eine Tabelle von denen in ihrem Quartier befindlichen armen Kindern an den Vorsteher ihres Bezirks, aus diesen allen aber wird eine Generaltabelle entworfen, wozu die Formulare gedruckt sind.

IIter Abschnitt. Fürsorge für kranke Arme.

(§. 51) Dieser Theil der Armenpflege umfasset einen vierfachen Gesichtspunct. 1) Die Gesundheitsvisitation der Armen bei ihrer ersten Einzeichnung (s. §. 6 und 12.) 2) Fürsorge für die Heilung und Verpflegung der unter den eingezeichneten Armen entstehenden Kranken. 3) Die Fürsorge für solche die durch Krankheit in unausbleibliche Armuth versezt werden würden. 4) Allgemeine Aufsicht auf die Gesundheit der Armen, ihre Lebensart, und die unter dem gemeinen

meinen Mann graſſirenden Krankheiten. (§. 52) Die Krankenpflege der eingezeichneten Armen geſchiehet auf folgende Weiſe; der Kranke muß gleich zu Anfang ſeiner Krankheit ſich bei dem Pfleger melden, und erhält von dieſem eine Anweiſung auf einen Arzt welche er zu beſtimmter Stunde, im Sommer von 8 bis 9 im Winter von 9 bis 10 Vormittags, zu dem Arzt hinträgt oder ſchickt. Wenn die Krankheit auch chirurgiſche Hülfe fordert, ſo ſchickt der Azt den Kranken mit einem anderen Zettel zum Chirurgus und beſtimmt darin die Stunde zur gemeinſchaftlichen Zuſammenkunft. (§. 53) Nach dem erſten Beſuch notirt der Arzt den Tag des Beſuchs auf den Krankenzettel, und ſchickt ihn durch die Krankenwärterin, welche alle Tage zum Arzt kömmt, an den Pfleger zurück. Alle Sonnabend ſchickt der Arzt eine Krankenliſte, wozu Formulare gedruckt ſind an den Pfleger, und begleitet ſie mit den Bemerkungen, welche von dem Chirurg über die unter ſeiner Aufſicht ſtehenden Kranken dem Arzt am Tage vorher eingeliefert ſind. Der Bote welcher dieſe Liſten abholet, ſchreibt den Inhalt davon in das Krankenbuch, und bringt ſie dann dem Pfleger am Montage. (§. 54) Die Recepte werden mit dem Namen des Kranken, und dem Zeichen der Armenanſtalt bezeichnet, und auf den in jedem Diſtrict beſtimmten Apotheken gemacht, ſo wie auch von dieſen Apotheken Eſſig,

und

und andere Verwahrungsmittel verschrieben werden. Die Chirurgi verschreiben ihre Arzneien auf eben die Weise. Beträchtliche Ausgaben für chirurgische Hülfe in Bruchschaden ꝛc. erfordern eine Anzeige bei dem Vorsteher, und nach Befinden der Grösse auch bei dem kleinen Armencollegium. Der Regel nach verrichten die Verwandte des Kranken die Wartung, wo diese nicht zureicht, wird eine angenommene Wärterin aus der Zahl der Armen vom Arzt dazu bestimmt. Krankenspeise wird vom Arzt auf einen bestimmten Koch angewiesen, und sollte Wein nöthig seyn von der Apotheke verschrieben. Die Bestellungen geschehen durch die Verwandten oder Wärterinnen. (§. 55) Ausser den Berichten des Arztes sucht der Pfleger durch eigene Besuche den Zustand des Kranken zu erfahren. (§. 56) Die Geldunterstützungen, welche das Stocken der Arbeit des Kranken nothwendig machen kann, verwilliget der Pfleger bis zu 6 Schilling wöchentlich, bis zu 12 Schilling die drei Pfleger mit Anzeige bei den Vorstehern vermittelst eines gedruckten Zettels welcher von dem Pfleger unterschrieben ist. Wo eine grössere Zulage nöthig ist, so wird bis zu 1 Mark 8 Schilling die Einwilligung des Vorstehers erfordert, und eine stärkere Unterstützung bewilliget, wiewol mit möglichster Sparsamkeit das kleine Collegium. Der Zuschuß vermindert sich so wie die Arbeitskräfte des Kranken zunehmen. (§. 57)

Wenn

IV. Neue Armenanstalt in Hamburg.

Wenn der Kranke bei den Seinigen nach dem Urtheil des Arztes nicht zu laſſen iſt, ſo wird er, wenn ſeine Geneſung bald zu hoffen iſt, in eine Familie gegen eine verhältnißmäſſige Vergütung untergebracht. Denen aber welche durch langwierige, oder anſteckende Krankheiten befallen ſind, und welchen bei Ermangelung eigener Verpflegung die Aufnahme in ein Hoſpital nothwendig wird, bewürken die Vorſteher die Aufnahme in ein ſolches Haus. Wenn ein Kranker umziehet, ſo übernehmen die Aerzte des anderen Bezirks die Cur (ſ. Abſchnitt 13). (§. 58) Verheirathete Wöchnerinnen, und zu Falle gekommene uneheliche Perſonen, werden, wenn ſie unter den eingezeichneten Armen ſtehen, durch die dazu beſtimmte Wehemütter unentgeldlich entbunden, und müſſen zu der Abſicht in der lezten Zeit der Schwangerſchaft einen Anweiſungszettel vom Pfleger holen, und ſich mit denſelben bei der Wehemutter melden. Während des Wochenbettes werden ſie wie andere Kranke behandelt. Ueber die Unterbringung ſolcher unehelichen Kinder wird nähere Rückſprache im Collegio gehalten. (§. 59) Die Pfleger und Vorſteher wenden alles an, um die Folgſamkeit der Kranken gegen ihre Aerzte zu bewürken. Klagt der Kranke über Verſäumniß des Arztes, ſo erkundigt ſich ein Pfleger ſchriftlich über die Beſchaffenheit der Sache bei dem Arzt, und trägt die Sache im äuſſerſten Fall dem Collegio

gio vor. Die Fürsorge für hülfsbedürftige Kranke welche nicht zu den eingezeichneten Armen gehören, ist nach folgenden Grundsätzen zu bestimmen. (§. 60) Der welcher aus den nicht Eingezeichneten in eine Krankheit verfällt deren Kosten er nicht bestreiten kann, zeigt es dem Pfleger seines Reviers an, und erhält von ihm vorläufig einen Krankenzettel an einen Arzt mit dem Zusatze: nicht eingezeichneter Arme. Der Pfleger veranstaltet so bald möglich mit seinen beiden Mitpflegern die Vernehmung derer von der Familie des Kranken welche ausgehen können, und schickt sein Gutachten an die Vorsteher, die alsdann die Sache im Collegio vortragen. Nach Maaßgabe des Verhörs wird nun Arzenei und Speise u. s. w. dem Kranken frei gegeben, wobei es aber seine Pflicht bleibt, wenn es ihm nach seiner Genesung möglich ist der Casse eine Erstattung des Ganzen oder eines Theils des Aufwandes zu thun. Von auswärtigen Kranken im 16ten Abschnitt. (§. 61) Bei denen nicht eingezeichneten Wöchnerinnen läßt man sich auf den Fall das Collegium ihre Aufnahme genemiget hat unter der Bedingung auf die freie Entbindung ein, daß sie sich während ihrer Wochen mit nüzlichen Arbeiten beschäftigen wozu man ihnen Gelegenheit giebt. Auswärtige welche sich um freie Wochen zu halten einschleichen, werden nicht aufgenommen. (§. 62) Eine genaue Aufsicht über Wohnung,

nung, und Lebensordnung der Armen wird sie vor Krankheiten am besten schützen können, und in dem Fall eine ansteckende Krankheit ausbrechen sollte, wird über die dienlichsten Vorbeugungsmittel im Collegio berathschlagt.

12ter **Abschnitt. Begräbniß und Nachlaß verstorbener Armen.**

(§. 63) Wenn ein Armer stirbt, wird es durch die Seinen bei dem Pfleger angezeigt, der alsdenn wenn der Verstorbene in keiner Todtencasse war, und die Seinen das Begräbniß nicht bestreiten können, dem Anmelder einen Todtenzettel nach gedrucktem Formular an den Vorsteher des Bezirks mitgiebt, welcher das Begräbniß nach der Verordnung durch den Boten besorgen läßt. (§. 64) Ist der Verstorbene in einer oder mehreren Todtencassen gewesen, so nimt die Armenanstalt sich des Begräbnisses nicht an; sind gar keine Verwandte da, so besorgt der Vorsteher die Beerdigung von dem Sterbepfennigs-Gelde. (§. 65) Der Nachlaß des Armen bleibt das Eigenthum seiner Kinder oder nächsten Verwandten. Hinterläßt der Verstorbene unmündige Kinder, so wird das Vermögen inventirt, und zum Besten derselben niedergelegt. (§. 66) Bei allen Todesfällen, wird der den Verstorbenen, und dessen Familie betreffende Abhörungsbogen dem Vorsteher bald möglichst zurückgegeben, und mit einem von allen drei Pflegern des Bezirks unterschriebenen Gutachten begleitet; daraus wird im Collegio die Vermehrung oder Verminderung des Zuschusses zum ferneren Fortkommen der Angehörigen bestimmt, — auch müssen ausdrücklich in dem Gutachten über das Unterkommen der etwa hinterlassenen unmündigen Kinder Vorschläge gethan werden.

13ter Abschnitt. *Halbjährige Wiederholung der Visitation, Renovation der Abhörungsbogen zu Ende der halbjährigen Verwaltung des Pflegers.*

(§. 67) Die Visitation ist alle halbe Jahr zu wiederholen, und haben zu dem Ende die drei Pfleger nach Himmelfarth und Martini den Besuch der Armen vorzunehmen, und ihre Bemerkungen ihren Nachfolgern mitzutheilen. (§. 68-70) Das Resultat dieser Visitation wird in einer vollständigen Liste nach gedrucktem Formular dem Armencollegio übergeben, und giebt die Grundlage zu der Bestimmung der Beihülfe für jeden Armen im künftigen halben Jahre. Um dem Collegio eine allgemeine Uebersicht über das Ganze zu geben, wird von den Pflegern neben dieser Armenliste eine Tabelle über das ganze Armenwesen ihres Quartiers übergeben, aus welchem allem dann eine Generaltabelle über den Zustand des Armenwesens der ganzen Stadt entworfen wird. (§. 71) Bei diesen halbjährigen Visitationen, sind die Abhörungsbogen zum Grunde zu legen

IV. Neue Armenanstalt in Hamburg.

legen und nach veränderten Umständen zu revidiren und abzuändern. Diese Abänderung und neue Ausfertigung der Abhörungsbogen geschiehet alle drei Jahr mit dem Schluß der Verwaltung eines der Herren Pfleger, und wird derselbe seine gemachten Beobachtungen dabei nutzen. Vorerst geschiehet diese Abänderung bey dem Schluß des ersten und zweiten Jahrs wo die jetzt erwählten Pfleger abtreten.

14ter Abschnitt. Umziehen der Armen in andere Wohnung, und aus einem Revier und Bezirk in das andere.

(§. 70) Kein Armer welcher Unterstützung aus der Casse bekommt darf ohne Vorwissen seines Pflegers seine Wohnung verändern. Findet der Pfleger die Ursach der Veränderung zureichend, so läßt er sich durch den Boten bei dem welchen der Arme als seinen künftigen Hauswirth angegeben hat, und der wo möglich in demselben Quartier wohnen muß erkundigen ob der Arme auch würklich gemiethet hat, zeigt es dem Vorsteher gleich nach Ostern und Michaelis vermittelst eines gedruckten Zettels an. Bleibt der Arme in dem Quartier, so hat es hiebei sein Bewenden, ziehet er aber in ein anderes, so legt der Pfleger diesem Zettel zugleich den den Armen betreffenden Abhörungsbogen mit seinen Bemerkungen bei, den der Vorsteher so dann dem Vorsteher des Bezirks in welchen der Arme ziehet zur Besorgung an seinen künftigen Pfleger überschickt. Der neue Pfleger stellet nun die Hausvisitation bei dem Armen an, und trägt seine Bemerkungen über ihn in seine Liste ein. Ohne wichtige Ursachen kann innerhalb der halben Jahre das Umziehen der Armen nicht erlaubt werden. (§. 73) Das Umziehen der Armen ohne Vorwissen und Erlaubniß des Collegiums hat den Verlust der Unterstützung zur Folge.

15ter Abschnitt. Von denen während des halben Jahrs mit den Armen vorfallenden Veränderungen, und von solchen Vorfällen die eine schnelle Verfügung nothwendig machen.

(§. 74) Die Fälle worin eine Abänderung der bisherigen Taxe nothwendig wird, sind

1) Wenn die Arbeit der Armen worauf in der Taxe gerechnet worden stille stehet, 2) wenn der Verdienst des Armen durch Zuweisung einer einträglichern Arbeit sich vermehret, 3) wenn der Arme krank ist 4) wenn der Kranke geneset 5). wenn ein Armer stirbt 6) wenn er in ein Hospital, oder 7) in das Zuchthaus geschaft wird, 8) wenn er ohne Anzeige seine Wohnung verläuft, oder ganz wegziehet 9) wenn die Familie des Armen sich vermehret 10) wenn sich dieselbe vermindert 11) wenn durch Erbschaften oder auf andere Art sein Vermögenszustand sich verbessert. In allen diesen Fällen ist die beste und genaueste Verfah=

fahrungsart vorgeschrieben, die sich auf die ganze Constitution gründet. Von den übrigen Fällen ist theils vorher schon weitläuftig gehandelt, theils müssen sie den vorliegenden Umständen nach beurtheilet werden.

16ter Abschnitt. **Von Straffällen.**

(§. 75) Allen eingezeichneten Armen wird bei der Ankündigung der ihnen verwilligten Beisteuer, eine gedruckte Erinnerung für die Armen gegeben, und dabei werden ihnen die Vortheile welche sie von der Armenanstalt haben sollen sowol als die Pflichten genau entwickelt die sie als Pfleglinge zu beobachten haben. Auch werden die auf jede Uebertretung der Verordnungen gesezten Strafen ihnen angezeigt. (§. 76) Bei dem ersten Uebertretungsfall wird der Arme von dem Pfleger nochmals ernstlich gewarnet, glaubt dieser aber, daß eine würkliche Bestrafung nothwendig sey; so zeigt er den Vorfall mit Bezeichnung des Namens und der Wohnung des Armen dem Vorsteher an, damit die darüber nöthige Verfügung bald möglichst getroffen werde. (§. 78) Was die Einbringung der Bettler ins Zuchthaus, und ihre Wiederentlassung betrift, so wird darüber in einem Nachtrage zu diesem Abschnitt das nöthige bestimmt werden *). (§. 79) Eben das gilt

---

*) Zur Beurtheilung des Pflichtwidrigen Betragens der Armen, und zur Bestimmung ihrer

gilt von dem Erkenntniß über das verbotene Allmosengeben, und Hereinbringen und Herbergen frem-

ihrer Strafe, ist eine besondere Correctionsdeputation in einem jeden Quartier angesezt; welche aus dem Armenherren des Bezirks, dem Armenvorsteher der Bezirkshälfte, und dem Armenpfleger, unter dessen besondere Aufsicht der Arme gehört, bestehet. Diese drey Männer beschliessen nach Mehrheit der Stimmen ob und wie der Arme zu bestrafen sey, und legen bey ihrer Beurtheilung, sowol das Factum als auch die übrige Characteristik des Armen aus dem Abhörungsbogen zum Grunde.

Die Bestrafung geschieht

1) durch Suspension der dem Armen verwilligten Unterstützung, vorerst auf vier Wochen. Sollte ein längerer Abzug für nöthig gehalten werden; so geschiehet davon dem kleinen Armencollegio Anzeige.
2) Durch Zuchthausstrafe, auch vorläufig nicht länger als vier Wochen: wobey der Armenherr, mittelst eines gedruckten und von der Deputation unterschriebenen Zettels den Gerichtsverwalter um die Einbringung des Armen in das Zuchthaus ersucht: so wie der Bezirksvorsteher durch einen ähnlichen Zettel dem Zuchthausprovisor von der erkannten Strafe Nachricht giebt. Ueber eine längere Strafe wird einem hochweisen Rath vorher Anzeige gethan, auch bleibt demselben die Entscheidung vorbehalten, wenn die Deputation nicht einig über die Bestrafung wäre. Das Zuchthaus nimt die Condemnirten unentgelt-

IV. Neue Armenanstalt in Hamburg. 389

fremder Bettler. (§. 80) Wenn die Herrn Pfleger in Erfahrung bringen, daß sich ein Erwerbsloser

---

geltlich auf, und läßt sie ihre Beköstigung mit Arbeiten verdienen; findet die Deputation aber nöthig, daß ein Armer auf einige Tage bey Wasser und Brodt in die Koje gesezt werde, so wird der Hr. Provisor darum besonders requiriret. Acht Tage vor der Entlassung des Armen, wird von dem Provisor, dem Vorsteher des Bezirks, ein gedruckter und unterschriebener Loßlassungszettel geschickt, und von da an den Pfleger befördert, damit dieser den Armen zur bestimmten Zeit durch den Boten aus dem Zuchthause abholen, und in seine Wohnung zurück führen lasse. Es werden nun dem Armen zur Bestreitung der ersten Ausgaben 12 Schilling gegeben, und in der Wochenrechnung als ausserordentliche Ausgabe aufgeführt. Ueber alle bestraften Armen, hält jeder Vorsteher in Absicht seiner Bezirkshälfte, eine nach gedrucktem Formular auszufüllende Liste. Die Beurtheilung der Strafe für Bettler ist der Armen-Policeydeputation überlassen, welche aus einem Herrn des Raths, einem Armenvorsteher, und dem ältesten jahrverwaltenden Provisor besteht. Die aufgegriffenen Bettler, werden vorläufig in das Zuchthaus gebracht, und bey der nächsten Sitzung durch einen der Provisoren, über besonders zu der Absicht gedruckte Abhörungsbogen vernommen. Aus dem was der Bettler dort aussagt, wird in der den nächsten Mittwochen zusammenkommenden Armen-Po-

loser oder verdächtiger Fremder in ihr Quartier eingeschlichen habe, so haben sie darüber dem Vorsteher

liceydeputation referirt, und durch Stimmenmehrheit festgesezt, wie lange, und auf welche Art der Bettler im Gefängniß zu behalten, und was nach seiner Entlassung mit ihm vorzunehmen sey. In Absicht des weiteren Verfahrens unterscheiden sich dann folgende Fälle.

Gehört der Bettler zu den eingezeichneten Armen, so wird solches dem Vorsteher des Bezirks darin er gehört bekannt gemacht, der den Anzeigezettel an den Pfleger des Armen befördert, und dadurch die Veränderung der wöchentlichen auszutheilenden Summe veranlaßt; auf gleiche Art wie bey den übrigen straffälligen Armen wird dann zur Loslassungszeit auch mit diesen verfahren.

Gehört der Bettler nicht zu den eingezeichneten Armen; so sorgt die Deputation wenn er aus der Fremde eingeschlichen wäre für seine Wegschaffung oder ist er hier ansässig, so wird der ihn betreffende Abhörungsbogen an den Vorsteher und durch diesen an den Pfleger seines Quartiers besorgt, um ihn als einen neu entstehenden Armen einzuzeichnen, und für seine künftige Beschäftigung und Unterstützung zu sorgen. Die hiesigen in das Zuchthaus kommenden Armen welche gar keine Wohnung anzugeben wissen, werden in eine Wohnung bey solche Leute gebracht, welche dazu von seiten der Armenpflege ausgesucht sind. Zu besserer Uebersicht wird bey der Armenpolicey eine Liste aller Bettler gehalten.

Wenn

steher ihres Bezirks eine bestimmte Anzeige zu
thun, wodurch denn eine nähere Untersuchung
und Bestimmung des Verfahrens veranlaßt wer=
den

Wenn die Hrn. Pfleger in Erfahrung bringen, daß einem Armen oder Bettler ein Almosen gereicht worden, so bringen sie es bey
der Armenpolicey mit den Beweisgründen
zur Anzeige; diese untersucht das Factum,
und läßt nachdem es bewiesen ist den Denuncianten mittelst eines gedruckten Zettels ersuchen die auf das Almosengeben an Bettler
gesezte Strafe von 5 Rthlr. als ein freywil-
liges Geschenk zum Besten der Armen ein-
zuschicken. Erfolgt das binnen acht Tagen
nicht, so wird dem Herrn Gerichtsverwalter davon Anzeige gethan. Eben so werden
auch die, welche sich des Hereinbringens, oder
Beherbergens fremder Bettler schuldig machen, der Armenpolicey und von hieraus dem
Herrn Gerichtsverwalter angezeigt. Auch
verfährt man auf ähnliche Art mit denen
Bürgern, welche sich weigern die Wochensammlung zu verrichten, oder selbige durch unqualificirte Personen verrichten lassen. Ge-
werbslose oder verdächtige Personen, welche
sich einschleichen, werden der Armenpolicey
angezeigt, und nach vorläufiger Untersuchung dem Hrn. Gerichtsverwalter denun-
ciirt; welchem auch zur Verhütung schädli-
cher und verdächtiger Betriebe, die Untersuchung und Bestrafung gegen die Personen,
welche sich des Wuchers, Lottocolligirens,
der Seelenverkäuferei u. s. w. verdächtig machen, zustehet.

den wird. (§. 81) Eben diese Aufmerksamkeit ist auch auf schädliche Gewerbsarten als Seelenverkäuferei, lüderliche Wirthschaft, Lottocollecten, Wucher u. d. gl. zu verwenden.

17ter Abschnitt. Von denen durch die Armenpflege zu führenden Büchern und Tabellen, und von ihrer Berechnung mit den Vorstehern.

(§. 82) Die Rechnungsgeschäfte müssen dem doppelten Gesichtspunct entgegen geführt werden, daß erstlich der künftige Nachfolger des Pflegers eine deutliche Kenntniß vom allgemeinen und besonderen der Geschäfte bekommen, und daß auch die Pfleger und Vorsteher in möglichster Einfachheit sich mit einander berechnen können. Zu der Absicht werden folgende Bücher von jedem einzelnen Pfleger zu führen seyn:

a) Das Armenbuch, worin jeder Arme sein Folium mit der Nummer seines Abhörungsbogens bekömmt. Auf dasselbe wird alles ihn betreffende mit kurzen Worten verzeichnet. Dieses Buch wird zur Erleichterung mit einem alphabetischen Register versehen.

b) Das Cassenbuch, worin alle das Armenwesen betreffende Einnahme und Ausgabe aufgeführt wird, und das man alle Woche abschließt.

c) Ein Memorial über alle Vorfälle, die die nicht eingezeichneten Armen betreffen.

Zu

IV. Neue Armenanstalt in Hamburg.

Zu allen diesen Büchern sind Formulare gedruckt. (§. 84) Die Register, Listen und Tabellen, welche ein jeder Armenpfleger über die unter seiner Specialaufsicht stehenden Armen zu besorgen hat, sind folgende:

1) die Abhörungsbogen eines jeden neu eingezeichneten Armen.

2) Eine gemeinschaftliche Armenliste über alle neu eingezeichneten Armen.

3) Die (§. 69) angezeigte Namenliste aller unter ihrer Aufsicht stehenden Armen nebst Tabelle über den Armenzustand des ganzen Quartiers, und Tabelle über den Zustand der armen Kinder. (§. 85) Von den bei Schluß der drei Verwaltungsjahre abzugebenden Abhörungsbogen u. s. w. ist im 13ten Abschnitt gehandelt. Tritt der Pfleger seine Aufsicht ab, so liefert er seine Pappire an den Vorsteher nebst einer doppelten Abschrift des specificirten Verzeichnisses ab, und erhält davon das eine Exemplar quitirt zurück, das andere wird mit den übrigen Pappieren dem neuen Pfleger überliefert. Bei dem Absterben des Pflegers werden alle Pappiere an den Vorsteher gegen Quitung geliefert. (§. 86) Alle Donnerstage hat ein jeder Pfleger eine specificirte Rechnung über die in der künftigen Woche nach der Taxe auszutheilenden ordentlichen Gelder, und über die in den lezten

IV. Neue Armenanstalt in Hamburg.

ten acht Tagen verfassungsmäſſig vorgefallenen auſſerordentlichen Ausgaben auszuziehen, und den Freitag Morgen dem Vorsteher in doppelter Abschrift zuzuschicken, das eine dieser Exemplarien behält der Vorsteher, und schickt die andern unterschrieben dem Pfleger zurück, welcher gegen die Einlieferung dieser Rechnung, das Geld aus der Hauptcaſſe der Armenanstalt empfängt. (§. 87) Der älteste Pfleger jedes Quartiers hat die Einhebung und Berechnung der wöchentlich gesammleten Gelder auf folgende Weise zu besorgen.

1) Am Mittwochen Abend oder Donnerstag Vormittag werden die den Vormittag in jedem Distrikt gesammleten Gelder durch den Bezirksboten von den Einwohnern welche gesammlet haben abgeholet, und in verschloſſenen Büchsen, wozu der Pfleger allein den Schlüſſel hat, an den Pfleger gebracht.

2) Dieser zählt und sortirt das Geld, und bringt es in seiner am Freitag Morgen abzugebenden Wochenrechnung zur Einnahme. Kömmt der Hauptcaſſe aus dieser Rechnung ein Saldo zu; so schickt der Pfleger denselben zugleich mit der von dem Vorsteher am Sonnabend unterschriebenen zurückerhaltenen Rechnung an die Hauptcaſſe, und zwar

zwar die Rechnung in doppelter Abschrift, wovon ein Exemplar bei der Hauptcasse bleibt, das andere quitirt an den Pfleger zurück gesandt wird.

3) Freitag Vormittag holt der Bote zugleich mit der Rechnung des Pflegers auch die ausgeleerten, und wieder verschlossenen Büchsen ab, um sie den Einwohnern zu bringen, welchen die Sammlung der künftigen Woche zustehet.

Beschluß (§. 88) enthält die kurze Darstellung der Hauptgattungen der Geschäfte jedes zu dem grossen Zweck der Armenversorgung und Erziehung in der volkreichen Stadt würkenden Mitgliedes des Armencollegiums mit dem Wunsch, daß alle Nachfolger der jezt in dem Geschäft arbeitenden Männer, mit einem so anhaltenden Eifer für die Anstalt als die jetzigen arbeiten mögen.

In diesen Wunsch wird gewiß jeder mit vollem Herzen einstimmen, welcher diesen vorzüglich guten Plan der Armenversorgung bis in das Einzelne kennen lernet, und darin die weise Vertheilung der Geschäfte, die ineinander greifende Verbindung der einzelnen Theile unter sich, und die daher entstehende Zweckmässigkeit des Ganzen beobachtet. Es wäre wahrlich zu bedauren, wenn die unvermeidliche Zusammengeseztheit der ganzen Maschine, früher oder später zur Verminderung ihrer Würkungen, vielleicht gar zu ihrem

ihrem Untergange beitragen sollte; doch das ist so lange nicht zu fürchten, als die Armenversorgung, und Armenerziehung als eine wigtige Angelegenheit des Staats, wie es jezt geschiehet, in Hamburg angesehen wird. Das dieses fortgesezt geschehe, dazu gehören nur einige Männer von entschiedenem Werth die sich dem Geschäfte der Armenpflege ganz hingeben, die kleinen Stokkungen in der Maschine mit ihren Ursachen beobachten und zu heben suchen, und das Publicum durch Nachrichten von den Fortschritten besonders im Erziehungsgeschäfte in Aufmerksamkeit auf diesen Gegenstand erhalten. Freilich könnten wol noch in den Jahren der Aussaat, deren Dauer sich nicht mit Gewißheit bestimmen läßt, manche Hände der Geber und Arbeiter sinken, aber die müsse jene Hoffnung der herrlichen Erndte aufs neue stärken. Reich und belohnend wird und muß sie seyn; denn nun wachsen die nach guten Grundsätzen zur vernünftigen Thätigkeit erzogene Kinder der Dürftigen zu nüzlichen Gliedern des Staats heran, nun verliert sich die Bettelei, die Schule des Lasters, und die Wohlthaten der Begüterten werden jezt von würklich Hülfsbedürftigen empfangen, zur Linderung des würklichen Elends angewendet, da die Kräfte der Armen bei ihrer Ernährung genau mit in Anschlag gebracht werden. Sollte eine solche Verbesserung der so zahlreichen niederen Volksclasse nicht der

IV. Neue Armenanstalt in Hamburg.

Anstrengung mehrerer Jahre werth seyn; gesezt, daß auch erst der Anfang des neunzehnten Jahrhunderts die guten Würkungen der Anstalt in das volle Licht stellete?

Um meine Leser mit den Fortschritten dieser Anstalt in Bekanntschaft zu erhalten, werde ich in der Folge die bei derselben vorgehenden Abänderungen und Zusätze ihnen mitzutheilen nicht versäumen.

w.

Erklärung des Kupfers.

A. Sitz der Lehrerin.
B. Der Arbeitstisch.
C. Näheküssen.
D. Bewegliche Sitzbänkchen.
E. Baumwollen-Spinnräder.
F. Behältniß für die Arbeiten.
G. Flachs-Spinnräder.
H. Ein eiserner Ofen.
I. Die Thür.
K. Die Krämpelbank.

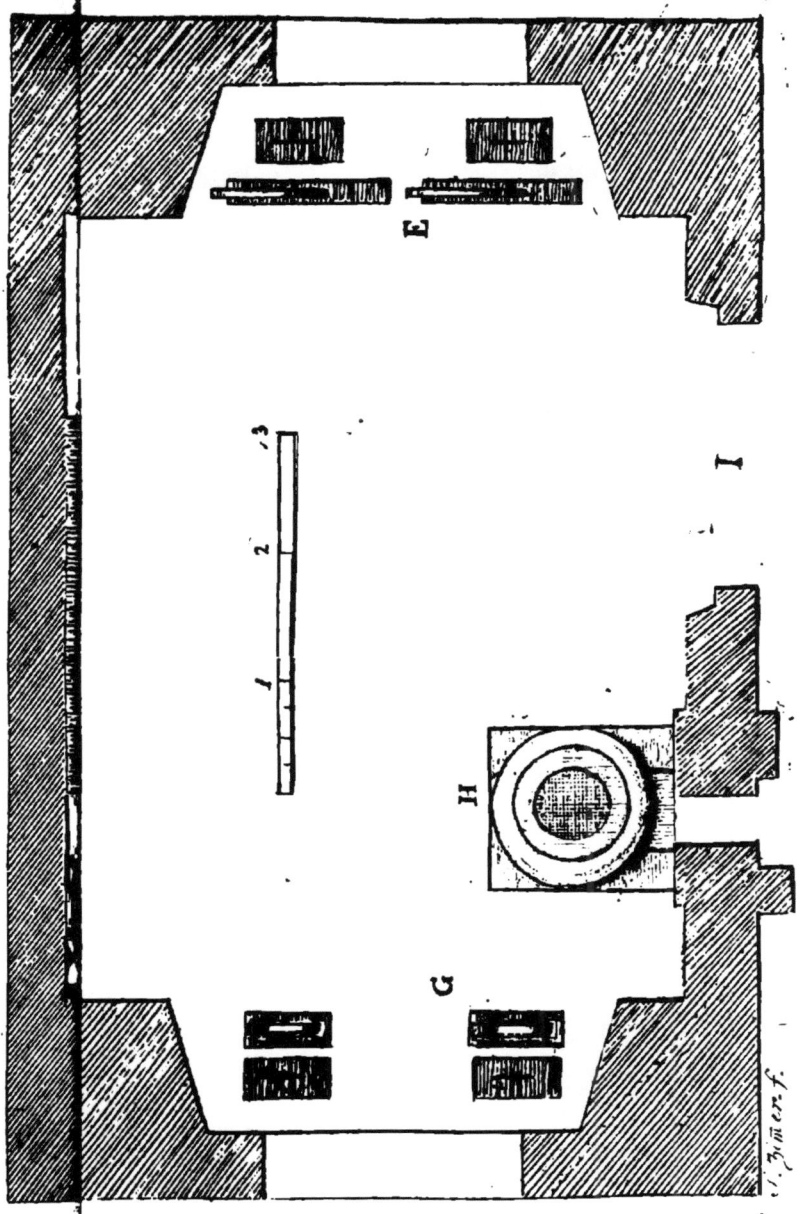

I.
Schreiben aus Hessen, über den Fortgang der dortigen Arbeitsschulen.

Sie haben im 2ten Heft ihres Magazins der Bemühungen des Herrn Landraths v. C. zu Grebenstein zur Industriebildung seines ihm anvertrauten Bezirks gedacht, wahrscheinlich ist ihnen aber das Specielle von dem, was er hierin zu leisten sucht, noch nicht bekannt, daher werde ich ihnen ohne Zweifel einen angenehmen Dienst leisten, wenn ich sie in diesem Schreiben damit unterhalte. Ich habe bei der Sache kein anderes Interesse, als das, was ein jeder hat, dem das Wohl seiner Mitmenschen keine gleichgültige Sache ist: sie können sich also darauf verlassen, daß ich mit historischer Treue erzähle und die Sache so wenig vergrößere, als verringere.

Es sind erst etwa zwei Jahr, daß Hr. v. C. seinen gegenwärtigen Posten bekleidet. Nachdem er sich mit seinem neuen, von dem vorigen ganz verschiedenen Geschäftskreiß, dem Locale u. d. gl. vertrauter machte, und den Satz auch hier begründet fand: daß Mangel an Thätigkeit der Grund von dem Uebelstand des grösseren Theils der Bewohner dieser Gegend sey, so sann er ohne Verzug darauf, diesem schleichenden Fieber entgegen zu arbeiten. Bei den Erwachsenen wird, auch bei den besten Vorkehrungen, zu diesem Zweck, wenig gewürkt, Trägheit ist ihnen schon so sehr zur Gewohnheit geworden, daß sie ein unthätiges Leben für ihr grössestes Gut halten; Bei der Jugend, die noch biegsamer und für Bildung empfänglicher ist, kommt man dagegen mit weit wenigern Schwierigkeiten zu seinem Zweck, und Industrieschulen sind ein anerkanntes vortrefliches Mittel zur Beförderung der Thätigkeit; wie sie durch ihr schönes grosses Institut an der dasigen lieben Frauen=Kirche zur höchsten Evidenz erwiesen haben. Herr v. C. glaubte, auf diesem von ihnen zuerst betretenen Wege am leichtesten dem Ziel seiner Wünsche näher zu rücken, und machte in dem Dorfe Jhringshausen, und zu Obervollmar, welches leztere eine Stunde von Cassel, an der Bremer=Landstrasse, liegt, einen kleinen Anfang mit 12 Kindern, die neben der Lehrschule zum Baumwollespinnen angeführet wurden.

Dieser Versuch wurde im Jenner dieses Jahrs gemacht. Ich brauche es ihnen nicht erst zu sagen, daß der Herr v. C. einer Menge von Einwürfen, sowol von Seiten der Gemeinden, als mancher Eltern, zu begegnen, und mit vielen Schwierigkeiten zu kämpfen hatte. Ein Anderer würde vielleicht ermüdet worden seyn, aber er sezte seinen Plan durch, und man fängt jezt an, sich von der Nüzlichkeit der Anstalt zu überzeugen.

Die Unkosten der ersten Anlage wurden an beiden Orten aus den Gemeindseinkünften bestritten. Die zu bearbeitenden rohen Materialien sind aus dem Vorrath zu W. gegeben. Zu Jhringshausen hat der Grebe D. ein fleissiger und guter Landwirth, und zu Obervöllmar, neben dem Greben, einer der Dorfsvorsteher die specielle Besorgung des Zuwiegens der Baumwolle, der Abnahme des gesponnenen Garns und Auszahlung des Spinnerlohns übernommen. Neulich hatte ich Gelegenheit, einen Herrn vom Militair, der zu Obervöllmar sein Quartier hat, zu sprechen, und ich hörete mit vielem Vergnügen, daß er die basige Anstalt und den guten Fortgang derselben mit vieler Wärme rühmte.

Herr Metropolitan W. zu Hofgeismar hat sich auf eine ähnliche Art um die armen Stadtkinder verdient gemacht. Schon lange Zeit hatte er den stillen Wunsch gehegt, einige besonders verwarlosete und vernachlässigte arme Kinder auf eine oder die andere Art zu versorgen; da er aber ohne Unterstützung denselben auszuführen nicht im Stande war, so wandte er sich in einem, dieſe gute Sache empfehlenden Aufſatze dahin, woher er ſich Hülfe verſprach. Seine Vorschläge, die er deshalb im Anfange dieſes Jahrs that, fanden den allgemeinen Beifall, den ſie verdieneten. Die Vornehmen der Stadt und die bemittelten Bürger unterzeichneten freigebig und die dortigen Zunftinnungen traten, auf Vorstellung des Beamten, als Oberzunftmeiſters, der Sache willig bei. Leztere haben in ihren Zunftrechnungen eine beständige Ausgabe für Arme, dieſen Umſtand benuzte der Beamte und ſtellte den Zünften vor: daß in dieser Rubrik wol kein würdigerer Gegenstand stehen könnte, als ihre arme Stadtjugend, welches denn nicht nur überall mit vieler Bereitwilligkeit anerkannt wurde, sondern einer der Zunftmeister erklärte ſogar, auf den Vorschlag: daß ſeine Gilde ohne Beſchwerde jährlich 5 Rthlr. herschiessen könnte, nicht das allein, ſie könnte noch einmal so viel thun. Auf dieſe Art hatte nun Herr W. durch Subſcription so viel, als er, zur Ausführung ſeines Plans, der ſich vorerſt nur auf wenige Kinder erſtreckte, nöthig zu haben glaubte, zuſammen gebracht. Unter ſeiner Aufſicht wurden aus dieſem Fond nun 8 Kinder ganz neu gekleidet, verpflegt und dem dortigen Mädchen-Schulmeiſter in Unterricht gegeben,

ben, wo die Lehr- und Arbeitsclasse mit einander abwechselt. Unter der Aufsicht und Anweisung der Ehefrau des Schulmeisters werden sie mit Flachsspinnen beschäftigt, wozu ein gehöriger Vorrath Flachs angekauft ist, und das gesponnene Garn wird zum Besten der Casse verwendet. Gegenwärtig da Feld- und Gartenarbeit, zumal an dem Orte, wo dessen so viel ist, nicht wenig thätige Hände erfordern, läßt man diese Kinder auch dazu, unter nöthiger Aufsicht, anführen.

Mein Brief ist zwar schon ziemlich lang geworden, ich kann ihn aber doch nicht schliessen, ohne ihnen auch etwas von Wilhelmshausen zu sagen. Dieser Embryo von Arbeitsschule bestehet noch, und wird, wie ich hoffe, nicht nur länger bestehen, sondern sich auch von Zeit zu Zeit noch besser entwickeln; man siehet hierbei aber auch recht deutlich, daß das Gute langsamer, als das Gegentheil gedeihet, daß jenes in einem sterilen Boden, wenn es nicht ganz verlohren gehen soll, unaufhörlicher Wartung und Pflege bedarf. Daß sich die Anstalt langsam ausbreitet, und die Zahl der daran theilnehmenden Kinder sich noch nicht gemehret hat, hat verschiedene Ursachen. Die zuerst angelehrten Kinder waren die ältesten der Lehrschule, wie diese confirmiret wurden, nahmen zwar andere, aber doch nicht so viele, als aus der Anstalt abgegangen waren, den Platz ein. Einige wurden durch die unüberlegte Strenge, womit die neuangenommene Lehrerin, ohne daß man es erfuhr, die Kinder behandelte, zurückgeschreckt; andere liessen sich durch das Vorurtheil, daß sich diese Arbeit nur für die ärmeren Dorfkinder, nicht aber für die bemitteltern schicke, abhalten, an der Anstalt Theil zu nehmen. Doch dieses leztere Hinderniß verlohr sich, sobald der dasige Grebe Schüz, der in seiner Thätigkeit und warmen Eifer für das Institut fortfähret, seine Tochter, anderen zum Beispiel, am fleissigsten arbeiten ließ. Um die Anstalt durch mehrere Mannigfaltigkeit der Arbeit nüzlicher zu machen, muß erst der Wunsch, daß der Raum erweitert wird, befriediget werden, wozu man aber auch Hofnung hat. Uebrigens kann man von den meisten Kindern rühmen, daß sie mit Lust, Fleiß und Treue arbeiten, und einen reinen guten Faden spinnen.

Die hochfürstliche Gesellschaft des Ackerbaus und der Künste zu Cassel erkannte bei ihrer diesjährigen Zusammenkunft im Frühjahr, den Wilhelmshäuser und Jhringshäuser Kindern zur Aufmunterung eine Praemie von 2 Louisdor zu. Ich bin gewiß überzeugt, daß dieses besonders gute Würkung thun wird. Durch das Sommerquartal stehen nun die Räder bis zum Anfange der Winterschule stille, dies machen gewisse Localumstände nothwendig. Der Wald, der gegenwärtig Erd=Heidel= und Himbeeren giebt, zieht die Kin=

Kinder an sich; hier beschäftigen sie sich mit
Pflücken dieser Früchte, womit sie doppelt so viel,
als mit Spinnen verdienen.

II.

Ueber die in der Stadt Würzburg bestehenden, und auf dem Lande einzurichtenden Indüstrieschulen.

Bei den Anstalten für die Bildung der Jugend
in den so genannten niederen Ständen, hat man
den Vortheil, aber auch die Verpflichtung, sie
ganz nach dem Bedürfniß der Zeit und des Orts
einzurichten. Es kann hier bis auf das Einzel=
ne zweckmässig verfahren werden, weil man den
engeren Würkungskreis, für den diese Kinder nach
Wahrscheinlichkeit bestimmt sind, zu übersehen,
und die Kräfte, welche in ihnen aufzuregen, und
die Gegenstände, an welchen sie zu üben sind,
nach dem künftigen Bedürfniß zu bezeichnen ver=
mag. Man muß aber die ganze Behandlung der
Kinder vollkommen nach den so bestimmten Zwek=
ken einrichten, da die Zeit, welche auf ihre Bil=
dung verwendet werden kann, keinen Schritt über
das Nothwendige erlaubt. Da verdient denn wol
neben dem Unterricht in der Religion die Bildung
zur Arbeitsamkeit, und wenn es möglich ist zur
Indüstrie einen Platz, da jener ohne diese nur

gar

gar zu leicht zwecklos werden kann, und, beide vereinigt, das Glück der jungen Staatsbürger am sichersten machen. Die Nüzlichkeit dieser Vereinigung siehet man nun schon an vielen Orten ein, und macht Vorkehrungen, um in den Schulen, neben der Religionstheorie, auch practische Religion dadurch zu lehren, daß man die Kinder zur nüzlichen Anwendung ihrer Kräfte anführet. Ob man nun gleich auf die allgemeinen Grundsäze, nach welchen gehandelt werden muß, wenn man, durch Schulen, Industrie in die künftige Generation bringen will, sehr leicht bei einigem Nachdenken geleitet wird, und auch die Modification der allgemeinen Grundsätze, aus der Betrachtung des Locals willig hervorgehen; so wird doch die Arbeit sehr erleichtert und der gute Erfolg beschleuniget, wenn man die Erfahrung anderer in eben dem Geschäft arbeitender Männer zu nutzen Gelegenheit hat. Beschreibungen derer, welche einem solchen Institute vorstehen, unter deren Hand es nach und nach entstand, sind zu dem Zwecke sehr schäzbar, aber der Blick eines Fremden könnte vielleicht mehr unterscheiden, als dem merkbar wird, der beständig in seiner eigenen Anstalt lebt. Das Neue von seiner bisherigen Erfahrung abweichende hebt sich dem Blick des Fremden schnell entgegen, und dieser Totaleindruck leitet auf die Untersuchung der würkenden Ursachen, welche oft in ganz geringfügig scheinenden Umständen liegen.

Industrieschulen. 407

gen. Die Wahl und Ordnung der Stunden, die Verbindung des Lehrunterrichts mit der Arbeit, die Arbeit selbst nach Materie und Form, das Benehmen der Vorsteher gegen die Lehrer, dieser gegen die Kinder, der Kinder gegen die Obern und unter sich, giebt eins für das andere wichtige Aufschlüsse über Ordnung und Zweckmäßigkeit des Ganzen. Selbst die kleinste Abweichung in den Arbeitswerkzeugen, in der Einrichtung des Zimmers 2c. sind für den Beobachter nicht gleichgültig, und geben ihm zu belehrenden Betrachtungen Anlaß. Das habe auch ich Gelegenheit gehabt zu erfahren, wie ich kürzlich die Industrieschule in Würzburg besuchte, und theile meinen Lesern das, was mir dort unterscheidendes auffiel, als eine Einleitung in die folgende Fürstliche Verordnung mit.

Das was sich nun zwar nicht an allen Orten thun läßt, daß man nemlich Knaben und Mädchen in verschiedenen Schulen unterrichtet, habe ich dort mit dem besten Erfolg ausgeführt gesehen. Die dortige Töchterschule ist in zwei Classen getheilt, und diese werden in zwei verschiedenen Zimmern von **Lehrerinnen** sowol in Arbeiten, als auch in allem dem unterrichtet, was man in einer guten Volksschule gewöhnlich lehrt. Der eine Umstand, daß diese Kinder während des Unterrichts sich auch mit Handarbeiten beschäftigen, wollte mir von Anfange nicht als gut einleuchten, ich fand aber doch, daß es den Fortschritten der Kinder, in den Kenntnissen die ihnen während der Arbeit mitgetheilt waren, keinen merklichen Schaden gethan hatte, nur bei dem Lesen glaube ich doch, daß man durch eine Ausnahme von dieser Regel dem Unterricht mehr forthelfen würde. Die Art das Lesen zu lehren, und damit die grammaticalische Analyse der gelesenen Worte zu verbinden, ist in der That unter mehreren Rücksichten vortheilhaft, da man überhaupt die Kinder zu mehrerer Aufmerksamkeit fesselt, und ihnen für die Zukunft die Rechtschreibung erleichtert.

Das Singen der jungen Mädchen bei der Arbeit kann ihnen, besonders wenn gute Lieder gewählet werden, den Aufenthalt in der Schule zugleich angenehm und sehr nüzlich für die Bildung des Herzens machen. Ich hörete dort ein Lied auf den Frühling, welches die Kinder mit gemässigter Stimme und sichtbarer Theilnahme sangen.

Die Proben, welche die Töchter bei meiner Anwesenheit im Rechnen ablegten, zeugten sowol von einer sehr guten Methode, als von Gründlichkeit in der Unterweisung. Ein Kind, welches dazu besonders aufgerufen wurde, stellete sich an die Tafel, ein anderes dictirete ihm eine Aufgabe, und nachdem diese durchgerechnet war, machte ein drittes Kind die Probe, wobei selbiges
die

die Regeln, nach welchen diese Aufgabe behandelt und beurtheilt werden muste, angab. In den mir vorgelegten Schreibbüchern vermißte ich die sonst dem weiblichen Geschlecht gewöhnlich eigene Form der Buchstaben und deren Zusammenfügung. Sowol die Vorschriften, als das von den Kindern Geschriebene, war von einer männlichen Hand schwer zu unterscheiden. Ordnung herrscht in der Töchterschule bis in das Einzelne. Die Arbeiten, welche gelehrt und geübt werden, sind; Stricken, Nähen, Baumwollespinnen, auch werden Geldbeutel mit Gold durchwirkt verfertiget. Die Producte, welche ich gesehen habe, zeugten von Fleiß und Reinlichkeit.

Die Industrieclassen für Knaben sind noch nicht so vollständig eingerichtet, obgleich auch schon ein Versuch damit gemacht worden ist, und ich Strümpfe von den Händen der Knaben gestrickt gesehen habe.

w.

Verordnung über Anlegung der Industrieschulen im Hochstift Würzburg.

Seine Hochfürstliche Gnaden vollkommen überzeugt, daß bei dem Unterricht und der Bildung der Jugend von jedem Stande vorzüglich auf die künftige Bestimmung derselben gesehen werden müsse, und daß von einer solchen zweckmässi-

mässigen Erziehung, welche allein dem Menschen den wahren Werth giebt, das Beste der Religion und des Staats abhänge; sahen immer dieses wichtige Geschäft als einen der ersten und ernstlichsten Gegenstände Ihrer Sorge und Aufmerksamkeit an. Höchstdieselben haben dahero bei näheren Beobachtungen und Untersuchungen, wie bisher die Jugend des gemeinen Manns oder des Bauers erzogen worden, zwar beruhigend wahrgenommen, daß in den Plan für die Bildung dieser Gattung Kinder wohl alle Gegenstände aufgenommen worden, welche dazu gemacht sind, ihre Köpfe heller — und wenn diese Gegenstände zweckmässig genug bearbeitet werden — auch ihre Herzen besser zu machen; gleichwie Sie aber die künftige Bestimmung dieses Theils Ihres guten Volks noch tiefer, so fort bedachten, daß es nicht sowohl darauf ankomme, viel denken und raisonniren zu können, sondern viel und gern zu thun, und zwar das gern zu thun, wozu diese Menschenclasse geschaffen ist; so fanden Höchstdieselbe, daß es zu dem Schulplane für diese Jugend vorzüglich mitgehöre, auch jene Fähigkeiten und körperliche Kräfte mehr zu entwickeln, welche den Landmann allein glücklich machen müssen; und daß diese Kinder mehr, als bisher geschah', gerade dazu erzogen werden müssen, was sie einst seyn sollen; gute Christen zwar vor
allem,

allem, aber auch sowol für sich, als für die Gesellschaft nüzliche und brauchbare Bürger.

Seine Hochfürstliche Gnaden haben demnach schon Ihren Seelsorgern und Beamten vor einiger Zeit in einem kurzen Circular nur überhaupt aufgeben lassen, zu Höchstdero aufgestellten Schulcommission zu berichten: wie auf dem Lande zweckmässige Industrie- und Arbeitsschulen, die schon in der Residenzstadt bei denen durchaus mit Schullehrerinnen versehenen Mädchenschulen, und auch bei eben solchen hie und da auf dem Lande eingeführt sind, nun allenthalben anzulegen wären.

Nachdem aber Höchstdenselben diese Sache, des daraus nothwendig erfolgenden Nuzens wegen, ungemein am Herzen liegt; so haben Höchstdieselbe gnädigst befohlen, daß man den Seelsorgern und Beamten, überhaupt allen denen, deren Amt es ist, für die Erziehung der Landjugend unmittelbar zu sorgen, jenen Gesichtspunct, woraus sie diesen wichtigen Gegenstand anzusehen hätten, bestimmter und näher anzeigen solle, um sich in ihren zu erstattenden Berichten sowol, als in ihrem ganzen Benehmen darnach richten zu können.

Es ist mithin in Gemäßheit dieser so erspießlichen Absicht vorzüglich nothwendig, den Zweck dieser Industrieanstalten nie aus dem Auge zu verlieren, welcher eben nicht Fabrik oder eine Anstalt

ſtalt iſt, wodurch man ſogleich zu erwerben, oder ſonſt zur Zeit unbekannte — in manchen Orten und Gegenden nicht herkömmliche — als gewöhnliche Nahrungszweige, bisher nicht getriebene Handarbeiten einzuführen geſonnen wäre: hiezu würde alles, und vorzüglich die Jugend noch zu wenig vorbereitet ſeyn; auch würde ſich noch viel darüber denken laſſen, was man verhältnißmäſſig erträglicheres an den Platz der jetzigen Localbeſchäftigungen ſetzen könnte.

Die Abſicht Seiner Hochfürſtlichen Gnaden gehet für itzo lediglich dahin: die Kräfte der Kinder, männlich= und weiblichen Geſchlechts, vom ſechſten bis zum zwölften Jahre, als welche Zeit ſonſt lediglich mit dem litterariſchen Schulunterrichte dahin ging, und wovon auſſer dieſem Unterrichte alle übrigen Stunden in Nichtsthun vertändelt wurden, beſſer und zwar dahin zu benutzen, daß ſie ſchon in dieſen Jahren die Arbeit lieb gewinnen, vom Müſſiggange entwöhnt werden; daß ſolche Kinder dasjenige zu gleicher Zeit nach der ihnen möglich=beſten Art und an den in ihren Verhältniſſen gängigen und zur Zeit gebräuchlichen oder leicht einzuführenden Gegenſtänden treiben, was ſie in den Schulen hören; daß mithin ihre Erziehung im Ganzen practiſcher werde, und alſo die Kinder beiderlei Geſchlechts mehr dazu gebildet werden, was ſie einſtens ih=
rer

rer Bestimmung nach seyn, und womit sie sich Zeitlebens beschäftigen und ernähren müssen.

Zu diesem Ende wollen Höchst Sie bis zu einer erfolgenden ordentlichen Verfügung in Ansehung des weiblichen Geschlechts vor jetzo nur noch, jedoch ernst=gemeint wünschen, daß ausser jenen Orten, wo besondere Schullehrerinnen schon angestellet sind, auch in allen übrigen Schulen eigene Arbeitslehrerinnen alsbald bestimmet werden, welche neben dem, wie gewöhnlich, von den Schullehrern fort zu ertheilenden litterarischen Unterrichte, diese weibliche Schuljugend im Nähen, Spinnen, Stricken u. d. gl. unterrichten und üben; auch deß, so viel thunlich, bei jeder Landschule ein Industriegarten angelegt werde, wo verhältnißmässig die weibliche und männliche Schuljugend in verschiedenen Standen, in der Cultur des Bodens, in Gartenkräuter= und Futterkenntnissen, leztere besonders in Baumkenntnissen, in der Wissenschaft Bäume zu setzen, zu schneiden und zu pflegen, Bienenzucht, Hopfenbau u. d. gl. durch die Schullehrer, oder, wo diese darunter nicht bewandert wären, durch andere unterrichtet und geübt werden.

Zu brauchbarsten Lehrerinnen im Nähen, Spinnen, Stricken und dergleichen, dürften entweder die Gattinnen der Schullehrer oder ausserdem, Personen zu bestimmen seyn, welche in jedem Orte gesessen sind, und deren Arbeitsamkeit und

Mora=

Moralität man kennet; und wo sich keine schon unterrichtete — zur Lehrerin fähige Person findet: so hat man eine unterrichten zu lassen. Eine Nothwendigkeit, welcher man in manchem unindüstridsen Orte nicht wird ausweichen können; welchen Mangel man aber nach wenig Zeit an den aus solchen Schulen entlassenen besseren Schülerinnen im Ueberflusse wird ersetzen können. Beide, Lehrer und Lehrerin, bleiben unter der hergebrachten Aufsicht der Seelsorger, der Beamten und der Gemeindevorsteher. Die zu diesen Anstalten erforderlichen Kosten bleiben regelmässig die Sache der Gemeinden, zu deren so wesentlichem Nutzen die ganze Anstalt abgesehen ist.

Seine Hochfürstliche Gnaden haben hiebei die Zuversicht zu den patriotischen Gesinnungen Ihrer Seelsorger und Beamten, daß sie in Rücksicht des aus diesen Verfügungen nothwendig folgenden Nutzens für die ihrer Sorge anvertrauten Unterthanen, die sich etwa hiebei ergebenden Hindernisse leicht und mit Vergnügen beseitigen werden, welches auch im Ganzen um so thunlicher seyn wird, da nach Seiner Hochfürstlichen Gnaden Höchsten Absicht zwar allenthalben die Sache auf die zweckmässigste Art, jedoch nur im Kleinen, und auf eine den Gemeindeverfassungen mögliche Weise angegangen und ausgeführt werden solle; in welcher Hinsicht die Kosten, wenn besonders das, was jenen Kindern, welchen

ihre

ihre Eltern nicht selber zu arbeiten geben können, an Materialien zu arbeiten gegeben worden, wieder verkauft, und nach Abzuge des verdienten Arbeitslohns dafür neuer Stoff zu arbeiten nachgeschaffet wird; der Unterricht aber etwa mit Befreiung von gemeinen Lasten, oder mit dem Genusse vorräthiger Gemeinde=Grundstücke u. d. gl. belohnet wird, nicht erheblich seyn können.

Ueberhaupt erwarten Seine Hochfürstliche Gnaden, daß jeder Seelsorger, jeder Beamte und jede Gemeinde für itzo alles das thun werden, was ihnen in ihren gegenwärtigen Verhältnissen möglich seyn wird, und daß sie sich und ihre Nachkommen hieburch in den Stand setzen werden, in der Folge mehr thun zu können.

Da übrigens Seine Hochfürstliche Gnaden der Zuversicht sind, daß alle jene, welche für itzo das Meiste zu dieser heilsamen Verbindung des Industrialunterrichtes für die Jugend mit dem litterarischen Unterrichte derselben beizutragen haben, sich eben keine Hindernisse selber erdenken, und daß sie diejenigen, welche sich etwa vorfinden werden, wenig erheblich finden werden, wenn sie von dem wahren Nutzen und von der Nothwendigkeit dieser heilsamen Anstalt ganz überzeugt, und mit der Leichtigkeit und jeder besten Art, diese Industrieanstalten am zweckmässigsten in den Gang zu bringen, und darin zu erhalten bekannt sind: so haben Höchstdieselbe die Gedanken über diese

Gattung Schulen und die Versuche eines grossen Kenners und in diesem Fache vorzüglich erfahrenen Mannes, des Herrn Probsten von Schulstein, Normalschuloberaufsehers im Königreich Böhmen hier anzulegen gnädigst befohlen *); erklären aber noch hiebei gnädigst, daß keine Entschuldigung von gänzlicher Unthunlichkeit, in was immer für Flecken, Dörfern und Gegenden als gültig angenommen werde; zumalen sie in den Fällen, wo hie und da Gemeinden seyn sollten, deren eigener Kräfte Unzulänglichkeit redlich vorgelegt und bewiesen seyn wird, näher zu überlegen gedenken, in welcher Maasse und aus was für Quellen, und auf wie lange, dieselbe hierunter zu unterstützen seyn würden.

Seine **Hochfürstliche Gnaden** befehlen demnach sämmtlichen **Höchstdero** Hochstifts=Pfarrern und Beamten gnädigst und ernstlichst, ihren Gemeindevorstehern, den Eltern schulmässiger Kinder und besonders den Ortsarmencommissionsgliedern diese auf das bürgerliche sowol als moralische Beste **Höchstdero** guten Unterthanen abzweckende Absicht und Entschliessung ohne Verzug begreiflich also und dergestalt vorzutragen, daß in so weit es wegen der Weitschichtigkeit ver=

---

*) Diese Anlage findet sich unter dem Titel "Kurze Beschreibung des Probsten von Schulstein von der Entstehungs= und Verbreitungsart der Industrialclassen in den Volksschulen des Königreichs Böhmen", im 3ten Heft dieses Magazins S. 289. u. f.

verschiedener Aemter thunlich seyn wird, Pfarrer und Ortsbeamte gesammter Hand, ausserdem wenigstens Erstere sich mit diesen wegen ihrer oft ungemein natürlich guten Denkart und oft besten Herzen der Sache nicht selten die geradeste Richtung geben könnenden Gemeindsgliedern über die — ihren Verhältnissen und dem Locale nach — beste Art und Weise zu berathen: wie diese heilsame Anstalt für die Kinder des einen sowol als des anderen Geschlechts in ihren Gemeinden und Schulen am zweckmässigsten jetzo gleich anzugehen und auszuführen seye; wonach Pfarrer und Beamte, je nachdem sie in der Sache mit einander einig oder verschiedener Meinung sind, auch sonst räthlicher finden, gemeinschaftlich oder jeder besonders innerhalb 3 Monathe zu hiesiger gnädigst aufgestellter Schulcommission über das Resultat ihrer Berathungen und über ihre gemachte oder vorhabende Einrichtungen, unangesehen deren — auf das erste kurze Circulare allenfalls schon erstatteten, die Sache als unthunlich darstellenden oft sonst nicht genug erschöpfenden Berichten neuerlich zu berichten haben, um hiedurch Fürstliche Commission in den Stand zu setzen, Ihro Hochfürstlichen Gnaden gründliches Gutachten hierüber erstatten zu können. Gegeben Würzburg den 26ten May 1789.

Hochfürstlich Würzburg. gnädigst aufgestellte Schulcommission.

Aus special Befehl Seiner Hochfürstlichen Gnaden.

III.
Indüstrieschule zu Ballenhausen bei Göttingen im Amte Friedland.

In dem ersten und zweiten Heft dieses Magazins habe ich von der Anlage und dem Fortgange der Indüstrieschulen in Wake und Rostorf ausführliche Nachricht gegeben. Das Gerücht von dieser so nüzlichen Schuleinrichtung verbreitete sich bald in der hiesigen Gegend, und erregte sowol bei den Kirchencommissarien als bei verschiedenen Predigern im Fürstenthum Göttingen den Wunsch, an mehreren Orten wo es nur die Umstände verstatteten, ähnliche Anstalten zu errichten. Der Pastor Rittmeier zu Ballenhausen, der es mit Recht für ein sehr wichtiges Stück seiner Amtsführung hält: die ihm untergebene Jugend zu thätigen Menschen zu bilden, machte, wiewol ganz in der Stille den Versuch; ob die dasigen Localumstände eine Verbindung der Indüstrieclasse mit der Lehrschule begünstigten, und da er bei seiner Gemeine Empfänglichkeit, und bei seinem Schullehrer und dessen Ehefrau Einsicht und Thätigkeit für diese neue Einrichtung fand; so erbot er sich bei seinen Kirchencommissarien Generalsuperintendent Wagemann zu Göttingen, und Amtmann v. Voigt zu Friedland: Falls Königliches

liches Consistorium zu Hannover die Anlage einer
Industrieschule zu Ballenhausen genehmigen wür=
de, und die zur Einrichtung und dem Bestande
dieses Instituts erforderliche Kosten ausgemittelt
werden könnten, so wolle er die Aufsicht überneh=
men. Dies veranlaßte genannte Kirchencommissa=
rien unter dem 24ten August 1787 sich mit einer
bittlichen Vorstellung an Königliches Consisto=
rium zu wenden und sowol die Erlaubniß zu die=
ser Schuleinrichtung als die Bewilligung der zur
Unterhaltung derselben erforderlichen Kosten zu
suchen; wovon ich den Hauptinhalt hierhersetze.

Der glückliche Fortgang und vielfache Nu=
ze der seit 1785 in Wake, und seit Michaelis
1786 in Rostorf mit der Lehrschule verbundenen
Arbeitsschule, hat in uns den Wunsch erregt,
an mehreren Orten auf dem Lande ähnliche An=
stalten zum Besten der Jugend einrichten zu
können, und wir bringen dazu jezt Ballenhau=
sen ehrerbietigst in Vorschlag. Der dasige Schul=
meister Rawe ist in Seminario angezogen und
versieht seinen Dienst mit Geschicklichkeit und
Treue; er wird also auch die ihm zu ertheilen=
de Anweisung über die Abwechselung des Un=
terrichts der Kinder leicht fassen, und zweck=
mäßig befolgen. Seine Ehefrau ist in Strik=
ken, Nähen, Wolle= und Baumwollespinnen
fertig. Beide sind auch erbötig die Anstalt in
ihrem Hause aufzunehmen, und der dasige Pa=

stor Rittmeier will sehr gern darüber die Aufsicht führen. Die Verbindung derselben mit der Lehrschule könnte unter hoher Genehmigung auf dieselbe Art wie zu Wake eingerichtet werden. Zur Anschaffung der nöthigen Werkzeuge und zuerst zu verarbeitenden Materialien, würden etwa 5 Rthlr. erforderlich seyn, und für Miethe und Heizung der Stube worin die Kinder arbeiten, wie auch zur Belohnung für seine Frau als Lehrerin, fordert der Schulmeister Kawe für das erste Jahr 15 Rthlr. Diese Kosten herbeizuschaffen wurde von der Kirchencommission das dasige Kirchenvermögen vorgeschlagen.

Königliches Consistorium bewilligte hierauf im Septembr. 1787: daß der Versuch auf ein Jahr gemacht und die erforderlichen 20 Rthlr. Kosten aus den Kirchenmitteln genommen werden könnten, trug aber auch in eben dem Rescript der Kirchencommission auf, gegen Ende des Jahrs von dem Erfolge Bericht abzustatten.

Zu Folge dieser hohen Genehmigung nahm nun das Institut um Michaelis 1787 zu Ballenhausen seinen Anfang, und schafte schon in dem ersten Jahre unverkennbaren Nutzen, so daß die Kirchencommissarien beim Schlusse desselben den erwünschten Fortgang des Instituts an Königliches Consistorium berichten, und darauf die Bitte gründen konnten: daß durch gnädige Verwilligung

gung von jährlich 15 Rthlr. aus dem Ballenhäuser Kirchenvermögen, etwa auf 6 Jahr besagtem Institute Dauer verschaft werden mögte; worüber auch bald darauf vom Königlichen Consistorio die erforderliche hohe Genehmigung einging. Um meine Leser mit der inneren Einrichtung dieser Anstalt, und den dadurch bisher geschaften Nutzen etwas bekannt zu machen, theile ich hier eine Nachricht, wozu der Pastor Rittmeier, der Aufseher über dieses Institut, die Data gegeben hat mit.

Die Zahl der Schulkinder in Ballenhausen ist jetzt 39, nemlich 24 Knaben und 15 Mädchen. Die sämmtlichen Töchter werden in der Indüstrieschule angewiesen, von den Knaben nehmen aber bislang nur 12 an diesem Unterrichte Theil, die übrigen liessen sich durch das Vorurtheil: daß Stricken und Spinnen für Mannspersonen unschicklich sey zurückhalten, doch bezeigen auch jetzt schon einige von ihnen Lust in die Arbeitsschule aufgenommen zu werden.

Die Arbeiten wozu die Kinder durch die Schulmeisterin Anweisung erhalten, sind Strikken, Nähen, Wollespinnen und das Spinnen der Hede durch den Kamm. Lezteres ist um so nuzbarer, da man in hiesiger Gegend bis hieher die Hede fast gar nicht zu spinnen verstanden, sondern sie an Leute aus dem Hessischen und vom Eichsfelde für einige Wacholderbeeren hingegeben hat, da doch das daraus verfertigte Linnen gut bezahlet wird.

Der Unterricht in der Arbeitsschule fängt täglich etwa eine halbe Stunde später an als in der Lehrschule; weil bei dem Gesange und Gebete alle Kinder in der Lehrstube gegenwärtig seyn müssen; er dauret aber sowol Vor- als Nachmittags eine Stunde länger als in der Lehrschule. Während der gewöhnlichen Schulstunden, Morgens von 7 bis 10 und Nachmittags von 12 bis 3 Uhr sind die Kinder der Classen, die nicht gerade vom Schulmeister vorgenommen werden, in der Arbeitsstube; von 10 bis 11 und von 3 bis 4 Uhr aber alle die Industrieanstalt besuchende Kinder.

Zur Zeit der Sommerschule, von Johannis bis Michaelis wird zwar der sonst mit der Lehrschule verbundene Unterricht in Arbeiten ausgesezt, doch kommen die Kinder, so oft sie Zeit haben, zu der Schulmeisterin und werden von ihr angewiesen; wo denn insonderheit das Nähen getrieben wird, indem sie sich von dem alsdenn gebleichten Linnen Hember machen.

Der Nuze dieser Anstalt ist schon jezt sichtbar und wird, wenn sie fortbauret, immer grösser werden. Da die Kinder für sich strikken, so nehmen sie die Strickzeuge mit zu Hause, und beschäftigen sich auch in der Zeit, worin in sie sonst müssig herumliefen, auf eine nüzliche Art.

Die Kinder von zwei armen Wittwen haben sich schon eine solche Fertigkeit erworben, daß sie für Geld stricken, und den Müttern mit ihrem kleinen Verdienste zu Hülfe kommen. Die Einwohner zu Ballenhausen freuen sich der Anstalt und wünschen ihre beständige Fortbauer. Wie sehr sie ihren Beifall habe erscheinet auch daraus, daß mehrere Eltern ihre bereits confirmirten Kinder noch dahin schicken, um in den Arbeiten fertiger zu werden.

Daß die Beschäftigungen der Kinder in der Arbeitsschule das Zunehmen derselben in Lesen und Erkenntniß nicht hindern, sondern vielmehr befördern, davon hat nach dem Zeugniß des Generalsuperintendent Wagemann die Prüfung der diesjährigen Confirmanden die angenehmsten Beweise gegeben, indem er die Kinder, welche solche Industrieanstalten besuchen meistens geschickter als andere befunden hat.

Man hat seit einiger Zeit schon an mehreren Orten Versuche zu ähnlichen Anlagen gemacht, besonders haben sich verschiedene für das Beste ihrer Eingepfarreten thätige Prediger im Fürstenthum Göttingen darin ausgezeichnet, daß sie unter Mitwürkung ihrer Kirchencommissarien denen ihnen anvertrauten Schulen diese wohlthätige Einrichtung zu geben suchten, und jeder derden grossen Nuzen dieser Anstalt kennet, muß es theilnehmend mit innigster Dankbarkeit verehren, wie gnädig die zur Anlage der Industrieclasse in den Volksschulen, bei den hohen Landescollegien übergebene Vorschläge daselbst aufgenommen und auf alle nur mögliche Art zur Ausführung beför‍dert werden. Zu Sieboldshausen im Amte Fried‍land, zu Kloster Marienstein im Amte zu Gronde und Volkerode im Gericht Leineberg und zu Ossenfelde im Amte Münden sind seit Kur‍zen Industrieschulen angelegt, wovon ich die spe‍ciellen Nachrichten im folgenden Heft dieses Ma‍gazins mitzutheilen nicht verfehlen werde.

w.

IV.
Neue Armenanstalt zu Rotenburg in Hessen.

Unter den neuerlich zweckmässig eingerichteten Armenversorgungsanstalten zeichnet sich die zu Rotenburg in Hessen vorzüglich aus, und deswe‍gen gereicht es mir zu besonderer Freude in die‍sem Magazin eine ausführliche Nachricht davon liefern zu können. Persöhnliche Bekanntschaft mit dem dasigen Herrn Rath Gleim der ein Mit‍glied des dortigen Armencollegiums ist, und durch den diese menschenfreundliche Anstalt mit einge‍richtet

richtet wurde, hat mich so glücklich gemacht den Plan nach welchen dort in Betracht der Armenversorgung verfahren wird, zu bekommen. Ich würde diesem schönen Werke von seinem Reize, den es gewiß für jeden Kenner haben muß, viel nehmen, wenn ich's nicht ganz aufstellete, daher lasse ich den mir gewordenen Aufsaz hier wörtlich abdrucken.

Der Zweck unseres Armeninstituts ist — nicht, Armuth zu verhindern; denn wenn das auch möglich wäre, so würde es doch eine Thorheit seyn, weil Armuth so nothwendig ist als jede andere Ungleichheit der Stände; sondern — die schädlichen Folgen der Armuth so unschädlich zu machen, als wir können. Wir müssen also 1) verhüten, daß die nüzlichen Armen keine müssige Bettler werden, und 2) sie da unterstüzen wo ihre eigene Kräfte nicht mehr zureichen. Diesen beiden Hauptzwecken sind alle Mittelzwecke untergeordnet, und jene sind der Probierstein der Lezteren. Alle diese Haupt- und Nebenzwecke und die Mittel die wir dazu anwenden, sind so in einander gekettet, daß sie sich in der Darstellung so wenig als in der Ausführung und Anwendung trennen lassen; und da wir nicht die Absicht haben, dem geehrten Publicum die ersten Faden der Entwicklung unseres Plans wieder vorzuspinnen, sondern nur, denselben von den gemachten und noch zu machenden Einrichtungen

Rechen-

IV. Neue Armenanstalt

Rechenschaft zu geben, um darauf den Anspruch zu gründen, den wir auf die Mitwürkung des geehrten Publicums machen und machen müssen, wenn wir anders unsern gemeinnüzigen Zweck erreichen, und den guten Armen, dem Publicum selbst, und dem gemeinen Wesen überhaupt nüzlich werden sollen; so begnügen wir uns damit, unsere Einrichtungen ohne künstlichen Zusammenhang vorzulegen.

I) **Einrichtung des Armeninstituts und Beschäftigung des Armencollegiums.**

A) **Versorgung der Armen und Hülflosen aller Art,**

1) der Fremden und Reisenden durch Viatica.

Das Institut schränkt sich blos auf die Armen in der Stadt, die so genannten Hausarmen ein. Fremde sind also davon ausgeschlossen, weil wir voraussezen, daß jede Stadt oder Gemeinde ihre Armen selbst versorge; und Armen die eine Heimath und zwar so nahe haben, daß sie solche ohne Unterstüzung erreichen können, bekommen schlechterdings nichts, so wenig als fremde Collectanten. Von den seltenen Ausnahmen in ausserordentlichen Fällen kann hier nicht die Rede seyn, weil dafür besondere und freiwillige Subscriptionen gemacht werden. Aber arme Reisende, die entweder gar keine Heimath, oder doch

doch in einer solchen Entfernung haben, daß sie solche in Ermangelung eigener Erwerbmittel, ohne fremde Unterstüzung nicht erreichen können, müssen Reisegeld und jede andere Hülfe, z. B. Krankenfuhren haben, um weiter zu kommen; aber auch nicht mehr; und das Armeninstitut übernimt diese Besorgung nur darum, damit auf der einen Seite niemand unversorgt bleibe oder mehr als er bedarf erhalte, und auf der anderen Seite das Publicum gegen Bettelei gesichert werde. Aber von Bettelei hernach. Die Handwerksbursche eingerichteter Zünfte werden an den Zunftmeister, und alle andere Passanten werden an zwei bestimmte Männer gewiesen davon Einer oder der Andere die Anweisung an den Collectanten schreibt und darüber die Controle führet. Diese Ausgabe hat in den 20 Monathen unseres Instituts 137 Rthlr. 19 Alb. 6 Hl. also monathlich etwas über 6 Rthlr. 28 Alb. oder wöchentlich etwas über 1 Rthlr. 19 Alb. im Durchschnitt betragen, und wird sich eher mindern als mehren, wenn Bettler von Profession keine andere Wohlthat in Rotenburg finden, als ein karges Viaticum.

2) der einheimischen Armen.

Alle einheimische Arme sind entweder gesund und stark, das heißt vermögend, sich mit ihrer Hände Arbeit den nothdürftigen Unterhalt zu verschaffen, wenn es ihnen nicht an Gelegenheit fehlet ihre Kräfte anzuwenden; oder krank, schwach, zu jung oder zu alt, oder sonst unvermögend sich ohne fremde Unterstüzung zu erhalten. Das Armeninstitut sorgt für beide Classen, aber immer in der Verbindung der vor angeführten beiden Hauptzwecke, und wendet nur solche Mittel an die diesen Zwecken als seinen ersten Grundgesezen am angemessensten sind.

a) der gesunden und starken Armen durch Arbeitsanstalten.

Weil nun die erste Classe der gesunden und starken Armen bei weiten die Zahlreichste ist, weil in ihr die Quelle fast aller künftigen Armuth liegt, und weil eben bei ihnen der ausgebreiteteste Nuzen mit dem wenigsten Aufwand, theils für sie selbst, theils für das jezige Publicum und am meisten für die Zukunft erhalten werden kann, so ist auch die erste Sorge des Instituts, die Kräfte der gesunden und starken Armen zu nuzen, ihnen Arbeit zu verschaffen, jede Industrie zu beleben, und Werkzeuge und Mittel zu procuriren, die sich jene Armen nicht selbst schaffen können. Kurz die Arbeitsanstalten sind die erste und wichtigste Beschäftigung des Instituts, und weil wir auf den gemeinen und größten Haufen zuerst Rücksicht nehmen musten, so ist für die welche kein Kunstgewerbe treiben, eine Wollenspinnerei etablirt worden. Baumwollespinnen soll vortheilhafter seyn, sezt aber eine Manufactur oder Abnehmer voraus, die wir nicht haben. Der Flachs

Flachs mißräth sehr oft und wirft keinen so hohen Spinnelohn aus, als Wolle. Da nun hier zwei glückliche Umstände zusammen treffen a) daß in hiesiger Gegend sehr viel Wolle gezogen wird, so daß es den Spinnern nicht leicht jemalen daran fehlen kann, und hauptsächlich b) daß das hiesige Handelshaus der Gebrüder Ringeling einen grossen Trafic mit Wollengarn macht, die rohe Wolle in grossen Quantitäten aufkauft, an fremden Orten bereiten und verspinnen läßt, und denn die gesponnenen Garne in die Fremde verkauft; so war nichts natürlicher als diese günstige Gelegenheit zu nuzen, um alle müssige Hände des gemeinen Haufens besonders von dem Zahlreicheren weiblichen Geschlecht, auf einmal zu beschäftigen und den Armen ein Erwerbmittel anzubieten, womit sich schon ein Kind von 7 Jahren seinen eigenen Unterhalt verdienen kann. Es fehlte nur a) an einem Wollbereiter, der die rohe Wolle bis zum Verspinnen zurichtet, sortirt, die Garne in Empfang nimt ꝛc. b) dem Unterricht im Spinnen und c) den geringen Werkzeugen dazu. Wir vermogten also ad a) den Zeugmacher und Wollarbeiter Wilhelm Eichler durch einen verbürgten Vorschuß von 200 Rthlr. und andere ausgewürkte Begünstigungen, auf Kosten des Instituts von Vacha hierher zu ziehen, wir veranstalteten ad b) eine öffentliche und ohnentgeltliche Spinnschule auf dem Rathhause, und liessen ad c) eine beträgt=

trägtliche Anzahl Räder und Weiffen verfertigen, um sie den Armen unentgeltlich und den Nichtarmen zum Abverdienen auszutheilen. Hier müssen wir das besondere Verdienst des Herrn Cammerassessor Hüpeden öffentlich rühmen, das sich derselbe um dieses Specialinstitut, durch freiwillige Uebernahme der mühsamen Direction und selbst durch andere thätige Unterstüzung erworben hat, und noch fortwährend erwirbt. — Wir haben diese einfache Einrichtung den gewöhnlichen und kostbareren Werkanstalten vorgezogen, sowol weil es dem Institut an benen dazu nöthigen Mitteln fehlet, als auch weil wir jene Einrichtung für zweckmässiger gehalten haben. Ein öffentliches Werkhaus erfordert eine grosse Anlage, einen besoldeten Werkmeister, Factor, mehrere Rechnungen, nähert sich mehr einer Fabrikanstalt, und hat alle die Nachtheile, die mit einer jeden fremden Administration nothwenbig vergesellschaftet sind. Wir lassen also dem Kaufmann was des Kaufmanns ist, und dem Werkmeister was sein ist, nehmen an ihren Gewinn und Verlust keinen Antheil, und nuzen beide blos zu unserem eingeschränkten Zweck. Zwar können wir nicht leugnen, daß uns der Gedanke, durch diese kleine Anlage vielleicht den Grund zu einer künftigen Manufactur gelegt, und grössere Erfolge für den Handel den Wohlstand der Bürgerschaft, das Aufnehmen der Stadt ɾc. vorbereitet zu haben,

die

die alle wieder auf das Armenwesen wohlthätig zurückwürken — daß dieser Gedanke, dessen Würklichwerdung unsere schönste Belohnung seyn würde, uns oft amüsire; aber nie wird uns dies Bild so sehr täuschen, daß wir über unsern nächsten Zweck, die gesunden Armen zu beschäftigen, hinsehen, und in diesen engen Kreis unserer Absichten was hineinziehen sollten, das nicht unmittelbar dahin gehörte. Aber eben jener zurückwürkenden Vortheile wegen dürfen wir die Nebenabsicht, mehrere Zeugmacher hieherzuziehen, nicht aus den Augen verlieren, um die arbeitsamen Hände unserer Armen noch mehr und noch vortheilhafter zu beschäftigen. Alles Garn, was die Gebrüder Ringeling zum Verkauf im Grossen, erhalten, wird auf dem kleinen Rad gesponnen, und ausgesucht. Die schlechten Garne müssen also fabricirt werden, und dazu ist ein Zeugmacher nöthig. Aber das Wollspinnen auf dem grossen Rad ist noch vortheilhafter, gewährt einen grösseren Verdienst und ist besonders die Beschäftigung der Mannspersonen; und auch dies erfodert eine unmittelbare Verarbeitung, weil es nicht zum Verkauf gebraucht wird. — Wir führen das alles nur an, um uns bei den Ununterrichteten gegen den etwaigen Vorwurf zu rechtfertigen, als ob wir unseren Plan zu weit angelegt hätten, und zugleich um zu beweisen, wie viel noch auch in diesem Felde für uns zu bearbeiten übrig sey, und wie viel noch mit offenbaren Nuzen angebauet werden könne, wenn wir die nöthige Unterstüzung finden. — Aus eben dem Grunde, um nemlich einem etwaigen ungünstigen Vorurtheil zu begegnen, müssen wir noch einen Umstand berühren, der ausserdem das Publicum nicht so sehr interessiren dürfte. Im ersten Jahr 1786-1787, musten wir alle Künste anwenden, Arme und Nichtarme, in und ausser der Stadt zum Spinnen einzuladen, und im zweiten 1787-1788 sind ihrer mehr als der Wollbereiter versorgen kann, und manchen unsrer Leser dürfte vielleicht von einem oder dem anderen unserer unzufriedenen Armen die gewöhnliche Klage der Bettler zu Ohren gekommen seyn, daß sie gern arbeiten wollten, aber keine Arbeit hätten, keine Wolle bekommen könnten. Ja einige sind schon so weit gegangen, daß sie den Meister Eichler deshalb und weil er einen jezt überflüssigen Gesellen entlassen hat, in den Ruf eines bevorstehenden Bankerots gebracht haben. Dies aufzuklären, müssen wir die Bemerkung machen, daß der Wollengarnhandel im Jahr 1787 eine Revolution erlitten habe, die vielleicht in vielen Jahren nicht wieder statt haben wird. Die Preise der Garne stiegen zu einer ungewöhnlichen Höhe, und natürlicherweise auch die Wolle, und nachdem alle Wolle theuer eingekauft war, fiel plözlich der Preis der Garne auf das gewöhnliche herunter.

Alle

Alle Wollenarbeiter verlieren dadurch ansehnlich, auch hier wurde so wie in Vacha und Hersfeld der Spinnelohn um ⅛ heruntergesezt, und der Meister Eichler wird bis zur nächsten Wollenschur nur wenig Wolle zum Spinnen liefern. Weil es nun in dem mit ihm geschlossenen Accord eine Hauptbedingung war, daß er vorzüglich und zuerst unsere ihm angewiesene Hausarme in der Stadt mit Wolle versehen müsse, wogegen wir ihm den Schaden an dem von den armen Lehrlingen verdorbenen Garn vergüten; so haben wir den Policeiinspector zum unmittelbaren Aufseher über die Arbeits- und Spinncanstalten im Kleinen instruirt und verpflichtet, um die tägliche Klage der Spinner, daß sie keine Wolle haben können, oder, daß ihnen vom Lohn abgezogen werde, und des Wollbereiters, daß die Spinner betrüglich gesponnen oder sich ungebührlich betragen hätten in continenti zu untersuchen und zu remediren, allenfalls aber dem Armencollegium oder der Policei zu weiterer Verfügung anzuzeigen. — Ein genaueres Detail dieser Einrichtung und der nähere Beweis ihrer Solidität würde zu weit führen, wir sind aber bereit einem jeden Kenner unsere Acten zur Prüfung vorzulegen, und werden die uns gegeben werdende Anmerkungen zur Verbesserung mit Dank benuzen. Auch werden wir diesem Aufsaz einen Generalextract der Arbeitscassenrechnung beifügen.

Auf eben diese Art, wie wir dem gemeinen Fleiß eine fortwährende Beschäftigung geben, sind wir auch bemüht, jeden Kunst- und Handwerksfleiß zu unterstüzen immer in der Absicht zu verhüten, daß der Arme kein Bettler werde. Oft reicht ein kleiner Vorschuß hin, einen zurückgekommenen Handwerker zu retabliren, oder zu verhüten, daß ein anderer nicht zurückkomme. Mancher Arme kann seinen Sohn kein Handwerk lernen lassen, weil er die Kosten nicht bestreiten kann, u. s. w. Aber für diesen wichtigen Theil unsers Hauptplans, der über das eine genaue Kenntniß unserer Bürger voraussezt, haben wir bei unserer Eingeschränktheit nicht mehr verwenden können, als diejenigen 100 Rthlr., die Ende 1786 von Ihro Hochfürstl. Durchlaucht der Frau Landgräfin dazu gnädigst verehret worden.

Eine gezwungene Werkanstalt für Verbrecher, lüderliche Leute und müssige Gefangene gehöret nicht eigentlich für das Armencollegium, und erfordert eine ganz abgesonderte Einrichtung.

b) der Schwachen oder Kranken.

Die zwote Classe unserer Hausarmen sind die Hülfsbedürftige aller Art, denen es an Gesundheit oder Kräften fehlet, sich die nöthigsten Bedürfnisse des Lebens zu verschaffen, und die also durchaus auf die Wohlthätigkeit und Unterstüzung ihrer begüterten oder vermögenden Mitbürger einen gerechten Anspruch machen. Die
Sor=

Sorge für diese Hülflose ist zwar immer dringender als die für die Arbeitslose, aber nach unserm angenommenen Grundsaze, daß es besser sey Armuth verhüten als Armuth pflegen, steht sie doch im Plane selbst der Leztern nach. Eine logische Abtheilung aller dieser Hülfsbedürftigen würde keinen Nuzen haben, und wir haben alle hierher gehörige Anstalten in die Almosen = die Kranken = und die Waisenpflege abgetheilt. Die Almosenpflege ist das genus, und die Kranken= und Waisenanstalten sind zwo Hauptgattungen derselben, für welche wir erst künftig, so wie für die Arbeitsanstalten bereits geschehen ist, eigene Cassen etabliren und eigene Rechnungen führen zu können hoffen. Alle Almosen die wir an hiesige Hausarmen austheilen lassen, sind entweder die ordentlichen, welche wöchentlich und auf unbestimmte Zeit an die Hülfsbedürftigen ausgespendet werden, oder ausserordentliche, welche in besonderen Fällen besonders angewiesen werden, und zu diesen gehören die erst benannten vorzüglichen Gattungen. Wir haben also Rechenschaft abzulegen 1) von der wöchentlichen Almosenspende 2) den Krankenanstalten 3) den Waisenanstalten, und 4tens sonstigen extraordinairen Unterstüzungen; und hernach werden wir noch von den Mitteln dazu und deren Verwaltung reden.

Ee 3 α) Ue=

IV. Neue Armenanstalt

α) Ueberhaupt; durch die Almosenspende.

Die wöchentlichen Almosen, die der Collectant zu 1½, 2, 3, 4, 6, höchstens 8 Ggr. für die Person austheilet, wurden nach dem vorhin bestimmten Verhältniß beibehalten. Sobald aber die Wollenspinnerei im Gange war, stellten wir eine genaue Revision der Percipientenliste an, und strichen alle diejenigen aus, welche zwar spinnen konnten, aber nicht wollten, also nach dem biblischen Ausspruch hungern müssen, weil sie nicht arbeiten wollen. Den Spinnenden hätten wir zwar die Almosen entziehen können, die sie sich nun selbst verdienen konnten, allein wir liessen sie ihnen als Praemien und um unsere Werkanstalten nicht gehässig zu machen; auch bei den nachherigen Receptionen war zwar das Spinnen, bei denen die spinnen konnten, Conditio sine qua non, wir bewilligten ihnen aber aus dem eben angeführten Grunde neben den freien Rädern und Haspeln noch kleine wöchentliche Beiträge zur Ermunterung. Ueberhaupt aber haben wir bei allen nachherigen Receptionen den in solchen Dingen nur möglichen Fleiß angewendet, um der Sache weder zu viel noch zu wenig zu thun sondern die goldene Mittelstrasse zu halten, und wir haben zu Verhütung zweier Extremen den Grundsaz angenommen: Auf der einen Seite nicht auf die Würdigkeit des Nothleidenden sondern auf sein würkliches Bedürfniß zu sehen, und

auf

auf der anderen Seite die Almosen nur nach der genauesten Nothwendigkeit zu bestimmen, damit das karge Leben von Almosen nie einen Reiz für den Faulen überkomme, und der arbeitende Arme immer noch um eine Stuffe höher stehe. Es ist uns manche einzelne Stimme aus dem Publicum besonders von ärmeren Contribuenten zu Ohren gekommen, die es uns, aus Leidenschaft gegen den Unwürdigen oder aus Vorliebe für einen unverschuldeten Armen zum Vorwurf gemacht hat, daß wir jenen aufgenommen und diesen nicht reichlicher versorgt haben. Aber wir dürfen nicht darauf achten, wenn wir nicht auf der einen Seite die Hülfe der Armen, die es durch ihr Verschulden werden, ausstreichen, oder auf der anderen Seite zur mehreren Bequemlichkeit des Armen über das Vermögen unsrer Casse hinausgehen wollen. Auch das ist nicht allemal zu vermeiden, daß nicht manche Almosen zu andern Zwecken angewendet werden sollten, als zu denen sie den Armen gegeben worden: der Säufer verkauft sein leztes Kleidungsstück um nackend Brantwein zu trinken, die Caffeschwester das lezte Mehl rc. aber in einem solchen Falle, wenn er uns zur Wissenschaft kömmt, lassen wir den Unsinnigen die Bedürfnisse in Natura geben, und wir werden jede Denunciation dieser Art, die uns aus dem Publico zukommt, mit Dank annehmen. Die wöchentlichen Almosen haben in den ersten 20 Mo-

IV. Neue Armenanstalt

nathen im Durchschnitt jede Woche etwa 9 Rthr. 7 Alb. betragen.

β) insbesondere

א) der Kranken im Krankeninstitut.

Die Krankenanstalten oder die öffentliche und unentgeltliche Versorgung der Kranken, die entweder schon arm waren, oder es in dem Augenblick des Krankseyns wurden, müssen sich bei einer auch nur oberflächigen Betrachtung, jedem Menschengefühl empfehlen, und wir würden es uns zum Vorwurf machen, daß diese Einrichtung erst jezt den Anfang nimt, wenn deren frühere Einleitung von uns abgehangen hätte. Wir können daher auch den Dank, den wir unsern Herrn Aerzten dafür schuldig sind, nicht thätiger beweisen, als wenn wir ihre menschenfreundliche Verpflichtung in einer vollständigen Abschrift beilegen. — Zwar erfordert dieses Institut noch mehr als den uneigennüzigen Beistand der Herrn Aerzte und Wundärzte; auch Arzeneien, Nahrungsmittel, Wartung und Pflege der Kranken, und besonders ein eigenes abgelegenes Häusgen zu einem Krankenhospital. Wir haben eine nicht sehr entfernte Hoffnung, das alles leisten zu können, wenn wir nur zu Bestreitung der dazu erforderlichen baaren Auslagen, auf eine Erhöhung der bisherigen Beiträge des vermögenden Publicums rechnen dürfen. So hoffen wir von der sich zum Besten unseres Instituts auszeichnenden Gnade

Sr.

Sr. Hochfürstlichen Durchlaucht des Herrn Landgrafen einen gnädigsten Beitrag zu den Arzneien, und der löbliche Magistrat wird es sich zur Ehre rechnen, ein kleines Hospital in einem ihrer abgelegenen öffentlichen Gebäude einrichten zu lassen, das zugleich zur Wohnung des öffentlichen Wärters, und nach der neuen Ordnung zur Aufbewahrung der zweifelhaften Todten dient. Da auch viele nicht Arme sehr oft in dem Falle sind, daß sie aus blossen Geldmangel der früheren Hülfe eines Arztes entbehren, weil sie sich ausser Stand finden die Arzeneien zu bezahlen, und durch diese Verspätung das Uebel vergrössern und oft unheilbar machen, so würde der Nuzen dieses Specialinstituts noch ausgebreiteter seyn, wenn es einem jeden Bewohner der Stadt, ohne vorgängige Untersuchung seines Vermögens, frei stehen würde, sich in das geführt werdende Verzeichniß der kranken Armen eintragen zu lassen, um diese Wohlthat wenigstens Vorschußweise zu geniessen, bis er im Stande seyn würde die Auslagen, ohne Nachtheil seines Gewerbes, ganz oder zum Theil zu restituiren.

Es würde überflüssig seyn, wenn wir den vielseitigen Nuzen dieser Ausdehnung detailliren wollten, und wir machen nur die Anmerkung dabei, daß auch ohne dieselbe eine Berechnung von Vergütungen, izt aus dem Nachlaß verstorbener Armen nöthig sey, und daß schon darum eine abge-

sonderte Krankencasse und so wie bei der Arbeits=
casse, eine eigene Rechnung darüber erfordert
werde.

2) der Waisenkinder im Waiseninstitut.
Das Waiseninstitut beschäftigt sich mit der
physischen und moralischen Erziehung armer Kin=
der, die entweder gar keine Eltern haben, oder
deren Eltern dazu schlechterdings unvermögend
sind. Auch hier enthalten wir uns aller Decla=
mationen über den Vortheil und den Nachtheil,
den die Menschheit, der Staat und unser Publi=
cum von der frühen Bildung der armen Jugend
und im Gegensaz von ihrer Vernachlässigung zu
gewarten hat, und bemerken nur, daß wir nie=
malen, auch denn nicht, wenn es die Kräfte un=
sers Instituts erlaubten, an ein Waisenhaus
denken würden, so wenig als an ein Werkhaus.
Die ganze Stadt ist unser Waisenhaus, welches
durch die natürliche Scheidung der Fulde zwo
Abtheilungen erhält. In einer jeden der Alt= und
Neustadt, haben wir zween Armen=Waisen=
Vormünder bestellet, die zugleich die Kirchen=
Senioren sind; und wovon der eine die Admini=
stration und der andere die Feder führen, und
dafür eine am Ende eines jeden Jahrs nach Ver=
dienst bestimmt werdende Belohnung aus der Ar=
mencasse erhalten. Wir haben ihnen einen um=
ständlichen Unterricht und besondere Instruction
gegeben und sie darauf verpflichtet: sie müssen

für

für die Verpflegung und Bekleidung aller Waisen ihres Districts und für die gute Verwendung der Almosen sorgen, die dazu verwilliget sind; sie müssen aufsehen, daß die Kinder zu Kirchen und Schulen und besonders zur Arbeit angehalten werden. Auch von dieser Einrichtung erwarten wir wichtige Vortheile, wenn wir hinlänglich unterstüzt werden sie auszuführen.

3) **sonstige Hülflose durch extraordinaire Unterstüzungen.**

Nach der Absonderung dieser beiden eminenten Gattungen von extraordinairen Ausgaben, und dessen was in gleicher Absicht aus der Arbeitscasse bestritten wird, bleiben nun noch mehrere andere ausserordentliche Bedürfnisse der Armen übrig, die wir in der monathlichen Collectenrechnung in einer Rubrik zusammenfassen. Die frequenteste sind die Leichenkosten verstorbener Armen; und auch hier glauben wir, nach der bei den Krankenanstalten gemachten Bemerkung, durch blosse Vorschüsse manche Wohlthat ausgetheilt zu haben. Das Vermögen so vieler Nichtarmen reicht meistens nur zu, ihre tägliche Bedürfnisse zu befriedigen, und kommt einmal ein ausserordentlicher Fall und dringend, so müssen sie, oft unentbehrliche Dinge, mit Schaden verkaufen, versezen, um baares Geld zu bekommen. Für diese ausserordentliche und unvermeidliche Fälle finden die Halbarmen in der Armencasse eine Leihbank

bank wo sie ohne Pfand, ohne Zinsen und ohne Kosten baares Geld, aber nicht mehr als zur höchsten Nothdurft erhalten. Diese Vorschüsse werden zu Vermeidung doppelter Berechnung auf den Receß liquidirt, und kommen nur denn zur Ausgabe, wenn keine Restitution zu hoffen ist.

B) Mittel der Versorgung.

Die Mittel die wir haben allen bisher erwehnten Bedürfnissen der Armen abzuhelfen, und von deren treuen und gewissenhaften Anwendung wir die genaueste Rechenschaft abzulegen haben, sind: 1) die Wochencollecte 2) die Legatenzinsen 3) extraordinaire Beisteuern, und 4) der Armenfonds.

1) die Wochencollecte,
oder die fixirten Beiträge aller hiesigen Einwohner, die durch einen besonderen Collectanten wöchentlich erhoben werden, sind, wie wir öffentlich und mit innigstem Dank bekennen die Hauptquelle aus der wir schöpfen, und von deren Erweiterung die Erweiterung unseres Instituts oder das volle Maaß künftiger wohlthätigen Unterstützungen der hiesigen Hausarmen abhängt. Wenn kein Tropfen freiwilliger oder erzwungener Wohlthätigkeit auf die Erde fällt, wenn jeder Einzelne seine, grosse oder kleine, Schale in die öffentliche Cisterne ausgießt, und wenn die Wasserleitungen unter Einer, öffentlichen und gewissenhaften Direction stehen. — doch wir wollten ja nicht in der

Bil=

Bilderſprache reden, und wir wiederholen nur das was wir mehrmalen geſagt haben, daß es nur einer ſorgfältigen Zuſammenſparung aller einzelen Rthlr. verſchwendeter Almoſen bedürfe, um durch eine vorherbeſtimmte planmäſſige An=wendung derſelben, beides die Armen und das Publicum zugleich, mit einerlei Kräften weit beſ=ſer zu ſoulagiren. Wir müſſen es einem jeden ſelbſt überlaſſen, die Vergleichung zu machen, ob nicht die Summe der ehemaligen einzelen Al=moſen vom ganzen Jahr, der Summe der jezigen 52 Beiträge gleich geſtanden oder ſie wol gar über=wogen habe, und wir ſezen dagegen nur einige Totalſummen aus den Collectenrechnungen von 1786-1787. her, aus denen der Liebhaber poli=tiſcher Rechnungen die Reſultate ſelbſt ziehen kann. In den erſten 4 Monathen Januar bis April 1786, von der neuen Einrichtung betrug die Col=lecte 135 Rthlr. 21 Alb., mithin monathlich 33 Rthlr. 29 Alb. 3 Hlr. In den 8 folgenden Mo=nathen 1786 — 520 Rthlr. 6 Alb. und p. a. 1787. 804 Rthlr. 27 Alb. 8 Hlr., mithin im Durch=ſchnitt von dieſen 20 Monathen 66 Rthlr. 8 Alb. 1 Hlr. alſo beinahe doppelt ſo viel als vorhin. In den erſten 4 Monathen ſind 42 Rthlr. 14 Alb. 8 Hlr. aus der Legatencaſſe zugeſchoſſen, und in den 20 lezten Monathen ſind 105 Rthlr dahin zurückgeliefert, und eben ſo viel iſt in Caſſa und in Vprſchüſſen übrig, ohne etwas aus der Lega=

ten=

tencasse erhoben zu haben, als den Eichlerischen Vorschuß von 200 Rthlr., der zur Casse wieder zurückkommt. In den ersten 4 Monathen sind 184 Rthlr. 21 Alb. 4 Hlr. also monathlich 33 Rthlr. 21 Alb. 4 Hlr. an die Hausarmen vertheilt, und nach der obigen Berechnung erhielten sie in den 20 lezten Monathen im Durchschnitt 39 Rthlr. 15 Alb. Zu dieser Wochencollecte werden a) aus der Fürstlichen Hofcasse wöchentlich 2 Rthlr. also jährlich 104 Rthlr. und b) von hochlöblichen Regiment monathlich 3 Rthlr. 10 Ggr. also jährlich 41 Rthlr. gezahlet, es sind also von denen im Jahre 1787 baar eingegangenen 804 Rthlr. 27 Alb. 8 Hlr. nach Abzug obiger 145 Rthlr. c) aus der Stadt eingekommen 659 Rthlr. 27 Alb. 8 Hlr. Alle extraordinaire Steuren (einige Kleinigkeiten ausgenommen die unmittelbar zur Almosenspende gegeben werden, und wofür in der Collectenrechnung eine eigene Einnahmsrubrik geführt wird) kommen in die Hauptarmenrechnung, wovon wir hernach Rechenschaft geben werden, und von den Ausgaben der Collectenrechnung haben wir oben geredet.

2) Die **Legatencasse**, die von unserer Armencasse ganz verschieden ist, und von den zeitigen Cassenschreiber oder Hospitalverwalter unter der Direction des Herrn Superintendenten und Hochfürstlichen Consistorii administrirt wird, begreift alle milde Stiftungen, die zum Besten der
hie=

hiesigen Armen gemacht sind, oder noch gemacht werden; aber wohl zu merken, nur derjenigen, deren Capital nicht angegriffen werden darf, sondern wovon nur die Zinsen nach der Vorschrift des Stifters zum Besten der Armen verwendet werden können. Nach einem Extract, den wir uns aus der lezt abgehörten Legatenrechnung vom Jahre 1785 genommen haben, betragen die bisherigen 50 Legata oder Stiftungen 4752 Rthlr. 29 Alb. 4 Hlr. darunter sind 125 Rthlr. zu Bü=chern und 200 Rthlr. zu Schullohn armer Kin=der destinirt, und von allen übrigen vermachten Capitalien sollen die Zinsen an bestimmten oder unbestimmten Tagen unter die Armen vertheilt werden. Darüber ist man nun schon lange einig gewesen, daß diese Art der Almosenspende, wo man den zulaufenden Armen jährlich an gewissen Tagen, ohne Wahl und ohne Rücksicht auf ihr Bedürfniß, Geld austheilte, die Zweckwidrig=ste sey.

Ueble Administration und Concurse der Debi=toren verminderten die Capitalien, und aus die=sem doppelten Grunde stellte man die jährlichen Spenden ganz ein, classificirte die Armen, ließ eine Büchse umtragen, und theilte die gesammlete Almosen mit einem Theil der Legatenzinsen mehr regelmässig aus, während man die übrigen Zin=sen zur Ergänzung der vergriffenen oder verloh=renen Capitalien einbehielte. Dies Verfahren hat

nun

nun bei der hiesigen Legatencasse die Folge gehabt, daß die Summe der ausgeliehenen Capitalien (der Capitalfonds) zu Ende 1785 auf 5327 Rthlr. 14 Alb. 4 Hlr. angewachsen war, mithin die Summe aller Vermächtnisse (den Legatenfonds) um 574 Rthlr. 17 Alb. überstieg, den baaren Ueberschuß der Casse und die liquidirten Zinsrückstände nicht mitgerechnet. Im Jahre 1786 waren wie obgedacht nur 42 Rthlr. 14 Alb. 8 Hlr. zur Collecte zugeschossen, und wir legten 200 Rthlr. zu einem gesicherten Vorschuß an, der nach einigen Jahren zum Fonds zurückkehrt. Dadurch hoffen wir uns ein solches Capital zu ersparen, als wir zur Errichtung eines Armenfonds nöthig zu haben glauben, und weil wir von diesen noch besonders reden werden, so bemerken wir hier nur noch, daß unsere Armen aus den hiesigen Kirchencassen keine Unterstüzung erhalten, und an den Opfern die in der Kirche und sonst gesammlet werden, keinen Antheil haben.

3) extraordinaire Beiträge.

Alles andere was nicht aus diesen beiden Quellen, der Wochencollecte und den Legatenzinsen, in unsere Armencasse fließt, begreifen wir unter den extraordinairen Beisteuren und freuen uns, daß wir unter dieser Rubrik ehrwürdige Namen, und beträgtliche Summen nennen dürfen.

So sind uns Ausgang 1786 von Ihro Hochfürstliche Durchlaucht der Frau Landgräfin 100 Rthlr.

Rthlr. und von beiden gnädigsten Herrschaften, 1787 andere 100 Rthlr. mildest gesteuret worden, von denen wir 50 Rthlr. an zwo arme Familien gezahlet, 50 Rthlr. zur Arbeitscasse gegeben, und 100 Rthlr. zur Capitalcasse abgeliefert haben. 50 Rthlr. sind durch den Herrn Cammerassessor Hüpeden im Namen einer wohlthätigen Gesellschaft in die Arbeitscasse gelegt, und die freiwillige Abgaben von den Spielgewinsten einiger Assembleen haben bis Ende 1787 über 26 Rthlr. betragen, anderer kleiner Gaben nicht zu gedenken, die aber alle in der Hauptarmenrechnung namentlich angeführt werden.

4) der Armenfonds.

Ein jeder guter Haushälter wird in seiner Privatoeconomie eine solche Einrichtung machen, daß seine Einnahme nicht von den Ausgaben überstiegen werde, und er wird sich für künftige unvorgesehene Fälle einen Nothpfennig sammlen, und wenn er es ohne Abbruch des Nothwendigen kann, zu künftigen Gebrauch ein Capital anlegen. Wichtiger und nothwendiger ist diese Vorsicht für die Oeconomie des Armeninstituts. Wären wir z. B. nicht im Stande gewesen, dem Zeugmacher und Wollenarbeiter einen Vorschuß von 200 Rthlr. zu geben, der doch nach 7 Jahren ganz in die Casse zurückgeflossen seyn wird, so würde es unserer ganzen Einrichtung, blos aus Mangel dieses an sich unbedeutenden Mittels, noch jezt an einem

nem der wesentlichsten Stücke fehlen. Wir werden zwar niemalen in die Versuchung gerathen unserem oben geäusserten Grundsaz untreu zu werden, und bei einer Anhäufung des Capitalvermögens die Versorgung der Armen zu einer wünschenswertheren Wohlthat zu machen, als die eigene Versorgung des geringsten Nichtarmen ist, um nicht in den Fehler der gewöhnlichen Hospitalseinrichtung zu fallen. Aber so wie wir auf dieser Seite nicht über die Grenzen der Nothwendigkeit hinausgehen werden, so dürfen wir auch niemalen weniger thun, als wir für allemal thun. Unsere Ausgaben mehren oder minderen sich also mit der Zahl der Armen oder ihrer besonderen Bedürfnisse, und unsere Einnahmen mit der Zahl der Geber und ihrer ordentlichen und ausserordentlichen Beiträge. Nun aber können Zeiten kommen, wo die Einnahme nicht mehr zureicht jene unabänderliche aber vervielfältigte Ausgaben zu bestreiten. Es können Fälle vorkommen, wo eine gewisse Capitalanlage erfordert wird, u. s. w. und aus diesen und anderen Gründen wird es zur Erhaltung der Gleichheit des Instituts nothwendig, einen veräuserlichen **Armenfonds** zu haben, wozu wir den unveräuserlichen Legatenfonds nicht nuzen können. Aber auch hier danken wir es der göttlichen Vorsehung und der Mildthätigkeit unsrer Zeitgenossen, daß wir gegründete Hofnung haben, es werde uns auch

daran

daran nicht fehlen. Die Hauptquelle ist der Ueberschuß in der Legatencasse, dessen wir oben gedacht haben, und zu dessen Gewinnung für unsre Absicht, wir unterm 2ten Novbr. 1787 bei Hochfürstlichen Consistorio einen Antrag gethan haben, der ohngefehr darauf hinaus läuft: Wir lassen den bisherigen und noch zu mehrenden Capitalfonds nach wie vor in den Händen und unter der Administration des Hospitalsverwalters, unterscheiden aber den unveräuserlichen Legatenfonds von den Ueberschuß des Capitalfonds, den wir als den Armenfonds der zweckmässigen Verwendung des Armeninstituts reserviren. Wir fürchten nicht, daß dieser Antrag werde verworfen werden, und wenn wir denn die 200 Rthlr. Vorschuß, die 100 Rthlr. die wir aus dem Receß des vorigen Collectanten angelegt haben, und die 100 Rthlr. die wir neulich in den Capitalfonds abgeliefert haben, hinzurechnen, so werden wir schon jezt einen Armenfonds von mehr als 1000 Rthlr. haben, der auffer der Sicherheit des Instituts unsere Einnahme jährlich um mehr als 50 Rthlr. vergrössert. Nachdem wir aber mit Anfang dieses Jahrs die beiden bisher ermangelt habende Specialinstitute für Kranke und Waisen in Gang gebracht haben, so würden wir in Gefahr seyn, wo nicht unser erspartes Capital anzugreifen, doch unsern Fonds durch Auffsparung der Zinsen nicht vergrössern zu können, wenn wir nicht

nicht von den vornehmsten Gliedern unseres wohl=
thätigen Publicums die erfreuliche Zusage einer
Erhöhung ihrer wöchentlichen Beiträge hätten die
es uns zu einer angenehmen Pflicht macht, von
der Ausführung unsers Plans den vorstehenden
Bericht zu erstatten und nun noch von der Art
unserer Verwaltung Rechenschaft zu geben.

C) Administration und Verwaltung der Armengelder.

Wir halten unsre Zusammenkünfte an der er=
sten Mittewoche eines jeden Monaths nach Mit=
tag, und wenn es die Vielheit der Geschäfte er=
fordert, wie dies schon seit einigen Monathen
jezt der Fall ist, an jeder Mittewoche; und wir
laden dazu alle Freunde und Gönner der Armen,
die sich von der gemachten Einrichtung näher un=
terrichten wollen, nochmals höflichst ein. In
diesen Sessionen werden collegialisch Arme reci=
pirt, extraordinaire Anweisungen ertheilt, die
Rechnungen abgehört und über den Fortgang des
ganzen Instituts berathschlagt. Bis jezt haben
wir ausser der Generalcasse, die mit der Legaten=
casse vereinigt bleibt, nur zwo Specialcassen, die
Collecten= und die Arbeitscasse. Die erstere ist in
den Händen des Collectanten, aber die Rechnung
führt ein besonders dazu angestellter Mann dieser
formirt auch die wöchentlichen Einnahmsregister
oder Heeberollen, und die Percipientenverzeich=
nisse oder Auszahlungsregister, welche beide mo=
nath=

nathlich erneuert werden, und schreibt die Anweisungen für fremde Reisende, nimt aber selbst nichts ein und giebt nichts aus; und wir haben diese Art von Controle, und daß die monathliche Rechnungen promt abgehört werden, für das sicherste Mittel gehalten, Eingriffen in die Casse und Irrthümern in der Rechnung vorzubeugen. Der Collectant muß nach seiner Instruction den baaren Ueberschuß monathlich bei der Rechnungsablage aufzählen, und nach der Anweisung des Collegii in die Generalcasse abliefern. Das Hauptprotocoll über das Collectenwesen hat 8 Nebenfascicul mit den Rechnungen, Register, Anweisungen, u. s. w. Wenn wir aber mit unserer Darlegung überall ins Detail gehen sollten, so würden wir offenbar zu weitläufig werden, und wir müssen uns auf das Erbieten einschränken, einem jeden, der es verlangt, die Originalacten und Rechnungen vorzulegen, und jede schriftlichen Zweifel schriftlich zu heben.

Die Arbeitscasse ist unter der Direction und Anweisung des Herrn Cammerassessor Hüpeden in den Händen des Herrn Stadtschreiber Weichgrebers, und nach den diariis, die von beiden geführt werden, stellet der leztere jährlich eine förmliche Rechnung auf, deren Einnahme durch die Hauptarmenrechnung läuft, und durch diese controlirt wird, so wie die Ausgaben durch Assignationen und Quitungen belegt werden. Die wei-

weitere Einnahme von restituirten Auslagen ist dem Meister Eichler zu successiven Abzügen übertragen, und wird von dem Arbeitsaufseher controlirt, der auch die Distribution der Räder und Weifen nach den Anweisungen des Directorii besorgt.

Die Hauptrechnung, über den Fonds, die Generaleinnahme und die Generalausgabe zu den Specialcassen, hat noch keine bestimmte Form, weil diese erst von der von Hochfürstlichem Consistorio zu erwartenden Resolution abhängt. Wir haben zwar von den verflossenen beiden Jahren 1786. 1787. zwo solcher Rechnungen aufgestellt, werden sie aber in der Verbindung mit der Legatenrechnung vielleicht abändern müssen. Nach unserer Absicht muß die Hauptarmenrechnung alles und jedes begreifen, was das ganze Jahr hindurch, unter welcher Rubrik es auch sey, für die Armen eingenommen und ausgegeben worden, um das Ganze übersehn zu können, und alle Specialcassenrechnungen unter sich, und mit der Hauptrechnung in Verbindung zu bringen. Durch sie wird die Einnahme der Specialcassen aus dem Hauptdepot bestimmt, und wenn diese Specialrechnungen eigene specifique und unmittelbare Einnahmen haben, wie die Collectencasse, so werden sie in der Hauptrechnung in folle eingeführt; hauptsächlich aber dient sie zur Berechnung des Fonds. Sollte nun der jezige Hospitalsverwalter

ter diese Berechnung nicht übernehmen, und nur dasjenige berechnen wollen, was er würklich einnimt, und würklich ausgiebt, so wird einer aus unserm Mittel es übernehmen, den historischen Theil der Hauptrechnung zu suppliren, und wir machen uns zum voraus anheischig dem geehrten Publicum nach Ablauf dieses Jahrs einen Generaletat aller Haupt = und Specialrechnungen von den Jahren 1786. 1787. 1788. vorzulegen.

Nachdem wir nun von unseren ganzen Einrichtungen einen kurzen Abriß gegeben und der öffentlichen Prüfung ausgestellt haben, so glauben wir auch mit einer Art von Vertrauen auf unsere gute Sache, die Gegenforderungen an unser geehrtes Publicum erneuren zu dürfen, ohne deren Bewilligung unsere besten Absichten unerfüllt bleiben müßten. Aber dies erinnert uns an einen Gegenstand, dessen wir bisher kaum Einmal in Vorbeigehen erwehnt haben, und der doch in Rücksicht auf unser respectives Publicum den wichtigsten Theil der ganzen Armenanstalten ausmacht. Wir schieben ihn also hier ein, um ihn als den schicklichsten Uebergang zu denen noch zu thuenden Anträgen zu nuzen.

II. **Mitwürkung der Policei; gegen das Haus = und Straßenbetteln.**

Man wird sich vielleicht gewundert haben, daß wir bisher noch kein Wort von Bettelwesen geredet haben. Aber einmal ist die Bettelei der

Gegensaz von allen unsern Veranstaltungen, und wir konnten ihrer nur zulezt gedenken, und zweitens liegen die directen Anstalten zu Verhütung des Bettelns ausser den Würkungskreise des Armencollegii, und gehören vor die Policei. Der Hauptzweck des Armencollegii ist zwar a) zu verhüten, daß die Armen nicht Bettler werden — (wir würden es für eine Beleidigung des einsichtigen Publicums halten, wenn wir den Unterschied zwischen Armen und Bettlern definiren wollten) — und b) zu sorgen, daß Bettler, die es schon sind, verhältnißmässig und mit der geringsten Beschwerde des Publicums unterstüzt werden. Aber Zwangsmittel hat das Armencollegium keine andere als die Versagung und Einziehung der Almosen, und die Policei ist, wenn wir uns des Ausdrucks bedienen dürfen, das Brachium saeculare. Weil aber die Hälfte der Glieder des Armencollegii auch Glieder der angeordneten Policeicommission sind, und weil Zwekke und Mittel von beiden so in einander gekettet sind, daß keines ohne das andere bestehen kann, so wird auch der hier eingreifende Theil der Policeiverfügungen im Armencollegio gemacht, und in dieser Verbindung geben wir auch von den Policeianstalten gegen das Strassen- und Hausbetteln hier Rechenschaft.

Wenn das Armeninstitut durch jede Versorgung der Bettler das einzelne Betteln unnöthig ge=

gemacht hat, denn ist die Policei auſſer Gefahr, eine Ungerechtigkeit oder eine Unmenſchlichkeit zu begehen, wenn ſie das einzelne Betteln mit der äuſſerſten Strenge verhindert; und wenn das Publicum ſich nur leidender weiſe dabei verhält, und die gemeinſchaftliche Abſicht des Inſtituts durch unzeitiges Geben nur nicht vereitelt: ſo wird es der Policei auch leicht, ihre Verfügungen durchzuſezen und ihre einſeitige Abſicht zu erreichen, ihren Mitbewohnern Ruhe und Sicherheit zu verſchaffen. Was nun für dieſe dreifache und unzertrennliche Mitwürkung das Armencollegium thue, das haben wir vorhin geſagt, und was wir dagegen von Publicum erwarten, davon werden wir hernach reden, es bleibt uns alſo hier nur noch die kurze Anzeige übrig, was die Policei dabei thue. Darüber haben wir uns aber in unſerer erſten Ankündigung vom 19ten April 1786 ſchon erklärt, und noch mehr in dem zweiten Umlauf vom 8ten März 1787. Weil aber der Leztere nicht in alle Hände gekommen zu ſeyn ſcheint und doch alles enthält, was wir von der ſubſiſtirenden Einrichtung zu ſagen haben, ſo legen wir dieſen Aufſaz in extenſo bei, und bitten ganz inſtändigſt uns auf jede beliebige Art, die Mängel dieſer Einrichtung und die Mittel ihnen abzuhelfen, vorzüglich aber die uns unbekannt bleibende Contraventionen zur Wiſſenſchaft gelangen zu laſſen.

III.

III. Mitwürkung des Publicums.

Die Mitwürkung unseres geehrten Publicums ist, so wie unser Hauptzweck, zweifach, a) die leidende, bei der ganzen Ausführung unsers Plans, und b) die thätige in Verstärkung der Mittel, ohne welche wir den gemachten Entwurf nicht zur Vollendung bringen können.

A) die Passive; keinem Bettler zu geben.

Es ist eine Haupteigenschaft des ganzen Instituts — und wir glauben, kein Armeninstitut kann ohne dieselbe bestehen, daß alles von Einem Geist regieret, nach einen Plan, unter einer Direction und mit vereinten Kräften ausgeführt werde: jede Vervielfältigung dieser Einheiten, und jede Trennung der verbundenen Kräfte, schadet dem Ganzen, macht Verwirrung, störht das richtige Verhältniß in Vertheilung der Wohlthaten, und schwächt die Würksamkeit der vorhandenen Kräfte. Eine kleine Verleugnung von Freiheit, eine Verzichtleistung auf Autonomie ist also in Rücksicht auf einzelne Glieder des Publicums nothwendig: Weil aber noch kein Landesgesez existirt, das sie gebietet, so können wir sie nur erbitten und durch wohlthätige Zurückwürkung auf das Nichtarme Publicum verdienen. In dieser Absicht muß also unsere Anmaassung — und das müste sie auch, wenn sie gleich gesezlich wäre — so eingeschränkt als möglich seyn, und Wohlthat für das gefällige Publicum werden.

Wer

Wer alſo die Gemächlichkeit die ihn dadurch verſchaft wird, für keine hinlängliche Vergeltung der entſagten Eigenmacht anſieht, der behält in unſrer Privatarmengeſezgebung ſeine Stimme, aber auch nicht mehr, und die freie Diſpoſition über ſeinen Beitrag, aber nur als Contingent und unter unſrer Mitwiſſenſchaft. Dies ſind kurz die Grundſäze nach denen wir unſer Verhältniß zum Publicum beurtheilt zu ſehen, und worauf wir die Convention mit denſelben bauen zu dürfen wünſchen. Die Folgeſäze wird ſich ein jeder ſelbſt machen können. — Wir laſſen einem jeden die Freiheit, unſre Einrichtung zu tadeln und werden jeden Vorſchlag zur Verbeſſerung mit Dank annehmen. — Wir ſchränken niemand in der Beſtimmung ſeiner Wohlthaten ein, er mag eine wöchentliche Almoſenſpende, eine Unterſtüzung für Kranke, für Waiſen, eine Belohnung des Fleiſſes oder ſonſt etwas vorſchreiben, wenn nur die angewieſene Summe die Summe des ordentlichen oder auſſerordentlichen Beitrags des Gebers nicht überſteigt: uns iſt es alsdenn genug, die ſo verſorgte Armen zu kennen und andere Beiträge zu anderen Bedürfniſſen anwenden zu können. — Aber das muß unverbrüchliches Conventionalgeſez bleiben, daß niemand ohne vorgängige Anzeige bei dem Armencollegio, ſelbſt Almoſen an Fremde oder einheimiſche Bettler, Kranke, Kinder u. ſ. w. austheile, unter welcher

cher Rubrik es auch immer sey, wenn nur die Empfänger arm sind, und also die nöthige Unterstüzung, uns unwissend, doppelt erhalten können; denn daß von Geschenken an Nichtarme hier die Rede nicht sey, bedarf wol des Anführens nicht; ohne die genaueste Erfüllung dieser einzigen Gegenpflicht, ist es eben so unmöglich, dem Betteln zu steuern, als eine richtige Proportion unter den dürftigen Armen zu halten. — Auf den äusserst seltenen Fall, daß der Empfänger zu schamhaft sey, unter den Armen öffentlich genannt zu werden, oder daß der Geber zu bescheiden sey, seine Wohlthat zu publiciren, werden wir auch anonyme Anzeigen annehmen, nur muß im ersten Fall der Empfänger noch nachher namhaft gemacht werden, wenn der Geber erfahren würde, daß jener aus dem öffentlichen Institut unterstüzt werde. Wir werden deswegen künftig, auch noch in einer andern Absicht, die Listen der participirenden Armen öffentlich bekannt machen. — Auf diese leicht zu vermeidende Contraventionen war in unsrer ersten Ankündigung vom 19ten April 1786 eine Conventionalstrafe von 16 Alb. und bei Bürgern von 8 Alb. in Vorschlag gebracht, welche halb dem Denuncianten, wär es auch der Bettler selbst, und halb der Armencasse verfallen seyn sollten, es haben sich auch damalen alle Subscribenten, bis auf Einen, dieser Bedingung unterworfen, gleichwol ist in den verflossenen 20

Mo-

Monathen nicht Eine Denunciation geschehen, und einige neu hinzugekommene Wohlthäter wissen vielleicht gar nichts davon. Wir erneuern also unsern vormaligen Antrag und bitten unser geehrtes Publicum um die Erneurung seiner zustimmenden Einwilligung. Diese geschieht aber, wie vorhin, blos durch Einzeichnung des Namens in das bald zu erwähnende Contribuentenverzeichniß, und nur diejenige, welche diese Convention mit uns nicht eingehn wollen, belieben ihre Erklärung am Ende dieses Auffsazes zu bemerken. — Wir wiederholen es nochmals: diese Convention; um uns durchaus ausser den Verdacht zu sezen, als ob wir aus eigener Macht Geseze vorschreiben wollten, vielmehr erklären wir ausdrücklich, daß es einem jeden völlig frei stehe, sich auszuschliessen und von der Verbindung mit uns und den übrigen Theil des Publicums ganz los zu machen, in welchem unerwarteten Fall aber auch wir an unsere Verpflichtung nicht gebunden seyn können, und die natürlichste Folge dieser aufgehobenen Verbindung wird die seyn, daß wir die Exemten; wenn nicht in den Wirthshäusern, doch den bestellten Aufsehern bekannt machen und es ihnen selbst überlassen, sich der begünstigten Bettelei zu erwehren. Damit aber der unschuldige Nachbar nicht darunter leide, werden wir die Aufsicht auf die übrigen Häuser verdoppeln, und den Amtsdienern, wenn sie

ſie nicht durch Denunciantengebühren entſchädiget werden, beſondere Belohnungen anweiſen. Wir hoffen indeſſen, und wünſchen es von ganzen Herzen, daß alle dieſe Vorkehrungen unnöthig bleiben mögen.

B) **die Thätige; durch Beiträge in die Wochencollecte.**

Die thätige Mitwürkung unſeres Publicums beſteht in den freiwilligen Beiträgen zu unſrer Armencaſſe, und die Erzählung von dem, was wir durch dieſe wohlthätige Unterſtüzung ſchon auszurichten vermögend geweſen, mit der wir unſern Antrag anfingen, wird der beſte Maaßſtab zu der Gröſſe des Danks ſeyn, den wir den Wohlthätern unſrer Armen hiermit öffentlich erſtatten. Wir hätten gewünſcht, daß wir von der Zuſage der meiſten Subſcribenten, ihre Beiträge nach vollendeter Einrichtung zu erhöhen, keinen Gebrauch zu machen nöthig hätten, und wir würden uns ungemein gefreuet haben, wenn wir blos durch eine zweckmäſſigere Anwendung aller freiwilligen oder erbettelten, wohl oder übel angewendeten Almoſen, den Armen und Nichtarmen zugleich hätten nüzlich werden können, denn wir ſezen voraus, daß die bisherigen Beiträge denen durch das abgeſchafte Hauſiren fremder und einheimiſcher Bettler erſparten einzelen Almoſen noch nicht gleich ſtehen, wenigſtens iſt die neue Einrichtung für diejenigen, die neben

ben ihren bisherigen Beiträgen zur Collecte, vorhin auch noch jedem ungestümen Bettler contribuabel waren, offenbarer Gewinn gewesen; aber wir müssen bekennen, daß unser Institut mit seiner bisherigen Einnahme, zwar in seiner bisherigen Unvollkommenheit fortdauren, aber nicht zu der Vollkommenheit und Solidität gelangen könne, die wir ihm zu geben wünschten. Oft that es uns wehe, wenn wir das gegenwärtige Elend nicht kräftiger unterstüzen konnten, und wenn wir die wöchentlichen Almosen zum Unterhalt der ganz Schwachen und Hülflosen zu kärglich eintheilen musten, immer aus Furcht unsere Kräfte zu übersteigen und für alle andere Bedürfnisse des Instituts nichts übrig zu behalten. Für Kranke, Waisen, Blödsinnige und andere Hülflose haben wir ausser den wöchentlichen Almosen, die sie erhielten nichts thun können, und doch würde unser Institut sehr unvollkommen bleiben, wenn wir uns blos darauf einschränken wollten. Seitdem das arme Publicum davon unterrichtet ist, daß wir auch für die Bekleidung der armen Kinder sorgen werden, lernen wir den Mangel auch von dieser Seite in seiner ganzen Grösse kennen, und noch in der gestrigen Session hat uns der Anblick mehrerer fast entblößter Kinder in eine bange Verlegenheit gesezt. Gemächlicher würde es freilich seyn, nur denen die darum bitten eine Anweisung in die Wochencollecte zu geben,

aber

aber wir halten es für Hauptpflicht, das Elend in seinen mancherlei Gestalten selbst aufzusuchen, seinen Quellen nachzuspühren und den physischen und moralischen Zustand der Armen zu verbessern und ihren besonderen Bedürfnissen durch besondere Unterstüzungen abzuhelfen. Wie wichtig das Krankeninstitut für die medicinische Policei überhaupt sey, Contagionen zu verhüten, der Pfuscherei zu wehren; und wie wohlthätig die ungebetene Vorsorge für verwahrlosete Kinder dem Publicum selbst werde, das dürfen wir wol nicht erst beweisen wollen. Manche Unterstüzung dieser Art geschieht noch jezt von wohlthätigen Privatpersonen im geheimen und öffentlich, und verursacht eine Ungleichheit der Geber und Empfänger, ganz gegen die Grundsäze, die in unserm Institut angenommen und vom Publicum genehm gehalten sind. — Das alles aber geht nur auf die Befriedigung der gegenwärtigen Bedürfnisse unsrer Zeitgenossen, und wenn wir uns nicht den Garten- und Forstoeconomen gleich stellen wollen, die nur darum keine Bäume pflanzten, weil ihre Früchte erst in der zwoten Generation genießbar, und das Holz in der dritten, vierten brauchbar seyn würden: so müssen wir auch für unsere Nachkommen sorgen, und das ist unser zweiter Hauptzweck, oder vielmehr die Vorsorge für unsere Zeitgenossen ist mit der für unsere Nachkommen unzertrennlich verbunden. Wir bemühen
uns

uns durch unsere Arbeitsanstalten den Gemeingeist der Industrie zu beleben, und geben den gesunden Armen Erwerbmittel für Almosen, verhüten dadurch daß Arme nicht Bettler werden und schüzen sie gegen die unseligen Folgen des Müssiggangs; Aber die Wohlthätigkeit dieser Einrichtung wird kaum in der zwoten Generation sichtbar werden. — Wir sorgen für die Erhaltung und Bildung armer Kinder zu ihrem Besten und damit sie dem Publicum nicht als Bettler zur Last fallen, aber wenige ihrer Wohlthäter werden Zeugen des guten Erfolgs seyn. — Unsere menschenfreundliche Aerzte heilen arme Kranke auch ohngebeten, und Minderung des Aberglaubens und der Quacksalberei werden die späteren Folgen seyn. — Wir gründen eine Capitalcasse auf unvorgesehene Fälle, und um das Institut in einer steten Gleichheit seiner Würkungen zu erhalten und nicht von dem Steigen und Fallen der Beiträge abzuhängen. Aber den größten Vortheil dieses Fonds müssen wir unsern Nachkommen überlassen, die wir dadurch einer ähnlichen Sorge überhoben haben. — Wenn wir also alle diese Vortheile für uns und unsere Nachkommen erreichen, jedem gegenwärtigen Elend nach Nothdurft abhelfen und jede Vorsorge dieser Art dem Publico ganz abnehmen wollen, so müssen wir um die Erfüllung jener Zusage bitten, und es gereicht uns zu einer besonde-

ren Zufriedenheit, zuverläſſig verſichern zu kön=
nen, daß wir unſrer Seits die Bedingung ganz
erfüllet und alles ſo vorgerichtet haben, daß es
der Maſchine zu ihrer immer ſtärkeren und voll=
komneren Würkung nur an der lebendigen Unter=
ſtüzung fehle. Wir werden nicht blos durch ſte=
tes Aufſehen für die Erhaltung der Maſchine ſor=
gen, ſondern auch zu ihrer künftigen Dauer in
jedes Räderwerk ſo viel Conſiſtenz und Verbin=
dung mit dem Ganzen legen als es nur immer
möglich ſeyn wird. — Von der geringeren Claſ=
ſe des nicht armen Publicums können wir keine
weitere Erhöhung ihrer Beiträge erwarten, an
ſie iſt alſo dieſe Appellation, wie ſchon ihre Spra=
che ergiebt, nicht gerichtet, ihre geringen Bei=
träge würden auch wenig befördern, und wir hal=
ten es ſo gar für Pflicht dieſer Mittelclaſſe zwi=
ſchen Armen und Vermögenden ihre Beiträge zu
ihrer eignen Unterſtüzung möglichſt zu erleichtern.
Wir wenden uns alſo blos an den geehrten und
vermögenden Theil unſers Publicums, und hof=
fen von da einen deſto reichlicheren Zuſchuß verſi=
chert zu bekommen. Unſere Vorfahren ſezten in
ihren Teſtamenten Capitalien zum Beſten der Ar=
men aus, von denen die Zinſen nach ihrem Tode
vertheilt wurden, und die meiſten unter uns wer=
den der Meinung ſeyn, daß es beſſer ſey die Zin=
ſen bei Lebzeiten zu geben, und das Capital den
Erben zu laſſen. — Wir enthalten uns noch

irgend

irgend etwas anzuführen, das den Schein haben könnte als ob wir es für nöthig hielten unserem geehrten Publicum die Pflicht der Wohlthätigkeit vorzuhalten. Die Edlen die das richtige Maaß der Verwendung ihres Einkommens kennen und ihre Absicht wohl zu thun, mit der unsrigen vereinigen, bedürfen unsers Zurufs nicht, und die etwaigen wenigen Ausnahmen würden unsere Predigt nicht hören.

Rotenburg den 31ten Januar 1788.

Das Armencollegium dahier.

1te Beilage zu Nro. IV.

Bericht an die hochlöbliche Policei- und Armendirection der Stadt Rotenburg an der Fulda, wegen des zu errichtenden Krankeninstituts für verarmte Bürger.

Es ist durch den Herrn Rath und Amtmann Gleim, uns dem Hofrath Weiß, und Physico Armack Anzeige geschehen, von der mit Anfang des Jahrs 1788 von Seiten einer hochlöblichen Policei- und Armendirection, einzurichtenden Anstalt: wodurch solchen Personen — die als Bürger hier angesessen, aber so sehr verarmt sind, daß in Krankheiten ihnen die zeitige Anwendung dienlicher Mittel zur Gesundheitsherstellung unmöglich ist, in ihrer Noth, die kräftigste Unterstüzung und Hülfe verschaft werden kann. Auch ist zu hoffen, daß, diese zum allgemeinen Besten der Stadt gereichende Anstalt nach möglichen Kräften zu befördern, jeder Menschenfreund sich angelegen seyn lassen wird, zumal da von Seiten einer hochlöblichen Policei, dafür gesorgt werden soll, daß die zur Unterstützung nothleidender Kranken aus hiesiger Bürgerschaft, bestimmten milden Gaben, ihnen in der Art zugetheilt werden, daß durch die davon verschafte Verpflegung, wie sie vom Arzt nach Umständen der Krankheit bestimmt wird, mancher gute Bürger der Stadt erhalten; und zugleich auch die für allgemeine Sicherheit äusserst wichtige Absicht erreicht werden kann: ansteckende Seuchen zu verhüten, die gemeiniglich aus Häusern von Mangel und Kummer gequälter Personen ihren Ursprung nehmen.

Wir machen es uns zur Pflicht, als Beantwortung der an uns ergangenen Anfrage, durch gegenwärtigen Aufsaz, (den wir den respectiven Interessenten zur Einsicht mitzutheilen bitten) anzuzeigen: Auf welche Art wir glauben, nach reiflicher Ueberlegung aller Umstände, daß am schicklichsten und würksamsten die Absicht der hochlöblichen Policei zur Gesundheitsherstellung verarmter Bürger, und Verhütung ansteckender Seuchen in hiesiger Stadt errichtet werden könne.

I) Wir beide Aerzte, Hofrath Weiß, und Physicus Armack, übernehmen willig und unentgeldlich — die Curbesorgung der verarmten Bür-

Bürger, welche uns von hochlöblicher Policei, vermittelst eines Scheins, als Theilhaber der milden Krankenversorgung aufgetragen werden; — Verschreiben ihnen die nöthigen Arzeneimittel und ordnen an, was in Rücksicht der Cur zu besorgen nöthig ist.

II) Wir haben verabredet, daß, da der Physicus Armack in der Altstadt wohnet, in nöthigen Fällen, derselbe die Kranken in der Altstadt besuche; — so wie der Hofrath Weiß, in der Neustadt wohnhaft die in der Neustadt befindlichen Kranken.

III) Zwei Chirurgi, namentlich der Compagniechirurgus Hunold, als Mitgehülfe des Hofrath Weiß, für die Neustädter Kranke; und der Compagniechirurgus Kieselbach als Mitgehülfe des Physici Armack für die Altstädter Kranke, übernehmen, gleichfalls unentgeldlich: a) täglich die Kranken ihres Sprengels zu besuchen; b) für gehörige Anwendung der von uns Aerzten verschriebenen Arzeneimittel und übrigen Verhaltungsregeln Sorge zu tragen; c) die vorfallende chirurgische Hülfe zu leisten; und d) in der von uns dazu bestimmten Stunde, vom Befinden der Kranken Relation abzustatten.

IV) Wird durch eintretende Hindernisse, Einer der gedachten Personen, von eigener Ausrichtung dieser übernommenen Geschäfte abgehalten; so haben wir unter uns verabredet, daß der anwesende Arzt oder Chirurgus collegialisch auch die Kranken im Sprengel des Abwesenden mitbesorge.

V) Harmonische Uebereinstimmung, und Mitwissen der Verordnungen beiderseitiger Aerzte, ist zur Erhaltung der Anstalt nothwendig. Zu dem Ende haben wir folgende Verfügung verabredet:

1) Daß die Relationen der Chirurgorum, an uns Aerzte (Nothfälle ausgenommen, wobei der Chirurgus unverzüglich seines Arztes Rath zu suchen hat,) in der Hofapotheke täglich um 2 Uhr geschehen, wo wir alsdann beide (oder in Abwesenheit Eines, der Anwesende) die nöthigen Arzeneien verschreiben, alles weitere zur Cur, von den Chirurgis als auch den Patienten zu beobachten erforderliche, anordnen, und vernehmen können, welche von den Kranken eigene Besuche des Arztes bedürfen.

2) Alle Recepte, für Kranke dieser Armenanstalt, werden in Hochfürstlicher Hofapotheke in einem besonders dazu bestimmten verschlossenen Kasten in schicklicher Ordnung zusammengelegt, aufbewahrt, zur bequemen Uebersicht vom Arzt, in jedem erforderlichen Falle.

Durch

Durch solche Einrichtung, verhüten wir am besten alle nachtheilige Unordnungen, so wie auch unsere Mitgehülfen vergebliche Wege, die vorfallen könnten, wenn wir in unsern eigenen Behausungen Relationen annähmen, und Recepte verschrieben. Wir hoffen göttlichen Seegen, zur Erreichung unserer gemeinschaftlichen Wünsche, für das Wohl und die Erhaltung unserer nothleidenden verarmten Mitbürger, die gerechten Anspruch auf Mitleid und Unterstüzung von beglücktern Mitbürgern machen dürfen, und zu deren Dienst wir Endes benannte uns hiemit öffentlich verpflichten.

Geschehen Rotenburg an der Fulda
 den 28ten Decbr. 1787.

D. Friedrich Wilhelm Weiß. D. David Armack. Philipp Hunold, Compagnie Chirurgus. Heinrich Conrad Kießelbach, Compagnie Chirurgus.

2te Beilage zu Nro. IV.

Ueber Abstellung der Bettelei.

Es ist namens verschiedener Honoratioren bei der Policeicommission die beschwerende Anzeige geschehen, daß das Straßenbetteln wieder Ueberhand nehme; — An den Verfügungen und Anordnungen der Policeicommission und des Armencollegiums, lag die Schuld nicht. Das würksamste Mittel von allen bleibt auch noch immer, wenn das geehrte Publicum die übernommene Verbindlichkeit erfüllt, jeden einheimischen Bettler zu denunciiren, wovon noch kein Fall vorgekommen ist, und jeden Fremden schlechterdings weg = und an die Armencasse zu verweisen; — Aber noch bleibt der Vorwand übrig, daß Privatpersonen in ihren Wohnungen nicht allemal vermögend sind ungestüme Bettler mit Worten abzuweisen, oder das Einschleichen fremder Bettler zu verhüten; Es ist also noch eine stärkere Hand nöthig, um jeden Privatum gegen etwaige Insulten fremder Bettler zu schützen, denn die Einheimischen dürfen nur denunciiret werden, und für die Erreichung dieser Absicht, und damit es in diesem Fall, an einem nahen Beistand nicht fehle, ist für die Zukunft folgende Einrichtung gemacht worden.

1) Die Hauptaufsicht ist dem Policeiwachtmeister aufgetragen, und diesem sind
2) beide Amtsdiener zur Assistenz, in solchen Fällen wo Gewalt nöthig ist, beigegeben worden, aber über jenen und diese, führt
3) der Policeiinspector die Oberaufsicht, und notirt die Denunciationen gegen die einheimischen Bettler, zum Vortrag auf dem nächsten Policeigericht. Alle, und jeder besonders hat die Verbindlichkeit, bei seinen Verrichtungen und sonst, ein wachsames Auge auf Bettler jeder Art zu haben, die Denuncatio-

ciationen einheimischer Bettler von Privatis aufzunehmen, und die Fremden fortzuweisen, und nach Befinden mit Gewalt auszutreiben oder austreiben zu lassen.

Wir machen diese Anordnung dem geehrten Publicum zu dem Ende bekannt, um die Personen zu kennen, von denen sich ein jeder gegen die Zudringlichkeiten etwaiger Bettler zuverlässig Beistand versprechen kann; — Wir müssen aber auch die Bitte hinzufügen: unsere Bemühungen durch eine gegenseitige Willfährigkeit zu belohnen, und in der Zuversicht daß kein an uns verwiesener einheimischer Arme ohne Almosen, und kein fremder Bettler ohne Reisegeld gelassen werde, keine unzeitige und dem Armencollegium nicht angezeigte Almosen zu geben, jede Bettelei eines Einheimischen der Policei oder einem der erstbenamten Aufseher zu denunciiren, und jeden fremden Bettler standhaft abzuweisen; Denn alle Aufsicht wird nicht hinreichen, dem Betteln zu steuren, so lange der Bettler noch freiwillige Geber findet. Beinahe können wir versichern, daß die Gewißheit der Dauer unserer Armen- und Bettel-Anstalten, allein noch von der Geneigtheit des geehrten Publicums abhange, alle die Bedingungen zu erfüllen, unter denen wir es übernommen haben, (und ohne welche wir es schlechterdings nicht vermögend sind) dem Betteln vor den Thüren zu wehren, und für deren

Erfüllung sich jeder wohlthätige Subscribent verpfändet, und einer der Armencasse zu gut kommenden Strafe unterworfen hat; — Alle andere Versuche sind, wie wir aus hinlänglicher Erfahrung wissen, fruchtlos. Je mehr wir über der richtigen und genauen Verwaltung der uns anvertrauten Almosen wachen, und je anhaltender wir bemüht sind, ihre Vertheilung immer verhältnißmässiger zu machen, desto mehr haben wir Ursach zu wünschen, daß unsere Verwaltung, zur Beruhigung aller Wohlthätigen öffentlich geprüft werden möge. —

Das Armencollegium hält seine ordentlichen Sizungen, an der ersten Mittewoche eines jeden Monaths, nachmittag um 3 Uhr, und wir laden alle Contribuenten dazu höflichst ein, um den Monathlichen Rechnungsabschlüssen, den Ergänzungen und Verbesserungen der Armenregister u. s. w. beizuwohnen. Rotenburg den 8ten März 1787.

Die Policeicommission und das Armencollegium dahier.

3te

zu Rotenburg.

3te Beilage zu Nro. IV. pag. 433.

Generalextract der Arbeitscassenrechnung von den Jahren 1786 und 1787.

Einnahme.

	rthlr.	alb.	hlr.
1786 hat die Einnahme an milden Beiträgen und Anweisungen auf die Hauptarmencasse betragen	155	17	10
1787 — — — —	76	6	4
Summa —	231	24	2

Ausgabe.

	rthlr.	alb.	hlr.
I) Für angekaufte und umgeänderte Werkzeuge und Geräthschaften.			
a) an kleinen Wollrädern sind unter die Arme unentgeldlich und unter die Nichtarme zu successiver Bezahlung 1786. - 87 Stück und 1787. - 105 Stück vertheilet, so zusammen kosten — — —	103	22	—
b) an Wollengarn-Haspeln sind auf gleiche Art ausgetheilt worden 1786. - 23 St. 1787. - 52 St. — — —	18	18	8
c) grosse Wollräder, Wollweifen, Schlumpen und Kniestreichen mit Zubehör, sind theils dem Wollweber um arme Schüler darauf zu unterrichten, theils an die angelernte Schüler ausgetheilt worden			

1786

Ausgabe.

	rthlr.	alb.	hlr.
1786 für — — —	9	19	—
1787 für — — —	3	6	6
d) für Weberei=Werkzeuge, welche dem Wollweber=Meister zu besserer Betreibung seines Gewerbes zum Gebrauch zugestellet worden, ist bezahlet	12	22	8

II) Für Unterricht und Lehrlohn.

	rthlr.	alb.	hlr.
a) um Arme und Nichtarme Kinder in der Spinnerei auf dem kleinen Rade zu unterrichten, hat die Lehrerin täglich 1 Alb. bekommen — 1786 —	4	27	—
1787 — — —	9	—	—
b) fünf Kinder in der Spinnerei auf dem grossen Rade zu unterrichten — — —	15	—	—
c) für Bänke und Stühle so in die Spinnstube angeschaft sind	2	19	4
d) an eine Wittwe, welche gegen einen gewissen Holzbeitrag eine öffentliche Winterspinnstube halten und selbige für Spinner und Kinder mit Wärme und Licht versehen, auch Leztere ohnentgeldlich in Spinnen unterrichten sollte, sind einer hohen Anweisung gemäß ausgezahlet — — —	6	8	—

Es hat sich aber auch nicht ein einiger Armer eingefunden, der sich dieser öffentlich bekannt gemachten Wohlthat bedient hätte.

e) an

zu Rotenburg.

Ausgabe.

	rthlr.	alb.	hlr.
e) an kleinen Belohnungen sind den Spinnern in den Jahren 1786 und 1787 theils an baren Gelde, theils in Kleidungsstücken verabreicht	5	9	8
f) Lehrlohn in der Weberei, für eines armen Schusters Sohn	7	4	—

III) Verarmte Handwerksleute wieder in Arbeit und Nahrung zu sezen.

Einer armen Person die aus Mangel an Werkzeugen und Materialien das erlernte Knopfmacherhandwerk nicht treiben konnte, sind zum Wiederanfang ihrer Profession, jedoch unter der Bedingung, daß sie ihren unmündigen Bruder darinnen unterrichten solle, zur Reparatur des Handwerkszeugs 1 rthlr. 19 alb. 4 hlr. für gefärbtes Wollengarn 4 — 8 — gegeben.

Summa	5	27	4

IV) Ausserordentliche Ausgaben zur Errichtung und Erhaltung der Arbeitsanstalten.

Dem von Vacha hieher gerufenen Zeugmacher Meister Eichler ist der ihm zugebilligte Beitrag zu den Transportkosten von 5 rthlr. und ein Beitrag zu der im Jahre 1787 fälligen Hausmiethe von 7 rthlr. 16 alb. ausgezahlet worden

Summa	12	16	—

V) Fracht

Ausgabe.

	rthlr.	alb.	hlr.
V) Fracht und Briefporto betrug im J. 1786, 2 rthlr. 7 alb. 4 hlr. im J. 1787, 2 — 13 — 9 —			
Summa	4	21	1
VI) Ausgabe Insgemein 1786 14 alb. 6 hlr. 1787 11 — 8 —			
Summa	—	26	2
Summa —	220	23	5

V.

Ueber die Armenversorgungsanstalt in Stade.

In dem Plan zur Verbesserung der Armenanstalt für die Stadt Stade welcher unter Genehmigung Königlicher Landesregierung seit 1787 in Würksamkeit überging, hat man auf alles was zur Armenversorgung, und Erziehung gehört, bedachtsame Rücksicht genommen; und es läßt sich mit Grunde recht viel Gutes von dieser Anstalt erwarten, da die Ausführung des Plans solchen Männern übertragen ist, die mit der nothwendig erforderlichen Weltkenntniß, auch das eigentliche Interesse für das Geschäft verbinden, ohne welches man durch die vielen Hindernisse, die sich jeder guten Absicht hier in den Weg stellen, so leicht ermüdet.

Ehe

Ehe ich den Plan herseze, mögen mir einige Bemerkungen über denselben erlaubt seyn. — Man muß bei einer jeden neuen Armenanstalt, allerdings auf die im gebenden Publicum gangbaren Ideen Rücksicht nehmen, weil man nicht erwarten darf, daß sich diese auf einmal umformen lassen; und da ist denn wol eine von den gewöhnlichsten die, daß man in den eigenen Gaben an einzelne Arme eine Freude findet, der man nicht gern entsagen will. Die Verfügung welche in Stade getroffen wurde, um dieses einzelne Ausspenden der Almosen unschädlicher zu machen, daß nemlich der Geber dem Armen das für ihn bestimmte Almosen zuschicken sollte, ist in so fern gut, als dadurch das Herumschleichen der Armen in der Stadt, mit seinen höchstnachtheiligen Folgen verhindert wird; allein es bleibt doch noch eine eben so üble Würkung übrig, welche durch diese Verfügung nicht gehoben werden konnte, und das ist die, daß das Verhältniß der Almosen für einen jeden Armen der Stadt, welches durch die Armencommission nach richtigen Principien, mit Bezug auf die den Armen noch übrigen Kräfte u. s. w. bestimmt war, durch jede dieser einzelnen Gaben gestöhrt wird. Soll die Armencommission, um das Mißverhältniß wieder auszugleichen, alle die welche Beihülfen aus der Casse bekommen am Schlusse des Jahrs dem Publicum, mit der genauen Bestimmung ihres

Antheils bekannt machen? — das ist in mancher Rücksichten nicht rathsam, und zur Erreichung des Zwecks auch nicht einmal zureichend. Das beste Mittel bliebe daher wol, wenn man dem dortigen gebenden Publicum es zur Pflicht machte, der Armencommission von den Almosen was einzelnen Armen zugeschickt würde, eine Anzeige zu thun, damit die Portion, welche eben dieser Arme aus der Casse bekömmt nach den nun noch übrigen Bedürfnissen abgemessen werden könne.

Als ein sehr wichtiges Stück guter Armenpolicei ist mir die Aufmerksamkeit, welche die Wache an den dasigen Thoren auf das Einschleichen fremder Bettler in die Stadt beweiset, aufgefallen. Wo diese fehlet, und sie fehlet gewiß in manchen Städten, da kann die Stadtpolicei und die Armenadministration bei der genauesten Aufmerksamkeit die Bettelei nicht gehörig hindern; und indem jedem Bettler der Eingang in die Stadt verstattet wird, wird mancher Dieb mit eingelassen, wodurch die öffentliche Sicherheit ausserordentlich leidet. Unter den mir bekannten Armenanstalten ist dieser Punct in der neuen Fuldaischen Armenordnung, davon der vortrefliche Plan in das Journal von und für Teutschland eingerückt ist, am besten berührt.

Das tägliche Andringen der Armen, welches am Schluß der Stabischen Armenordnung durch-

aus

aus untersagt wird, ist allerdings für den Ar=
menpfleger eine grosse Last, und jeder der sich
diesem Geschäft unterzieht, wird es mit mir
wünschen, so wie es in Stade geschiehet, wö=
chentlich an einem Tage ein paar Stunden zur
Anhörung der von den Armen anzubringenden Ge=
suche festsezen zu können; allein bisher konnte
ichs dahin nicht bringen. Eintredende Krankhei=
ten und so mannigfaltige andere Vorfälle haben
mich, wenn ich keine Härte begehen will, noch
immer genöthigt, ausser den am Mittwochen Vor=
mittage von 9-11 Uhr dazu bestimmten Stunden,
täglich noch eine Stunde diesem Geschäft zu wid=
men, und ausser dem müssen die durchreisende
Arme und Handwerksgesellen, wenn sie nicht
Betteln sollen zu jeder Tageszeit einen freien Zu=
tritt zu meiner Wohnung haben. Eine Beleh=
rung, wie diese Zeit, ohne in der Armenversor=
gung und Aufrechthaltung der Armenpolicei et=
was zu versäumen, erspart werden kann, wür=
de mir äusserst wilkommen seyn.

Der summarische Extract aus der Rechnung
über das Armeninstitut, zeugt von der Mildthä=
tigkeit des basigen Publicums, und die Ausga=
berechnung giebt eine Belege, daß eine solche
Anstalt, ohne daß zur Besoldung der Offician=
ten Summen aufgewendet werden müssen, beste=
hen kann; daß aber der Unterhalt armer Kinder
im Laufe eines ganzen Jahrs nur 44 Mark 12 Schil=

Schilling betragen hat, muste mir nothwendig sehr auffallen, indem ich behuf Alimentation verlassener Kinder in Göttingen incl. der Kleidung im Jahre 1788. — 471 Rthlr. 33 Gr. ausgegeben habe; da doch die Zahl der Theilnehmer an den ordentlichen wöchentlichen Almosen hier und in Stade so sehr verschieden nicht ist; jedoch wird in den Rechnungsbestande von Novbr. 1787 bis dahin 1788 die Ursach von dieser bis jezt noch geringen Ausgabe angegeben.

Die in der Rechnung über das Arbeitsinstitut summarisch aufgeführte Einnahme, von verkauften Producten giebt von dem Fleiße der Arbeiter (deren Zahl in der folgenden Nachricht angegeben ist) und eben dadurch von der zweckmäßigen Einrichtung der Anstalt einen sicheren Beweis; und bei den Ausgaben bewundere ich die Billigkeit der Personen, welche in Knütten und Spinnen Unterricht geben.

w.

Plan zur Verbesserung des Armenwesens in Stade.

Demnach die zeither überhand genommene, dem Publico so lästige, als dem gemeinen Besten nachtheilige Gassenbettelei, hohe Königliche Regierung und E. E. Rath hieselbst veranlaßt hat, auf die Verbesserung des hiesigen Armenwesens Be=

Bedacht zu nehmen, und für alle Einwohner, sowol die Exemten, als Stadtpflichtigen, allgemein verbindliche Verfügung zu treffen, auch des Endes von E. E. Rath ein Plan entworfen, und von Königlicher Regierung genehmigt, dessen Ausführung aber, so wie die Direction aller desfalls zu treffenden Anstalten von Königlicher Regierung sowol, als E. E. Rath, uns dem Landrath und Bürgermeister Adler und dem Hofgerichtsassessori von Rönne, als Stadtsyndico, vi specialis Commissionis aufgetragen worden ist; so wird hiemit von Commissions wegen allen und jeden Einwohnern dieser Stadt, wie auch den Vorstädten, zur Belehrung über den ganzen Plan, dessen Zweck und Mitteln nach ohnverhalten, und zu eines jeden Nachachtung, mit Genehmigung hoher Königlicher Regierung und E. E. Raths verordnet.

1) Der Zweck der vorhabenden Anstalten gehet dahin:

a) denen durch Alter, Krankheit, oder Jugend, zur Arbeit unfähigen Armen, nothdürftigen Unterhalt, so wie denen, welche zwar nicht gänzlich unvermögend und nahrungslos, aber wegen besonderer Umstände, einiger Hülfe bedürftig sind, verhältnißmäßigen Zuschuß zu verschaffen;

b) Den=

b) denjenigen Armen hingegen, welche zu arbeiten im Stande sind, Beschäftigung und Verdienst zu geben;

c) den Kindern der Armen eine gute Erziehung zu verschaffen, und ihnen, so wie ungeübten Erwachsenen in mancherlei nützlichen Arbeiten Unterricht geben zu lassen; und

d) die Gassen = und Hausbettelei gänzlich abzustellen.

2) Die Commission sucht zu Erreichung dieser Absichten zuförderst von einen jeden, der sich hieselbst aufhaltenden Armen, von deren Gesundheitszustande, Arbeitsfähigkeit, Bedürfnissen und übrigen Personalverhältnissen die genaueste Kenntniß zu erhalten.

3) Die hieher nicht gehörende, und besonders bei Gelegenheit der Demolition der Vestungswerke hier eingeschlichene fremde Arme, werden von hier entfernt und nach ihren vorigen Wohnort zurückgeschickt.

4) Diejenigen hingegen, welche von den hiesigen Armenanstalten Hülfe zu erwarten, berechtigt sind, werden in drei Classen getheilt, nemlich

1) in solche, welche ganz und gar zur Arbeit unvermögend sind,

2) in solche, welche zwar etwas durch Arbeit zu erwerben, aber doch ihren Unterhalt nicht völlig zu verdienen im Stande sind, auch
weil

weil sie unversorgte Kinder haben, oder anderer Ursachen wegen, einigen Zuschuß bedürfen,

3) in solche, welche hinreichende Kräfte haben, sich und die Ihrigen durch ihrer Hände Arbeit zu ernähren, denen es aber dazu bisher an Fleiß, oder Gelegenheit gefehlet hat.

5) Die Armen der ersten und zwoten Classe werden ihren Bedürfnissen gemäß aus der Armencasse versorgt, jedoch soll dabei auf die Zuflüsse, welche sie aus öffentlichen Fonds, oder auf andere Weise erhalten, Rücksicht genommen werden.

6) In vorkommenden dringenden Fällen, besonders bei schweren Krankheiten, soll ein jeder, der es bedarf, so weit es die Einkünfte verstatten, mit Gelde unterstüzt, und unentgeldlich mit Arzeneien geholfen werden.

7) Um die Armen der dritten Classe zu versorgen, und um überhaupt einem jeden, welchen es an Gelegenheit Arbeit zu erhalten, fehlt, Verdienst zu verschaffen, ist eine Arbeitsanstalt errichtet.

8) Die Arbeiten worauf sich diese Anstalt vorjezt beschränkt, bestehen in Wolle- und Flachsspinnen, Knütten und Spizenknüppeln.

9) In dem zu dieser Anstalt bestimmten Manufacturhause sind geräumige Zimmer für die Arbeiter männlichen und weiblichen Geschlechts er-

erwärmt und erleuchtet, worin sie die ihnen daselbst zu verabreichenden Materialien um billigen Lohn von Morgen bis in den Abend verarbeiten können. Um ungegründeten Vorurtheilen vorzubeugen, wird daneben erklärt, daß dieses Haus keinesweges als ein Zucht = oder Strafhaus anzusehen sey, sondern daß vielmehr diejenigen, welche sich daselbst zur Arbeit anfinden, eben so viele Achtung, als jeder andere, welcher von seiner Hände Arbeit sich redlich nähret, verdienen.

10) Auch solche Personen, denen es blos um Arbeit und Verdienst zu thun ist, werden mit Arbeitsgeräthe und Materialien aus dem Manufacturhause versehen, um die Arbeit gegen billigen Lohn in ihren eigenen Wohnungen zu verrichten.

11) Um die Anstalten gegen Veruntreuungen sicher zu stellen, wird ein jeder verwarnet, bei Strafe dreifacher Ersezung dergleichen Materialien und mit den Buchstaben A. C. bezeichnete Geräthschaften von denen für das Manufacturhaus arbeitenden Personen nicht zu kaufen, oder in Verhaft zu nehmen.

12) In allen vorher angeführten Arbeiten wird Kindern und ungeübten Erwachsenen in dem Manufacturhause unentgeldlicher Unterricht gegeben.

13) Denjenigen Armen, welche Kinder haben, wird bei Verlust der Almosen, welche sie

aus

aus der Armencaſſe genieſſen, oder bei harter Leibesſtrafe befohlen, ihre Kinder, ſo bald ſie zu arbeiten im Stande ſind, täglich einige Stunden in das Manufacturhaus zu ſchicken, um daſelbſt in nüzlichen Arbeiten unterrichtet zu werden. Sie haben ſich desfalls bei der Commiſſion zu melden, und nähere Anweiſung über die Zeit, zu welcher die Kinder ſich einfinden ſollen, zu gewärtigen. Dagegen ſoll den Kindern, ſo bald ſie gut arbeiten, der Lohn, welchen ſie verdienen, bezahlet werden.

14) Auch wird in Anſehung der Kinder dafür geſorgt werden, daß dieſelben in der Religion, Leſen, Rechnen und Schreiben freien Unterricht erhalten.

15) Wie nun durch obige Vorkehrungen dafür geſorgt wird, daß würklich unvermögende Arme zur Nothdurft unterſtüzt, denjenigen aber, die eines Zuſchuſſes zu ihren Verdienſt bedürfen, geholfen, allen und jeden aber Arbeit und Verdienſt verſchaft werde; ſo wird in Zukunft die Gaſſen- und Hausbettelei unter keinem Vorwande weiter gedulded werden.

16) Es wird demnach den Armen, bei Vermeidung nachdrücklicher Gefängniß- oder Leibesſtrafe alles Betteln auf den Gaſſen und in den Häuſern, ſowol in der Stadt als vor den Thoren, von dem 26ten Nov. d. J. an, als mit wel=

chem Tage diese Anstalten ihren Anfang nehmen, hiemit gänzlich untersagt.

17) Je mehr ein jeder Einwohner wünschen wird, daß das Betteln gänzlich aufhöre, desto mehr wird ein jeder selbst geneigt seyn, zur Erreichung dieser Absicht das Seinige beizutragen. Es wird demnach bei 2 Rthlr. Strafe verboten, einem Bettler auf der Gasse, oder in und vor den Häusern etwas zu geben, welche Strafe halb der Armencasse und halb dem Denuncianten anheim fallen und vi specialis Commissionis beigetrieben werden soll.

18) Jedoch bleibt einem jeden unbenommen, heimliche und bekannte Arme, welche nicht eigentliche Bettler sind, mildthätig zu unterstüzen, wobei man aber, um der Bettelei allen Vorwand zu benehmen, zu verordnen nöthig findet, daß dergleichen Almosen, dem Armen von dem Geber zugeschickt werden müssen.

19) Sämtliche Policeidiener, Armen- und Marktvoigte sind befehligt, auf den Gassen, vor den Thoren und auf dem Walle beständig zu visitiren, und die Bettler ohne Unterschied der Jurisdiction, wo sie betroffen werden, einzuziehen, wofür ihnen für jeden eingezogenen Bettler 4 Schilling verabreicht werden sollen.

20) Wie dabei die Policeidiener ꝛc. ernstlich und bei Vermeidung nachdrücklicher Ahndung hiemit angewiesen werden, sich gegen jedermann beschei-

scheiden zu betragen, und keine unschuldige Leute aufzuheben, so erwartet man auch, daß niemand denenselben Hindernisse in den Weg legen werde. Diejenigen aber, welche sich dessen zu Schulden kommen lassen, oder einen Bettler verheimlichen, sollen nach Befinden in eine Geldstrafe von zwei Rthlr. genommen, oder am Leibe bestraft, und die Strafe vi Commissionis vollstreckt werden.

21) Niemanden soll auf Bescheinigung von Privatpersonen zu betteln erlaubt seyn, noch vielweniger irgend jemand dergleichen Bescheinigung ertheilen.

22) Um fremden Bettlern den Eingang in die Stadt zu verhindern, ist der Herr Commendant requirirt, zu verfügen, daß selbige nicht in die Thore und den Baum eingelassen werden.

23) Fände aber dem ohngeachtet ein fremder Bettler Gelegenheit, sich einzuschleichen; so soll derselbe durch die Armenvoigte ꝛc. eingebracht und fortgeschaft, im Wiederbetretungsfall aber nachdrücklich bestraft werden.

24) Gegen die reisende Handwerksbursche soll, dafern sie betteln, nach der erneuerten Königlichen Verordnung vom 23ten Febr. 1785. verfahren werden, und ist der Herr Commendant requirirt, Befehl zu geben, daß selbige, wenn sie einpassiren, unter Verwarnung der verordneten

Karrenstrafe bedeutet werden, sich nicht auf Bettelei betreten zu lassen.

25) In Ansehung der Betteljuden wird nach der am 6ten Octbr. 1783 erlassenen Verordnung Königlicher Regierung verfahren.

26) Alle Wirthshäuser in und ausser der Stadt, werden auf Erfordern der Commission von Zeit zu Zeit durch die Policeidiener ꝛc. visitirt, und sollen die Wirthe, so wie ein jeder, welcher fremde Bettler beherberget in 5 Rthlr. Strafe genommen, oder am Leibe gestraft und die Strafe vi specialis Commissionis vollstreckt werden. Die Bürger und Stadtpflichtige werden daneben nochmals auf die von E. E. Rath, wegen Beherbergung des Herrn- und Broblosen Gesindels lezt= lich unterm 24ten Aug. 1784 erlassenen Verord= nung verwiesen.

27) Es wird jebermann ermahnt, falls in biesem oder jenem District sich Bettler einschlei= chen sollten, solches der Armencommission unge= säumt anzeigen zu lassen.

28) Da nach Abstellung aller Bettelei die Un= terhaltung und Versorgung der Armen nach ei= nes jeden Bedürfnissen der Armencommission ganz allein obliegen wird; so ist selbige von Königl. Regierung und E. E. Rath authorisirt, um sich dazu die erforderlichen Mittel zu verschaffen, bei allen und jeden Einwohnern in der Stadt und

vor

vor den Thoren wöchentliche Sammlungen auf Bücher zu veranstalten.

29) Es ist des Endes die ganze Stadt in 29 Districte getheilt, wozu die Vorstädte, als der 30te District hinzukommen, und geschiehet die Sammlung bei allen Hauswirthen und Inquilinen nach der einem jeden Buche vorgeschriebenen Rolle.

30) Wenn jemand umziehet, so ist solches bei der Commission 14 Tage vorher anzuzeigen, um die Bücher darnach abändern zu können. Wer diese Anzeige unterläßt, verfällt in zwei Rthlr. Strafe, welche vi specialis Commissionis beigetrieben wird.

31) Zur Ersparung der Kosten wird die Sammlung von den Einwohnern in der Stadt selbst verrichtet, in der Maasse, daß nach Anleitung der dem Buche vorgeschriebenen Rolle der Reihe nach ein jeder alle Montag Vormittags von 10 bis 12 Uhr die Sammlung in seinem District selbst besorgt, oder durch eine andere sichere Person, für welche er einstehen muß, besorgen läßt, und nimt die Sammlung am 26ten Novmbr. dieses Jahrs ihren Anfang.

32) Vor den Thoren geschieht die Sammlung durch einen der Policeidiener, oder Unterbediente.

33) Von den Herumsammlen kann sich der Regel nach niemand ausschliessen, jedoch wird die Commission auf dringende Verhinderungsursachen

sachen billige Rücksicht nehmen, indessen bleibt die Verfügung hierüber derselben ganz überlassen, so wie es ihr auch frei steht, ein und andere mit dem Herumsammlen, ohne sein Ansuchen zu verschonen.

34) Die Beiträge werden von dem Geber oder dem Sammler in das ihm vorzulegende Buch eingeschrieben, und an den Sammler so gleich bezahlt.

35) Man darf sich zu der Billigkeit und edlen Denkungsart aller Einwohner versehen, daß niemand die Sammler unnöthig warten lassen, vielweniger den sie mit Ungestühm abweisen werde, gleichwie denn auch niemand dieselben auf eine andere Zeit wieder bescheiden lassen, sondern seinen Beitrag auch dann, wenn er nicht zu Hause ist, bei den Seinigen zurücklassen wird.

36) Nach geendigter Sammlung hat der Sammler den Betrag der Beiträge des ganzen Districts aufzurechnen, und nebst dem Buche denselben Nachmittag zwischen 3 und 5 Uhr an die Commission in das Manufacturhaus abzuliefern, auch falls ein oder der andere Einwohner des Districts für das mal, oder für beständig von dem Beitrage sich ausgeschlossen haben sollte, solches unter Anführung der ihn bekanntgewordenen Gründe anzuzeigen.

37) Es steht von allen und jeden Einwohnern zu erwarten, daß sie zu Erreichung der vorhabenden,

benden, das allgemeine Beste bezielenden Absicht, gern das Ihrige beitragen, und die ihnen durch die Sammlung erwachsende Bemühung willig übernehmen werden; sollte jedoch jemand sich dessen weigern, oder die bei der Sammlung und Ablieferung der Gelder vorgeschriebene Ordnung nicht beobachten, so soll die Sammlung auf seine Kosten durch einen anderen verrichtet, auch der Säumige in 2 Rthlr. Strafe genommen, und solche vi specialis Commissionis vollstreckt werden.

38) Da der von diesen Anstalten zu erwartende Nuzen auch der Garnison zu Statten kömmt, so zweifelt man nicht, daß selbige gern zu deren Ausführung thätig beitragen werde, indessen bleibt doch derselben lediglich überlassen, die Sammlung unter sich zu veranstalten, und die Gelder der Commission zu behändigen, und wird man keinen derselben in die Sammlungsbücher, als auf etwaniges ausdrückliches Begehren einschreiben.

39) Die Beiträge zu den wöchentlichen Sammlungen bleiben zwar ganz der freien Willkühr des Gebenden überlassen, so daß ein jeder seinen Vermögen und seiner Gelegenheit nach das eine mal mehr, das andere mal weniger geben kann; indessen versieht man sich zu der Wohlthätigkeit und den christlichen Gesinnungen sämtlicher Einwohner, es werde ein jeder nach seinen Vermögen reichlich geben, da durch den Betrag der Samm-

Sammlungen alle würkliche Arme versorgt und unterstüzt werden, auch alle übrigen bisher üblich gewesene Almosensammlungen und die Bettelei gänzlich aufhören sollen.

40) Um das Publicum nicht mit doppelten Abgaben zu beläſtigen, iſt feſtgeſezt, daß von dem Tage an, da die Sammlung behuf dieſer Anſtalt ihren Anfang nimt, alle andere bisherige Sammlungen in Büchſen, wie auch der Umgang der armen Schüler und die Sammlung der in den Siechenhof vor den Schifthor aufgenommenen Frauen in der am Wege belegenen Bude gänzlich abgeſtellet werden ſollen.

41) Von dieſer Verordnung bleibt einzig und allein die bei der Garniſon herumgehende Büchſe für die Garniſonſchule ausgenommen.

42) Zu deſto beſſerer Erreichung der vorhabenden Abſicht hat E. E. Rath ſich entſchloſſen, alle Einflüſſe aus den milden Stiftungen inſofern ſolche deſſelben freier Verwendung überlaſſen ſind, der Einnahme aus den wöchentlichen Sammlungen zuzulegen, es hat jedoch vors erſte ein jeder Arme dasjenige, was er daraus bislang bekommen, fernerhin bis auf weitere Verfügung aus den Händen derjenigen Adminiſtratoren von denen er bislang erhalten, zu den gewöhnlichen Zeiten zu empfangen, wobei es ſich aber von ſelbſt verſteht, daß die bisherige Vertheilung der gemeinen Stadtarmen= und monathlichen Tropp=Armen=

mengelder, als an deren Stelle jezt die Samm=
lung auf Bücher angeordnet ist, nunmehr gänz=
lich aufhöre.

43) Die Vertheilung der Armengelder, wel=
che durch die Sammlungen aufkommen, soll alle
Sonnabend Vormittags um 9 Uhr auf der Diele
des Rathhauses geschehen und werden diejenigen
Armen, welche daran Theil haben sollen vor der
ersten, am 1ten Decembr. d. J. vorzunehmenden
Austheilung, angesagt und mit gedruckten und
von der Commission signirten Billets versehen wer=
den, um darnach die ihnen zugetheilte Gelder in
Empfang zu nehmen.

44) Da der grössefte Theil derjenigen, wel=
che sich zur Arbeit gemeldet haben, nur noch
wenige Uebung und Geschicklichkeit besizt, mithin
die Unterweisung derselben dem Institut Kosten
veranlassen wird, welche demselben noch zur Zeit
keinen Nuzen schaffen, überdem auch von unge=
übten Arbeitern die Materialien oft schlecht und
unbrauchbar verarbeitet werden, und endlich den
Hausofficianten und Unterbedienten für ihre Mü=
he eine angemessene Belohnung gegeben werden
muß; so würde man sich mit einer vergeblichen
Hofnung schmeicheln, wenn man erwarten woll=
te, daß die Kosten des Arbeitsinstituts gleich an=
fänglich, durch den Ertrag der zu verarbeitenden
Producte allein gestanden werden könnten, viel=
mehr kann man gewiß vorher sehen, daß dazu
ein

ein beträgtlicher Zuschuß erforderlich seyn wird. Dieser Zuschuß ist indessen keinesweges als Verlust, sondern als ein Vorschuß auf sicheren künftigen Gewinn anzusehen, weil dadurch die Armuth in ihrer Quelle erstickt und Industrie und Thätigkeit unter den Armen und der geringeren Classe der Einwohner verbreitet wird.

Das Publicum wird hierüber um so weniger einige Bedenklichkeiten hegen, als hauptsächlich in diesem Betracht E. E. Rath sich entschlossen hat für Bestreitung der zum Anfange erforderlichen baaren Auslagen Sorge zu tragen, auch das in der Becker=Straße belegene zu der Stiftung des Siechenhofes gehörende Wohnhaus, zu den Manufacturhause herzugeben und einrichten zu lassen, und die Einkünfte der milden Stiftungen so weit demselben darüber zu disponiren frei steht, zum Besten der vorhabenden Anstalten anzuweisen und zu verwenden.

45) Ob wohl man aber die feste Versicherung giebt, daß zu der ersten Einrichtung und Anschaffung des Inventarii behuf des Manufacturhauses von denen durch die ordentlichen wöchentlichen Sammlungen aufkommenden Geldern nicht das mindeste verwendet werden soll; so kann man doch von Commissions wegen nicht umhin, dem Publico den Wunsch auf eine ausserordentliche Beihülfe zu diesem Zweck ans Herz zu legen, und wird man die des Endes an die unterschriebenen
Com=

Commissarien einzuschickende freiwillige Beiträge, als eine wesentliche Unterstüzung des Instituts mit Dank erkennen.

46) Ueber die Arbeitsanstalt und die Armencasse sollen zwei ganz verschiedene Rechnungen geführt, und jährlich bei Königl. Regierung und E. E. Rath abgelegt, und dem Publico eine gedruckte Berechnung von Einnahme und Ausgabe in allgemeinen mitgetheilt werden.

47) Wer etwas bei der Armencommission zu suchen hat, wird hiemit angewiesen, sich des Montags Nachmittags von 3 bis 5 Uhr auf der Commissionsstube in dem Manufacturhause einzufinden und wird sämmtlichen Armen untersagt, ausserdem die Commissarien in ihren Häusern zu belästigen. Stade den 19ten Novmbr. 1787.

Von Commissions wegen.

C. N. Adler.   J. G. v. Rönne.

Kurze Nachricht von der Armenanstalt in Stade, vom Novmbr. 1787 bis dahin 1788 als Beilage zu Nro. V.

Es ist uns ein desto angenehmeres Geschäft die in der Armenverordnung vom 19ten Novmbr. 1787 gegebene Versicherung, dem hiesigen Publico eine Berechnung in allgemeinen von der Einnahme und Ausgabe der neuen Armenanstalten mittheilen zu wollen, durch die sub Lit. A. und B. angefügten Extracte aus den sowohl bei hoher Königl.

V. Armenversorgungsanstalt

Königl. Regierung als E. E. Rath abgelegten und quitirten Rechnungen vom 26ten Novembr. 1787 bis dahin 1788 zu erfüllen, da wir dadurch das Publicum von dem durch seine wohlthätigen Beiträge gestifteten Nuzen und von den gesegneten Fortgange des Instituts völlig zu überzeugen hoffen.

Bei der ganzen Anstalt ist, wie der Schluß der Armenrechnung Lit. A. ergiebt ein Ueberschuß von — — 2985 Mk. 2 Schl. — Pf.
Rechnet man davon die behuf des Arbeitsinstituts angeliehene Capitalien zurück,
mit — — — 2580 — — —
so bleibt der Geldüberschuß 405 Mk. 2 Schl. — Pf.
welcher nebst dem Werthe des Inventarii der Haus- und Arbeitsgeräthschaften
zu — — — 619 — 11 — 3 —
und dem ohngefähr angeschlagenen Werthe derer laut der Materialien- und Waarenrechnung vorräthig gebliebenen Producte zu — — — 1064 — 3 — — —
einen Gewinn ausmachen
von — — — 2089 Mk. — Schl. 3 Pf.

Ohngefähr 210 Arme haben an der wöchentlichen Vertheilung der Almosen Theil gehabt.

Ausserdem hat man in ausserordentlichen Fällen das Elend einzelner Arme so viel wie möglich zu mildern gesucht.

Ohngefähr 70 Kranke sind mit Arzeneimitteln versehen. — Zur Schule sind 60 Kinder gehalten. — In verschiedenen Arbeiten, nemlich Flachs-, Wolle-, Baumwollespinnen, Stricken, und Spitzenknüppeln haben 54 Lehrlinge Unterricht erhalten.

Mit Einschluß derselben haben überhaupt 252 Personen bei der Arbeitsanstalt ihren hauptsächlichen oder nebenverdienstlichen Erwerb gefunden.

Bei diesem gleich Anfangs so sichtbar gewordenen Nuzen des Instituts, dürfen wir auf noch bessere Folgen für die Zukunft Hofnung machen, wenn das Publicum seine bisherige Wohlthätigkeit zu beweisen, fortfährt.

Nur das Vertrauen, daß der gute Erfolg der Sache, Edeldenkende bewegen werde, in Zukunft lieber mehr als minder wie bisher zu thun, hat die Bedenklichkeit überwunden, den ganzen Vermögenszustand dem Publico vorzulegen.

Auch müssen wir bemerklich machen, daß ein so ansehnlicher Ueberschuß nicht entstanden seyn würde, wenn man nicht anfänglich aus Besorgniß zu viel aufzuwenden, in Rücksicht mancher Gegenstände, wohin besonders die Erziehung der Kinder gehört, wirklich zu wenig gethan hätte.

V. Armenverſorgungsanſtalt

Ein nicht unbeträgtlicher Theil des Ueberſchuſſes hat auch bereits dazu verwendet werden müſſen in dem zurückgelegten harten Winter die Armen mit Feurung zu verſehen. Stade den 24ten Junii 1789.

Von.Commiſſions wegen.

Lit. A.

Summariſcher Extract aus der Rechnung über das Armeninſtitut vom 26ten Novmbr. 1787-1788.

Einnahme.

	Caſſenmünze		
	Mk.	ſl.	pf.
1) Aus den wöchentlichen Sammlungen in der Stadt und den Vorſtädten	8671	9	3
2) Von löblicher Garniſon	665	11	1
3) Von den Herrn Officieren des löbl. 3 Cavalkerie-Regiments	114	8	—
4) Von den milden Stiftungen und der alten Stadtatmenrechnung	1235	—	—
5) An aufſerordentlichen Beiträgen	212	12	—
Summa aller Einnahme	10899	8	4

Ausgabe.

1) An Beſoldungen:
  a) Dem Gerichtsvoigt für die Schreiberei und andern Bemühungen — 90
  b) Den beiden Policeibienern für das Sammlen der Beiträge in den Vorſtädten, wie auch bei

den

in Stade.

Ausgabe.

	Caſſenmünze		
	Mk.	ßl.	pf.
ben in ben Jahrmärkten hier anweſenden fremben Kaufleuten	56	—	—
c) Den beiden Marktvoigten zur Entſchädigung für die aus der vormaligẽ Stadtarmenrechnung genoſſene Gebühren	73	8	—
2) An wöchentlichen Armengeldern	6560	12	3
3) An auſſerordentlichen Hülfsgeldern	112	—	—
4) Zum Unterhalt armer Kinder	44	12	—
5) An Schulgeld für arme Kinder	214	—	—
6) Für Arzenei und Medicinalpflege	400	6	—
7) An die Armenvoigte für betroffene Bettler	3	8	—
8) Zuſchuß behuf des Arbeitsinſtituts	347	15	1
9) Insgemein	11	9	—
Summa aller Ausgabe —	7914	6	4

Schluß der Rechnung.

Einnahme iſt   10899 mk. 8 ßl. 4 pf.
Ausgabe dagegen   7914 — 6 — 4 —
verglichen bleibt

Ueberſchuß   2985 mk. 3 ßl. — pf.

Lit. B.

Summariſcher Extrat aus der Rechnung über das Arbeitsinſtitut vom 26ten Novmbr. 1787 bis dahin 1788.

Einnahme.

1) Angeliehene Gelder — —	2580	—	—
2) Zuſchuß aus der Armencaſſe	347	15	1

3) Mil-

V. Armenversorgungsanstalt

Einnahme.

	Cassenmünze		
	Rt.	gl.	pf.
3) Milde Beiträge — —	143	2	—
4) Für Flächsengarn — —	1551	6	1
5) Für Wollengarn — —	457	8	—
6) An Spinnelohn für Wolle	14	5	3
7) Für Wollene Zeuge —	245	12	3
8) — Wöllene Strümpfe —	283	8	—
9) — Baumwollengarn — —	116	2	2
10) — verkaufte Spitzen —	1275	5	1
Summa aller Einnahme —	7015	—	5

Ausgabe.

1) Besoldung und Lohn:			
a) Den Policeidienern für die Aufsicht im Arbeitshause	72	—	—
b) Dem Werkmeister — —	216	—	—
c) Der Knüppelmeisterin für die Aufsicht und den Unterricht der Kinder — —	216	—	—
d) Der Spinn=Mutter —	65	—	—
e) Der Aufwärterin — —	39	—	—
f) Für den Unterricht in Knütten und Baumwollespinnen —	30	—	—
2) Für Haus= und Arbeitsgeräthe	619	11	3
3) — Flachs — —	863	15	2
4) Spinnelohn für Flachs —	589	5	3
5) Für Wolle — —	1235	13	1
6) Kraz= und Kämmelohn für Wolle	172	6	2
7) Wolle zu Spinnen, Spuhlen und Zwirnen — —	576	2	3
8) Für Webelohn — —	54	3	—
9) Knüttelohn für wollene Strümpfe	248	—	—
10) Für Farbe, Oehl, Schwefel und Seife — — —	100	2	3
11) Für Baumwolle — —	95	6	—
12) Spinnlohn für Baumwolle	116	3	—
13) Knüt=			

in Stade.

Ausgabe.

	Caſſenmünze		
	Mk.	ßl.	pf.
13) Knüttelohn für Baumwollene Strümpfe und Müzen —	20	4	—
14) Für verfertigte Spizen —	1219	12	5
15) — Fracht, Unkoſten und Porto	52	3	5
16) — Feurung — — —	140	10	—
17) — Licht — — —	19	—	—
18) — Zuſchuß an die Lehrlinge	68	13	—
19) Inſgemein — —	151	6	4
20) Zinſen auf angeliehene Capitalien	33	9	4
Summa aller Ausgabe —	7015	—	5

Schluß der Rechnung.

Einnahme und Ausgabe ſind gleich.

VI.

Zu Nro. VIII. des zweiten Hefts S. 234.

Der Quell der Wohlthätigkeit, verſenkt ſich nur in ſehr wenigen Menſchen ſo tief, daß er nicht durch Sympathie, oder Grundſäze geöfnet werden könnte, daher kommt es, daß alle Klagen über mißlungene Armenverſorgungsanſtalten, nicht ſowol den Mangel der Wohlthätigkeit, als ihre verkehrte Richtung rügen. Wenn es aber hauptſächlich auf dieſe beſtimmte Richtung der Wohlthätigkeit ankömmt, un mehrere gute Zwekke mit weit minderen Aufwande zu erreichen, ſo hat man bei der Gründung einer jeden Armen=

VI. Zu Nro. VIII.

versorgungsanstalt hauptsächlich darauf zu sehen, daß man die freiwillige Zustimmung der grösseren Zahl der gebenden Einwohner, zu einem, mit Kenntniß des ganzen Geschäfts überhaupt entworfenen und den Localumständen genau anpassenden Plan gewinnt. — Bei einem sehr zusammengesezten, völlig bis in das Detail entwickelten Plan aber mögte dieses schwer werden; und es wäre wol allerdings mehr zu rathen, daß bei der Publication eines solchen Vorschlags, nur die wesentlichsten Grundsäze vorgezeichnet, und auf die Partien welche am gemeininteressantesten wären, so viel Licht geworfen würde, als nöthig ist, um den entscheidenden Beifall für das Ganze dadurch zu gewinnen, denn hat man diesen erst, so wird es leicht von Zeit zu Zeit die einzelnen Bedingungen, ohne welche der als gut anerkannte Hauptzweck nicht erreicht werden kann, geltend zu machen. — Den nun schon seit 1785 ausgeführten Plan einer Armencasse für ein kleines Dorf dessen abgesonderte Lage und daher entstehende Freiheit von auswärtigen Bettlern eine Vereinigung zur Versorgung ihrer Armen und anderer damit zu verbindenden vortreflichen Absichten, erleichtert, seze ich hier als einen Beitrag zur Beantwortung der Frage im zweiten Heft her, und lasse nur die Namen weg, um die Bescheidenheit der Stifter, die auch zugleich die Oberaufseher der Anstalt sind nicht zu beleidigen.

bigen. Ich zweifle gar nicht, daß wenn man an die Armenversorgung andere so wichtige Angelegenheiten anknüpft, als in diesem Plan geschehen ist, man jedes Verbot des Gebens an Bettler u. s. w. vollkommen entbehren könne, denn abgerechnet, daß Verbieten in diesem Fall wenig hilft, so wird auch jeder Einwohner bei dem Interesse welches er für die Casse bekommt gewiß in kurzer Zeit einsehen, daß das was er dem Bettler überflüssig giebt, der Casse entgehet, wird seine Gabe in diese schicken, und den Bettelnden Empfange einer Gabe an sie verweisen. —

Plan der Armencasse selbst.

Die Einnahme zu dieser Casse bestehet aus lauter freiwilligen Beiträgen und zwar wird

1) alle Vierteljahr am Ende März, Jun., Sept. und Decmbr. ingleichen auch

2) bei allen Hochzeiten, Kindtaufen, Begräbnissen und Schüzenhöfen von dem jedesmaligen Rechnungsführer dazu gesammlet, welches in eine mit zwei Schlössern verschlossene Büchse verwahrt wird, wozu der Rechnungsführer den einen, und die Gemeinde-Vorsteher den anderen Schlüssel haben, ingleichen wird auch

3) von allen daselbst vorfallenden meistbietenden Verkaufen, und Verpachtungen ebenfalls was dazu gegeben, so wie auch wol

4) aus

4) aus der Gemeinberechnung was dazu gegeben wird, auch stehet

5) einem jeden frei was an die Casse zu vermachen.

Es ist die Absicht diese Gelder folgendermaßen zu verwenden, und zwar sollen

1) wenn zuförderst ein Capital von 400 Rthlr. vorhanden (jedoch schlechterdings nicht eheder, weil diese Casse sonst nicht bestehen kann) statt des bisherigen Klingebeutelgeldes, so noch niemalen jährlich über 10 Rthlr. gebracht an den jedesmaligen Prediger des Orts 10 Rthlr. aus der Armencasse jährlich bezahlet werden, welche derselbe auf den Fuß, so wie bisher das Klingbeutelgeld berechnet worden, unter die Armen zu vertheilen hat, wogegen alsdann aber das ohnehin in der Andacht stöhrende Herumgehen des Klingbeutels cessiret.

2) Wird der andere Ueberschuß ferner zu Capital geschlagen, bis wenigstens ein Capital von 800 Rthlr. vorhanden und soll alsdann mit Einwilligung des Consistoriums und zeitigen Predigers des Orts das Beichtgeld auf was gewisses bestimmt und jährlich von den Zinsen aus der Armencasse bezahlt werden, wogegen aber alsdann alles Beichtgeld ohne Ausnahme cessiret.

Damit

Damit nun auch die Ortseinwohner Nuzen von der Caſſe haben, ſo ſollen

3) vorerſt die Capitalia zu 5 pro Cent, wenn das Capital auf 800 Rthlr. angewachſen zu 4 pro Cent, und wenn das Capital zu 1500 Rthlr. angewachſen zu 3 pro Cent, jedoch nur blos in baſiger Gemeinde zu ſolchen geringen Zinſen ausgeliehen werden, an Auswärtige aber wird nicht anders als gegen 5 oder 4 pro Cent ausgeliehen, und ſoll die Gemeinde für welche dieſe Caſſe gehöret, allezeit den Vorzug haben.

4) Für die Verfertigung der Rechnung, und das Sammlen, welches der Schulmeiſter als Rechnungsführer verrichtet, bekömmt derſelbe für erſt jährlich 1 Rthlr., ſo aber demnächſt, wenn die Caſſe es erſt hinlänglich ertragen kann, in etwas vermehret werden ſoll, auch erhält der Rechnungsführer auſſerdem für jeden Bogen 1 Mgr. 4 Pf. an Copialien.

5) Hat der zeitige Beamte über dieſes Dorf die Obligationen und vorräthigen Gelder dieſer Caſſe in Verwahrung, wozu demnächſt eine beſondere Lade mit zwei Schlöſſern verfertiget werden ſoll, wovon der Beamte den einen und die Gemeinde-Vorſteher den anderen Schlüſſel in Verwahrung haben und ſollen bei jeder daſelbſt abzuhaltenden Kirchen-

chenvisitation die vorräthigen Gelder und Obligationen jederzeit vorgezeigt werden;

6) Auch haftet der zeitige Beamte, da er die vorräthigen Gelder und Obligationen in Verwahrung hat, mit seinem Vermögen für diese Casse, welche daher eine gerichtliche Hypothek in seinem Vermögen hat, jedoch stehet den Kirchencommissarien auch frei, diese Casse einem andern in Verwahrung zu geben.

7) Werden von dieser Armenrechnung jährlich 4 Exemplarien verfertiget, wovon der Superintendent, das Amt, die Gemeinde und der Rechnungsführer jeder ein Exemplar erhält, und muß diese Armencassenrechnung jedesmal 6 Wochen nach Neujahr eingeliefert werden, und haben sich

8) die zeitigen Kirchencommissarien anheischig gemacht, so lang bis erst 500 Rthlr. Capitalien vorhanden die Abnahme der Rechnung ohnentgeldlich zu verrichten, wenn aber über 500 Rthlr. vorhanden, so erhält jeder der Kirchencommissarien für die Abnahme einer jeden Jahresrechnung 1 Rthlr., und leztlich sollen

9) wenn aus der Armencasse ausserordentliche Verwilligungen geschehen, es sey an Arme oder auf andere Art Schulze und Vorsteher des Dorfs jederzeit mit zu Rathe gezogen,

und

des zweiten Hefts S. 234.

und beständig auf das Beste der Armuth und der dasigen Gemeinde gesehen werden.

N. N. den 28ten Februar 1786.

Die zeitigen Kirchencommissarien als Directoren dieser Armencasse.

Extract aus dieser Armenrechnung vom Jahre 1788.

Einnahme

	rthlr.	gr.	pf.
1) Ueberschuß aus den vorigen Register — — — —	20	3	—
2) Freiwillige Geschenke — —	16	21	—
3) Aus der Gemeinderechnung	—	12	—
4) Von den gewöhnlichen vierteljährigen Sammlungen — —	—	21	2
5) Von den Sammlungen bei Hochzeiten, Schützenhöfen, Kindtaufen und Begräbnissen —	—	31	—
6) Zinsen auf ausgeliehene Capitalien	2	10	4
7) Insgemein — — — —	—	19	—
Summa —	41	9	6

Ausgabe.

1) An die Armen ꝛc. *)	—	—	—
2) Neuausgeliehene Capitalien	25	—	—

3) We=

*) Die gemässigten Preise der Lebensmittel u. s. w. machten, daß in diesem Jahre keine Almosen aus der Casse gegeben wurden, und es lag also der Nuzen derselben für das Jahr hauptsächlich darin, daß von dem nun schon gesammleten Capital, Geld in kleinen Portionen, wie die Rechnung beweiset, unter Einwohner des Dorfs ausgeliehen werden konnte, denen diese kleinen Anlehen eine sehr wichtige Unterstüzung war.

Ausgabe.

	rthlr.	gr.	pf.
3) Wegen Führung der Rechnung und des Sammlens — —	2	6	—
Summa —	27	6	—

Schluß-Rechnung.

	rthlr.	gr.	pf.
Die Einnhame war — —	41	9	6
Die Ausgabe — — —	27	6	—
Abgezogen bleibt baarer Vorrath	14	3	6